JN333860

基礎教材

建築施工

中川基治

井上書院

はじめに

　建築学の基本教科は，建築計画，建築構造，建築法規，建築施工と建築設計製図の5教科に分かれ，建築士の資格試験にも同様の科目で出題されている。初めて建築を学ぶ人には，「建築施工」という教科はイメージしにくいところが多いように思われる。

　本書は，大学，高専，短大，専門学校の学生を対象に作成しているが，できるだけ多くの図版を掲載し，各種工事の流れが理解できるよう，工事の冒頭には施工フローやその工事の項目一覧を表示して，建築物がつくり出される過程や施工上のポイントを具体的に平易に解説している。

　本書では，工事現場における施工および施工管理に主眼をおいて記述しているが，これらの内容は将来，設計や構造等の業務についても，最低限必要な知識といえる。

　建築の技術は日進月歩であり，新しい材料や施工技術も次々に開発され，品質・工程・経済性に対する建築主の要求も一段と厳しくなる情勢にある。また，建築士の資格においても構造設計一級建築士と設備設計一級建築士が新たに設けられ，さらに改正建築士法の規定により，すべての建築士に対して研修を行うことが義務付けられた。

　本書に掲載した演習問題も，施工の基礎知識を効率的に勉強できるよう，過去の問題の中から出題傾向の高い内容のもの，実務上大切と思われる事項について重点的，かつ実践的に取り上げ解説している。

　本書は，長年にわたる自らの実務経験を生かして，短大，大学の教壇での実績をもとに，さらに一級建築士，一級建築施工管理技士の受験指導の経験に基づき，新しい施工の「基礎教材」としてまとめたものであり，本書を有効に活用していただければ幸いである。

　最後に，発刊に当たり貴重な資料の提供と適切な助言を賜わった関係各位に深い感謝の意を表するとともに，出版を引き受け，積極的な助言をいただいた井上書院の関谷勉会長に厚くお礼申し上げる。

　　　　　　　　　　　　　　　　　　　　　　2015年4月　　中川基治

基礎教材 建築施工　目次

　　はじめに　　　　　　　　　　　　　　2

第1章　施工概論

1.1　建築生産とは　　　　　　　　　　6
　（1）建設生産のプロセス　　　　　　　6
　（2）建設業の概要　　　　　　　　　　7
1.2　建築工事のしくみ　　　　　　　　9
　（1）建築工事の特殊性　　　　　　　　9
　（2）建築の企画　　　　　　　　　　　9
　（3）設計業務と工事監理業務　　　　　9
　（4）建築関係者　　　　　　　　　　　10
　（5）施工管理業務の流れ　　　　　　　11
1.3　施工計画　　　　　　　　　　　　12
　（1）施工計画の作成　　　　　　　　　12
　（2）事前調査と現地調査　　　　　　　12
　（3）施工計画書　　　　　　　　　　　13
　（4）設計図書　　　　　　　　　　　　13
　（5）請負契約　　　　　　　　　　　　14
　（6）建築に関する祭事　　　　　　　　16
1.4　積算　　　　　　　　　　　　　　17
　（1）積算と見積　　　　　　　　　　　17
　（2）見積の分類　　　　　　　　　　　18
　（3）積算用語　　　　　　　　　　　　18
　（4）工事別積算の要点（抜粋）　　　　18
　（5）積算の新基準方式　　　　　　　　19
1.5　管理計画　　　　　　　　　　　　20
　（1）品質管理　　　　　　　　　　　　20
　（2）工程管理　　　　　　　　　　　　21
　（3）安全管理　　　　　　　　　　　　23
　（4）原価管理　　　　　　　　　　　　25
　（5）環境管理　　　　　　　　　　　　26
　（6）材料管理　　　　　　　　　　　　30
　（7）申請・届出　　　　　　　　　　　31

第2章　躯体工事

2.1　測量　　　　　　　　　　　　　　33
　（1）測量の要点　　　　　　　　　　　33
　（2）測量用語　　　　　　　　　　　　33
　（3）測量の種類　　　　　　　　　　　34
　（4）測量に用いられる主な機器　　　　35
2.2　地盤調査　　　　　　　　　　　　36
　（1）地盤調査の要点　　　　　　　　　36
　（2）調査の種類　　　　　　　　　　　36
　（3）調査方法　　　　　　　　　　　　36
　（4）土の種類　　　　　　　　　　　　40
2.3　仮設工事　　　　　　　　　　　　41
　（1）仮設工事の要点　　　　　　　　　41
　（2）総合仮設計画　　　　　　　　　　41
　（3）共通仮設工事　　　　　　　　　　43
　（4）直接仮設工事　　　　　　　　　　44
2.4　土工事　　　　　　　　　　　　　50
　（1）土工事の要点　　　　　　　　　　50
　（2）根切り工事　　　　　　　　　　　50
　（3）地下水処理　　　　　　　　　　　52
　（4）山留め工事　　　　　　　　　　　53
　（5）埋戻し・盛土・残土処理　　　　　56
2.5　地業・基礎工事　　　　　　　　　57
　（1）地業・基礎工事の要点　　　　　　57
　（2）地業工事　　　　　　　　　　　　57
　（3）杭地業　　　　　　　　　　　　　58
　（4）地盤改良　　　　　　　　　　　　63
2.6　鉄筋工事　　　　　　　　　　　　65
　（1）鉄筋工事の要点　　　　　　　　　65
　（2）鉄筋の材料　　　　　　　　　　　65
　（3）鉄筋の加工・組立て　　　　　　　66
　（4）ガス圧接継手　　　　　　　　　　71
　（5）特殊継手類　　　　　　　　　　　72
2.7　型枠工事　　　　　　　　　　　　74
　（1）型枠工事の要点　　　　　　　　　74
　（2）基本計画　　　　　　　　　　　　74
　（3）型枠の材料　　　　　　　　　　　75
　（4）型枠の設計　　　　　　　　　　　77
　（5）型枠の組立て　　　　　　　　　　78
　（6）型枠の解体　　　　　　　　　　　78
　（7）型枠の特殊工法〔合理化工法〕　　80
2.8　コンクリート工事　　　　　　　　81
　（1）コンクリート工事の要点　　　　　81

(2) コンクリートの材料	82
(3) コンクリートの調合・強度	83
(4) コンクリートの運搬	85
(5) コンクリートの打込み(打設)	86
(6) コンクリートの強度管理	87
(7) 各種コンクリート	89
2.9 壁式プレキャスト鉄筋コンクリート工事	**92**
(1) 壁式プレキャストコンクリート工事の要点	92
(2) 部材の製造	92
(3) 現場施工	94
2.10 鉄骨工事	**96**
(1) 鉄骨工事の要点	96
(2) 鉄骨の材料	96
(3) 工場製作一般	97
(4) 工事現場施工	100
(5) 軽量形鋼構造	105
2.11 コンクリートブロック・ALCパネル板工事	**106**
(1) コンクリートブロック工事	106
(2) ALCパネル板工事	108
(3) 押出成形セメント板工事	109
2.12 施工機械器具	**111**
(1) 土工事用機械	111
(2) 各種工事用機械	112
(3) 揚重・運搬用機械	113

第3章 仕上げ工事

3.1 防水工事	**115**
(1) 防水工事の種類	115
(2) 防水工事の管理	115
(3) メンブレン防水工事	116
(4) シーリング防水工事	119
3.2 石工事	**121**
(1) 石工事の要点	121
(2) 石材の種類と特徴	121
(3) 石材の加工・表面仕上げ	122
(4) 石材の施工法	122
3.3 タイル工事	**126**
(1) タイル工事の要点	126
(2) タイルの種類と形状	126
(3) タイルの張付け工法	127
(4) 検査	130
(5) れんが工事	130
3.4 木工事	**132**
(1) 木工事の要点	132
(2) 材料	133
(3) 木造の加工	134
(4) 現場施工	137
(5) 枠組壁工法(ツーバイフォー工法)	138
3.5 屋根工事	**139**
(1) 屋根工事の要点	139
(2) 屋根の形状	139
(3) 屋根勾配	139
(4) 屋根葺き材	140
(5) 瓦葺き	140
(6) 金属板葺き	142
(7) スレート葺き	143
(8) 樋工事	143
3.6 金属工事	**144**
(1) 金属工事の要点	144
(2) 金属工事の材料	144
(3) 表面処理	144
(4) 軽量鉄骨下地	144
(5) あと施工アンカー	145
(6) 金属成形板張り	146
(7) その他の金属工事	146
3.7 左官工事	**147**
(1) 左官工事の要点	147
(2) 各種の塗り下地	147
(3) 塗り施工	148
3.8 建具工事	**151**
(1) 建具工事の要点	151
(2) 種類と性能	151
(3) 木製建具	152
(4) 鋼製建具	153
(5) 建具金物	155
3.9 ガラス工事	**157**
(1) ガラス工事の要点	157
(2) ガラスの種類	157
(3) 板ガラスの取付け	158
(4) ガラスの養生・清掃	159
3.10 カーテンウォール工事	**160**
(1) カーテンウォール工事の要点	160
(2) カーテンウォールの分類	160
3.11 塗装工事	**162**
(1) 塗装工事の要点	162

(2) 素地調整	162
(3) 塗装工法	163
(4) 塗料の種類と特性	163
(5) 作業環境	164
(6) 塗膜試験	164

3.12 内装工事・断熱工事　165

(1) 内装工事の要点	165
(2) 床仕上げ工事	165
(3) 天井・壁仕上げ工事	168
(4) 断熱工事	170
(5) 防音工事	170
(6) 内装各種工事	171

第4章　設備工事

4.1　設備工事の要点　172
4.2　電気設備工事　173

(1) 電気設備工事の要点	173
(2) 電圧と電気方式	173
(3) 強電設備	173
(4) 弱電設備	175

4.3　給排水衛生設備工事　177

(1) 給排水衛生設備工事の要点	177
(2) 給水設備	178
(3) 給湯設備	179
(4) 排水・通気設備	179
(5) ガス設備	180

4.4　空気調和設備工事　181

(1) 空気調和設備工事の要点	181
(2) 換気方式	181
(3) 空気調和システム	182

4.5　防災設備工事　183

(1) 防災設備の要点	183
(2) 警報設備	183
(3) 消火設備	183
(4) 消防関連設備	184

4.6　昇降機設備工事　185

(1) 昇降機設備工事の要点	185
(2) エレベーター	185
(3) エスカレーター	185

第5章　改修工事

(1) 改修工事の要点	186
(2) 防水改修工事	187
(3) 外壁改修工事	187
(4) 内装改修撤去工事	189
(5) 耐震改修工事	190
(6) 耐震・免震・制振技術	192
(7) 環境配慮改修工事	194
(8) 維持管理	195

第6章　外構工事

(1) 舗装工事	198
(2) 構内排水工事	199
(3) 擁壁・塀・柵工事	200
(4) 植栽・屋上緑化工事	200

第7章　解体工事

(1) 解体工事の要点	202
(2) 事前調査	202
(3) 解体工事における工法の種類と特徴	202
(4) 解体機械	203
(5) 建築の解体工事における留意点	204

索引	207
問題の解答と解説	212
参考文献	214

第1章 施工概論

1.1 建築生産とは

　事業体や個人によって建築物が企画されて以降，計画・設計を経て請負契約から工事の着工・完成・引渡しに至り，その後，長期間使用目的に供し，改修・維持保全を経て解体・除去され，新たに建築物が企画されることとなる一連のサイクルを，一般に「建築生産」という。

　建築物を請負契約した施工業者は，設計図書に従って合理的な施工の計画・立案をし，施工の五大管理項目である，正確に（品質管理），早く（工程管理），安く（原価管理），安全に（安全管理），しかも環境に配慮（環境管理）して工事を竣工させ，建築主や利用者に良質な建物を提供することで顧客満足度の向上に努めなければならない。

　それには，技術者として建築に対する幅広い知識と豊富な経験が必要であり，加えて施工技術の革新，新建材や部品，新工法，法規や基準の改定など，つねに変化に対応できるよう研鑽が要求されている。さらに建設現場における技能労働者の不足や高齢化問題，または工事期間の短縮や経済性のため，機械化や工業化・省力化といった合理化が不可欠となる。

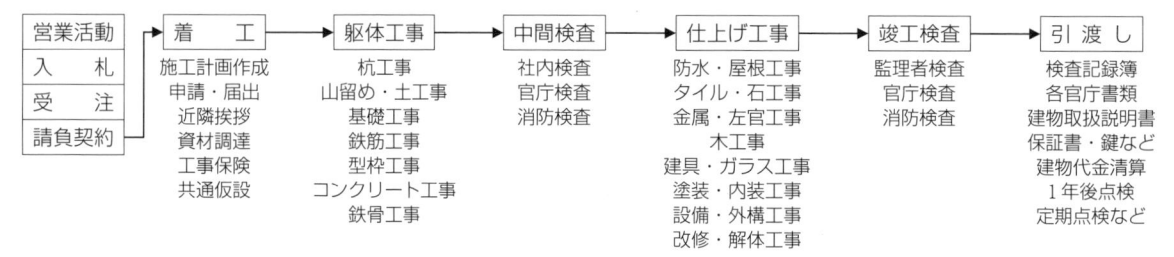

図1.1.1　建築生産の流れ

(1) 建築生産のプロセス

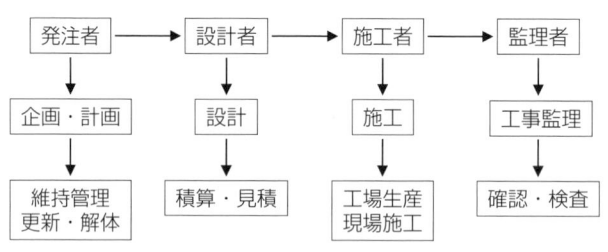

図1.1.2　建築生産のプロセス

　1) 企画・計画　　建物の建設に先立って，敷地（土地）付近の環境，交通などが，その建物に適しているかを総合的に調べ，建物の全体像を組み立てること。

　2) 設計　　その敷地に建物を適切に配置し，建物の間取りや外観，設備などを具体的に詳しく計画して図面化する。その設計図をもとに，建設工事に必要な費用を算

出するため，積算・見積を行う。

3)施工　建設業者は，入札等で工事を受注し，建物の建設が開始される。建物が完成し，完了検査後にその建物を発注者に引き渡す。

4)維持管理　建物の使用が開始された後では，使用者が主となって，建物を快適に使用できるように維持管理をしなければならない。

5)更新・解体　永年の使用によって建物の劣化や設備が古くなることから，更新（リフォームや改造）が行われる。さらに，更新では対応できなくなると，建物は解体されて，その用途を終え，新たな建物に建て替えられることになる。

最近では，更新の延長として建物の再生が注目され，建物を解体せずに，その建物に何らかの価値を見つけ，再び生き返らせようとする行為もある。

(2) 建設業の概要

1)施工法の変遷　建設業の近代化は，戦後の経済成長にともない，建設需要が急速に増加してきたことによる。特に1960年代には，1964年の東京オリンピック開催の関連を含めて，工事量が増加し，現場作業の機械化やプレハブ化が進み，大型建設機械の導入や工業化された手法による量産化，さらに鉄骨と大型パネルによる超高層ビルが続々と建設されてきた。それにともなって多くの施工技術が開発され，外壁にはカーテンウォールや大型プレキャストパネル，内装下地の軽量鉄骨天井や壁下地および設備ユニット，フリーアクセスフロア等，種々の新工法が開発されてきた。

しかし，70年代後半から建設公害に対して社会的な関心が高まり，建設工事にともなう振動や騒音，汚染，産業廃棄物，地域社会の環境への配慮が求められ，新たな技術による施工が必要になってきた。

80年代になると，超高層建築物が多くなり，建築施工の作業は吊上げ能力の大きいタワークレーン等の大型揚重機が運搬と組立てに使用された。コンクリート工事も機械化が進み，現場のコンクリート打設に大型のブーム付きポンプ車を使用するなど，大幅な合理化が図られてきた。

近年は，建設資材においても高強度の材料が使用され，高層建築物も鉄筋コンクリート構造のマンションや，大型PCパネル部材を用いた高層集合住宅が建設されている。今後もプレハブ化やシステム化がますます進み，多種多様な新技術の開発が進展するものと思われる。

2)建設業の変遷　建設業は，江戸後期には「請負業」と呼ばれ，「定式（常備）請負」「切り投げ手間請負」「一式請負」等として請負業者が存在していた。

明治29年に公布された民法では，「請負」を次のように規定している。

第632条「請負ハ当事者ノ一方カ或仕事ヲ完成スルコトヲ約シ，相手方カラ其
　　仕事ノ結果ニ対シテ之ニ報酬ヲ与フルコトヲ約スルニ因リテ其効力ヲ生ス」

これは，ある仕事の完成とその結果に対して支払われている報酬の組合せを意味しており，建設業以外の仕事であっても成立する内容である。

その後，工事規模の大型化・多様化，社会情勢の変化にともない，施工技術は次々に変革を遂げ，今日のような建設業の組織・形態に至っている。

その間，昭和24年に建設業法が施行され，建設業を同法第2条で次のように

定義している。

　第2条「建設業とは，元請，下請その他いかなる名義をもってするかを問わず，建設工事の完成を請け負う営業をいう。」

　引き続き，昭和25年には，建築基準法・建築士法が同時に施行されているが，以下，主な建設業に関係する法の変遷について，概要を記す。

表1.1.1　建設業に関係する主要法規の変遷

主な法令	施行年	法の目的（要約）
消防法	昭和23年 改平成21年	火災を予防し，警戒し及び鎮圧し，国民の生命，身体および財産を火災から保護するとともに，火災又は地震等の災害による被害を軽減するとともに…
建設業法	昭和24年 改平成20年	建設業を営む者の資質の向上，建設工事の請負契約の適正化等を図ることによって，建設工事の適正な施工を確保し，発注者を保護するとともに…
建築基準法	昭和25年 改平成20年	建築物の敷地，構造，設備及び用途に関する最低の基準を定めて，国民の生命，健康及び財産の保護を図り，もって公共の福祉の増進に資する…
建築士法	昭和25年 改平成28年	建築物の設計，工事監理等を行う技術者の資格を定めて，その業務の適正をはかり，もって建築物の質の向上に寄与させる…
都市計画法	昭和43年 改平成18年	市街地の計画的な再開発に関し必要な事項を定めることにより，都市における土地の合理的かつ健全な高度利用と都市機能の更新とを図り，もって…
廃棄物の処理及び清掃に関する法律	昭和45年 改平成22年	廃棄物の排出を抑制し，及び廃棄物の適正な分別，保管，収集，運搬，再生，処分等の処理をし，並びに生活環境を清潔にすることにより，生活環境…
労働安全衛生法	昭和47年 改平成18年	労働災害の防止のための危害防止基準の確立，責任体制の明確化及び自主的活動の促進の措置を講ずる等その防止に関する総合的計画的な対策を…
耐震改修促進法	平成7年 改平成18年	地震による建築物の倒壊等の被害から国民の生命，身体及び財産を保護するため，建築物の耐震改修の促進のための措置を講ずることにより建築物…
住宅品質促進法	平成11年 改平成21年	住宅の性能に関する表示基準及びこれに基づく評価の制度を設け，住宅に係る紛争の処理体制を整備するとともに，新築住宅の請負契約または売買…

3）建設業の形態　建設業者は，一般に発注者と工事契約を結んで工事を請け負う者である。発注者と直接工事契約を行う業者を「元請負施工者」といい，元請負施工者から発注を受けて，その専門とする工事部分を請け負う者を「下請施工者」（「協力業者」と呼ぶことが多い）という。場合によっては，下請施工者の請け負った工事の一部を，さらに請け負う施工者（「孫請」と呼ぶ）もいる。

　建築の施工には多くの労働力が必要であり，ほとんどがその労働力を下請企業に依存しているのが現状である。元請負施工会社は通常，管理者のみを雇用しており，すべての現場作業は下請企業が担当する。下請から孫請，さらに次々と下請に依存することによって労働力を確保する「重層下請構造」といえる。

1.2 建築工事のしくみ

(1) 建築工事の特殊性

1) 建築工事の敷地条件　建築工事は，都市・地方を問わず，平野部・山間部など地理的条件の異なる場所で工事が行われる。その都度，工事の進め方や環境が相違するため，同一建物であっても，工期や価格は変わってくる。

2) 一品注文生産方式　建築物の生産過程は，他の製造業に比べ，つねに生産現場が変わり，受注生産であり，個人や事業体のさまざまな目的・用途が異なり，まったく同じ施工条件のもとで繰り返し反復生産されることはなく，全てが一品注文生産となる。したがって，工事量，工事内容が安定しないため作業の合理化が困難である。

3) 不確定要素の多い施工条件　工程の大部分は野外の現場で行われるため，気象条件や近隣周辺地域からの制約条件等で，工事期間中に予測できないような事態が発生することがある。不確定要素の事態が発生した場合には，契約内容や工事の進め方，工期など，関係者間で誠意をもって協議と調整に努めなければならない。

4) 建築請負方式　建築主が自ら工事施工を行う直営方式もあるが，通常は建築主が，建設業者（元請）と請負契約を締結し，工事の完成・引渡しを約束する請負契約方式が一般的である。

総合建設工事業者（元請）は，請け負った工事の内容によって，専門工事別建設業者（下請・協力業者）に分担・引渡しを約束させ，元請はそれを全体工事として一本化するべく施工体系を組織化し，工事を完成させ引き渡す流れである。

(2) 建築の企画

1) 建築主の企画　建築主が将来，建築物を所有する場合，設計者の協力のもと，次のような事項について計画する。
①建築場所の確保（敷地の確保）
②建築物の用途（住宅，事務所，共同住宅，学校，病院など）
③建築物の規模（床面積，階数，全体の高さなど）
④建築物の構造（木造，鉄骨造，鉄筋コンクリート造など）
⑤建築物に設置する設備（電気，給排水，空調，防災，昇降機など）
⑥施工の工期（完成させる希望の時期）
⑦建築にかかる予算（設計料，工事費，什器，備品など）

2) 設計者による企画　設計者の業務は，建築主が企画した建築物や建物外部などに関する要望を具体化するために企画書を作成し，設計図に表す。設計図を作成するには，まず企画の概要を表現した「基本設計図」を作成し，建築主との打合せを行う。建築主の承諾を得られたら，「詳細設計図」「構造図」「設備図」，庭や門など建物外部の「外構図」などを作成する。

(3) 設計業務と工事監理業務

1) 設計業務　設計者の建築物に対する基本的な考え方をもとに，次のような点に注意し計画業務を行う。

①建築主が計画した希望条件を満たす内容の計画
②環境・周辺の美観を害さないデザインの計画
③安全性・合理性・経済性・耐久性を追求した計画
④計画を具体化した設計図の作成と建設費の算出
⑤設計者が意図した企画を実施できる施工業者の選択(建築主との協議)

2）工事監理業務　建築工事の進行中，建築主の代理人として，設計者と施工者間の中立的な立場から，計画された設計通りに工事が進んでいるかどうかを監督・指導する業務を工事監理という。工事監理の業務には，次のものがある。
①設計図の不明な点について，設計者との確認・打合せをする。
②施工者の作成した施工計画(書)の内容の検討・協議を行う。
③施工者の作成した施工図の検討・承認を行う。
④場合によっては，施工のための設計図を補完する詳細図を作成する。
⑤建築工事と設備工事が分離発注された場合など，各工事間の調整を行う。
⑥工事現場で使用する材料や設備機器の検査と承認を行う。
⑦工事の内容を検査し，確認(建築工事検査報告書の作成)する。
⑧建築工事の進捗状況を建築主へ報告(建築工事監理報告書の作成)する。
⑨工事完了後の検査と引渡しの立会いと建築主への報告を行う。

（4）建築関係者

建築物を完成するまでには，多くの技術者・技能者・作業員が必要になる。また，建築物は法律的に適合するか否かを確認・許可を受ける必要がある。これらの業務関係者は，以下の通りである。

1）建築主（発注者）　建物を意図し，企画から資金を投じて専門の設計者や施工者を選定し，委託・契約によって工事の完成・引渡しを受けて，委託費や工事費を支払う義務を負う発注者のことである。

2）設計者　建築主の委託を受け，企画された建物の設計図書を作成し提出する者。

3）監理者　建築士法に基づく監理業務を遂行する者で，建築主の代理として，設計図書の通りに施工されているか工事の実施状況などを確認・指導・監督するとともに，検査・立会い・承認を行う者。通常は，設計者が兼務する場合が多い。

4）施工者（元請）　建築主から工事を請負・施工する請負者（元請・建設業者）。
国土交通大臣の許可：2つ以上の都道府県に営業所を置く建設業者。
都道府県知事の許可：1つの都道府県内に営業所を置く建設業者。工事が小規模の場合は，許可・登録がなくても施工者になれる(**表1.2.1**)。

表1.2.1　建設業の許可・登録

建設業の許可は，大臣許可と都道府県知事許可登録があるが，例外として無許可で営業可能なものは，
①建築一式工事費が1,500万円未満，
②建築一式工事以外は500万円未満，
③延べ面積150m^{2}未満の木造住宅が請負可能である。

5）現場代理人　請負会社の代表者代理として現場に常駐し，施工の運営・管理を行う者。ただし，請負代金の変更および請求・工期の変更等の権限はもてない。また，主任技術者・監理技術者・専門技術者の資格者であれば兼務することができる。

6）主任技術者　施工に関して，現場で技術上の管理を行う者。

7）監理技術者　建設業法に基づく建設現場担当技術者への指導・助言・監督業務を遂行する

者で，公共工事の一定の規模には，専任として常駐義務がある。施工者の雇用関係上の役職によって権限が保証されており，主任技術者との兼務も可能である。監理技術者の資格者は，5年ごとに免許更新の講習を受講する義務がある。

8）共同企業体（JV：ジョイントベンチャー）　一つの工事を施工する際に，複数の企業が共同で工事を受注し施工することを目的として形成する事業組織体のこと。大規模かつ技術難度の高い工事の施工に際して，一つの施工者では困難と思われる場合に，共同で技術力や資金力等を結集することにより，工事の安定施工を確保させる目的もある。

9）専門工事業者　元請との下請契約に基づき，各職種別の工事を施工する専門工事業者である。建設業法による職種の許可をもつ下請会社には，労務提供業者・材工一式業者・材料納入業者に分かれている。下請会社の工事責任者は，その下に工事担当者（世話役）を置き，直接作業を指揮・指導する職長を設けて作業の管理を担当させるのが一般的である。

(5) 施工管理業務の流れ

建築施工の目的を達成するためには，建物の受注から竣工までの間，さまざまな管理業務が必要となってくる。着工準備から着工，施工中，中間時，竣工時，引渡しおよび引渡し後のメンテナンス等，施工者は施工の流れに沿って片時も目が離せない状況である。**表1.2.2**に管理業務の流れを示す。

表1.2.2　施工管理業務の流れ

着工準備時	施工中		中間時	竣工時	引渡し	引渡し後
営業段階の情報の伝達 式典準備・式典 工事事務所開設 近隣対応 工事保険加入 立地条件調査 設計図書の検討 施工方針の策定 施工計画書の作成 施工準備委員会の設立 安全衛生協議会の設立	使用資材の発注 使用資材の受取り検査 専門工事会社の選定 工種別施工計画書作成 施工図の作成 建築主・設計者定例打合せ 作業指示 作業中の品質チェック 安全環境パトロール 安全衛生協議会の実施 工事進捗度チェック	品質検査 各種記録の作成 受電 水道引込み 下水つなぎ込み ガスつなぎ込み EV検査 保健所検査	自主中間検査 自主検査記録の整備 社内中間検査 官庁中間検査 建築主・設計者中間検査	自主竣工検査 社内竣工検査 各所手直し・補修 各種官庁検査 建築主・設計者竣工検査 建物清掃	各種検査記録引渡し 工事記録・図面引渡し 建物維持保全書説明 設備機器取扱い書説明 工事費受領書 鍵引渡し	契約にともなう点検（1年目・2年目） 建物維持保全指導 不良箇所の補修 瑕疵請求に対する対応

演習問題（施工計画） ◆ 下記の文で正しいものには○，誤っているものには×をつけなさい。

1. 一工程の施工の着手前に，総合施工計画書に基づいて作成する工種別施工計画書は，各工種ごとに作成するものであり，工種ごとに作成し，省略することはできない。　□

2. 公共建築工事において，工事に関連して発見された文化財その他の埋蔵物の発見者としての権利は，一般に，発注者と請負者が等しい割合で保有する。　□

3. 特記は，標準仕様書と異なる事項や標準仕様書に含まれていない事項について，質問回答書，現場説明書，特記仕様および図面において指定された事項をいう。　□

4. 工事に使用する材料は設計図書に定める品質および性能を有する新品とするが，仮設に使用する材料は所要の品質および性能を有する中古品でもよい。　□

5. 仮設計画に当たり，敷地の地盤や周囲の状況調査および設計図書を検討した。　□

6. 施工計画書には，実行予算に関する計画を記載しなければならない。　□

7. 施工計画書には，施工の順序・方法などは記載してはならない。　□

1.3 施工計画

(1) 施工計画の作成

施工計画を策定するにあたり，立案者は，請負契約内容の確認，設計図書の内容確認等により，その工事の条件に最適で合理的な施工法を独自の企画で作成しなければならない。策定の留意事項を以下に示す。

① 敷地境界の標石確認は，官民・民民境界の立会いおよび確認書を取り交わす。
② 高低の基準点となるベンチマークは，建築主・設計者の立会いで決定する。
③ 官公庁署への申請・届出は，建築主の代行であるが，遅滞なく行う。
④ 近隣環境の事前対策と地域住民への対応は，早期に積極的に行う。
⑤ 総合施工計画書は，工事の着手前に作成した後，監理者に提出する。
⑥ 施工図は，施工上の問題点を策定し，施工方針の統一を図り，現場末端まで徹底させて施工精度の高い建物を造ることが目的である。
⑦ 設計図書の優先順位は，後で作成されたものほど優先する。
⑧ 工事請負契約書の記載事項の確認と請負契約約款の添付が必須である。

(2) 事前調査と現地調査

1) 敷地境界
敷地に接道する公道は「官民境界」，隣接する「民民境界」に対し，現地立会いを依頼して敷地境界の標石確認を行い，「立会い証明書」に双方押印して保管する。標石が見当たらない場合は，当事者双方が立会いのもと，土地家屋調査士等が測量を行い，新規に標石の位置を確定しておく。

2) 敷地測量
① 敷地の形状・寸法・高低差・方角等を，設計図書と対比しながら現状の位置測量を行う。
② 敷地の位置，高低差の基準となるベンチマークは，監督員または監理者の検査を受けて決定する。
③ 敷地内の高低差や隣地・周辺道路および設計G.L.との関係を確認しておく。
④ 以上の確認内容につき，写真を添付した「記録簿」を作成，関係者に配布する。

3) 敷地内の埋設物・障害物調査
敷地が更地の場合と建替えでは，埋設物や障害物の状況が異なるが，設備配管類や基礎・既杭・石垣・古井戸等は，管轄の関係諸官公庁等に確認しておく。

4) 近隣道路の調査
周辺道路の幅員や舗装状況を調査して，資機材の搬入や運搬車両の限界，各種道路規制等を調査・確認し，場合によっては道路管理者や警察署の立会いなどしておくとよい。

5) 隣接建物の調査
隣接する建築物や工作物は，事前に物件の劣化・損傷状況など記録写真を撮り，隣地地主の立会いの上，記録作成等で完成後のトラブル回避に努める。

6) 近隣住民との折衝内容
近隣住民に与える障害としては，「騒音，振動，悪臭，油滴や塗料の飛散，地下水の枯渇，地盤沈下，交通渋滞，電波障害，土砂の飛散」などがあり，十分な事前対策を検討しておく必要がある。

7) 現地道路の調査
工事を行う場合に，工事車両や資材の搬入に必要な敷地への進入路の状況の調査，交通量，通学路など道路利用状況を確認し，近隣者の理解と承諾を受けておく。

(3) 施工計画書

1) 目的と内容

施工計画書は，各工種別に，設計図書に基づき具体的に記載するものである。工事監理者に提出して承認を受けるだけのためではなく，工事の担当者に設計図書の内容を把握させることと，実際に施工する下請作業員に至るまで，工事の詳細を徹底させる目的がある。

各工種別に使用材料・使用機器と性能，施工手順，施工方法，仕上がり精度，特別な注意事項，養生方法，安全対策などにつき，具体的にこの工事ではどうするかを記載するものであり，工程表を添付するほか，図面などを利用して箇条書きにまとめてわかりやすく作成する。

表1.3.1 工程計画の検討事項
①各作業量・工事数量
②各作業の所要日数
③先行作業と後続作業，整理
④重複作業の調整・整理

2) 工種別施工計画書

工種別に作成するにあたって，各専門業者と協議・合意した計画であること。原則として設計図書と相違があってはならない。設計図書に明示されていないが，施工上必要な事項・所定の手続きにより，設計図書と異なる施工が承諾された事項も記載されなければならない。

3) 基本工程表

基本工程表とは，着工から竣工までの全体的な工事の進め方を工程表に落としたもので「全体工程表」ともいう。主要な工事の日程とその管理ポイント，監理者の検査・承諾・受電日・官庁検査日など，重要な日程も記載する。

4) 総合仮設計画図

施工計画の概要が確定した段階で，敷地図に建物配置図・建物平面図・立面図をもとに，建物工事全体の仮設計画の全容を平面図，立面図に落とし込んで表示した図面である（第2章「2.3 仮設工事」に図面掲載）。

5) 施工図の作成

施工図とは，設計者の作成する設計図書に基づいて，施工者が施工上の必要に応じて作成する図面である。設計図書を検討して，施工上の問題点を策定して施工図に表し，施工方針の統一を図り，現場の末端にまで徹底させ，施工精度の高い建物を造ることが目的である。

表1.3.2 施工図の種類（抜粋）

総合仮設計画図	鉄骨アンカープラン図
山留め計画図	鉄骨建方計画図
根切り計画図	石・タイル割付け図
外部足場架け図	床・天井伏図
コンクリート寸法図	製作金物工作・取付け図
鉄筋工作図	外構工事詳細図　等

(4) 設計図書

1) 設計図書の種類

設計図書とは，契約書に添付される設計図（意匠図，構造図，設備図など），特記仕様書，共通仕様書，現場説明書（見積要項），質疑応答書（質問回答書）が含まれるが，請負代金内訳書（見積書）や工事に関する実行予算書，施工図，施工要領書，工作図などは含まない。

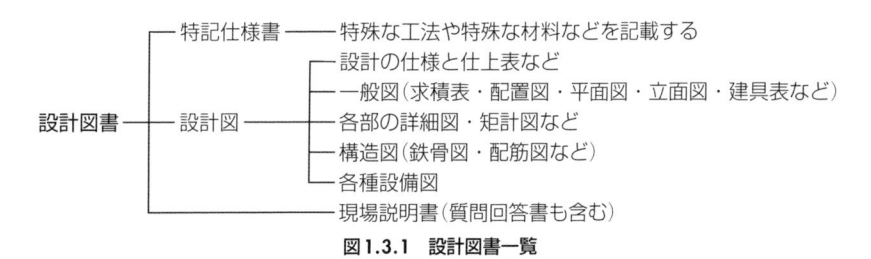

特記仕様書 工事内容のうち，図面では表現できない事項を工事ごとに文章や数値で表示したもの。標準仕様書に記される共通事項以外に，それぞれの工事に特有な事項を記載した仕様書のこと。その記載事項は標準仕様書に優先する。

標準仕様書 各工事に共通して適用される仕様書。全工程にわたって建築工事，設備工事の品質性能が詳細に記述されている。

```
                ┌ 特記仕様書 ── 特殊な工法や特殊な材料などを記載する
                │              ┌ 設計の仕様と仕上表など
                │              ├ 一般図（求積表・配置図・平面図・立面図・建具表など）
設計図書 ──────┼ 設計図 ──────┼ 各部の詳細図・矩計図など
                │              ├ 構造図（鉄骨図・配筋図など）
                │              └ 各種設備図
                └ 現場説明書（質問回答書も含む）
```

図1.3.1 設計図書一覧

2) 設計図書の優先順位

1. 質疑応答書：指名業者が現場説明を受けた後に，積算時点で矛盾や質問した内容，その回答書が最優先。1社の質問でも，指名業者全社に回答書は配

第1章 施工概論

> **現場説明書** 工事の入札に参加する者に対して，発注者が当該工事の契約条件などを説明するための書類。工事に適用する設計図書の一つであり，ほかに特記仕様書，図面，標準仕様書，質問回答書がある。

布される。
2. 現場説明書（見積要項）：指名業者に現場説明時点に配布される。
3. 特記仕様書（当該工事のみに作成された特別な仕様書）：指名業者に現場説明時点に配布される。
4. 設計図（意匠図，構造図，設備図）：指名業者に現場説明時点に配布される。
5. 共通仕様書（『公共建築工事標準仕様書』，日本建築学会『建築工事標準仕様書』（JASS）など）：各官公庁や設計事務所の仕様書などを含む，一般に存在する仕様書で，当該工事に指定される場合もある。

3）施工図の統一

①工事監理者との打合せおよび確認・承認を得る。
②現場職員全員へ配布して周知させる。
③各専門工事業者へ配布して周知させる。
④施工図変更の場合は，変更日時を記載して再配布し周知させる。

(5) 請負契約

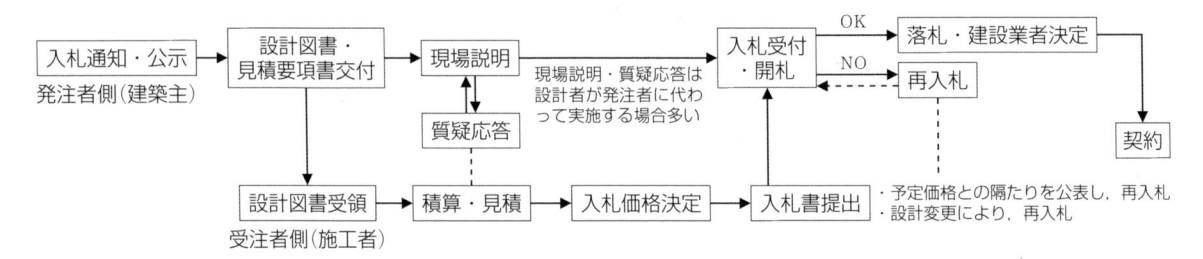

図1.3.2 契約までのフロー

建築主が計画した建築物を，設計者はその意図を十分に設計図書に反映して作成し，施工者はそれを具現化しなければならない。そのために，建築主と施工者との間で請負契約を締結する。

1）請負形態

請負の形態は，建築主や施工者双方のさまざまな事情により，多種多様な請負契約方式があるが，建築主・施工者・監理者の義務と権限を三者が対等の立場で契約を締結しなければならない。

> **一般競争入札** 工事内容，入札者資格，入札項目など，入札に関する事項を公告して広く一般から入札者を募り，資格要件を満たす者の全員で行う入札形式。有資格者はだれでも入札に参加できる。国土交通省では，2008年度より6,000万円以上の工事について採用している。
>
> **指名競争入札** 発注者があらかじめ指名した業者だけを対象として行う入札形式。公共工事で広く採用されているが，談合を誘発するとの批判があり，一般競争入札や公募型指名競争入札などの透明性や公平性の高い入札形式が増えてきている。2006年3月に国土交通省は同省発注工事の指名競争入札を原則として取りやめると発表している。ただし，災害復旧工事などは除外。

a. 請負方式

直営方式，単価請負，定額請負，分割請負，実費精算請負等がある。直営方式は，ゼネコンなど自社で全施工を行う方式であり，建築工事の場合は，全体の請負金額を決めて契約する「定額請負」が一般的である。その他に共同企業体（ジョイントベンチャー）の請負方式がある。

b. 契約方式

①競争入札：数社の会社を指名し，設計図書をもとに現場説明を行い，指名業者がそれに基づいて見積し価格を提示（入札），基本的には最低価格の業者に決定（落札）する。一般競争入札（公募）と指名競争入札（制限付き）等がある。
②随意契約：施工業者1社だけを指名して契約する「特命契約」，数社から見積を取り寄せ，内容を吟味し，業者の特徴や実績など考慮して決定する「見積合せ」がある。
③コンストラクションマネジメント（CM方式）：工期の長い大規模工事の場合

に，設計と施工の調整など両方のマネジメントを行い，かつ分離発注した多数の専門施工会社を調整，指導する専門能力がある監理者（コンストラクションマネジャー）が必要である。

c. 工事請負契約書

発注者が施工者を決定すると，工事請負契約を締結することになる。建設業法による工事請負契約書には，次の記載内容が必要である。

①工事請負契約書の表題

発注者○○と請負者△△とは，□□工事の施工について，次の条項と添付の工事請負契約約款，設計図書（設計図□枚，仕様書□冊，現場説明書□枚，質問回答書□枚）に基づいて，工事請負契約を締結する。

②工事請負契約書の記載事項（表1.3.3参照）

d. 工事請負契約約款

工事請負契約約款は，民間（旧四会）連合協定工事請負契約約款委員会によって作成されている。工事請負契約書・民間（旧四会）連合協定工事請負契約約款，契約書使用上の留意事項／仲裁合意書・特定住宅建設瑕疵担保責任の履行に関する特約等々が，契約約款の冊子に添付されている。

〔約款の抜粋〕第1条総則（1発注者と請負者とは，おのおの対等な立場において，法令を遵守して，互いに協力し，信義を守り，契約書とこの約款および添付の設計図・仕様書・現場説明書（質問回答書を含む）に基づいて，誠実にこの契約を履行する。(2)請負者は，この契約に基づいて，工事を完成して契約の目的物を発注者に引渡すものとし，発注者はその請負代金の支払いを完了する。(3)監理者は，この契約が円滑に遂行されるように協力する。

2) 契約の種類

公募型指名競争入札 公共工事で採用する指名競争入札形式の一つ。発注者が工事概要，資格要件，技術要件などを示して入札参加者を公募し，その中から指名業者を選定する。地方自治体などで広く採用されている。

工事希望型指名競争入札 公共工事で採用する指名競争入札形式の一つ。入札参加資格の登録の際に業者が申し出た希望する工事の種類，規模，工事場所などを勘案し，一定数の業者を選定して技術資料の提出を求め，提出された技術資料を審査して入札業者を指名する入札形式。

表1.3.3 工事請負契約書・約款の主な記載事項
①工事内容（工事概要）
②請負代金の額
③着工・完成・引渡しの時期
④請負代金の支払時期・方法
⑤天災等不可抗力の工期等
⑥価格変動・変更等の処置
⑦工事代金・工事遅延等に対する双方の罰則
⑧第三者への賠償金の負担
⑨施工一般の損害や損害保険の負担
⑩瑕疵担保責任の負担割合
⑪紛争の解決方法
⑫部分引渡し
⑬各々の中止権・解除権等

表1.3.4 契約の種類

種類	請負の方式
一式請負契約	工事の全てを一括して1社で請け負う方式。「総合請負」という。総合請負業者（ゼネコン）が各専門業者に各工事部門を発注し管理する。最も多く採用されている。
分割請負契約	工事規模が大きい場合に，いくつかの工区に分割して，工区ごとに一式請負同様の形式，または公共工事等で行われる建築工事と電気，設備，空調，機械等を分離して請け負う工事がある。
共同企業体請負契約	「ジョイントベンチャー（JV）」と呼ばれる2社以上の施工業者が共同・連帯して工事を請け負う。建築工事以外を分割する場合もある。
定額請負契約	総工事費をあらかじめ契約金額として定め，請負金額として契約する方式。総工事費が契約と同時に明確となる。最も一般的な方式で，設計変更等契約の増減があった場合は，基本的に契約時内訳明細書の単価によって契約金額の増減を行う。
単価請負契約	各工事，工種別の概算数量と各単価をあらかじめ提示させ，工事が完了した後に確定数量を算出して清算する方式。改修工事や設計変更が多い，または契約時に不確定要素のある場合に行う。
実費精算方式請負契約	施工者は工事にかかる実費で施工し，完成後に工事現場の運営でかかった工事経費・会社運営の諸経費等の報酬をあらかじめ別に定めた報酬額として清算する方式。
コストオン契約	発注者があらかじめ施工業者を選定し，下請との契約金額を決めた後，全体のコントロールをゼネコンに依頼し，ゼネコンの契約金額を下請契約金額のある割合で定める方式。

(6) 建築に関する祭事

表1.3.5　式典

地鎮祭	工事の着工前に，その土地の守護神を祀って，土地の永遠の安定と工事の安全を祈願するもの。「地祭」「床鎮め」などともいう。神主が行う「床鎮め」のほか，「鎌入式」「鍬入式」「鋤入式」などが含まれる。
起工式	工事の開始を告示するために行う儀式。内容は地鎮祭とほぼ同じであるが，神事を一切含まないものもある。一般に，地鎮祭は施主の主催で，起工式は施工者が主催するといわれる。
立柱式	柱を建て始めるときに行われる儀式。鉄骨の建方開始時の場合と，木造の上棟式が雨天の場合，危険な作業のために柱を一本だけ建て，立柱式に変更する場合がある。
上棟式	木造の骨組を建てて棟木の取付けが終わった時の儀式で，神主が来ない場合は，棟梁が行う場合が多い。鉄骨建方が終わったときを「鋲打式」というときもある。コンクリートの最上階が打ち上がったときに行う場合もある。
定礎式	定礎石の据付け時に行う。「定礎」という文字と発注者銘や起工の年月日などを石に刻み，建物下部の外壁に埋め込む。一般に，竣工式当日に行う儀式。
竣工式（落成式）	工事完成後，工事完成の感謝と永遠の安全を祈願して行う儀式。引渡し式のほか，建物の披露を兼ねるため，建築に関係したもの以外の多くの人々を招き行われる。

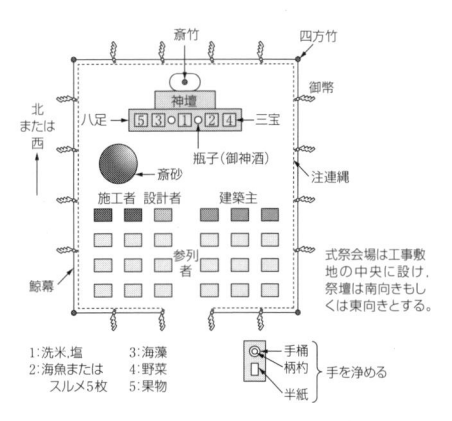

図1.3.3　式祭会場（地鎮祭の配置例）

表1.3.6　式祭の内容確認事項（例）

項目	内容
概要	①式祭日時決定しだい建設地の氏神神社に依頼。 ②司祭神職に，あらかじめ祝詞に入れる工事名称，建築主名，設計者名，施工者名を示し，打合せを行う。 ③献酒は最下段に，祭壇に向かって右側に建築主，左側に設計者および施工者のものを供える。 ④進行係は建築主側が担当するべきものであるが，建築主の意向により依頼される場合がある。進行係を依頼された場合，最初に式を執り行う旨を告げる。後は式次第の順序により神職が進行するが，玉串奉奠（たまぐしほうてん）のときのみ召し立てを行う。
建築主確認事項	①式祭の名称／②日取り（時間・内容・規模，パーティーの有無）／③斎主／④神職／⑤祝詞の内容／⑥参列者／⑦案内状の差出人／⑧服装／⑨式次第／⑩各種行事所役／⑪玉串奉奠者および順序／⑫お供物／⑬直会（なおらい）*の進行／⑭近隣関係，関係官庁への挨拶／⑮式場，直会場の座席の確認
神社（神宮）との打合せ事項	①式祭の正式名称／②式祭の日時，場所／③工事の規模，建築主，参列者の人数，玉串の本数／④祝詞の内容／⑤式次第／⑥神職の式場までの手配・方法（帰りとも）／⑦斎場やお供物の検分／⑧直会における神酒拝戴（乾杯）の方法等

*直会：神前に供えた神酒を瓦筒で乾杯すること。

演習問題（請負契約） ◆ 下記の文で正しいものには○，誤っているものには×をつけなさい。

1. 受注者は，工事現場における施工の技術上の管理をつかさどる監理技術者または主任技術者を定め，書面をもってその氏名を発注者に通知し，また，専門技術者を定める場合，書面をもってその氏名を発注者に通知する。　□

2. 受注者は，工事を完了したときは，設計図書のとおりに実施されていることを確認して，監理者に検査を求め，監理者は，すみやかにこれに応じて発注者の立会いのもとに検査を行う。　□

3. 現場代理人は，請負代金額の変更に関しても，受注者としての権限の行使は含まれる。　□

4. 施工について受注者が善良な管理者としての注意を払っても避けることができない騒音，振動，地盤沈下，地下水の断絶等の事由により第三者に与えた損害を補償するときは，発注者がこれを負担する。　□

1.4 積算

(1)積算と見積

　設計図書である図面，仕様書(現場説明書および質問回答書を含む)にもとづいて建築物，建築設備等の数量を求めることを「積算」といい，求めた数量に材料費，労務費，仮設費，機械器具費，下請経費等を合わせて複合費として乗じ価格を算出することを「見積」という。

　積算の目的にはいろいろあるが，主なものとして発注者が新築工事のために必要な予定価格の算出と，施工者が工事を受注するための価格見積がある。

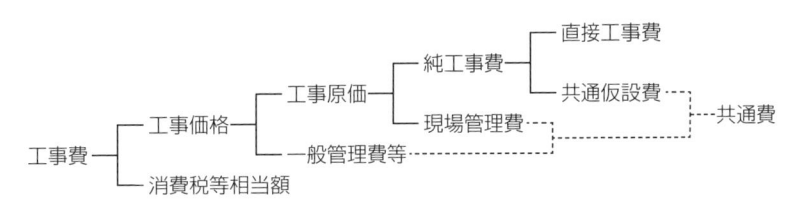

```
                        ┌─ 直接工事費
              ┌─ 純工事費 ─┤
      ┌ 工事原価 ─┤        └─ 共通仮設費 ┐
      │         └─ 現場管理費 ────────┼─ 共通費
工事費 ─ 工事価格 ─┤                           │
      │         └─ 一般管理費等 ─────────┘
      └ 消費税等相当額
```

図1.4.1 工事費の構成(「工事歩掛要覧」より)

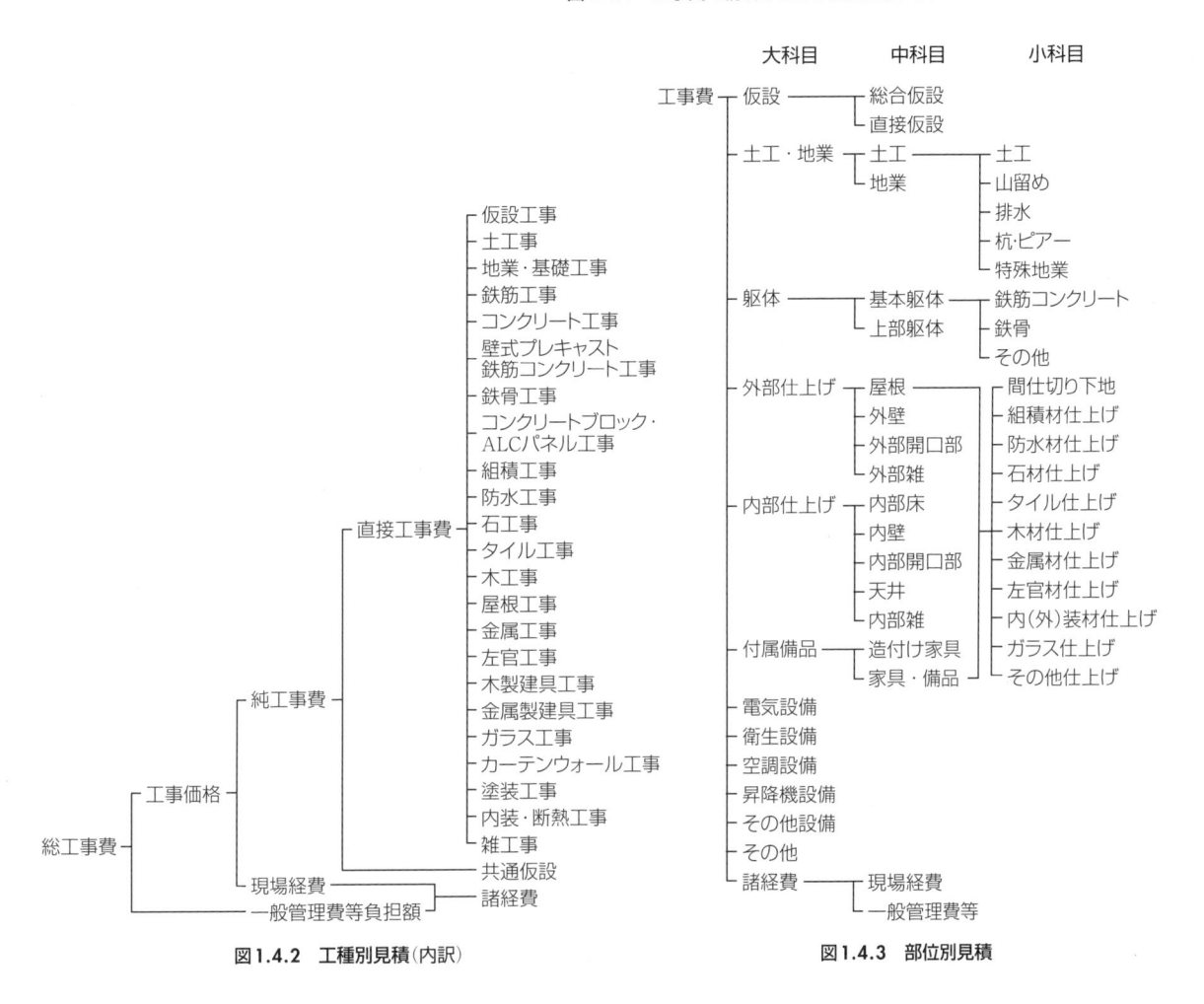

図1.4.2 工種別見積(内訳)

総工事費
├ 工事価格
│　├ 純工事費
│　│　├ 直接工事費
│　│　│　├ 仮設工事
│　│　│　├ 土工事
│　│　│　├ 地業・基礎工事
│　│　│　├ 鉄筋工事
│　│　│　├ コンクリート工事
│　│　│　├ 壁式プレキャスト鉄筋コンクリート工事
│　│　│　├ 鉄骨工事
│　│　│　├ コンクリートブロック・ALCパネル工事
│　│　│　├ 組積工事
│　│　│　├ 防水工事
│　│　│　├ 石工事
│　│　│　├ タイル工事
│　│　│　├ 木工事
│　│　│　├ 屋根工事
│　│　│　├ 金属工事
│　│　│　├ 左官工事
│　│　│　├ 木製建具工事
│　│　│　├ 金属製建具工事
│　│　│　├ ガラス工事
│　│　│　├ カーテンウォール工事
│　│　│　├ 塗装工事
│　│　│　├ 内装・断熱工事
│　│　│　└ 雑工事
│　│　└ 共通仮設
│　└ 現場経費 ── 諸経費
└ 一般管理費等負担額

図1.4.3 部位別見積

工事費
├ 仮設
│　├ 総合仮設
│　└ 直接仮設
├ 土工・地業
│　├ 土工 ─ 土工
│　└ 地業 ─┬ 山留め
│　　　　　├ 排水
│　　　　　├ 杭・ピアー
│　　　　　└ 特殊地業
├ 躯体
│　├ 基本躯体 ─┬ 鉄筋コンクリート
│　│　　　　　├ 鉄骨
│　│　　　　　└ その他
│　└ 上部躯体
├ 外部仕上げ
│　├ 屋根 ─┬ 間仕切り下地
│　├ 外壁 ─┼ 組積材仕上げ
│　├ 外部開口部 ─┼ 防水材仕上げ
│　└ 外部雑 ─┤ 石材仕上げ
├ 内部仕上げ ──┼ タイル仕上げ
│　├ 内部床 ──┼ 木材仕上げ
│　├ 内壁 ───┼ 金属材仕上げ
│　├ 内部開口部 ┼ 左官材仕上げ
│　├ 天井 ───┼ 内(外)装材仕上げ
│　└ 内部雑 ──┼ ガラス仕上げ
├ 付属備品 ──┤造付け家具─ その他仕上げ
│　　　　　　└ 家具・備品
├ 電気設備
├ 衛生設備
├ 空調設備
├ 昇降機設備
├ その他設備
├ その他
└ 諸経費 ─┬ 現場経費
　　　　　└ 一般管理費等

(2) 見積の分類

積算によって見積書や予算書が作成されるが，建物が建築主によって企画され実際に施工されるまでのさまざまな見積について次に示す。

①企画時の見積：建物の床面積や容積当たりの過去の実績をもとに概算されるもの。一般に坪単価で計算されることが多い。

②設計時の見積：主に建築主の企画や予算に対して，設計内容の適否を判断するために行う。

③入札時の見積：発注者から入札の指名を受けた施工者が，設計図書などによって積算を行い，入札価格を決定するために行う。

④契約時の見積：落札した施工者が，工事価格の詳細な内容を工事費内訳明細書として提出する際に行う。設計変更や中間払い等の資料となる。

⑤施工時の見積：施工者が，契約時の見積をもとに，実行予算書を作成する際に行う。

工事費内訳明細書 工事細目別に数量を算出し，単価を入れて総工事費を算出したもの。工種別，部位別に算出したものがある。

(3) 積算用語

①共通仮設費：共通仮設工事に関わる費用（仮囲い・現場事務所等）
②直接仮設費：直接仮設工事に関わる費用（直接工事に関わる費用）
③現場経費：施工者の現場管理に要する経費
④一般管理費：現場管理を行う請負者の支店・本店などの経費
⑤歩掛り：単位工事量の施工に必要な数量，標準的な値を標準歩掛りという
⑥材料歩掛り：単位工事量の施工に必要な材料数量
⑦労務歩掛り：単位工事量の施工に必要な労務数量
⑧複合単価：材料費・労務費など2種類以上の費用を合わせたもの
　　　　　　例）材料＋労務の単価（材工共という）
⑨設計数量：設計図書から計算される正味数量で，割増しを含まない
　　　　　　例）コンクリート量・左官・塗装等の仕上げ面積
　　　　　　　　鉄骨・鉄筋の加工・組立て数量
⑩計画数量：図面に寸法のないものについて，計画または推定した施工寸法による数量　例）土工事・地業，山留め工事・仮設工事に関する数量
⑪所要数量：設計数量に市場定尺寸法による切り無駄や，施工上やむを得ない損耗などの割増しを含んだ数量　例）木材量

標準歩掛り 建築工事を構成する部分工事における一単位当たりの標準的な労務量と資材量。積算に用いるもので，これまでの施工実績データなどを参考に算出する。「歩掛り標準」ともいう。

材工一式見積 材料費および労務費を分離せず一体で見積る方式で，材料および労務の内訳を表に出さないようにする見積方法。また，下請業者に対して材工一式で請け負わせる際の下請業者の見積のこと。

材工別見積 材料費と労務費とを区分して積算し，その内訳を明らかにした見積方式。建設業法では，材料と労務の数量と価格がわかるように見積書をつくることを規定している。

(4) 工事別積算の要点（抜粋）

①土工事　a. 掘削面積は，基礎または地下構造物の底面の設計寸法に，余幅を加えて計算した面積をいう。

　　　　　b. 掘削深さは，基礎または地下構造物の底面までの深さに，捨てコンクリートおよび砂利敷きなどの厚さを加えたものをいう。

②鉄筋工事　a. 基礎以外の各階柱の全長にわたる主筋の継手は，各階ごとに1箇所あるものとみなす。

　　　　　　b. 梁の全長にわたる主筋の継手は，梁の長さにかかわらず，梁ごとに0.5箇所あるものとみなし，長さ5mごとに0.5箇所の継手を加える。

　　　　　　　　c. ガス圧接継手の圧接による鉄筋の長さの縮みはないものとみなす。
　　　　　　　　d. 鉄筋の割付け本数は，その部分の長さを鉄筋の間隔で除し，小数点以下1位を切り上げた整数に1を加えたものとする。
　　　　　　　　e. 鉄筋コンクリートの柱のフープや梁のスターラップの長さは，コンクリート断面の設計寸法による周長を鉄筋の長さとし，フックはないものとみなす。
　　　　　　　　f. 鉄筋コンクリートの床板の全長にわたる主筋の継手については，原則として，床板ごとに0.5箇所の継手があるものとみなして，これに床板の辺の長さ4.5mごとに0.5箇所の継手を加える。
　　　　③型枠面積　a. 窓，出入口などの開口部の見込み部分の型枠は，計算対象にしない。
　　　　　　　　b. 型枠の数量は，傾斜するコンクリートスラブの上面の勾配が1/2を超える部分については，その部分の上面型枠も計算する。
　　　　　　　　c. 階段における型枠の数量は，コンクリートの断面および他の部分に接続しない側面，踏面ならびに蹴上げの面積とする。
　　　　④コンクリート数量　a. 数量の算出は，鉄筋および小口径管類によるコンクリートの欠如はないものとみなす。
　　　　　　　　b. 鉄骨鉄筋コンクリート造の鉄骨によるコンクリートの欠除は，鉄骨の設計数量について，7.85tを1m³として換算した体積とする。
　　　　⑤鉄骨工事　a. 鋼板の数量の算出において，複雑な形状のものにあっては，その面積に近似する長方形として計測・計算することができる。
　　　　　　　　b. 鉄骨材料の所要数量の標準は，形鋼・鋼管・平鋼は5％，鋼板（切板）は3％，ボルト類は4％とする。
　　　　　　　　c. 鉄骨の溶接の数量は，原則として，種類，溶接断面形状ごとに長さを求め，すみ肉溶接脚長6mmに換算した延べ長さとする。
　　　　⑥防水工事　a. 防水層などの数量は，原則として，躯体または準躯体の設計数量による面積とする。
　　　　　　　　b. シート防水におけるシートの重ね代は，計測の対象としない。

(5) 積算の新基準方式

　　国土交通省をはじめとする公共建築では，従来から材料費，労務費，下請経費等を積み上げる「歩掛り積算方式」による積算が行われてきた。しかし，昨今の建築工事において，環境保全，新工法，新材料の採用，国際化の進展および施工形態の変化等に対し，さまざまな対応を要求されることが多くなってきた。このため建築工事の積算についても，その機動性の確保が重要な課題となっている。

　　そこで，歩掛りを用いず，材料費，労務費，下請経費等を込みにした単位工事量当たりの市場での取引き価格を直接，積算に用い，積算に市場原理の導入，積算事務の効率化を図ろうというのが「市場単価方式」の基本的な考えである。

　　なお，市場単価方式に移行した工種は，「公共建築工事積算基準」の標準歩掛りに移行される。1980年末に発刊された「歩掛積算方式」による積算から，国土交通省では汎用性，市場性の高い工種について検討，試行して，妥当性を確認し，順次，市場単価方式の拡大を図ることとしている。

1.5 管理計画

　管理計画とは，施工者が工事を施工する場合に考慮すべきこととして，発注者や設計者の意図を十分に読み取り，良好な建物を提供することである。そのためには，品質管理，原価管理，工程管理，安全管理，環境管理を的確にバランスよく行うことが重要である。

　建築施工は，単純にいって，現場の敷地にその建物に必要な材料・機材類を運搬し，それを技術職人が取り付けて建物を完成させることである。管理計画には，五大管理項目以外の材料管理，申請・届出等の管理も含んでいる。

(1) 品質管理

　品質管理とは「買い手と要求に見合った品物又はサービスを経済的に作り出すための手段の体系」とJISの定義にある。また，施工品質とは，「精度・強度・耐久性・機能性・維持保全性・生産性など設計に合致」すべき品質といわれている。建築における品質は，設計品質と施工品質によってもたらされる。

1) 規格の種類

　建築の品質を保持するために規定された，建築関連規格を次に示す。
①国際規格（ISO）→ ②地域規格→ ③国家規格（JIS, JAS等）→ ④団体規格（JASS等）→ ⑤社内規格（施工計画書・施工要領書・作業標準等）

2) 施工の品質

　発注者の要求品質を受けて，設計者と施工業者は連携を保ちつつ，品質にかかわる管理標準を設定し，計画的に活動を進め，施工過程における施工品質標準を確保する体制と管理方法を明確にする。それを実行するための施工品質管理表（QC工程表）等が用いられる。

　建築の品質を高く保つための規格を定めていても，それに準拠した設計や施工が行われなければ建築の品質は保証できない。

　ある目的を継続的に，効率良く達成するために必要な全ての活動が，管理活動である。それを確実なものとするために，デミングサイクル（管理の輪）という4つの活動に分けて考える手法を用いる。さらにサイクルを繰り返すことで，管理の精度が上がる。

QC工程表　着工から竣工までの作業の中で，良い品質をつくり込んでいくために品質特性として何をチェックするかなど，品質に影響を与えるものについて，いつ，何をすべきかを示した計画表。作業の流れに沿って起こり得る不具合を明らかにし，不具合を防ぐための管理のポイントと対策およびチェック方法，責任者などを一覧表にしたもの。

新QC7つ道具　品質管理および品質改善を実施していくための手法。従来のQC（quality control）手法は，主として数値で得られるデータ（数値データ）の処理を対象としていたが，営業や事務部門では，数値だけでなく言葉で表現されたデータ（言語データ）がうまく整理でき，精度の高い情報として取り出せる手法が必要になっていた。こうした経緯により，新しくまとめられたQC手法を「新QC7つ道具」と呼ぶようになった。

〈QC七つ道具の種類〉
① パレート図　⑤ 管理図
② 特性要因図　⑥ 散布図
③ ヒストグラム　⑦ 層別
④ チェックシート

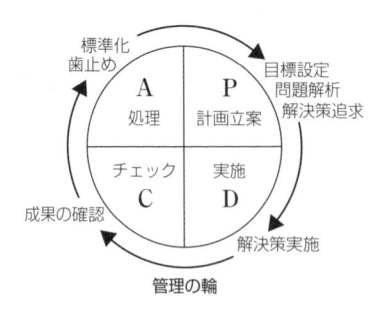

①計画[Plan]　：工事目的物を安全に良く，速く，安く完成させるための計画を立案する。
②実施[Do]　：計画に基づき実施し，あわせて教育・訓練をする。
③検討[Check]：施工された実情と計画を比較・検討する。
④処置[Action]：検討の結果，計画からはずれていれば，適切な処置をとる。計画が悪ければ，フィードバックして計画を修正する。

図1.5.1　デミングサイクルの流れ

3) 統計的品質管理（SQC）

統計的品質管理 品質管理の方法のなかで，統計的手法を用いるもの。製品の一つ一つの品質ではなく，生産工程全体（材料，機械装置，作業，製品）を対象として品質特性を測定し，その分布（ばらつき）を見て管理を行うこと。略して「SQC」。

建築において，要求品質を確保するための管理活動は多岐にわたるが，場当り的な活動では効率の良い管理は望めない。そのため，品質管理の手法が確立されている。経営者を含む全従業員が参加して実施される「総合的品質管理」（TQC）や「全社的品質活動」（TQC活動）があり，QC七つ道具を用いて活動が行われてきた。

近年は，ファシリティマネジメント（FM）の活動が活発になってきている。「FM」とは，「企業，団体等が組織活動のために，施設とその環境を総合的に企画，管理，活用する経営活動」と定義されている。

「FM」の成果は施設の生涯を通じて，適正なコストによって最大の効果を確保し経営に貢献するとともに，地域との調和，地球環境の保全を達成して，社会資産の健全な形成に寄与するための活動である。

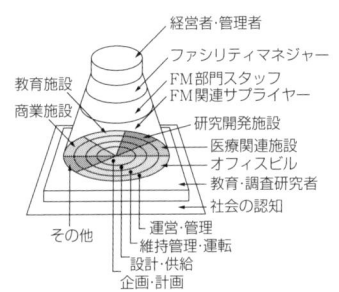

図1.5.2 ファシリティマネジメント

4) 品質保証とISO

品質マネジメントシステム ISO 9001のこと。組織のマネジメントシステムの一部で品質方針を策定し，それと整合の取れた，品質目標の設定と実施・管理に用いられるものと定義している。

品質保証（QA）とは，発注者の要求するニーズに，品質が十分に満たされていることを保証するための体系的活動である。

ISO（国際標準化機構）は，国際的に通用させる規格や標準類を制定するための国際機関である。9000は品質規格の国際規格で，9001は設計・施工・保全サービスを行う場合に，9004は施工・保全サービスを請け負う場合に適用する。

14000（国際統一規格）シリーズは，環境対策のため適用され，「環境に優しい企業である」ことを顧客に知らせる。

(2) 工程管理

工期は契約書に記載されているが，途中の工程をどのように計画するかは，施工者に任されており，工程計画を作成し，発注者・監理者の承認を得る必要がある。現地の状況に即した形で，作業効率や経済性を考慮した工程計画を立てることが大切である。

工程管理とは，着工から竣工までの施工計画上の時間的要素を管理することである。工程計画作成の主な検討事項は，各作業量，工事数量，各作業の所要日数，先行作業と後続作業，重複して行える作業などがある。

1) 工程表の種類

a. バーチャート工程表

縦に作業名を列記し，横軸に暦日をとり，各作業の着手日と終了日を棒線で結んで，その所要日数や日程を表現したものである。同じ工程表の中に出来高の進捗度（S字曲線）も記入でき，建築工事の基本工程表など工事全体がわかりやすく，作成も簡単なので広く使用されている。しかし，各工事間の細かい作業工程との関連性が把握しがたいのが欠点である。

b. ガンチャート工程表

縦に作業名を列記し，横軸に各作業の完了時点を100%としたその達成度をとって，作業ごとの進行状態を棒グラフで表現したもの。あまり利用されない。

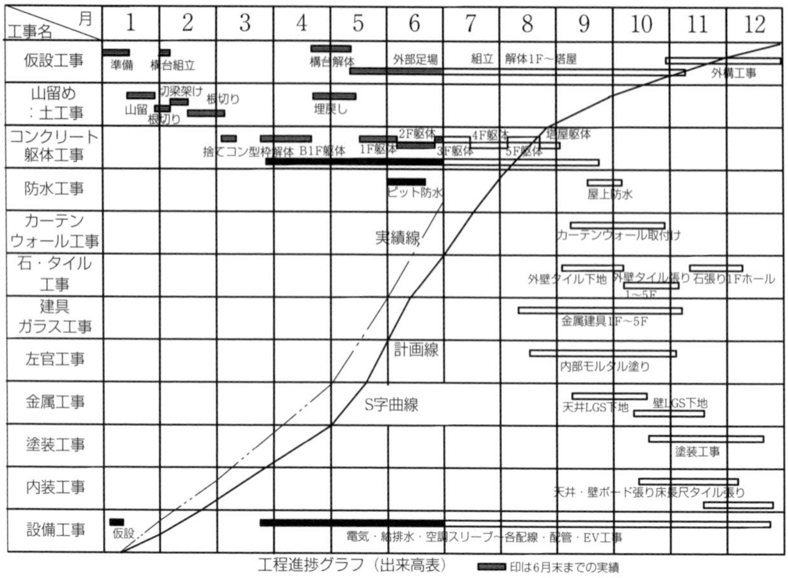

図1.5.3 バーチャート工程表

c. ネットワーク工程表

工事規模の大きいものや、工程が輻輳する短工事に用いる。各作業に対する先行作業、併用作業、後続作業の相互関係がわかりやすく、変更などにも対処しやすいが、経験豊富な職員でないと作成が難しい。

ネットワーク工程 丸印と線(サークル型)、もしくは矢印と線(アロー型)で表現され、先行作業とそれに続く後続作業の関係をはっきり表したもの。作業の前後関係がわかりやすいほか、余裕のある作業と余裕のない作業の区別や、作業が遅れた場合の後続作業や全体の工程に及ぼす日数の計算ができるなどの特徴がある。

〈ネットワーク工程表からのトータルフロートの計算例〉
作業F⑥-⑦のTFを求める
⑦番のLFTは□ 12日
⑥番のESTは○ 7日
⑥~⑦の作業日数 4日
12日-(7日+4日)=1日
トータル(TF)1日の余裕日

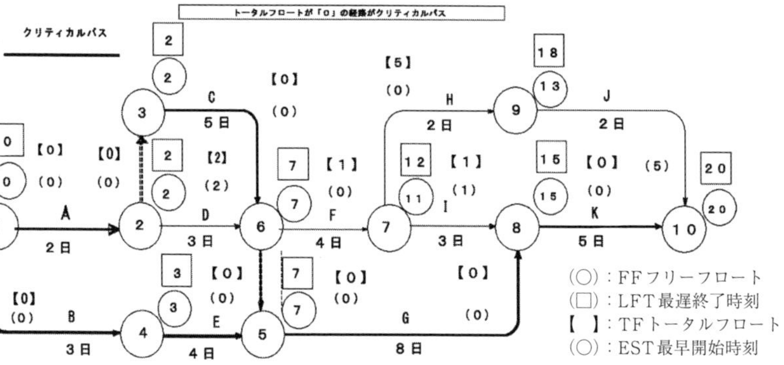

図1.5.4 ネットワーク工程表

(○):FFフリーフロート
(□):LFT最遅終了時刻
【 】:TFトータルフロート
(○):EST最早開始時刻

工数計画 工程計画(手順計画)によって決定された加工順序、作業時間と、日程計画によって決められた製品別の納期と生産量に対して、作業量を具体的に決定し、それを現有の人や機械設備能力と対照して両者の調整を図ること。
工程計画は手順の管理(作業指導)、工数計画は余力の管理、日程計画は進度の管理といった対応関係がある。

表1.5.1 ネットワーク工程表の用語

最早開始時刻	EST	作業を最も早く開始できる時刻
最遅開始時刻	LST	工期に影響しない範囲で、作業を最も遅く開始できる時刻
最早終了時刻	EFT	作業を最も早く終了できる時刻
最遅終了時刻	LFT	工期に影響しない範囲で、作業を最も遅く終了してよい時刻
トータルフロート	TF	作業をESTで始めEFTで完了する場合に生じる余裕時間
フリーフロート	FF	ESTで始め、後続する作業もESTで始めても残る余裕時間
ダミー		作業の相互関係だけを破線矢印で表し、実際の作業は含まない。
クリティカルパス		ネットワーク工程表において、互いに従属関係(前工程が終わらないと次工程に進めないなど)にある複数の作業のうち、開始から終了までをつなぐ時間的余裕のない一連の工程の経路のこと。

2) 工程計画時の検討事項

表1.5.2　工程計画時の検討事項

検討事項	検討内容
工事の時期	季節・天候（梅雨，積雪）・休暇（盆暮，連休）など
近隣環境状況	土日，祝祭日・早朝，夜間などの制限や規制の有無
下請業者の施工能力	作業員の固定人数や施工技術力
工場製作の所要日数	鉄骨・サッシ・タイル，特注品など
資材の搬入期日	鉄筋，鋼材・特注の家具，備品など
施工機器・重機など	杭打ち機，クレーンなど特殊重機の選定
新設の設備機械など	EV試運転，電気・水道の申請と検査，空調・消防など設備検査
工事中の作業員数を平準化する，施工図の承認までの所要日数，不測の事態に備え，工期の余裕を見込む（工事数量・各作業の所要日数など把握）	

3) 工期短縮手法

サイクル工程　躯体工事，仕上げ工事でN階の作業開始から終わりまでの作業の流れを一連の繰り返し工程として表したもの。複数階ある建物の工事工程の基本単位となる。

躯体工事の工程など比較的職種が少なく，繰返し作業の慣れもあり，その工事の工法改善・機械化，労務増強などで工期短縮が可能である。仕上げ工事は職種も多く輻輳することがあり，左官工事など湿式工法があると，養生などで工期遅延になりやすい。基礎工事や仕上げ工事は，計画段階で工期に余裕を見込んでおく。

(3) 安全管理

安全管理の目的は，建設現場の労務者の安全と健康を確保するとともに，快適な作業環境を促進することによって事故や災害を撲滅することである。

労働安全衛生法　労働災害防止のための危害防止基準の確立，責任体制の明確化および自主的活動の促進の措置を講ずるなど，その防止に関する総合的・計画的な対策を推進することにより，職場における労働者のの安全と健康を確保するとともに，快適な職場環境の形成と促進を目的とする法律。

現場の安全衛生管理を実施していく上では，労働安全衛生法などの規制をよく理解しておく。現場では統括安全衛生管理者・安全管理者・衛生管理者を専任して，つねに災害防止に努めなければならない。また，危険をともなう作業では，作業主任者を選任の上，直接指揮・指導に当たる必要がある。

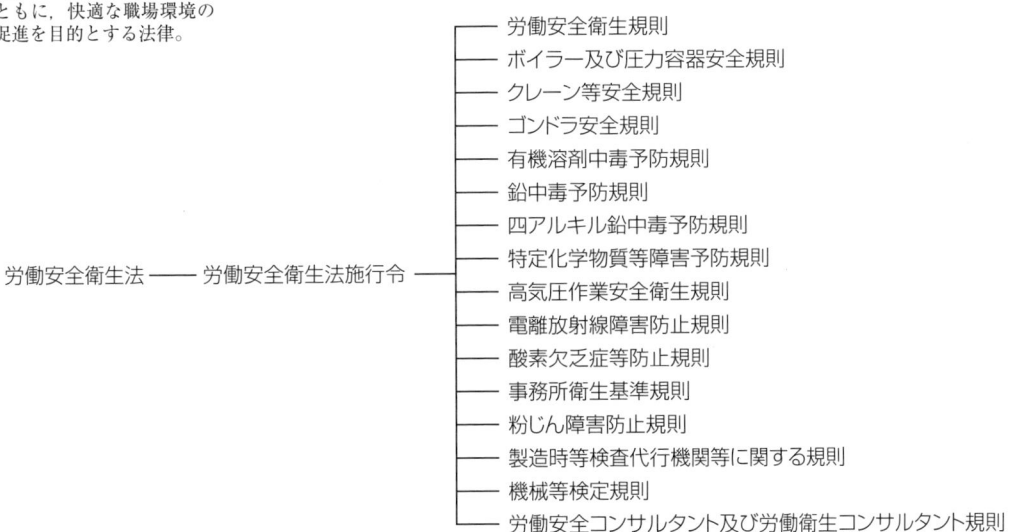

労働安全衛生法 ── 労働安全衛生法施行令 ──
- 労働安全衛生規則
- ボイラー及び圧力容器安全規則
- クレーン等安全規則
- ゴンドラ安全規則
- 有機溶剤中毒予防規則
- 鉛中毒予防規則
- 四アルキル鉛中毒予防規則
- 特定化学物質等障害予防規則
- 高気圧作業安全衛生規則
- 電離放射線障害防止規則
- 酸素欠乏症等防止規則
- 事務所衛生基準規則
- 粉じん障害防止規則
- 製造時等検査代行機関等に関する規則
- 機械等検定規則
- 労働安全コンサルタント及び労働衛生コンサルタント規則

図1.5.5　労働安全衛生法・体系図

安全衛生管理体制

a. 安全管理の主な項目
① 外部の第三者に及ぼす災害の防止
② 足場などの高所からの墜落災害の防止

安全衛生管理 労働安全衛生法，同法施行令および労働安全衛生規則に基づいて労働災害を防止し，労働者の安全の確保および健康の維持を図るとともに，快適な作業環境をつくること。建設業者は本，支店に安全衛生管理部署を設置し，現場のパトロール，指導を行うとともに，現場でも安全衛生管理の組織体制を整え，現場内の管理を行っている。単に「安全管理」ともいう。

統括安全衛生責任者 工事現場において元請，下請の労働者が50人以上で作業するとき，労働災害を防止する目的で選任される責任者。選任に当たっては，その現場を統括管理する者をあてる。協議組織の設置，運営，作業間の連絡調整，作業場所の巡視，安全衛生教育の指導支援，工程，機械設備の配置計画，合図，警報の統一などを行う。労働安全衛生法第15条。

安全管理者 労働安全衛生法において，常時50人以上の作業員が働く事業所に選任が義務付けられている安全管理の責任者。関係法令で資格要件や職務内容が定められている。労働安全衛生法第11条，労働安全衛生規則第4～6条。

元方安全衛生管理者 統括安全衛生責任者を補佐し，災害防止に関する技術的事項を管理する者。実際に安全衛生面の管理を行うことから実務経験が必要となる。労働基準監督署長に選任報告をしなければならない。労働安全衛生法第15条の2。

元方事業者 元請のことで，建設業と造船業においては「特定元方事業者」と呼ばれる。労働安全衛生法第15条。

安全委員会 労働者の危険防止など安全にかかわる事項を審議し，事業者に対して意見を述べさせるために，法で定める業種および規模の事業所ごとに設ける委員会。月1回以上開催しなければならない。建設業などについては自社の労働者を常時50人以上使用する事業所について設置が義務付けられている。労働安全衛生法第17条，同法施行令第8条。

安全衛生委員会 労働者の安全および衛生に係る事項を審議する。安全委員会と衛生委員会の両者の機能をもつ委員会。法に基づき安全委員会と衛生委員会をともに設置しなけらばならない場合，それに代えて設置できる。労働安全衛生法第19条。

施工体制台帳 下請，孫請など工事施工を請け負うすべての業者名，各業者の施工範囲および技術者氏名などを記載した台帳をいう。

③建設機械や車両などによる災害
④掘削などにともなう崩壊・崩落災害の防止
⑤電気や溶接などによる感電災害の防止
⑥火災の防止
⑦有機溶剤などの薬物による災害防止

b. **衛生管理の主な項目**
①健康状態異常者の発見と処置
②衛生的な作業環境の維持
③衛生的な作業条件や施設の維持
④救護施設や衛生器具などの整備

c. **現場の安全管理活動**

現場の全員に参加意識をもたせることが大切で，それには安全管理計画を立てるに当たって，その計画項目を実際に実行する職員や下請の作業主任者などにも意見を聞き尊重することが重要である。

①現場の安全管理活動の実施事項

- 安全朝礼
- 安全ミーティング
- 安全点検
- 作業所長の現場巡視
- 安全工程の打合せ
- 持場の後片付け
- 職長の作業中の指導，監督
- 終業時の確認

②現場の安全衛生の管理体制

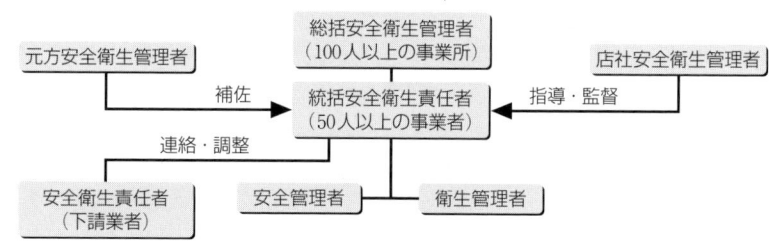

図 1.5.6　安全衛生管理

表 1.5.3　衛生管理体制

特定元方事業者(元方事業者) 統括安全衛生責任者	下請・直営の全労働者数の合計が常時50人以上であれば，特定元方事業者が選任し総括管理する。
安全衛生責任者(下請の職長)	統括安全衛生責任者と配下作業員との連絡調整を行う。
安全委員会	常時50人以上，労働者の危険防止に関する調査審議
衛生委員会	常時50人以上，労働者の健康障害に関わる調査審議安全委員会・衛生委員会の設置に代わるもの。
安全衛生委員会	安全委員会・衛生委員会の設置に代わるもの。

③施工体制台帳

建築の施工は，独立した各種専門工事の組合せで成り立っている（重層化した下請構造である）。適正な施工を確保するため，特定建設業者に対し一定額以上の下請契約を締結する場合，施工体制台帳の作成等を義務付けている。

- 下請契約の請負代金の額が建築一式工事で4,500万円（その他の工事は3,000万円）以上の場合，現場に台帳を備え置く。

④施工体系図

施工体制台帳を備え置かなければならない特定建設業者は，施工体系図を作成し，工事現場の見やすい場所に掲げなければならない（工事における各下請負人の分担関係を表示したもの）。業種，社名，住所，電話番号，現場責任者名，作業主任者名等を掲示する。

作業主任者 労働災害防止のための管理を必要とする一定の作業の責任者のことで，労働安全衛生法で事業者に選任を義務付けている。労働安全衛生法第14条，同法施行令第6条。

年千人率 労働者千人当たり年間に発生する死傷者を示すもの。

度数率 100労働時間当たりに発生する死傷者を示すもの。

強度率 1,000時間中に障害等のため失われる労働者損失日数で表す。

表1.5.4 作業主任者一覧表（主な建築関連）

作業主任者の名称	選任すべき作業
型枠支保工の組立等作業主任者	型枠支保工の組立て，解体作業
地山の掘削作業主任者	掘削面の高さが2m以上となる地山掘削作業
土止め支保工作業主任者	土止め支保工の切梁または腹起しの取付け，取外しの作業
足場組立など作業主任者	吊り足場，張出し足場または高さ5m以上の構造の足場の組立解体作業
建築物等の鉄骨の組立等作業主任者	建築物の鉄骨で高さ5m以上の金属製の部材により構成されるものの組立解体作業
コンクリート造の工作物の解体等作業主任者	高さが5m以上のコンクリート造の工作物の解体または破壊の作業
木造の組立等作業主任者	軒の高さが5m以上の木造建築物の構造部材の組立または屋根下地の取付け作業

(4) 原価管理

建設業界では，近年の経済環境の下で，公共工事・民間工事とも，発注者からの厳しいコスト縮減努力を求められているのが現状である。このため，適切な工事管理によって，工事費原価の低減を図ることが重要な課題となっている。

工事計画を合理化して能率を高め，工期を短縮し，かつ適切な施工によって品質を保証し，与えられた目標を達成しなければならない。

1) 工事原価の構成

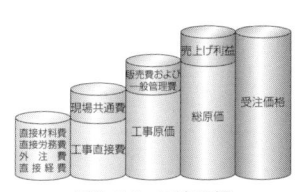

図1.5.7 工事原価

①工事原価は材料費，労務費，外注費，経費で構成される。材料費は仮設材料，コンクリート等の本工事材料で構成され，労務費は現場で直接雇用する作業員の労務費，外注費は材工一式で発注する費用（例えば型枠工事費等），経費は電力用水費，運搬費，地代・家賃，運搬費等の工事経費と作業所員の給与手当，社会保険料，租税公課，設計費，雑費等の作業所経費で構成される。

②直接工事費とは，工事そのものに直接かかわる費用。一般的には，躯体工事費，仕上げ工事費・設備工事費・外構工事費，下請経費等に直接仮設費（墨出し・足場・機械器具・養生など）を加えたもの。

③間接工事費とは，工種別見積あるいは部位別見積によって工事原価を据える際，単独の工種なり部位に属さない共通の費用のこと。共通仮設費や現場経費をいう。

④現場経費とは，工事原価の一つで，社内機器費用，リース費用，電力用水費，燃料費，地代家賃，警備費，作業所員の給与・手当，労務管理費，退職金，社会保険料，労災保険料，福利厚生費，租税公課，保険料，事務用品費，通信交通費，交際費，補償費，雑費，設計費等で構成される。工事原価から直接工事費および共通仮設費を除いたもの。

⑤共通仮設費とは，工事共通の仮設費のこと。敷地測量費，現場事務所建設維持費，仮囲い，動力光熱費，試験調査費，清掃費用，複数工事用のクレーン，機械等の設置使用料，現場経費，福利厚生等の一般管理費で構成されている。

2）実行予算書

a. 実行予算の作成

建築工事を受注すると，工事の実施面における工事的要素を計上し，利潤の目標を設け，施工のための予算計画（実行予算）を立てる。実行予算は施工を効率良く，順序通り，手戻りなく実施するための金銭面からの管理手段であるため，工事受注後，真っ先に着手すべきである。

b. 実行予算書の目標

①実行予算額は，各工事金額の積み上げの集計ではなく，その工事の実施金額の目標であり，その内訳は予算の配分を意味する。

②この実行予算額は，各工事の詳細施工計画を単価と数量で表し，工事の目標となりうるものである。

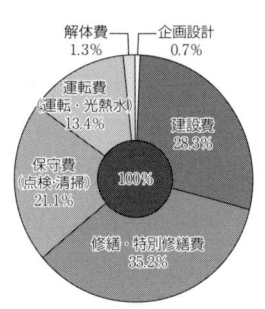

図1.5.8 ライフサイクルコスト（例）

解体費 1.3%
企画設計 0.7%
運転費（運転・光熱水） 13.4%
建設費 28.3%
保守費（点検清掃） 21.1%
修繕・特別修繕費 35.2%

（5）環境管理

ISO 14000シリーズ 組織活動が環境に及ぼす影響を最小限にくい止めることを目的に定められた環境に関する国際的な標準規格。環境マネジメントシステムに関するISO 14001, 14004をはじめ，環境監査に関するISO 14010, 14011, 14012などから構成される。日本では日本適合性認定協会が認定機関。

近年は，建設工事においても環境に配慮することが求められ，建設公害を含め環境管理が重要になっている。建設工事で，その地域社会の環境を乱さないことが環境管理の原点である。施工にあたっては，環境保全に関する法律を遵守することはもちろん，地域社会に対する細やかな心遣いが必要である。

第三者認証機関による認証制度の一環として，ISOの環境マネジメントシステム（ISO14001）がJIS規格に制定されている。建設系の廃棄物の適正処理のためにも，廃棄物処理法や建設リサイクル法をよく理解し，正しく対応することが重要である。

1）産業廃棄物処理

a. 廃棄物の定義と種類

建設リサイクル法 正式名称は，「建設工事に係る資源の再資源化等に関する法律」。工事の発注者に特定建設資材（コンクリート，アスコン，木材，鉄およびコンクリートからなる資材）の分別再資源化を義務付けたもの。建築解体工事は延べ床面積80 m²以上，建築の新築，増築工事は500 m²以上，建築の修繕，模様替えは1億円以上について，建設工事受注者は建設廃棄物の分別再資源化を行わなければならない。

「廃棄物」とは，不要となった固形物・液状物をいい，廃棄物か否かは，そのものに価値があるかどうかの有価性により判断される。廃棄物のうち，事業活動にともない発生する廃棄物を「産業廃棄物」と呼び，その種別は政令で定められている。一方「一般廃棄物」は，産業廃棄物以外すべてという定義になっている。産業廃棄物のうち，有害・危険な廃棄物が「特別管理産業廃棄物」と呼ばれ，建設工事においては，主なものに廃油・廃酸・廃アルカリ・廃PCB等およびPCB汚染物・廃石綿などがある。

「建設廃棄物」は，その大半が産業廃棄物であるが，建設事務所等から排出される紙くず・生ごみ等は一般廃棄物に該当する。工作物の新築・改築および除去にともなって生じた木くずは，産業廃棄物とされているが，街路樹の剪定木くずは一般廃棄物になる（図1.5.9参照）。

b. 排出事業者の責任と役割

排出事業者 廃棄物処理法では，事業活動にともなう廃棄物の処理責任は排出事業者にあるとして，生じた廃棄物を自らの責任で適正に処理しなければならない。なお，建設工事にともない生ずる廃棄物処理については，その建設工事の元請業者が排出事業者となる。

①建設工事にともなって発生する廃棄物は，発注者から請け負った建設工事の元請業者が，「排出事業者」として自ら適正に処理するか，または廃棄物処理業者等に適正に処理を委託しなければならない。

②廃棄物処理法の改正がされ，平成23年4月1日施行により明文化された。

③したがって，下請負人は廃棄物処理業の許可がなければ，廃棄物の運搬・処分ができないことも明確となった。

1.5 管理計画

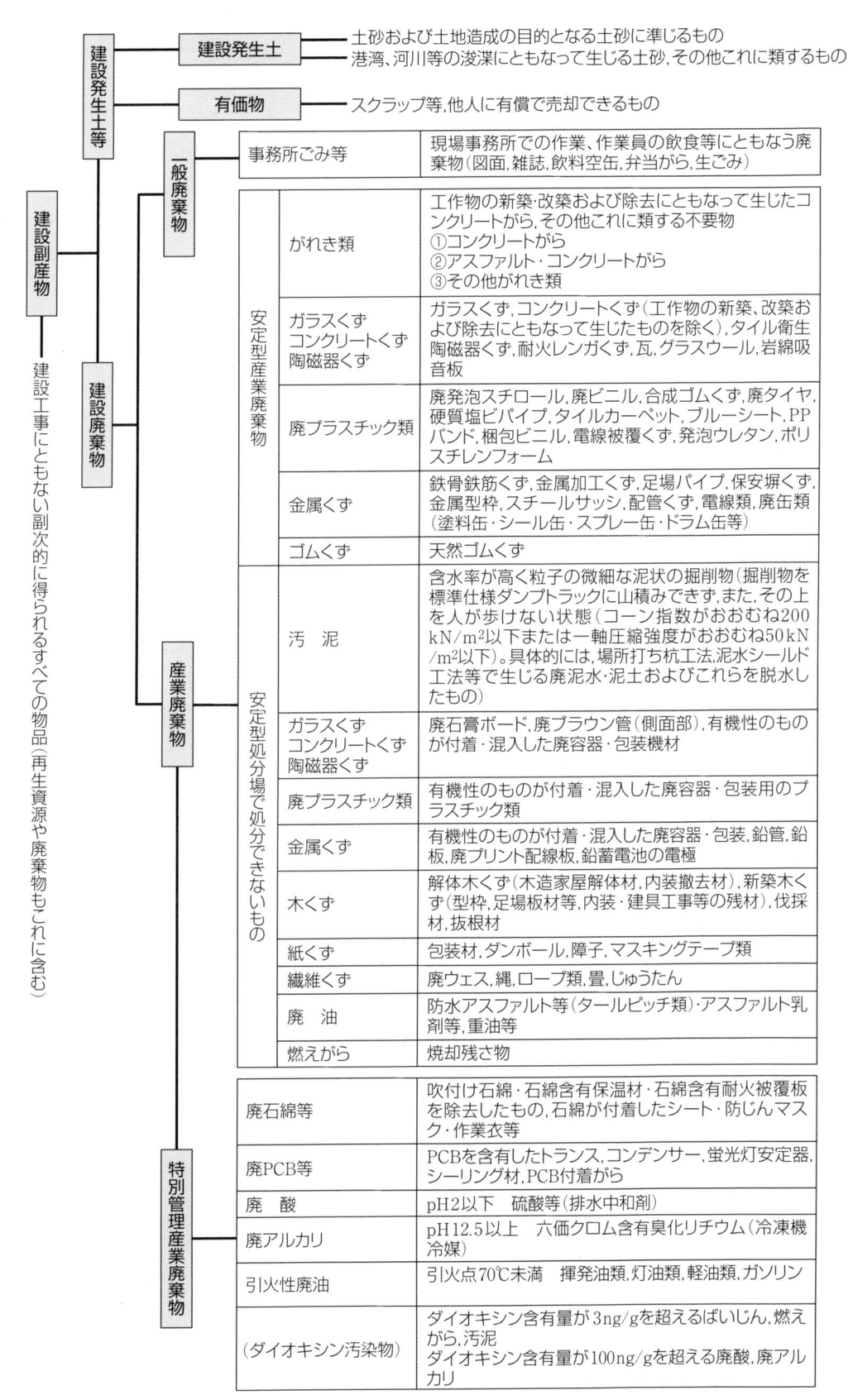

建設副産物 (建設工事にともない副次的に得られるすべての物品(再生資源や廃棄物もこれに含む))	建設発生土等	建設発生土	土砂および土地造成の目的となる土砂に準じるもの
			港湾,河川等の浚渫にともなって生じる土砂,その他これに類するもの
		有価物	スクラップ等,他人に有償で売却できるもの
	建設廃棄物	一般廃棄物 — 事務所ごみ等	現場事務所での作業、作業員の飲食等にともなう廃棄物(図面,雑誌,飲料空缶,弁当がら,生ごみ)
		産業廃棄物 — 安定型産業廃棄物 — がれき類	工作物の新築・改築および除去にともなって生じたコンクリートがら,その他これに類する不要物 ①コンクリートがら ②アスファルト・コンクリートがら ③その他がれき類
		ガラスくず コンクリートくず 陶磁器くず	ガラスくず,コンクリートくず(工作物の新築、改築および除去にともなって生じたものを除く),タイル衛生陶磁器くず,耐火レンガくず,瓦,グラスウール,岩綿吸音板
		廃プラスチック類	廃発泡スチロール,廃ビニル,合成ゴムくず,廃タイヤ,硬質塩ビパイプ,タイルカーペット,ブルーシート,PPバンド,梱包ビニル,電線被覆くず,発泡ウレタン,ポリスチレンフォーム
		金属くず	鉄骨鉄筋くず,金属加工くず,足場パイプ,保安塀くず,金属型枠,スチールサッシ,配管くず,電線類,廃缶類(塗料缶・シール缶・スプレー缶・ドラム缶等)
		ゴムくず	天然ゴムくず
		安定型処分場で処分できないもの — 汚泥	含水率が高く粒子の微細な泥状の掘削物(掘削物を標準仕様ダンプトラックに山積みできず,また,その上を人が歩けない状態(コーン指数がおおむね200 kN/m²以下または一軸圧縮強度がおおむね50 kN/m²以下)。具体的には,場所打ち杭工法,泥水シールド工法等で生じる廃泥水・泥土およびこれらを脱水したもの)
		ガラスくず コンクリートくず 陶磁器くず	廃石膏ボード,廃ブラウン管(側面部),有機性のものが付着・混入した廃容器・包装機材
		廃プラスチック類	有機性のものが付着・混入した廃容器・包装用のプラスチック類
		金属くず	有機性のものが付着・混入した廃容器・包装,鉛管,鉛板,廃プリント配線板,鉛蓄電池の電極
		木くず	解体木くず(木造家屋解体材,内装撤去材),新築くず(型枠,足場板材等,内装・建具工事等の残材),伐採材,抜根材
		紙くず	包装材,ダンボール,障子,マスキングテープ類
		繊維くず	廃ウェス,縄,ロープ類,畳,じゅうたん
		廃油	防水アスファルト等(タールピッチ類)・アスファルト乳剤等,重油等
		燃えがら	焼却残さ物
		特別管理産業廃棄物 — 廃石綿等	吹付け石綿・石綿含有保温材・石綿含有耐火被覆板を除去したもの,石綿が付着したシート・防じんマスク・作業衣等
		廃PCB等	PCBを含有したトランス,コンデンサー,蛍光灯安定器,シーリング材,PCB付着がら
		廃酸	pH2以下　硫酸等(排水中和剤)
		廃アルカリ	pH12.5以上　六価クロム含有臭化リチウム(冷凍機冷媒)
		引火性廃油	引火点70℃未満　揮発油類,灯油類,軽油類,ガソリン
		(ダイオキシン汚染物)	ダイオキシン含有量が3ng/gを超えるばいじん,燃えがら,汚泥 ダイオキシン含有量が100ng/gを超える廃酸,廃アルカリ

図1.5.9　建設副産物の種類

中間処理場 産業廃棄物を工場, 建設現場などの排出事業者から受け入れて, 減量・減容化, 安定化・無害化, 分別処理, リサイクル処理をする施設。ここで処理された廃棄物は, 最終処分場で埋立て処分される。

最終処分場 廃棄物を埋立て処分する場所。安定型最終処分場, 管理型最終処分場, 遮断型最終処分場があり, 廃棄物の種類により埋立て処分できる処分場が異なる。

安定型最終処分場 安定型産業廃棄物を埋め立てする処分場で, 廃棄物の飛散, 流出を防ぐ構造になっている。

安定型産業廃棄物 性状が安定していて, 生活環境に悪影響を及ぼす可能性が少ない産業廃棄物をいう。

マニフェスト制度 産業廃棄物の適性な処分を推進する目的で定められた制度。排出事業者が収集運搬業者, 処分業者に産業廃棄物の処理を委託するとき, マニフェスト(産業廃棄物管理票)を用いて最終処分までの流れを確認することで, 不法投棄などを未然に防ぐためのもの。

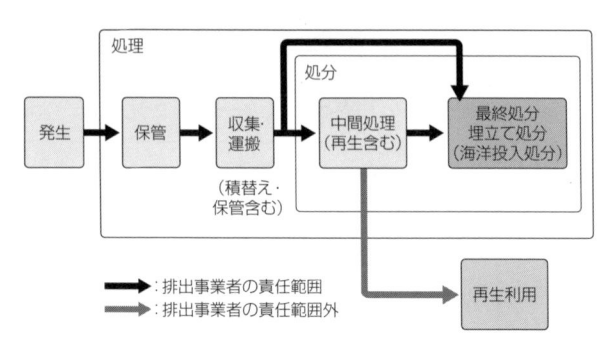

図1.5.10 廃棄物処理の形態と排出事業者の責任範囲

c. 廃棄物の委託処理

① 排出事業者は, 行き先確認を書面上で行う必要がある。中間処理施設に焼却処理を委託した場合には, 焼却後の「燃え殻」がどこで最終処分されたかが書面(マニフェスト)により確認することが求められていた。

② 現在は電子マニフェストの運用により, 国が指定する(財)日本産業廃棄物処理振興センター(JWNET)と, 排出事業者・収集運搬業者・処分業者が携帯電話やパソコンを使用して情報をJWNETに送ることで情報が蓄積・保管され, 排出業者は処理終了を確認できるシステムが確立されている。

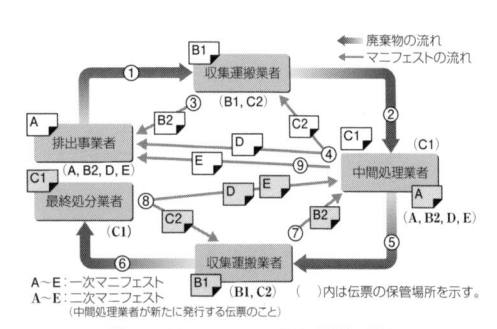

図1.5.11 マニフェスト伝票の流れ

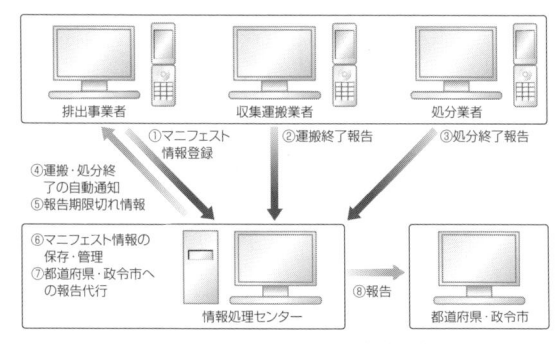

図1.5.12 電子マニフェスト制度の概要

2) 再資源化の優先順位

1. 廃棄物発生の抑制(リ・デュース): 廃棄物を可能な限り減量し, 排出を減らす。
2. 建設資材の再利用(リ・ユース): 資材としてそのまま再利用する。
3. 資源化利用(マテリアル・リサイクル): 廃棄物を資源として利用し, 新たな資材をつくる。
4. 熱回収(サーマル・リサイクル): 資源化が困難な場合は燃焼し, その熱を利用する。
5. 最終処分: 上記の利用法が困難な場合, 最終処分場で処理する。

3) 建設公害

建設公害には, 環境基本法に定める公害, 建築物に特有の公害, これら以外で施工中に発生する公害がある。環境基本法では, 公害とは環境保全上の支障のうち, 事業その他の人の活動にともなって生じる人の健康・環境に係る被害が生じることをいう。

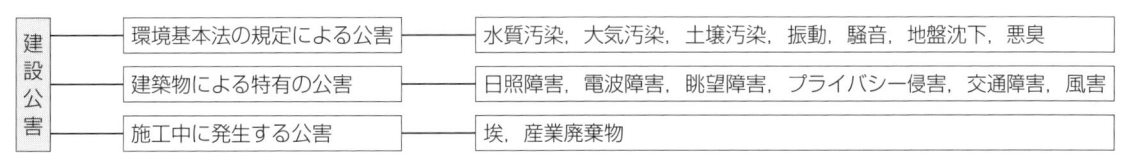

1.5 管理計画

```
            ┌─ 環境基本法の規定による公害 ─── 水質汚染，大気汚染，土壌汚染，振動，騒音，地盤沈下，悪臭
建設公害 ─┼─ 建築物による特有の公害 ───── 日照障害，電波障害，眺望障害，プライバシー侵害，交通障害，風害
            └─ 施工中に発生する公害 ─────── 埃，産業廃棄物
```

図1.5.13 建設公害の種類

工事施工にともない，発生が予測される工事公害については，事前に十分な検討を行い，その発生の予防に努めなければならない。また施工者は，発生する廃棄物によって環境汚染を引き起こさないよう，省資源・再生資源化に努め，関係法令に基づいて適切に処理しなければならない。

表1.5.5 再生資源利用計画書・再生資源利用促進計画書

	内　容
再生資源利用計画書	搬入量が次のいずれかに該当する場合に作成する。 ①土砂：1,000 m³以上 ②砕石：500 t以上 ③加熱アスファルト混合物：200 t以上
再生資源利用促進計画書	搬出量が次のいずれかに該当する場合に作成する。 ①建設発生土：1,000 m³以上 ②コンクリート塊，アスファルト・コンクリート塊，建設発生木材の合計：200 t以上

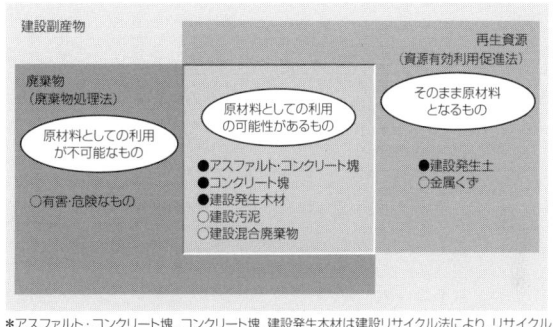

建設副産物
　廃棄物（廃棄物処理法）
　　原材料としての利用が不可能なもの
　　　○有害・危険なもの
　原材料としての利用の可能性があるもの
　　●アスファルト・コンクリート塊
　　●コンクリート塊
　　●建設発生木材
　　○建設汚泥
　　○建設混合廃棄物
再生資源（資源有効利用促進法）
　そのまま原材料となるもの
　　●建設発生土
　　○金属くず

＊アスファルト・コンクリート塊，コンクリート塊，建設発生木材は建設リサイクル法により，リサイクル等が義務付けられたもの。建設発生土は再生資源で，廃棄物ではない。

図1.5.14 建設副産物と再生資源，廃棄物との関係

演習問題（工程管理）◆ 下記の文で正しいものには○，誤っているものには×をつけなさい。

1. 各工事ごとの毎日の作業量を，なるべく均一にするように計画する。　□
2. 工期の短縮を図る場合は，仕上げ工事の工程で行うようにする。　□
3. 材料の準備期間と工場での製作期間，および現場搬入時期を考慮しておく。　□
4. 製作図と施工図の作成および承諾の時期を考慮して作成する。　□

演習問題（環境管理）◆ 下記の文で正しいものには○，誤っているものには×をつけなさい。

1. 騒音，振動に関し，規制の対象は指定地域内で実施される特定建設作業に限っている。　□
2. 騒音規制法および振動規制法の届出は，都道府県知事に作業開始の7日前までに提出する。　□
3. 環境基本法の「公害」とは，事業その他の人の活動に伴い，人の健康または環境にかかわる被害が生ずるものをいう。　□
4. 特定建設作業を規定されている規定値は，騒音で75デシベル，振動で85デシベルである。　□

(6) 材料管理

材料は，一般に施工を担当する専門業者が購入し保管するが，元請が直接購入して支給する場合もあり，元請から引渡しを受ければ専門業者の責任となる。工事用材料は破損・汚損することのないように適切な方法で管理し，材質が劣化・変質しないように保管しなければならない。

表1.5.6 主要材料の保管管理

材　料　名	材　料　保　管　管　理　の　留　意　事　項
既成コンクリート杭	仮置きの場合は，枕材を2本置き，原則1段に横置きとし，移動しないようにくさびを設ける。
セメント	防湿に注意し，通風や圧力は避ける。床を30cm以上上げ，積み重ね10袋以下とする。
骨材	砂利・砂・軽量骨材は種類別に分離し，土が混入しないよう，土の上に直置きしない。吸水性の大きい軽量骨材等は，生コン製造前に吸水（プレソーキング）させておく。
型枠合板	直射日光を避け，シート等で保護する。土に直置きしないで乾燥させ，通風を良くする。
鉄筋	枕材などを置き，地面から10cm以上離す。油分・泥・風雨や潮風を避けるためシート等で覆う。
コンクリートブロック	雨掛かりを避け，乾燥した場所で縦積みする。積上げ高さは1.6m以下とする。
ALC版	枕材を2本置き，平積みとする。積上げ高さは，1段を1m以下で2段までとし，シートを掛けておく。
PC板	枕材を2本置き，平積みする。位置は部材の変形防止のため，鉛直線上に上下同位置に配置する。積上げ段数は6段以下とし，シートを掛けておく。
押出成形セメント板	PC板と同様，枕材を2本上下同位置，湿気の少ない場所に平積みとする。積上げ高さは1m以下。
木質系セメント板	平滑なコンクリート床の上または地面に置く場合は，枕材を3本とし，積上げ高さは3m以下とする。
スレート板	枕材は3本で平積みとする。積上げ高さは1m以内とする。
アスファルトルーフィング	屋内の乾燥した場所に縦積みにして置く。砂付きルーフィングは，砂の付いていない部分を上にして置く。直接地面に置くか，屋外に置いて風雨に当てないようにして，2段積みは避ける。
発泡プラスチック保温材	日射を受けると表面から劣化し，水や湿気に弱いので，屋内の乾燥した平坦な敷台の上に積み重ね保管する。グラスウールなどの繊維系断熱材は，使用する前までは梱包をしたまま保管しておく。
可燃性塗料・プライマー類	周囲の建物から1.5m以上離し，独立の不燃平屋建倉庫で天井は設けない。戸締りと換気を行い保管する。塗料の付着した布類は，自然発火のおそれがあるので，同倉庫には保管しない。
高力ボルト	種類・径・長さ・ロット番号ごと区分し，同種類のボルトをまとめて保管する。梱包は施工直前に解く，使用後に残れば放置しないで，元の保管場所に戻す。積み上げる箱の段数は，3～5段程度とする。
溶接用材料	溶接棒は湿気を吸収しないように保管，乾燥した状態で使用する。吸湿したら乾燥器で乾燥させる。
板ガラス	保管中の破損防止のため縦置きとし，乾燥した場所で転倒防止のためロープで緊結して保管する。

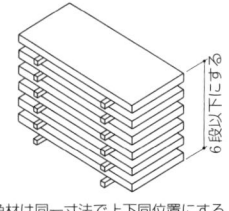

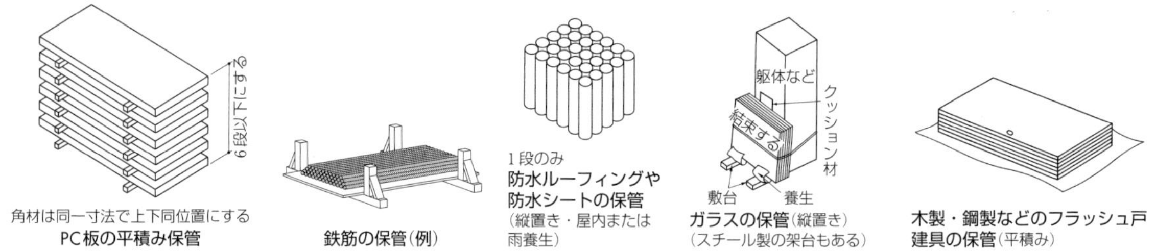

図1.5.15 主要材料の管理方法

- 角材は同一寸法で上下同位置にする　PC板の平積み保管
- 鉄筋の保管（例）
- 1段のみ　防水ルーフィングや防水シートの保管（縦置き・屋内または雨養生）
- ガラスの保管（縦置き）（スチール製の架台もある）
- 木製・鋼製などのフラッシュ戸建具の保管（平積み）

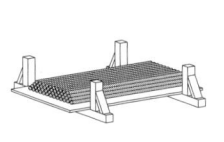

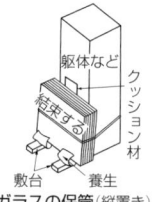

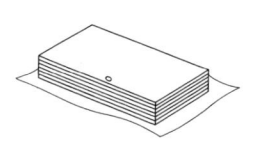

演習問題（材料管理） ◆ 下記の文で正しいものには○，誤っているものには×をつけなさい。

1. 構造体の計画供用期間の級が「超長期」の建築物に使用するコンクリートについては，普通ポルトランドセメントを用いた。
2. 工事現場に搬入されたロールカーペットの保管については，横置きにせずに，縦置きにして保管する。
3. 木工事に用いる造作材の工事現場搬入時の含水率は，特記がなければ，20％以下とする。
4. 塗料については，撹拌しても再分散しない沈殿物，皮ばり，凝集等の現象が生じていたので，こしわけによりこれらを取り除いて使用した。

(7) 申請・届出

建築工事を実際に施工するには、着工前の段階から竣工して発注者に引渡すまでの間に、官公庁に対してさまざまな申請や届出が必要である。それぞれ提出する書式、提出先、提出期限が定められている。工事工程に支障がないように、チェックリストを作成して、遺漏のないように入念な管理が必要である。

表1.5.7 建築関係一般

申請・届出の名称	提出先	提出時期
建築確認申請	建築主事・指定検査機関	着工前
中間検査申請	同上	特定工程〜4日以内
建築工事届	都道府県知事	着工前
完了検査申請	建築主事・指定検査機関	完了〜4日以内
建築物除去届	同上	着工前
浄化槽設置届	都道府県知事	設置21日前

表1.5.8 道路関係一般

申請・届出の名称	提出先	提出時期
官民境界確定願	財務局・道路管理者	着工30日前
道路使用許可申請	警察署長	着工前
道路占用許可申請	道路管理者	同上
道路工事施工承認申請	同上	同上
特殊車両通行許可申請	同上	同上
沿道掘削願い	同上	着工30日前〜

表1.5.9 公害関係一般

申請・届出の名称	提出先	提出時期
特定建設作業実施届出	市町村長	着工7日前
特定粉塵排出等実施届	都道府県知事	開始14日前
マニフェスト交付等状況報告書	同上	直ちに(電子運用可能)

表1.5.10 労働安全衛生法関係

申請・届出の名称	提出先	提出時期
適用事業報告書	労働基準監督署長	直ちに
就業規則届	同上	同上
特定元方事業開始報告	同上	同上
建設工事計画届	同上	着工14日前
建設物設置届	同上	着工30日前
統括安全衛生責任者選任報告	同上	選任事態発生日〜14日内
共同企業体代表届	都道府県労働局長	着工14日前
ボイラー設置届	労働基準監督署長	設置30日前
自家用電気工作物設置工事計画書	経済産業大臣	設置前あらかじめ
安全管理者選任報告	労働基準監督署長	遅滞なく
衛生管理者選任報告	同上	同上
機械等設置・移転変更届	同上	開始30日前
建設用リフト設置届	同上	同上
クレーン設置届	同上	同上
人荷エレベーター設置届	同上	同上
消防用設備等着工届	消防長・他	着工10日前

演習問題(届出) ◆ 下記の文で正しいものには○、誤っているものには×をつけなさい。

1. 道路法による通行の制限を受ける車両を通行させるために、「特殊車両通行許可申請書」を警察署長宛に提出した。 □
2. 中間検査を受ける必要のある建築物について、指定された特定工程に係る工事を終えたので、「中間検査申請書」を建築主事宛に提出した。 □
3. 支柱の高さが4mの型枠支保工を設置するための「建設物設置届」を労働基準監督署長宛に提出した。 □
4. 高さ40mの建築物の新築に先立ち、当該工事の開始の日の10日前までに、「建築工事計画届」を、労働基準監督署長宛に提出した。 □

第2章 躯体工事

　躯体工事とは，建築物の骨組など建物全体を構造的に支える部分で，地業・基礎を含む工事をいう。要求される機能としては十分な強度・耐久性があり，施工精度が高く，品質の良いものを，工期内に経済的に施工する目的がある。

　躯体の構法には，鉄筋コンクリート造，鉄骨造，鉄骨鉄筋コンクリート造，木構造，補強コンクリートブロック造などがある。

　躯体の施工は，屋外の作業が大半であり，天候に影響されることが多い工事となるが，仕上げ工事と異なり，職種が少なく，繰返し作業のため作業員の慣れもあり，工期の調整はやりやすい。

　しかし，躯体の瑕疵（かし）が発生すれば，後戻りの難しい重要な工事である。粗雑な工事だと仕上げ工事の出来映えにも大きく影響する。したがって，施工精度や品質検査など，落ち度のない十分な管理が大切である。

　そのため躯体工事には，法的な数値の規準や施工手順が多く含まれているので，各構法ごとに重要な数値と工事の流れを理解することが大切である。

躯体工事の流れ

 事前準備	 杭打ち工事	 山留め・掘削工事	 基礎工事
①敷地周囲に仮囲い・ゲートを設け，標識，看板を付ける。②縄張りで建物位置を決定し，遣方を設置する。③ベンチマークを決定する（建物の通り心と水準高さ）。	①建物の杭を打ち込む。②地下がある場合は，山留め用の親杭および乗入れ構台用の支柱を打ち込む。③杭頭処理がある場合は，杭切断機を用いて切断する。	①1次掘削を行う。②山留めを設置して，2次掘削を行う。③捨てコンクリートの打設。④山留め架構の点検・計測の頻度を遵守する。	①地中梁コンクリート打設から型枠解体，埋戻し。②土間配筋後，土間コンクリートを打設する。③1階土間コンクリート上に墨出し，鉄筋，型枠施工。

 鉄筋工事	 型枠工事	 コンクリート工事	 鉄骨工事
①鉄筋の加工，運搬，搬入。②地上階の柱筋・壁筋・梁筋・スラブ筋の順で組み立てる。鉄筋のあき，かぶり厚さの確認。圧接の施工検査も行う。③施工中，配筋の自主検査と完成後の官庁検査を受ける。	①型枠加工（加工場が一般的），運搬，搬入。②位置・高さを墨に合わせて，柱・壁・梁・スラブの順で，鉄筋工と打ち合わせて行う。③型枠解体は，せき板および支柱の存置期間を遵守する。	①コンクリートの受入れ検査項目をもれなく行う。②打込み要員および打設前の掃除，散水を確認する。③コンクリート打込みの基本的な事項を遵守する。④打設後の湿潤養生を行う。	①鉄骨工場において製品検査。②アンカーフレームの設置。③組立て用重機の選定を行う。④建方順序の検討と建入れ直し精度の検査を実施する。⑤仮締め・マーキング・本締めの順で確実に締め付ける。

2.1 測量

(1) 測量の要点

測量とは，地上にある目標点相互の位置を測定する作業をいい，具体的には，屋外で行う距離，角度，高低差を測定する作業と，その結果を整理し，計算や作図を行う作業である。

近年では，光波測距儀やGPS（Global Positioning System：全地球測位システム）などを用いた測量が多用されている。

(2) 測量用語

ベンチマーク ①水準点。測量法で定められている測量標の一種で，標高の基準となる点。全国各地に国，地方自治体により設置されている。②施工時に，建物の位置，高さを定めるための基準点。「BM」と略す。

① 国土座標点（国家座標）：東京タワーの下に「座標原点」を決めている。それを基に，全国各地に水準点・座標の位置を決めている。

② 水準原点：日本の水準原点は，東京湾における平均潮位を「東京湾中等潮位（T.P.）」と呼び，日本の陸地の標高の基準面としている。しかし，海面だと不便なので，国会議事堂（東京都千代田区永田町1丁目7番1号）尾崎記念公園内にあって，その標高は24.414 mであったが，東日本大震災で沈下し，現在の標高は24.39 mである。A.P.は荒川ポイント，O.P.は大阪湾ポイント等，全国各地域のそれぞれに海面のポイントが決められている。

③ 永久標識：三角点・水準点等，地上にあって堅固で恒久的な標識とするもの。

④ 一時標識：測量に用いる測標を測点し，数年間存置する標杭である。

⑤ 三角点：測量の三角網の基準となる点。三角網の大きさで，一等から四等に分かれ，見通しのよい山の頂上等に設置される。

⑥ 磁北：地図の上では北極が「真北」だが，地球のS極は日本から見て，北極から少しはずれた北極海にあり，方位磁石は真北から西にずれた方向を指す（北海道で9度，東京で7度，沖縄で5度程度）。真北は，設計図や日影図などに用いるが，磁北は家相や風水などの基準にすることが多い。

スタティック測量 GNSS受信機を複数台（最低3台）使用し，測定点上に三脚やアンテナタワーを設置，共通衛星4個以上，60分以上の同時観測をする測量方法。

⑦ 電子基準点：国土地理院が日本全国に千数百点設置・運用しているGPS電波の連続観測点。ここから得られる観測情報を利用し，測量データの誤差を補正し，高精度な位置情報を取得できる仕組みである。スタティック測量を行えば，数ミリの誤差で1級基準点が測量できる。

⑧ 測量図：地形や地物の形状・高低を計測した結果を，一定の縮尺で図示したもので，測量平面図，縦断面図，横断面図，地積図（求積図）などをいう。

地籍図 国土調査法に基づく地籍調査により，各筆の土地について所有者，地番，地目ならびに境界および地積の調査測量を行った成果を地籍図という。この写しと地籍簿が登記所に送付され，不動産登記法の規定による地図として備え付けられる。

⑨ 土地条件図：国土地理院が発行している，都市部を中心に作成された特殊な地形図。縮尺は2万5000分の1。高台や低地が色調と記号で示され，地盤状況がわかる。

⑩ 地形図：国土地理院発行の基本図（等高線など）で，日本国土を網羅している。

⑪ 造成計画図：大規模分譲地の造成前の現況測量図をもとに，道路・排水系統工作物の種類，区画割りなどを記載している。特定の宅地の切土，盛土がわかる。

⑫ 公共座標：緯度・経度や世界測地系の座標値のこと。この座標値は，「日本

のこの位置の土地」ということがわかる座標値である。
⑬光波測距儀：赤外線またはレーザー光を変調して、その変調光を基点から発射し、目標点にプリズム反射鏡を置いて反射させて、往復した変調光の位相差を測定して距離を求める。

(3) 測量の種類

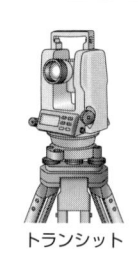

測量の方法はいろいろあるが、1)～4)は最新の測量器が開発され、精度の落ちる測量方法は利用されることが少なくなっている。戸建住宅でも、ほとんど電子トランシットとプリズムで座標点を測定し、CADで敷地図を作成している。

1) 三角測量 基線の距離と各三角形の内角を測定し、計算によって各辺の距離を求める。セオドライト（トランシット）を用いて2点からの角度を測定し、その交点を三角形の3番目の頂点として位置を決め、既知の1辺の距離から2辺の距離を算出していく測量方法。

2) トラバース測量 （多角測量）セオドライトを用いる三角測量と同一の手法による。トラバースの辺長や角度をトランシットで測って、その測定点間を多角形で結ぶ形で各測定点の平面的位置を求める測量。

3) 水準測量 レベル（水準器）を使って、地表面の2点間の高低差を求める測量（図2.1.1）。

4) 平板測量 巻尺で距離測定した結果を三脚に取り付けた平板上で、アリダードを用いて現地で直接作図する。精度は低いが、作業は簡単である。

図2.1.1 水準測量による測量方法

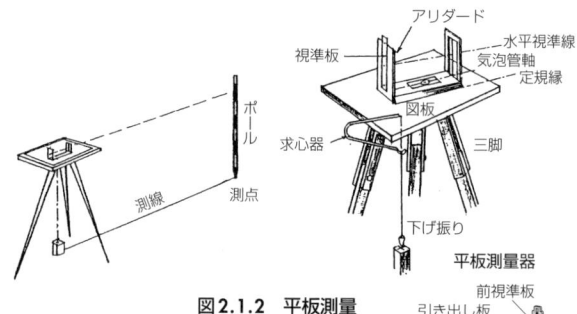

図2.1.2 平板測量

チルチングレベル 水準測量に使われる計測器（レベル）の一種。内蔵された感度の高い気泡管を目安に機器全体の水平を整準するねじ以外に、望遠鏡部分のみを傾けるためのチルチングねじをもつことからこの名称で呼ばれる。

平板測量の方法は、以下の通りである。

a. 放射法（射出法，光線法）

見通しがよい敷地の中央付近に平板をセットし、その点を求心器により平板図上に決定した後、アリダードにより放射状に各測定点の方向を求め、距離を直接測って各点の位置を決定し作図する方法（図2.1.3）。

b. 交会法

川などの障害物があり、距離を直接測れない場合に、平板上の既知点を利用し、求める点に向かって引いた方向線により、求める点の位置を決定していく図解法。他の既知点から求める点を視準、あるいは求める点から既知点を視準し、各測定点に対する方向線の交わる点を求めて作図する（図2.1.4）。

c. 進測法（道線法，図解トラバース法）

平板器を用いたトラバース測量方法で、見通しの利かない土地の測量を行う際に用いられる。地上の測定点を1つずつ回りながら、各々の測定点間の方向

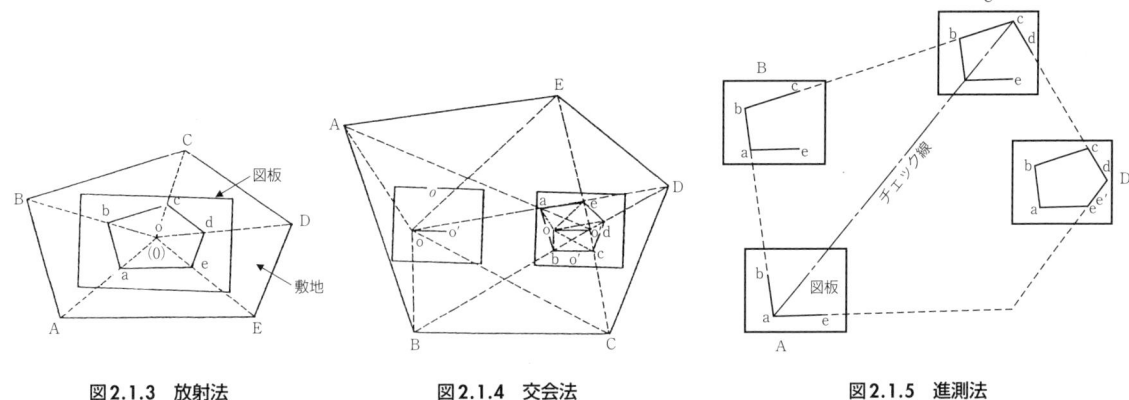

図2.1.3　放射法　　　　　　　図2.1.4　交会法　　　　　　　図2.1.5　進測法

と距離を測定し，図上に表記，最初の測定点に戻ってくる測量方法(図2.1.5)。

5) **写真測量法**　写真画像から対象物の幾何学特性を得る方法。例として，写真画像面に平行な平面上に存在する2点間の距離を求める場合，写真画像の縮尺がわかっていれば，画像上の距離を測定し，実際の距離を縮尺から逆算して求められる。

6) **GPS測量**　アメリカの人工衛星と国土地理院が管理運営をしている電子基準点を用いて行う最新の測量方法。国が行う測量のほとんどは，GPS測量を用いる。最近は，不動産登記法の大改正で，公共座標を使用することになった。

(4) 測量に用いられる主な機器

電子野帳　観測データの収集，計算，記憶，転送などの処理をスピーディーに行う機器で，観測データは約6,000点分が可能。

トランシット　水平角と鉛直角とを測定するための機器。水平面を基準にして，望遠鏡の視準線を目標にセットしてできる方向角と高度角とをバーニヤ目盛りで読み取る。近年は測定数値がデジタル表示される「セオドライト」が普及し，「トランシット」という言葉から置き換わりつつある。

電子トランシット　鉛直方向と地墨の直線，角度を測る。望遠鏡を用いて水平角や鉛直角の測定ができるコンピュータ内蔵型。

オートレベル　レーザーレベルと同様で，レベル本体がレーザー光線を出し，ポイントになると音で知らせ，一人で墨出しができる。

プリズム反射鏡　光波距離計で計測したいポイントに設置する。トラバース測量など測距・測角作業に便利である。

GPSアンテナレーザー　GPSから得られた座標データを公共座標等に変換するアンテナレーザー。

レーザーレベル	レーザーで感知電子野帳搭載	電子セオドライト
レベル本体がレーザー光線を出し，回転して定規のポイントなると音で知らせる。水平を測る機械。	トランシット本体がレーザー光線を出し，縦墨を測る機械。ノンプリズムでレベル兼用もあり，電子野帳搭載型。	ワンマンで墨出し作業が可能。通り心出し，直角，水平出し，ワンタッチで勾配表示，レーザー照射機能あり。

レーザー墨出し器	レーザー垂直器	デジタルレベル
床面と壁面にレーザーで投影して墨出しをする。	壁面に垂直の線をレーザーで投影して墨出しをする。	高さと距離を高精度に電子測定する機械。効率的に国土地理院作業規定の通りのデータを取り込める。

2.2 地盤調査

(1) 地盤調査の要点

施工段階では，すでに設計時点で杭地業などの必要な調査資料があって省略されるものが大半であり，土工事の施工方式や山留め壁などの施工計画および地下水処理計画の作成などが主目的である。

基礎および土工事の設計および施工に必要な全ての資料を求めるために行い，主な調査項目は，地盤の構成，支持層の深さ，支持力，沈下状況，地下水位，水圧，水量，地盤の性質などである。

不同沈下 建物全体が同一な沈下をせず，ある部分が著しく沈下を起こすなど，不均等に沈む現象。その結果，建物に亀裂が生じたり，床面が傾斜したり，建具の機能障害などを引き起こす。

圧密沈下 建物や上層部の土の荷重が作用することによって地中の圧力が増加し，土層の間隙にある水が絞り出されて排水される。土中の間隙が減少すると，この土層全体が沈下するが，粘性土では透水性が低いため水の移動，排水に時間がかかり，長期間にわたって徐々に沈下することになる。この現象を圧密沈下という。

表2.2.1　地盤の調査の内容

圧縮性（圧密性）	地盤沈下や建物の不同沈下の原因になる。上部からの荷重によって，土の粒子間の空間がなくなったり，粘性土では粒子間の水分が抜けるのが原因。基礎の設計に重要なもの。
せん断強さ	上部の荷重によって粘性土の内部摩擦がなくなり，すべり現象を起こす。掘削工事などで地山の崩落や山留め倒壊などの原因になるほか，基礎の設計では不同沈下にも影響する。
締まり具合	支持力に影響するほか，砂地盤では液状化にも影響する。
地下水位	地下水の有無は，掘削工事や地下構造物への影響が大きい。
透水性	地盤を通って流通する地下水の状況を調査する。砂地盤や砂混じりの粘性土，シルト層では，透水性が大きく，掘削工事での排水の施工法に影響する。

(2) 調査の種類

表2.2.2　設計段階に行う「予備調査」と「本調査」の項目

	調査目的と調査範囲	調査方法
予備調査	基礎形式を想定し，本調査の計画を立てるために行い，資料を収集する。敷地内の地盤構成を把握する。	①既存資料の収集　事前調査 ②地形の調査 ③現地調査（必要に応じて，ボーリング，標準貫入試験，サウンディングなど）
本調査	基礎および土工事の設計・施工に必要な資料を求めるため，敷地内の地盤構成，支持層の深さ，支持力，沈下性状，地下水位，基礎の施工に影響する範囲内の地盤の性質を把握する。	①ボーリング，②サンプリング，③サウンディング，④試験掘り，⑤載荷試験，⑥物理探査，⑦間隙水圧測定，⑧透水・揚水試験，その他

(3) 調査方法

1) ボーリング

ボーリングとは，穴を掘って調べることで，各土層の深さと厚さ，地下水を調査し，土質試験に必要な資料を採取する。

このボーリング作業中に，標準貫入試験も同時に行われる。調査の深度は，支持杭を想定した設計では，杭先端から下部へ5〜10m程度とする。

直接基礎を前提とした調査では，基礎底面から建物の幅の1.5〜2倍程度を標準としている。

一般に，ロータリーボーリングが使われている。施工法は，ロータリーボーリング機器のロッド先端のビットを回転させながら，掘進・せん孔してコアサンプルを採取することである。適用土質は，土と岩のあらゆる地層に対応できる。調査事項として，地盤構成，サンプリング，標準貫入試験，オーガーボーリング，試掘などがある。

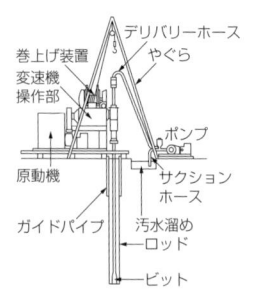

図2.2.1　ロータリーボーリング装置

2) サンプリング

サンプリングとは，土質の分類や特性を調査するために，土質試験用の試料を採取すること。

固定ピストン式シンウォールサンプラーは，チューブ押込み時にピストンが固定され，高品質の試料が採取でき最も普及している。N値が4以下の軟弱粘性土に採用され，長さ80cm程度，直径75mm程度の試料を採取する。

その他にロータリー式二重管サンプラー（デニソンサンプラー）等がある。標準貫入試験でも，採取装置付きで内部に詰まった土を取り出せる。また，スウェーデン式サウンディング試験でも簡易の採取はできる。

3) サウンディング

サウンディングとは，地中を探り推定することで，これを「現位置試験」という。現場において，直接地盤の特性を調べる試験で，ロッドに付けた抵抗体を地中に挿入して，貫入・回転・引抜きなどの抵抗から，地層の性状を探査することである。

a. 標準貫入試験（JIS A 1219）

ボーリングと同時に比較的簡便に実施でき，最も多く利用されている。サウンディングとともに，試料の採取が可能である。

原位置における土の硬軟，締まり具合の相対値を知るため，重量63.5kgのハンマーを75cmの高さから自由落下させ，ロッドを打撃し，ロッドの先端に取り付けた標準貫入試験用サンプラーを，30cm打ち込むのに要する打撃回数を求める試験である。この回数が「N値」と呼ばれ，土の硬軟を推定するために広く利用されている。

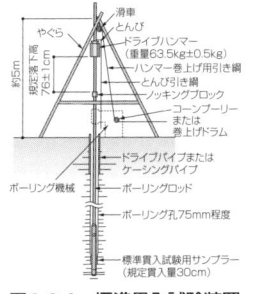

図2.2.2　標準貫入試験装置

表2.2.3　N値から推定される項目

N値	砂質土の状態	N値	粘性土の状態	現場判別法
4以下	非常に緩い砂	0～2	非常に軟らかい	こぶしが容易に10数cm入る
4～10	緩い砂	2～4	軟らかい	親指が容易に10数cm入る
10～30	普通の砂	4～8	中くらい	努力すれば親指が10数cm入る
30～50	密な砂	8～15	硬い	親指で凹ませられるが，突っ込むことは大変である
50以上	非常に密な砂	15～30	非常に硬い	爪でしるしが付けられる
—	—	30以上	たいへんに硬い	爪でしるしを付けるのが難しい

※砂と粘土では，同じN値でも，その硬軟の評価には大きな差があることに注意。

b. オランダ式二重管コーン貫入試験

貫入試験機を用いて，マントルコーンを5cm貫入させたときの貫入抵抗測定値を計測する。ボーリングをともなわないため，調査能率が良く，測定地盤の乱れが小さい。軟弱な粘性土の調査に利点が多いが，硬質土地盤の貫入や試料の採取ができない欠点がある。

c. スウェーデン式サウンディング試験

試験機を用いて，荷重を5, 15, 25～100kgfと段階的に増加して，その貫入量を計測し，それ以後はハンドルを回転させて，反回転ごとの貫入量を計測する。

緩い砂質土や粘性土を対象とし，操作が簡便であるが，調査能力が小さく，試験精度も高くないので，軽微な住宅工事に利用されている。

その他のサウンディング試験には，ポータブルコーン貫入試験，ベーン試験，オートマチックラムサウンディング試験，電気式静的コーン貫入試験等がある。

図2.2.3　スウェーデン式サウンディング試験

4）載荷試験

a. 平板載荷試験
構造物の原位置で地盤に載荷板を通じて荷重を加え，荷重と沈下の関係から地盤の支持力を求める試験である。載荷板は，直径30cm以上の円形で，厚さ25mm以上の鋼板を用いる。調査範囲は，調査地盤面から45～60cmまでの深さの地盤で，載荷板の中心から1m以上の範囲を水平に整地する。

b. 孔内水平載荷試験
ボーリング孔を利用して行い，孔壁地盤に圧力を加え，そのときの圧力と孔壁地盤の変位量の関係から，地盤の変形係数や降伏圧力などを求める。

c. 杭の鉛直孔内載荷試験
杭の支持力や設計支持力の安全性を確認するため，杭の先端支持力と周面摩擦力を分離した鉛直孔内載荷試験である。外管を杭支持地盤まで埋設，地盤面に載荷板を設置し，圧力支柱，沈下ロッドを挿入して油圧ジャッキで加重させ支持力を測定する。

試験杭を用いた載荷試験の場合は，杭打込み後，1週間程度経過してから，場所打ちコンクリート杭はコンクリートが十分硬化してから行うが，試験の方法や要領は平板載荷試験に準じて行い，沈下曲線を求めて判定する。

図2.2.4　平板載荷試験

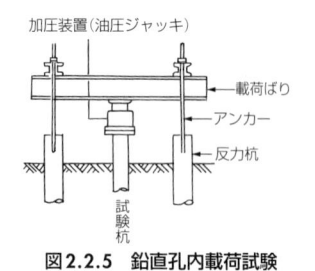

図2.2.5　鉛直孔内載荷試験

5）物理探査
地表で地層の密度の相違，地下水の状態などを測定し，地層の分布状態などを推定する方法である。

a. 電気探査
土質によって電気抵抗の値が異なり，層の厚さによって抵抗値が変化するなどの性質を応用して，地中に電流を流し，地下層の抵抗値とその変化を測定して地下の土質状態を解析して判定する。装置が簡単なのでよく利用される。

b. 弾性波速度検層
ボーリング孔を利用して，直接に地盤のP波，S波の速度分布を測定し，その速度値から地盤の硬軟の判定およびポアソン比，剛性率，ヤング率などを求めて，構造物の耐震設計を得る。「PS検層」ともいう。

c. 常時微動測定
振動のうち，特定の振動源から直接的に影響を受けていない状態での微振動をいう。常時微動を測定することで，地震動の周期特性を知り，建物の耐震設計や設計用の地震波の作成に利用され，卓越周期から地盤種別が判断できる。

6）透水試験
透水試験は，地下水位と透水係数などを調べる試験。

地下水位は，杭の支持力，沈下量の算定，地下の外壁に作用する側圧の算定，建物に作用する浮力の算定，液状化の判定などに必要であり，透水係数は，砂質土地盤の水位変化を算定する目的の試験である。

a. 地下水位の分類
砂質土の透水係数を求めるには，揚水試験と現場透水試験がある。
① 揚水試験は，揚水井を設け，それを中心に十字状に観測井を設けて，揚水井から水を汲み上げて観測井の水位の低下を観測する試験である。
② 現場透水試験は，1本のボーリング孔や井戸を利用して，砂質土地盤の透水係数を求める試験である。水位変化は先端地盤のボイリングを避けるため，平衡水位から2m程度以内とする。透水性の高い地層は，あらかじめ間隙水

透水係数　土中における水の流れやすさを表す係数で，値が大きいほど水が流れやすい。

透水層　透水性の高い地層のこと。地層の透水性は，それを構成する粒子間の空隙の多少（貯留性），間隙の大小（通水性）によって規定され，間隙が大きくて空隙が多いほど透水性が高い。

自由地下水 比較的地表に近い不透水層の上に存在し、地表からの浸透水などの影響を受けて水位が変動する地下水。

被圧地下水 加圧層という不透水性の地層に上下をはさまれた地下水で、地下水面をもたない。直接大気と接しておらず、その水圧（被圧水頭）は大気圧より高い。被圧水頭が被圧帯水層の上端より高ければ被圧地下水である。

圧計を設置して、揚水初期から水位変化データを観測する。

b. 地下水位の測定

自由水面地下水の水位は、単に「地下水位」または「常水面」と呼ばれ、降雨量や季節、潮の干満などの影響を受けて絶えず変化している場合が多い。

図2.2.6 地下水の種類と分類

7) 土質試験

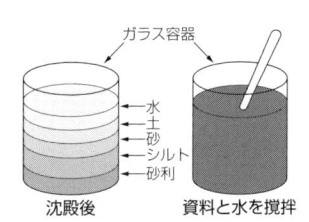

図2.2.7 粒度試験

a. 粒度試験

資料の土の粒度分布を調べる試験で、粘性土の圧密性、せん断抵抗性、砂質土の液状化の判定ができる。

資料の土をガラス容器に入れ、水を満たし、撹拌した後、静かに放置する。大きい粒子はほとんど下に沈殿し層をつくる。沈殿物の全層の高さと、それぞれの分離した層の高さの比率を出す。これを「粒度比率（粒度分布）」という。

b. 1軸圧縮試験

側圧を受けない状態で自立する供試体の最大圧縮応力（1軸圧縮強さ）を求めるもので、粘性土のせん断強度を調べる方法である。

c. 3軸圧縮試験

拘束圧を作用させた状態での圧縮強さを調べる方法である。粘性土のせん断強度、粘着力、内部摩擦角が測定できる。供試体に薄い砂質部分が含まれている場合やひび割れがある粘性土、砂質土の場合に採用される。

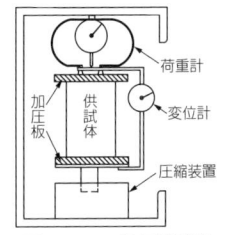

図2.2.8 1軸圧縮試験

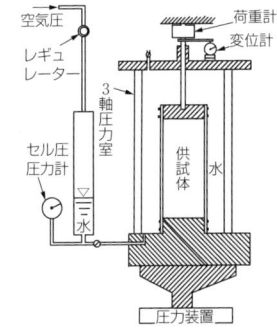

図2.2.9 3軸圧縮試験

d. 圧密試験

① 側面を拘束状態で、軸方向に排水を許して、載荷して圧密係数を求める。
② 盛土、埋立てによる沈下量、沈下速度を解析する場合に用いる。
③ 圧密とは、飽和粘性土に荷重が作用したとき、粘土中の間隙水が排出され生じる体積減少のことである。この圧密沈下を予測するために実施される。

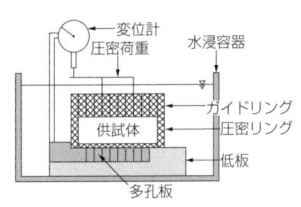

図2.2.10 圧密試験

e. 塑性限界試験

土の粘着性の試験。資料の土を硬めに練り、水平板の上でひも状にして試験をする。

塑性限界 425μmのふるいを通過した土が塑性状態（こねて自由に形がつくれるような状態）から半固体（こねると割れてしまう状態）に移るときの含水比。土の塊を手のひらで転がしながら、直径3mmのひも状にしたときに切れぎれになる含水比をいう。

表2.2.4 塑性限界試験の土質分類

粘土	太さが2mm以下でも、ひも状になる。円形に曲げることができる。
ローム	太さが2mm以上でないと、ひも状にならない。曲げると壊れる。
砂質ローム	ひも状にできない。塊は表面がざらざらである。
砂	固まらない。さらさらしている。
関東ローム	火山灰土であるが、粒径から「ローム」と呼ばれている。

f. 含水量試験

粘性土に含まれる粒子間の水分は、多くなると外力を受けたときに、内部の水分が抜け出し圧密が大きくなる。これを判定するために行う試験。

(4) 土の種類

a. 土の種類

土の種類は、日本統一土質分類によって、粒子の大きさから礫、砂、シルト、粘土、コロイドに分類されている。これらの粒径は、建築で用いる砂利や砂などとは異なっている。

砂質土 地盤や土質を極端に単純化し、砂質土と粘性土とに二分する場合の砂分の多い土をいう。

粘性土 粘りのある土。細粒土(粒径75μm以下の土粒子)の含有量が50%以上の土。

シルト 粒子の大きさが砂より小さく粘土より粗い土壌または堆積物。シルト層は、圧縮性が高く支持力が低いため、支持地盤としては軟弱層に位置づけられることが多い。また、飽和した緩いシルト地盤では液状化が発生しやすい。

ローム 火山灰が堆積し風化した土層。粘性質の高い土壌であり、シルトおよび粘土の含有割合が25〜40%程度のものを指す。日本各地に広く分布しており、褐色ないし赤褐色を呈している。関東地方のほとんどが関東ローム層で覆われている。

表2.2.5 土の粒径と区分(地盤工学会)

名称	呼称	粒径(mm)	国際学会(mm)	参考
礫	粗礫	20.00〜75.00	2.00≦	砂利やぐり
	中礫	5.00〜20.00		コンクリート用砂利の大きさ
	細礫	2.00〜5.00		コンクリート用砂の大きさ
砂	粗砂	0.42〜2.00	0.20〜2.00	コンクリート用砂の大きさ
	細砂	0.074〜0.42	0.02〜0.20	
シルト		0.005〜0.074	0.002〜0.02	砂の粒子の小さいもの
粘土		0.001〜0.005	0.000〜0.002	
コロイド		〜0.001		粘土の粒子の小さいもの

b. 土質柱状図

土質柱状図とは、ボーリング調査の際に採取されるサンプルから判明した地層の垂直分布状況を柱状の断面図で示したものである。

〔土質柱状図の活用方法の例〕

- 山留め壁の選定(地下水位や土質から)
- 山留め壁の根入れ深さの検討(地下水位や土質から)
- 掘削機械の選定
- 排水工法の検討
- 杭の支持地盤の検討(N値から)

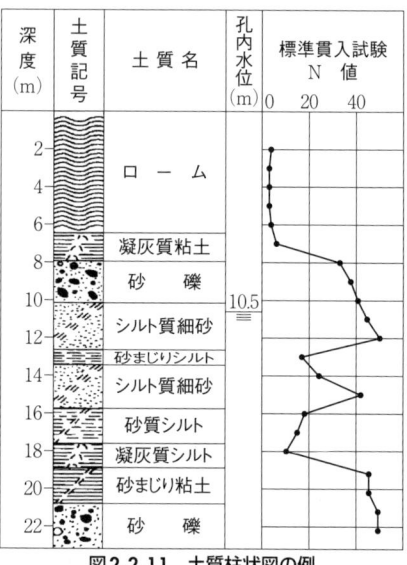

図2.2.11 土質柱状図の例

演習問題(地盤調査) ◆ 下記の文で正しいものには○、誤っているものには×をつけなさい。

1. 予備調査は基礎形式を想定し、本調査の計画を立てるために行い、資料を収集し、敷地内の支持層の深さ、支持力などを把握する。

2. スウェーデン式サウンディング試験は、緩い砂質土や粘性土を対象とし、操作は簡便であるが、調査能力が小さく、試験精度も高くないので軽微な住宅工事に利用される。

3. 土質柱状図は、地下水や土質から山留め壁の選定に活用できる。

4. 3軸圧縮試験で粘性土のせん断強度、粘着力、内部摩擦角が測定できる。

2.3 仮設工事

(1) 仮設工事の要点

表 2.3.1　仮設工事費の分類

大項目	項目
共通仮設費	準備費
	仮囲い費
	仮設建物費
	隣接物養生普及費
	電力給排水光熱費
	試験調査費
	整理清掃費
	運搬費
	現場警備費
直接仮設費	水盛り・遣方費
	墨出し費
	原寸型板費
	足場桟橋設備費
	安全設備費
	機械器具費
	一般養生費
	屋内整理清掃費
	運搬費
	発生材処分費

仮設工事とは，建物を造る過程で必要な一時的に設ける工事用の施設・設備・機械・資材等を用いて行う工事である。関係するその工事の終了とともに撤去する間接的な工事である。そのため無駄のない必要最小限の計画と運用が求められる。

仮設工事は，設計図書に具体的な仕様や基準はなく，実施に際しては施工者の自己の判断で進めることができる。施工者の仮設計画の良否が，工事・採算・工程・安全・環境に大きく影響するので，総合仮設計画時点における十分な事前の検討が必要である。

仮設工事は，共通仮設工事と直接仮設工事に大別されているが，その工事費は，おおむね全体の10％程度を占めるのが一般的である。

仮設工事の計画段階で配慮すべき主な事項は，以下の通りである。

① 無駄のない必要最低限の計画を検討する。
② 施工途中でやり替えや手直しのない綿密な計画とする。
③ 煩雑な作業は，合理化・工業化を推進し，安全や施工効率を向上させる。
④ 現場内の小運搬を減少させるため，資材を車上から直取りして能率を向上させる。
⑤ 揚重機や掘削機械等の選定および利用は，遊休時間を減少させ，稼働率を向上させる。

(2) 総合仮設計画

総合仮設計画書　施工計画を具体的に展開するため，施工計画図書を作成することが一般的である。

a. 工事総合工程表

工事全体の工程を示すもので，ネットワーク工程表で作成する場合が多い。図2.3.1に例を示す。

b. 施工図作成工程表

施工図の作成日程を，工事工程に合わせて計画するもので，近年は施工図専門の担当または外注に発注する場合が多く，余裕をもった日程を取っておく。

施工図　設計図書に記載されていない寸法，割付け，施工順序，方法等を示す施工用の図面の総称。現寸図，工作図，型枠図，取付け図，割付け図などがある。主として施工準備段階で作成され，資機材，労務の手配を行うための資料ともなる。

c. 人員計画表

各工程の1日当たりの作業人員を，工事工程に合わせて計画するものである。

d. 総合施工計画図

工事工程上の各時点での現場の状況を，1枚の平面図に重ねて表現するもので，施工全体の進め方を関係者に徹底するために用いる。

e. 総合仮設計画図（図2.3.2）

管理事務所，作業員詰所，仮囲い，電力用水経路，仮設足場などの仮設設備を1つの平面図にまとめて表現するもの。施工の進め方を，関係者に総合的に理解させるために作成するもので，総合施工計画図と兼ねる場合もある。

f. その他の図表作成

電力計画表，建設重機等レンタル計画表，揚重設備計画図，根切り計画図，鉄骨建方計画図，足場計画図，労働安全衛生法の規定による届出図面などもある。

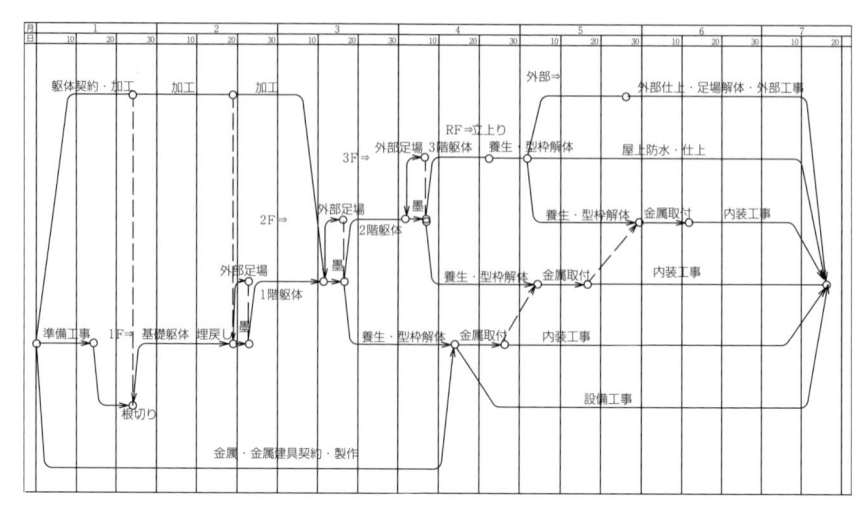

図2.3.1 工事総合工程表

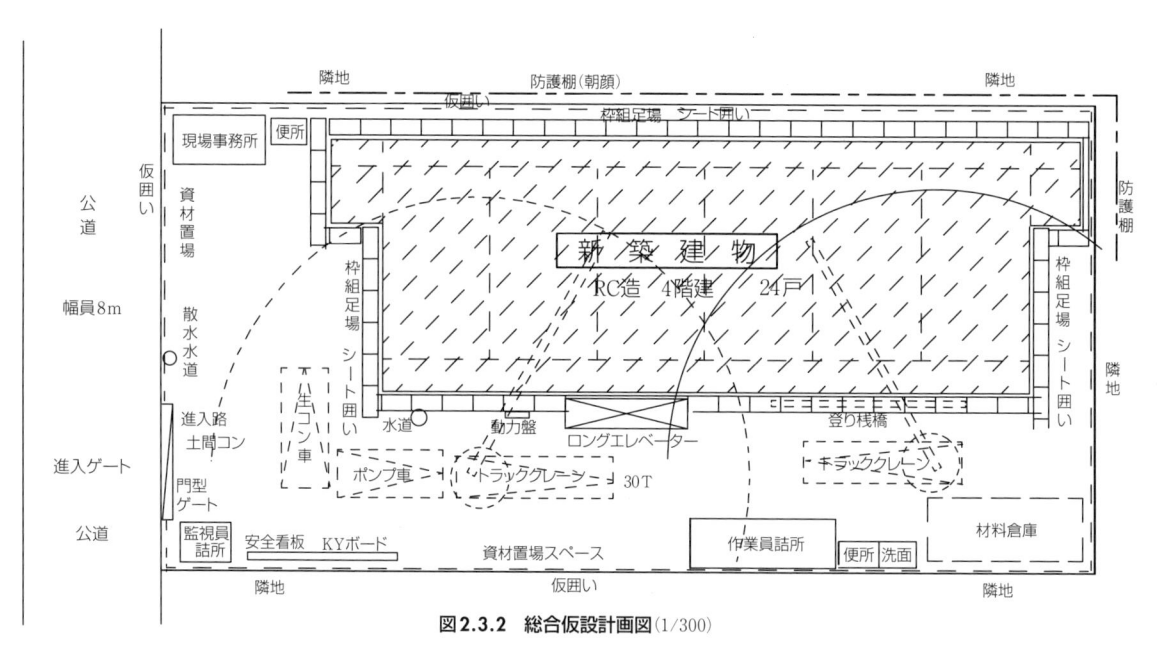

図2.3.2 総合仮設計画図(1/300)

〈総合仮設計画図に記載する項目〉
①新築建物の配置図　②官民境界・公道　③仮囲い・養生シート　④現場事務所
⑤便所・洗面場所　⑥職方詰所　⑦材料倉庫　⑧監視員詰所　⑨進入ゲート　⑩外部足場
⑪登り桟橋・防護棚　⑫ロングスパンエレベーター　⑬安全看板・標識
⑭仮設電気・給排水　⑮資材スペース　⑯揚重設備設置場所　⑰生コン・ポンプ車位置
⑱門型ゲート　⑲作業主任者名表示板　⑳生コン車，ポンプ車設置場所

(3) 共通仮設工事

共通仮設工事とは，建築工事全般に共通して間接的に必要な仮囲いや現場事務所など，主に総合仮設計画図(図2.3.2)に記載されている施設物が含まれる。

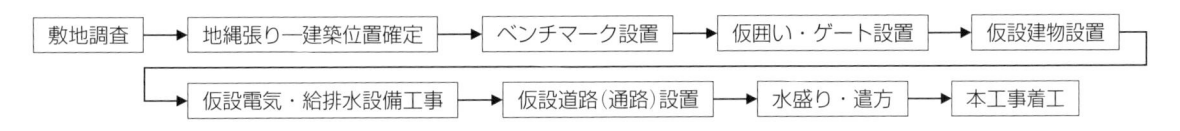

敷地調査 → 地縄張り―建築位置確定 → ベンチマーク設置 → 仮囲い・ゲート設置 → 仮設建物設置 → 仮設電気・給排水設備工事 → 仮設道路(通路)設置 → 水盛り・遣方 → 本工事着工

図2.3.3　共通仮設工事の一般的な作業フロー

1) 仮囲い・ゲート

a. 仮囲い

工事期間中に，敷地外周を塀のように仮に囲うもので，目的は工事範囲を明示して関係者以外の立入りを防止し，資機材の盗難や粉じんなどの工事範囲外への飛散防止，第三者災害の防止のために設置する。

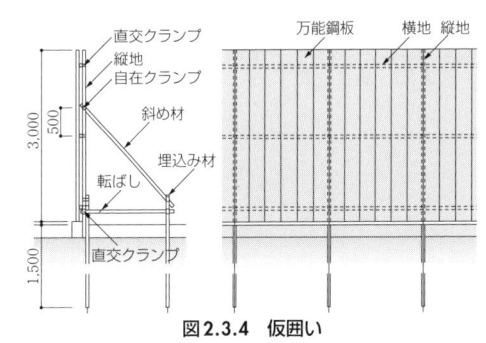

建築基準法施行令(第136条の2の20)の規定より，木造の建築物で高さが13mもしくは軒の高さが9mを超えるもの，または木造以外で2階以上の建築物の工事を行う場合は，高さ1.8m以上の仮囲いを設けなければならない。

図2.3.4　仮囲い

b. ゲート

ゲート(車両出入口)は，柱の上に梁レールを架けて門扉を吊り下げるハンガー式のゲートが一般的であるが，スライディング式，万能鋼板式，シート式など，工事規模によって多種多様であるが，仮囲い同様，危険防止対策を怠らないように堅固に設置し，かつ可動に支障のないような構造とする。

図2.3.5　ゲート（万能鋼板／シートゲート／パネルゲート）

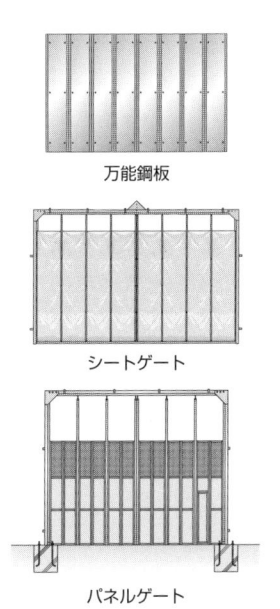

2) 仮設建物

本工事の建物，設備等の埋設物に支障がなく，資材・重機等の搬出入，作業や通路などを考慮し，工事中移動しない場所を選び，必要な規模と構造を検討する。

a. 現場事務所

工事規模や敷地の状況によるが，建物は工事完了まで移動しないでよい場所で，工事現場が見通せて資材や人の動きが見やすい位置とし，監理事務所と隣接するか監理者の承諾を得て併用も検討する。市街地で本工事に設置場所がない場合は，近隣の建物の一部を借り上げて利用する場合もある。

図2.3.6　現場事務所

b. 作業員詰所

各職種の作業員が共有して使う建物で，作業工具などの保管や食事場所，安全衛生協議会等の会議スペースとして必要である。工事規模により作業員数を予測して面積を確保する必要がある。

c. 材料倉庫

資材・機材置場は，搬入用トラック等の出入りが容易な位置で，作業場との位置および動線の検討も必要である。

図2.3.7　材料倉庫

d. 危険物保管倉庫

関係者以外の立入りを禁止し，施錠して厳重に管理しなければならない。可燃性塗装材料を保管する塗料置場は，独立した平屋建として不燃材料で造り，周囲の建物から1.5m以上離し，屋根は軽量な不燃材料で葺き，天井は設けない構造とする。各扉は施錠し，「火気厳禁」の表示を行い，消火器を設置する。

3) 仮設電気・給排水設備

a. 仮設電気

工事を施工するための電動機器・作業用照明などに電力を供給する設備であり，工事規模によって，受電は低圧受電方式か高圧受電方式かを検討する。
① 低圧受電は，電灯・動力の合計が50kW未満で，ブレーカー受電する。
② 高圧受電は，50kW以上の場合で，キュービクルを用いて受電する。
③ 電動機器・作業用照明など同時使用率による電力負荷によって受電容量を算出し，現場配線計画図を作成する。

図2.3.8 仮設電気引込み

b. 仮設給排水設備

工事用給排水の配管計画を検討し，工事規模によって，手洗い場，給湯，便所を含め，給排水配管設備および什器備品などの計画も必要である。
① 給水設備は，現場事務所や作業員詰所の生活用水と，散水や清掃などの工事用水を供給する設備である。
② 排水設備は，生活用水からの雑排水や水洗便所などの汚水，土工事などで発生する地下水や雨水の排水設備である。

(4) 直接仮設工事

直接仮設工事とは，現場で工事を実施するために，直接的に必要な足場や安全施設などをいう。主なものに，地縄，遣方，墨出し，各種の足場，桟橋，架設通路，墜落・飛散などの防護施設，揚重・運搬設備などがある。

1) 地縄・遣方・墨出し

a. 地縄（なわ張り）

設計図書に基づいて，敷地に建物の位置を出し，建物と敷地との関係，道路や隣接建物との関係などを検討し，建物の位置を最終決定する。

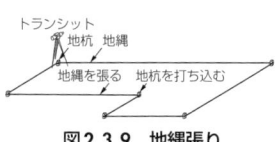

図2.3.9 地縄張り

b. ベンチマーク設置

地縄立会いが完了し，建物位置が確定した時点で，その基準となった位置をベンチマーク（BM）として現地に設定する。ベンチマークの設置は，敷地内の高低差や基準点を，工事中動かすことのない場所に2箇所以上設置して保持する。

図2.3.10 ベンチマーク

c. 水盛り・遣方

基礎の掘削をする前に，建物の位置や高さや通り心を正確に決め，また掘削中に再確認するため，地杭と水貫や水糸を使った遣方を設置する。

d. 墨出し（基準墨）

基準墨の墨出しには，躯体

逃げ墨　通り心などの基準墨（心墨）から一定の寸法を離して出した墨。一般に心から500mm，1,000mm離して出すことが多い。「逃げ」ともいう。

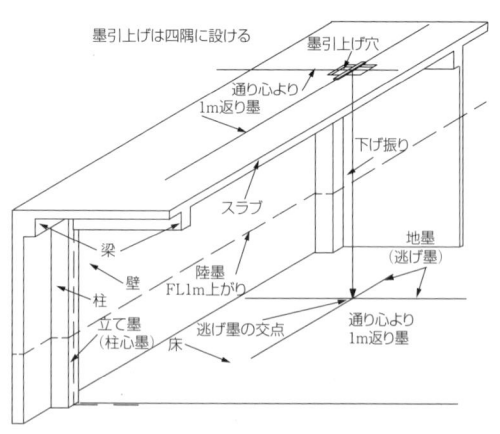

図2.3.11 基準墨の上階への移動例

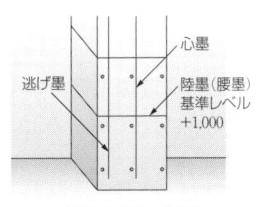

図2.3.12 陸墨

工事中の柱心や壁心(通り心)の1m位置に,逃げ墨(地墨)と基準墨を上階へ上げる「躯体墨」と,コンクリート面に陸墨(F.L.から1m上がりの墨)および柱心,壁心,窓・出入口心などの「仕上げ墨」の2通りがある。

基準墨の墨出し作業は,工事の進捗に従って,捨てコンクリートから各階床上へと移していく。基準墨を上階へ移すには,建物四隅の逃げ墨が交差する床に穴あけを行い,下げ振りで交差する基準点を上階に上げて,その階の基準点を設ける。基準墨は,躯体工事から仕上げ工事の基準となるので,その精度は完成まで建物の基本となるものである。

2)足場　　足場は,危険な高所作業の多い建築工事には,欠くことのできない重要な仮設工事である。足場計画の適否は,施工能率や品質・安全管理上,重要な意味をもつ。足場は,その構造体の標準的な構成や組立て・解体工事に関して,労働安全衛生法および規則などにより,細かく数値が規定されており,これらを十分理解して計画することが大切である。

足場としての機能は,①安全かつ能率的に作業ができるスペースの確保。②第三者に対する危害の防止。③組立て・解体が容易であり,かつ必要な強度を有していることである。

a. 足場の構造・形式による分類

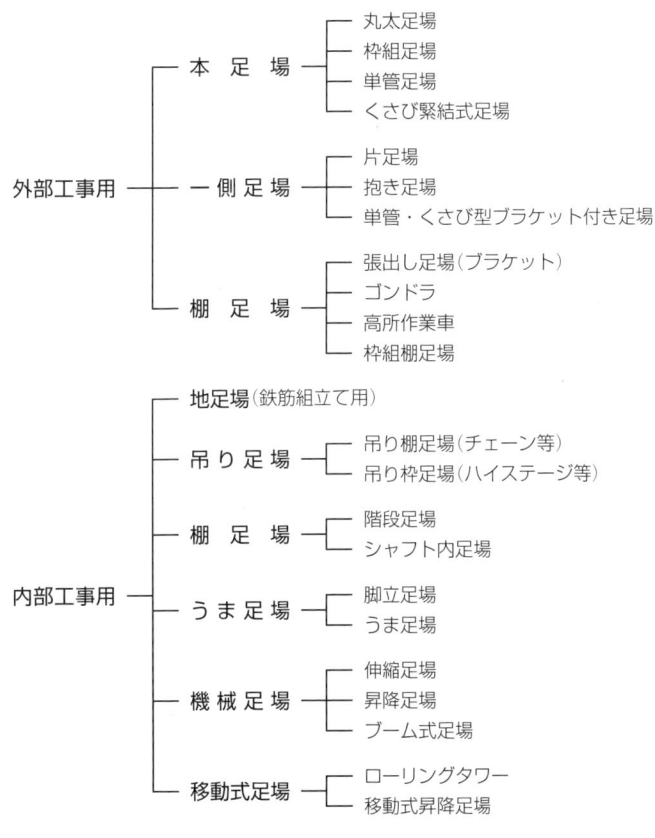

```
                    ┌─ 本足場 ──┬─ 丸太足場
                    │           ├─ 枠組足場
                    │           ├─ 単管足場
                    │           └─ くさび緊結式足場
  外部工事用 ──┼─ 一側足場 ─┬─ 片足場
                    │           ├─ 抱き足場
                    │           └─ 単管・くさび型ブラケット付き足場
                    └─ 棚足場 ──┬─ 張出し足場(ブラケット)
                                ├─ ゴンドラ
                                ├─ 高所作業車
                                └─ 枠組棚足場

              ┌─ 地足場(鉄筋組立て用)
              ├─ 吊り足場 ─┬─ 吊り棚足場(チェーン等)
              │            └─ 吊り枠足場(ハイステージ等)
              ├─ 棚足場 ──┬─ 階段足場
  内部工事用 ─┤            └─ シャフト内足場
              ├─ うま足場 ─┬─ 脚立足場
              │            └─ うま足場
              ├─ 機械足場 ─┬─ 伸縮足場
              │            ├─ 昇降足場
              │            └─ ブーム式足場
              └─ 移動式足場 ┬─ ローリングタワー
                            └─ 移動式昇降足場

  そ の 他 ─┬─ 作業(荷受け)構台,乗入れ構台,防護棚,昇降設備
            └─ 作業通路(切梁上通路,鉄骨上通路),登り桟橋,渡り桟橋
```

図2.3.13　足場の構造・形式による分類

b. 外部足場

①丸太足場：本足場，一側足場（片足場，抱き足場）等があり，住宅・工場などの低層の建物や，解体工事など短期間の工事に使用される程度である。

②単管足場：鋼管パイプ（外径48.6mm）を用いて，中層の建物の工事に使用されることが多い。工事場所により，本足場，一側足場（片足場，抱き足場，ブラケット一側足場）等の構成があり，交差部に緊結金具（直交クランプ・自在クランプ・異径クランプ等）を用いて固定する方法で組み立てる。

③枠組足場：鋼管枠を工場で製作し，工事現場に搬入して，1セットごとに積み上げながら組み立てる方法で，ジャッキベースの上に鳥居型鋼管建枠・筋かい・鋼製布枠・連結ピン・アームロック・階段枠の順に組み立てる。

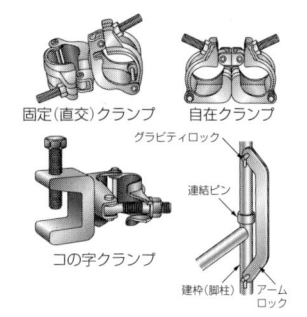

図2.3.14 クランプ・アームロック

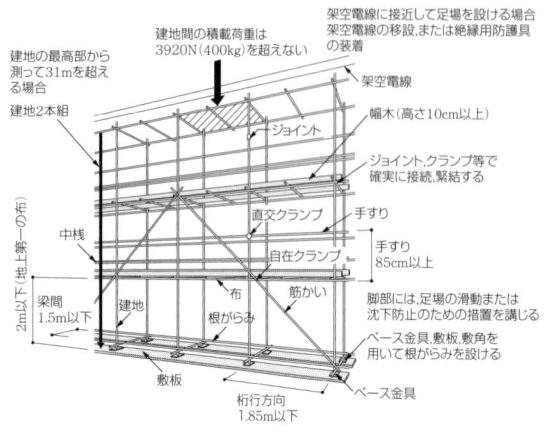

図2.3.15 単管本足場

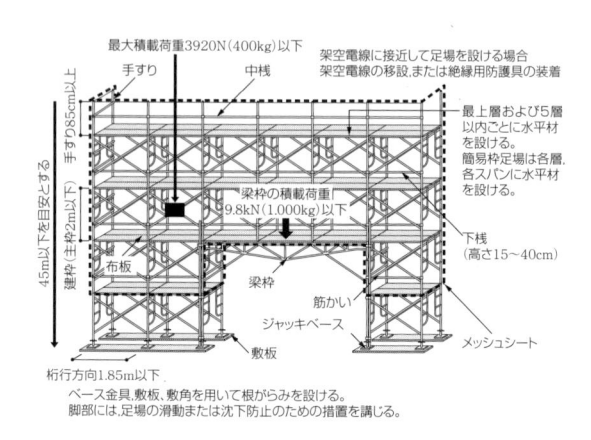

図2.3.16 枠組足場

④くさび緊結式足場：建地の単管金具にくさび型になった布単管を挿入して組み立てる。本足場，一側足場（片足場，抱き足場，ブラケット足場）等の構成があり，本足場には枠組足場と同様の鋼製布枠・階段枠を用いる。

⑤一側足場：片足場，抱き足場，ブラケット足場がある。

⑥棚足場：枠組組立て式が主流で，広くて高所の作業に用いる。「架台足場」ともいう。

⑦張出し足場：鋼製張出し枠，枠組製ブラケット枠，張出し構台がある。

⑧ゴンドラ：パラペット取付け型，移動式型などがある。

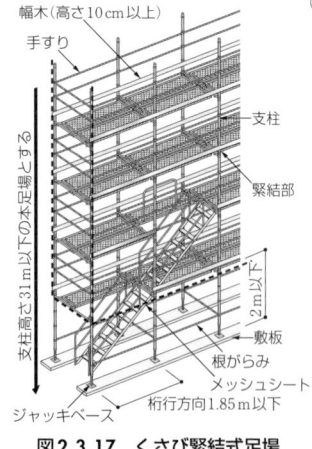

図2.3.17 くさび緊結式足場

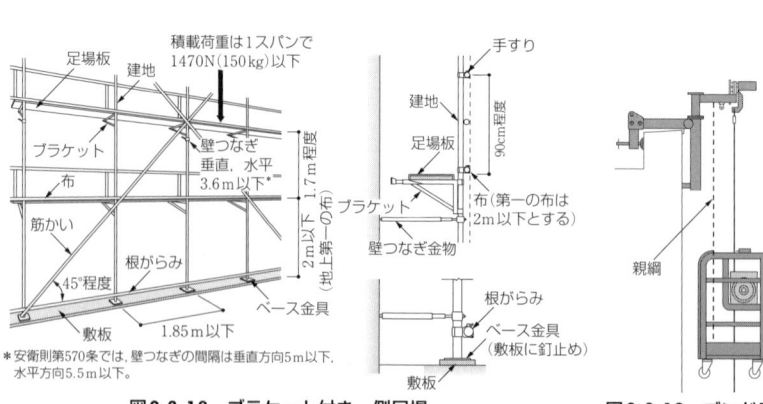

図2.3.18 ブラケット付き一側足場

図2.3.19 ゴンドラ

ハイステージ 鉄骨工事のボルト締めや溶接作業に用いる吊り枠足場の一種。組立ては，鉄骨の柱，梁部材の建方時にセットする方法が多い。

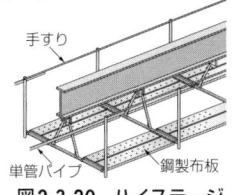

図2.3.20 ハイステージ

c. 内部足場

① 吊り足場（吊り枠・吊り棚）：主に鉄骨の建方（たてかた）で，溶接・ボルト締め作業および塗装用などに用いる。吊り棚足場は，鉄骨梁にチェーンを架けて角パイプを水平に直交させ，その上に足場板を敷き作業床とする足場で，作業床の下部には墜落防止のため安全ネットを全面に張っておく。

吊り足場の積載荷重は，作業床に対して150kg程度とする。作業床は，幅40cm以上とし，すき間のないようにする。作業床上では，脚立やはしご等を用いて作業してはならない（二重足場は禁止）。

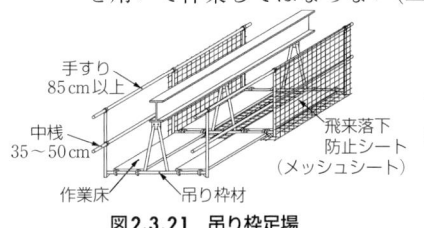

図2.3.21 吊り枠足場

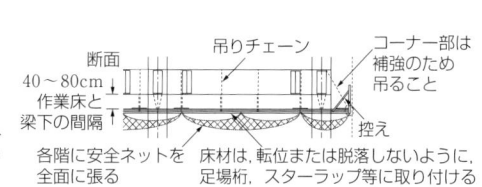

図2.3.22 吊り足場の設置（例）

② 地足場（鉄筋足場）：地業・基礎工事（型枠・鉄筋・コンクリート工事）等の場合，地面に沿って低く架設し，作業床および基礎鉄筋の固定用とコンクリートの打設用の足場として兼用，主に丸太や単管を使って組み立てる。

③ 階段足場：階段内の内装仕上げ工事用，単管で組み立てる場合が多い。

④ シャフト内足場：エレベーター内やパイプシャフト内の作業に利用する単管や枠組を用いた作業用の足場である。

⑤ うま足場：低い場所の簡易な作業に用いるもので，天井の下地組みや内装仕上げ工事に脚立やうまに足場板を敷き，作業床として用いる。足場板の取付けは3点支持として，重ね幅は20cm以上とする。

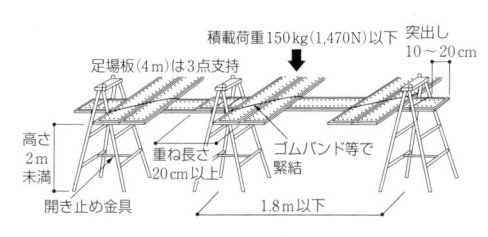

図2.3.23 脚立足場

⑥ 機械足場（外部を含む）：高所の作業用にプラットホーム式作業床を設置した移動式伸縮足場や移動式昇降足場がある。車両に設置したブームの先端のカゴに作業員が乗って使用する，伸縮・旋回のできる高所作業車もある。

⑦ ローリングタワー：移動式の高所作業用の足場で，脚柱にブレーキ付き車輪（直径125mm以上）を取り付け，昇降ははしご設備と作業床は，すき間がなく幅木と手すり（高さ90cm以上で中桟（なかざん）付き，高さ10cm以上の幅木）を設置しなければならない。

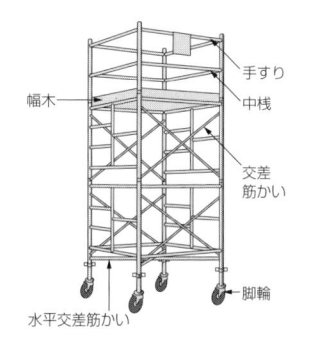

図2.3.24 ローリングタワー

3）桟橋・架設通路

a. 仮設道路

資材の運搬路および工事機械の移動路以外に，出入口との間で，途中で移設しない場所に歩道を設けて工事関係者の通行に使う。

b. 乗入れ構台

① 地下階のある建物の根切り・山留め架構の組立て，解体等，地下構造物，鉄骨建方などの工事に，クラムシェル，トラック類，自走式クレーン車，生コン車，ポンプ車等の走行と作業地盤，その他各資部材の仮置き等に使用する。

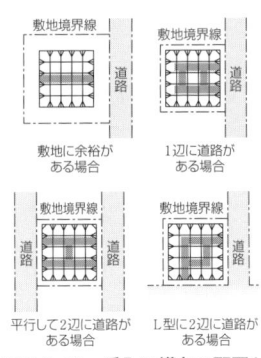

②各種施工機械・車両の重量，走行や作業時の衝撃荷重，仮置き資材の荷重，構台の自重，地震・風・雪荷重等に十分耐えるものとする。
③架構に際して，構台支柱の位置・間隔は，杭・基礎・梁・柱の位置および乗入れ道の幅員（6～8m），スロープ勾配（1/6～1/10）で計画する。

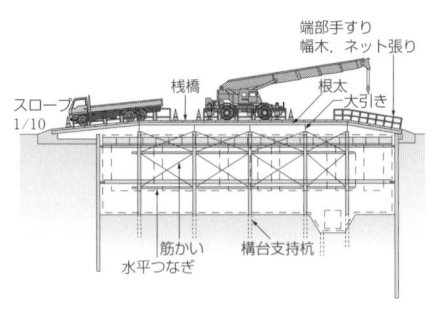

図2.3.25　乗入れ構台の配置と幅員の考え方

図2.3.26　乗入れ構台

④1階床コンクリート上端より構台の大引き下端の間隔は，床コンクリートの均し作業ができるように20～30cm以上にする。

c. 荷受け構台（荷上げ構台）
①クレーンやリフト，エレベーター類から材料の取込みに使用される仮設構台で，材料置場と兼用することもある。建物外部にはね出して設置する。
②資機材の搬入に適した位置に設けて，揚重機の能力，搬入材の形状・寸法・数量に応じた規模のものとし，荷重や振動に十分耐える安全な構造とする。

d. 昇降設備（はしご・脚立・階段）
①高さまたは深さが1.5mを超える箇所で作業を行うときは，労働者が安全に昇降するための設備（はしご・脚立）を設ける。
②転倒・すべり防止のため，はしごの上端を作業床から60cm以上突き出させ，幅は30cm以上とする。

図2.3.27　荷受け構台

e. 架設通路（登り桟橋・渡り桟橋・切梁上通路）
①架設通路の通路面は，つまずき，すべり，踏み抜きがないようにし，高さは1.8m以内に障害物がないようにする。通路には，安全看板等を設置する。
②登り桟橋のスロープ式は，幅90cm以上，勾配は30度以下で，15度を超えるときは，1.5cm×3cm程度のすべり止め桟木を，40cm以下のピッチに釘止めする。墜落の危険箇所には，高さ85cm以上の手すり，および高さ35cm以上50cm以下の中桟を設置する。
③渡り桟橋は，地盤の高低さのある場合などに，橋のように架け渡した架設通路であり，登り桟橋の墜落箇所の規定に準じて設置する。
④切梁上通路は，山留め工事の切梁架構上に設ける架設通路であり，下部で作業が行われていることが多く，床材間のすき間は3cm以下で，通路の端で危険のある箇所には，高さ95cm以上の手すり，および高さ35cm以上50cm以下の中桟を設置し，両端に機材などが落下しないように，高さ10cm以上の幅木を設ける。

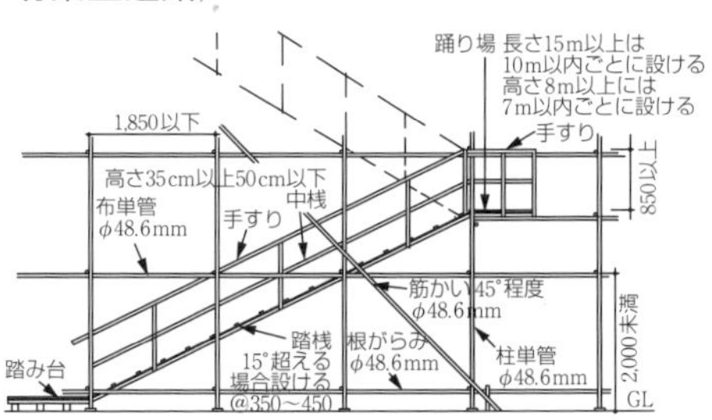

図2.3.28　架設通路
登り桟橋　勾配30度を超えるときは，階段式とする。高さ8m以上は，7m以内ごと踊り場を設置する。

図2.3.29　登り桟橋

4）安全施設　a. 安全ネット（防護シート）
①吊り棚足場等における落下物防止用と作業員の墜落防止用（安全ネット）で，水平部分の落下や墜落の防止に設置される。

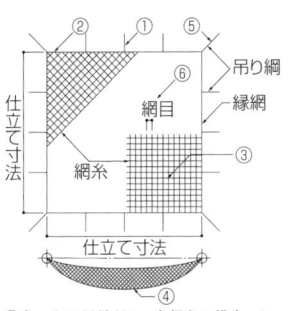

2.3 仮設工事

②落下物防止用防網は、亀甲金網または織り金網を用いるが、網目の大きさはJISに規定されているものを用いる。

b. 作業床

①作業場所が高さ2m以上の場合は、作業床を設けなければならない。

②作業床の幅は40cm以上、床のすき間は3cm以下とする。

③落下防止のため、高さ85cm以上の手すりを設ける。

④足場板は、支点の上で長手方向の重ね幅は20cm以上とする。

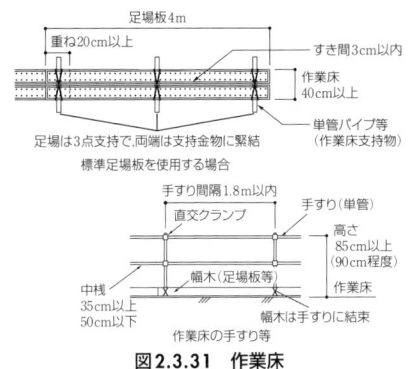

⑤枠組足場の交差筋かいおよび高さ15cm以上40cm以下の桟、もしくは高さ15cm以上の幅木または同等以上の機能を有する設備を設ける。

c. 防護棚（朝顔）

①工事を行う部分から、俯角75度を超える範囲または水平距離5m以内の範囲に、隣家や道路等がある場合には、落下物による危害を防止するため、原則として、防護棚を設けることとされている。

②防護棚のはね出しは、水平面に対し20度以上の角度で、足場外面から水平距離で2m以上突き出す。1段目を地上4〜5m以下、2段目以上は下段より10m以下ごとに設ける。棚材はすき間なく、十分な耐力を有するもの。木材では30mm程度、鉄板の場合は1.6mm以上の厚さが望ましい。

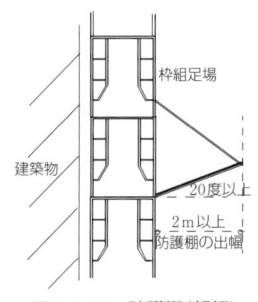

d. 張出しブラケット足場

①建物外面から外部に鉄骨材等でブラケットをはね出して、その上に枠組本足場を組み上げた形の足場をいう。

②ブラケットは、本体建物のコンクリート強度が発現してから、建物に埋め込んだアンカーボルトで固定する。また、枠組の壁つなぎの間隔も、一般の枠組足場より密に配置しておくほうが望ましい。

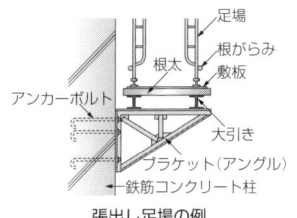

e. ダストシュート

3m以上の高所から物体を投下するときは、飛散しないように囲いをした投下設備を設け、監視人を置くなど労働者の危険を防止するための措置を講じる。

演習問題（仮設工事）◆ 下記の文で正しいものには○、誤っているものには×をつけなさい。

1. 第三者に対する危害を防止するために設ける防護棚（朝顔）は、はね出し長さを足場から水平距離で1.8mとし、水平面となす角度を30度とした。　□

2. 単管足場の壁つなぎの間隔は、垂直方向5m、水平方向5.5mとした。　□

3. 鉄骨鉄筋コンクリート造の建築物において、鉄骨上に設けた材料置場と外足場とを連絡するための仮設通路の幅は、手すりの内側で55cmとした。　□

4. 支柱の高さが3.5mの型枠支保工において、2本のパイプサポートを4本のボルトを用いて継いだものを支柱とした。　□

2.4 土工事

(1) 土工事の要点

建物の基礎や地下構造物の施工にともなう根切り工事，山留め工事，排水・止水工事等を含めた工事全般を土工事という。

根切り工事は，土の処理に関わる工事で，根切り，埋戻し，盛土，すき取り，整地などがある。山留め工事は，根切りによる土砂の崩壊を防ぐため，あらかじめ掘削側面に，山留め壁や山留め支保工を取り付ける工事である。

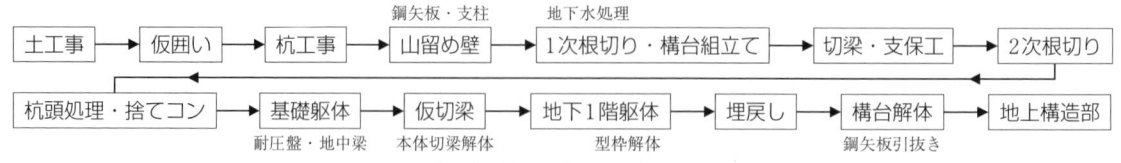

土工事 → 仮囲い → 杭工事 → 山留め壁（鋼矢板・支柱）→ 1次根切り・構台組立て（地下水処理）→ 切梁・支保工 → 2次根切り → 杭頭処理・捨てコン → 基礎躯体（耐圧盤・地中梁）→ 仮切梁（本体切梁解体）→ 地下1階躯体（型枠解体）→ 埋戻し → 構台解体（鋼矢板引抜き）→ 地上構造部

図2.4.1　土工事と地下工事の流れ（地下1階の場合）

(2) 根切り工事

土質と土の特性

a. 土質の分類

土は，土粒子の大きさの順で分類される。礫～砂～シルト～粘土と，粒径は小さくなる。土の性質は，土粒子の粒径により大きな差がある。径が5μm以下を粘土，75μm以上を砂，この間の粒径のものをシルトと分類する。

表2.4.1　土質の分類表

粒径による分類	礫(砂利)			砂		シルト	粘土	コロイド
	粗礫	中礫	細礫	粗砂	細砂			
粒子の直径(mm)	75～20	20～5.0	5.0～2.0	2.0～0.42	0.42～0.075	0.075～0.005	0.005～0.001	0.001以下

表2.4.2　砂と粘土の工学的な性質比較

土質名	粘土		シルト	砂		礫
	コロイド	粘土		細砂	粗砂	
粒径(mm)	0.001	0.005	0.075	0.042	2.0	
透水性	低い ←――――――――――――――→ 高い					
圧縮性	大きい ←――――――――――――――→ 小さい					
圧密速度	遅い ←――――――――――――――→ 速い					
土の構造	綿毛構造 → 蜂の巣構造			単粒構造		
	綿毛構造		蜂の巣構造	単粒構造		
特徴	・強度は粒子間の粘着力により決まる ・空隙は大きい		・強度は粒子間の粘着力と粒子の接触により決まる ・関東ローム層など	・強度は粒子相互のかみ合わせである摩擦力により決まる ・隙間は小さい		
模式図	粘土の粒子		粘土の粒子	砂の粒子		

安息角　砂や礫地盤を掘削した場合や盛り上げたときに，自然に崩れることなく安定を保つ斜面の水平面との角度。略して「息角」ともいい，その角度は土質や含水状態で異なる。

θ：安息角
安息角

b. 土の性質

土の性質の違いは，土粒子が土を構成する構造の違いにある。土は，砂，粘

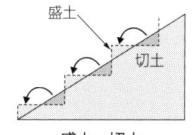

土，シルトが混ざった状態にある。粒径が大きい砂分が多いと，粘土やシルトは砂の間に入ってしまうので砂の性質が主になる。一方，粘土やシルトが多いと，砂粒のまわりを粘土やシルトが包み，粘土やシルトの性質が強くなる。

c. 液状化現象

液状化とは，地震にともなう地盤の変動，急激な振動や水圧などの外圧により，せん断抵抗力を失い流動しやすい状態になることである。土粒子が接触して応力を伝えている状態から，地震動により間隙水圧が増加して，粒子間の応力がなくなるために起こる現象である。液状化現象が生じやすいのは，沖積層で地表面から20cm以浅の細粒度含有率が35％以下の土といわれている。

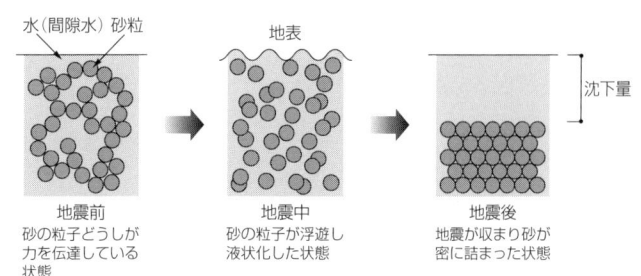

図2.4.2 液状化現象のメカニズム

d. 根切りの種類

①総掘り：地下室がある建物やべた基礎等で，建物基礎底面全体を掘削する。
②布掘り：布基礎，連続基礎，地中梁等で，帯状に掘削する。
③つぼ掘り：独立基礎の形状に合わせて，必要な大きさに掘削する。

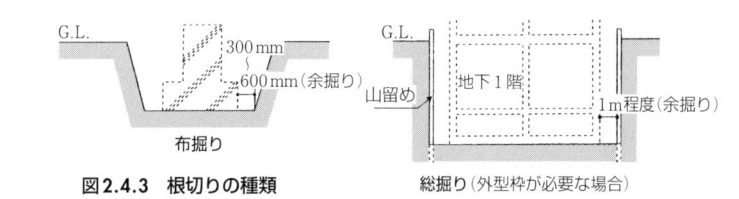

図2.4.3 根切りの種類

e. 余掘り

余掘り範囲は，山留めや基礎型枠の組立て・取外しなど，作業員が十分作業ができる間隔を見込む。布掘りで基礎幅から300～600mm程度，総掘りで1m程度である。

f. 手掘りの法面勾配

労働安全衛生規則で，手掘りの掘削面の高さと勾配の基準が決められている。

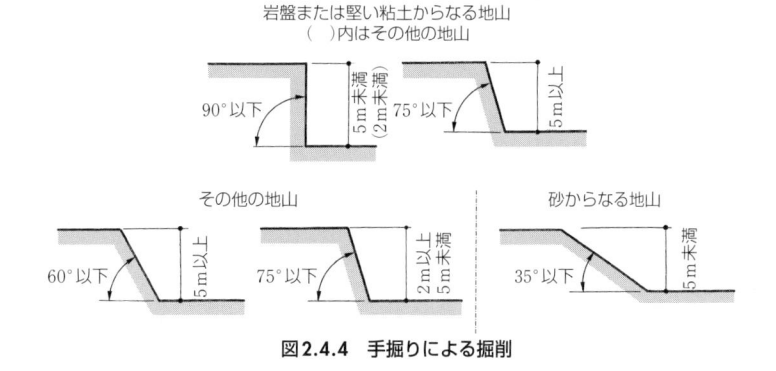

図2.4.4 手掘りによる掘削

盛土・切土

切土 所要高さを得るために，地域や地山を掘削すること。2mを超える土の崖には，擁壁などを設ける必要がある。
盛土 宅地造成，築堤などの工事で，現地盤の上に土を盛ること。また埋戻しに際して，GLよりも盛り上げた土をいう。

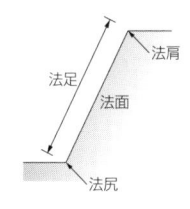

法（のり）

法 土工事において，崖や擁壁，および切土や盛土で生じる傾斜面のこと。
法切り 土工事における根切りや切土に際して，掘削壁面を傾斜させること。法面の安定，掘削地盤面周辺の崩壊を防止する目的で行う。
法面 土工事において，切土や盛土における傾斜の表面。「のりづら」ともいう。

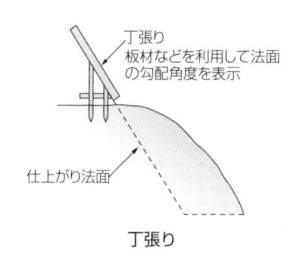

丁張り

丁張り 切土および盛土などの土工事や擁壁工事で行う法面の勾配角度表示。板材などを使用して仕上がり面を表示する。法肩または法尻に表示する。

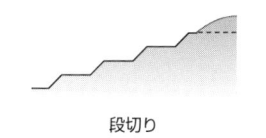

段切り

段切り ①法勾配をつけて掘削する際に，法足が長くなって地山が崩れる危険性がある場合，中間に段形（水平部分）をつくること。
②傾斜地に盛土をする場合や既段法面に腹付け盛土をするとき，盛土のすべりを防ぐために，前もって段状に切り取ること。

（3）地下水処理

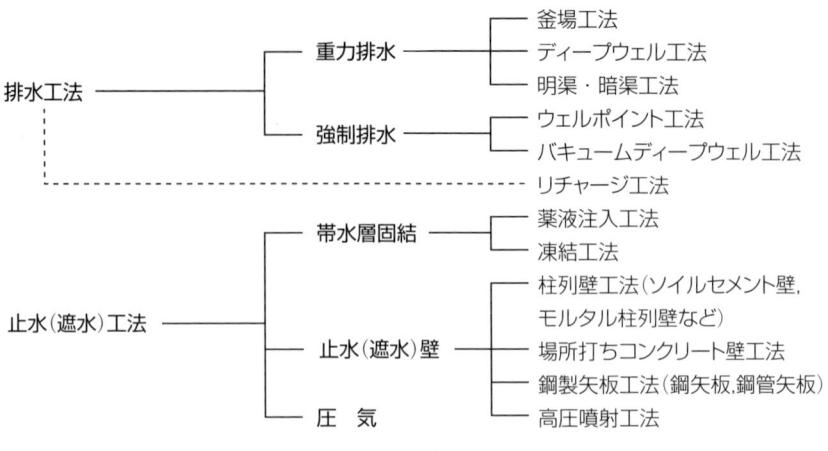

図2.4.5 地下水処理工法の種類

```
排水工法 ─┬─ 重力排水 ─┬─ 釜場工法
         │            ├─ ディープウェル工法
         │            └─ 明渠・暗渠工法
         └─ 強制排水 ─┬─ ウェルポイント工法
                      └─ バキュームディープウェル工法
         ┈┈┈┈┈┈┈┈┈ リチャージ工法

止水(遮水)工法 ─┬─ 帯水層固結 ─┬─ 薬液注入工法
               │              └─ 凍結工法
               ├─ 止水(遮水)壁 ─┬─ 柱列壁工法(ソイルセメント壁, モルタル柱列壁など)
               │               ├─ 場所打ちコンクリート壁工法
               │               └─ 鋼製矢板工法(鋼矢板,鋼管矢板)
               └─ 圧　気 ────── 高圧噴射工法
```

1）重力排水工法

図2.4.6 釜場工法

①釜場工法：根切り部へ浸透・流水してきた水を，釜場と称する根切り底面よりやや深い集水場所に集め，水中ポンプで排水する最も単純で容易な工法である。

②ディープウェル工法（深井戸排水工法）：根切り部内または外部に管径50 cm～1 mを帯水層中に削孔し，ストレーナー（深井戸の鋼管ケーシングに取り付ける採水管で管径30～60 cm）を土中に挿入し，高揚程のポンプで帯水層の地下水を排水する工法である。

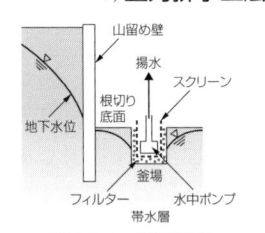

2）強制排水工法

ウェルポイント工法：根切り部に沿ってライザーパイプの先端にウェルポイントという小さな揚管を取り付け，地下水面下に多数打ち込み（1～2 m間隔），真空ポンプを用いて地下水を強制的に排水する工法である。

帯水層　井戸などでかなりの水量が汲み上げられるほど十分な水量を保有している岩層や砂礫層をいう。帯水層の地下水の水頭が，帯水層の上側境界面より高い場合は「被圧帯水層」と呼ばれる。

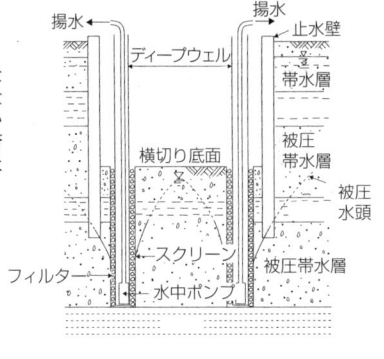

図2.4.7 ディープウェル工法 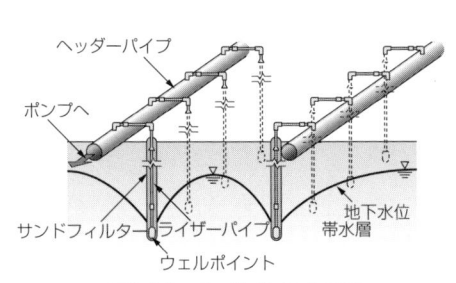　　**図2.4.8 ウェルポイント工法**

3）止水工法

①薬液注入工法：軟弱地盤の処理方法として，セメントや石灰などの固結材を軟弱地盤中に投入し，せん断・圧縮・透水性の改良を図るために用いる。

②凍結工法：含水土質を凍結させ，凍土として止水する工法で，連続した凍土壁を造成する。

③止水壁工法：山留め壁を兼用した止水壁で，地中連続壁工法，ソイルセメント柱列壁工法，止水矢板工法（鋼矢板・鋼管矢板）などがある。

(4) 山留め工事

1) 山留め工事の要点

山留めは，地下構造物，埋設物等の施工中，掘削の側面を保護して周囲地盤の崩壊や土砂の流出を防止するための仮設工事である。建築現場の周囲の状況，掘削の規模，地盤の状態等により，山留め壁のないもの，山留め支保工のないもの，山留め壁と支保工によるものに大別される。

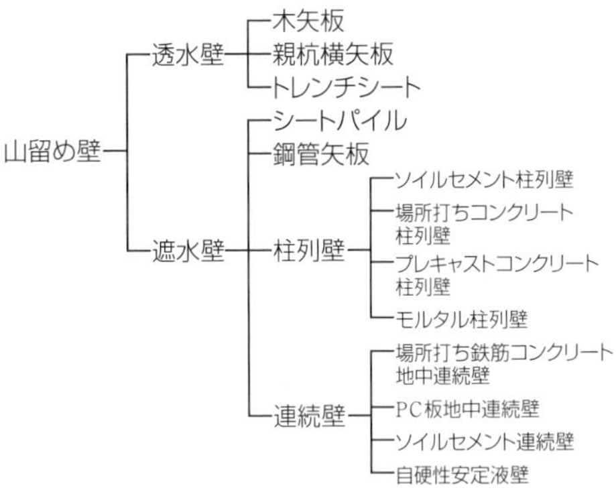

土圧 地下構造物などにおいて，土が接する壁などに及ぼす力のこと。主働土圧と受働土圧があり，一般に同じ条件下では後者のほうが大きい。

主働土圧 土を押えている壁体がその土圧により反対側に水平に移動すると，土は膨張または移動し土圧が減少して最小値となり，すべり破壊する。この最小値の土圧をいう。

受働土圧 擁壁などが土圧などによる水平力を受けて移動しようとする場合，今度はそれに押される側の土は横圧を受けて収縮し，上方へ押し上げられようとする。この土の押し上げに対する土の抵抗力のことをいう。

図2.4.9 山留め壁の種類

山留め壁の種類：
- 透水壁：木矢板、親杭横矢板、トレンチシート
- 遮水壁：
  - シートパイル
  - 鋼管矢板
  - 柱列壁：ソイルセメント柱列壁、場所打ちコンクリート柱列壁、プレキャストコンクリート柱列壁、モルタル柱列壁
  - 連続壁：場所打ち鉄筋コンクリート地中連続壁、PC板地中連続壁、ソイルセメント連続壁、自硬性安定液壁

山留めにかかる荷重としては，土圧・水圧・積載荷重等があるが，それらを仮定するには，土質，地下水位，周辺の建築物や地盤上の荷重，周辺の状況等によって異なる。

山留めの計画は，強度上安全であるとともに，周辺に支障を及ぼす過大な変形を生じないように十分な剛性が必要である。山留め計画を具体的に立案し，安全と環境に配慮した施工管理に務めなければならない。

山留め壁の適切な工法を選択するには，地盤条件，掘削規模，山留め壁に要求される剛性，止水性，振動・騒音等の公害および工期，工事費等を総合的に検討する必要がある。

2) 山留め壁工法の分類

a. 山留め壁の分類

表2.4.3 主な山留め壁工法の特徴

工法	特徴	概念図
親杭横矢板工法	・親杭のH形鋼・I形鋼またはレールを，計画された山留め壁の中心線上に1～2m程度の間隔で打ち込み（または押し込み），根切りの進行にともなって，木材を用いた横矢板を親杭間にはめ込んで山留め壁を形成する工法。 ・比較的経済的に山留め壁が形成できる。 ・親杭を圧入工法または落し込み工法で施工すれば，騒音，振動などにおいて有利である。 ・止水性がないので，地下水の多い敷地では不向き，排水処理が必要である。 ・ヒービング現象の可能性のある地盤では不適当である。	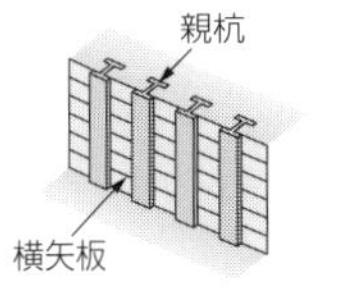 親杭・横矢板
シートパイル（鋼矢板）工法	・止水性のある壁になり，施工性も優れ，材料自身の安全性・経済性も良く，仮設山留め壁として代表的な工法である。 ・鋼材の種類が多く，現場の使用条件に適した断面のものを選べる。 ・鋼材に耐久性があり，修理が簡単で転用性が良いが，イニシャルコストは高い。 ・掘削底面以下の根入れ部分についても，連続性が保たれる。 ・継手部分にあそびがあるので，断面性能の低下を考慮する。	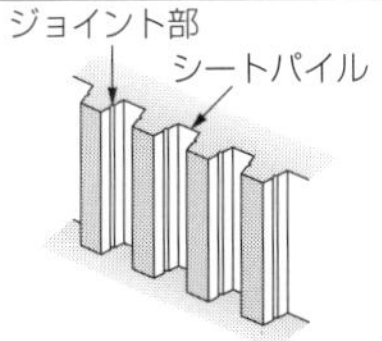 ジョイント部・シートパイル
ソイルセメント柱列壁工法	・オーバーラップ施工した掘削孔に，形鋼等の心材を適切な間隔で挿入することにより，柱列状に設置した山留め壁である。通常45～55cm径のものが多く用いられ，大深度の掘削工事には，1m程の径を用いることもある。 ・かくはん翼のラップ施工により構築されるので，止水性が高く，排出泥土も少ない。 ・注入液の調合については，固化強度のばらつきが大きく，混合試験による事前検討が必要である。	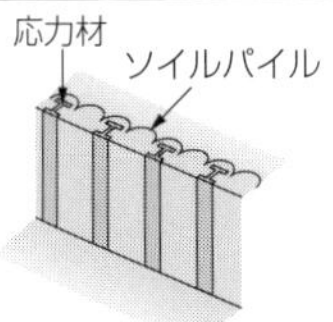 応力材・ソイルパイル
場所打ち鉄筋コンクリート地中連続壁工法	・現場において地中に孔（溝）を設け，その中に鉄筋かごまたは鋼材を建て込み，コンクリートを打ち込んで山留め壁にする工法で，場所打ちコンクリート杭と類似した施工手順である。 ・剛性が大きく，たわみ量が少ないため，周辺地盤への影響が少ない。 ・止水性は高く，大深度の(100m以上)施工が可能である。 ・山留め壁の機能だけでなく，地下構造部の一部として使用できる。	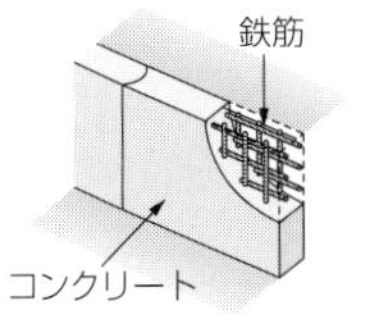 鉄筋・コンクリート

支保工 上部または横からの荷重を保持するために設置される仮設構造物の一般的な呼称。型枠支保工，山留め支保工，PC部材（梁，スラブ）の支保工などがある。

切梁 山留め壁を支える支保工の一つで，壁に取り付けた腹起しを押さえるために水平に渡した横架材。鋼製のリース品が主流である。山留め壁が自立でき，掘削が浅いときには不要であるが，深さによっては土圧が大きくなり，複数段の支保工が必要となる。単に「ばり」ということもある。

プレロード工法 山留め工事において，土圧によってかかる軸力を油圧ジャッキであらかじめ切梁に導入してから掘削を行う工法。切梁のジョイント部のなじみや切梁自身の縮みなどによる山留め壁のたわみを防止し，そのために起こる周辺の地盤沈下を防ぐためなどに採用される。

腹起し 山留め工事において，矢板などの山留め壁にかかる土圧を切梁に伝えるため，山留め壁面に接して水平位置で取り付ける横架材。

b. 山留め壁の設計

① 土圧や水圧の側圧に耐える構造であること。
② 掘削で山留め壁や掘削底面の崩壊・沈下等に対して耐える構造であること。
③ 隣地周辺の構造物，道路，上下給排水設備等の沈下・崩壊のないこと。
④ 根切り底に起こるヒービング，ボイリング，盤ぶくれ等に対する検討にも配慮する必要がある。

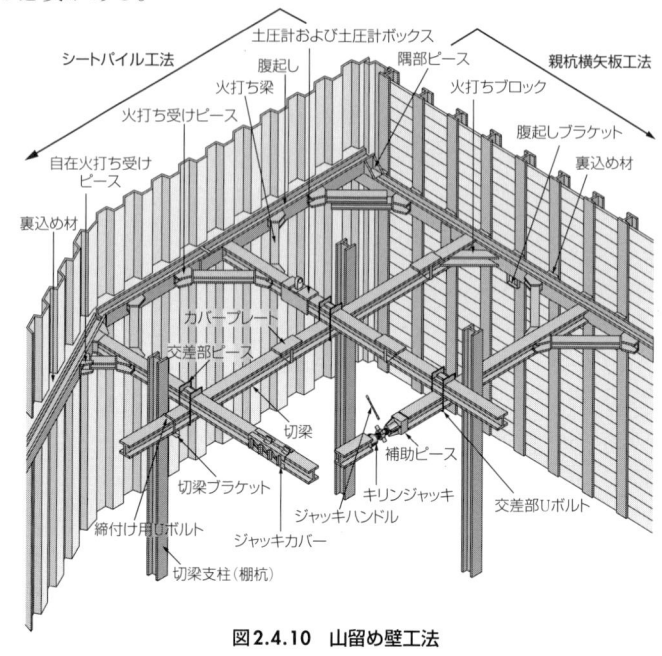

図2.4.10 山留め壁工法

3) 山留め支保工の分類

山留め支保工は，掘削時に山留め壁に作用する土圧・水圧を安全に支えるとともに，山留め壁の変形をできるだけ小さくして，周辺地盤や構造物に有害な影響を及ぼさないことを目的として架設する。山留め支保工の選定には，土圧・水圧だけでなく，山留め壁との適切な組合せや施工条件を考慮しなければならない。

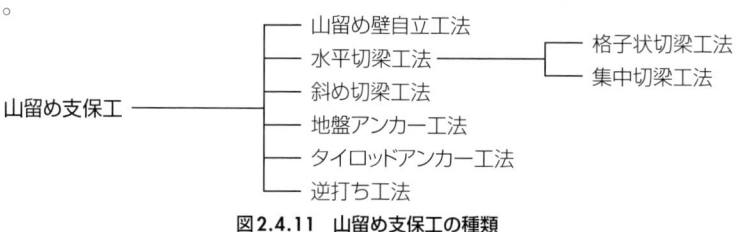

山留め支保工
- 山留め壁自立工法
- 水平切梁工法 ─ 格子状切梁工法
              └ 集中切梁工法
- 斜め切梁工法
- 地盤アンカー工法
- タイロッドアンカー工法
- 逆打ち工法

図2.4.11 山留め支保工の種類

4) 山留め設置期間中の異状

a. 異状の発見および観測

① 周辺地盤の沈下とひび割れ
② 山留め壁の変形 ── 壁頭部の移動量を測定する
③ 山留め支保工の変形
④ 切梁に作用する側圧測定
⑤ 山留め壁からの漏水
⑥ 山留め壁背面土の状態（親杭矢板工法の場合）
・せき板をたたいて背面土の状態を点検
・横矢板の配列の乱れ

2.4 土工事

表2.4.4 主な山留め支保工の特徴

工法	特徴	概念図
自立工法	・作業空間が広く取れるので、掘削、躯体工事の作業性が良い。 ・支保工材料が不要なので経済的。 ・大平面では有利。 ・深い掘削には適用できない。 ・根入れが長くなり、場合によっては支保工を架けたほうが山留め工事費は安くなる。 ・変形が大きくなり、周辺への影響がでやすい。	断面図
格子状切梁工法	・鋼製のシステム化されたリース材を使用すれば、架払いが容易。 ・工事費が安い。 ・一般的に使われており、施工・管理に習熟している。 ・作業空間が制約され、躯体、掘削工事の能率が落ちる。 ・平面形状が複雑で、不整形な掘削では強度上の弱点が生じやすい。 ・大平面の掘削には不適。	平面図 断面図
集中切梁工法	・リース材で組み立てるので、架払いは比較的容易。 ・格子状切梁同様よく使われており、施工・管理に習熟している。 ・格子状切梁よりも切梁間を大きくでき、掘削などが容易。 ・平面形状が複雑で不整形な建物では、強度上の弱点が生じやすい。 ・特殊な部材が必要になる場合がある。	平面図 断面図
地盤アンカー工法	・作業空間が広く取れるので、掘削、躯体工事の作業性が良い。 ・アンカー耐力が事前に確認でき、プレストレスをかけることにより、山留め壁の変形を抑えることができる。 ・大平面の掘削に有利。 ・掘削面積が狭いと割高である。 ・敷地内にアンカーが打てるだけの余裕があるか、近隣の敷地内にアンカーを打つことに対する同意が必要。	断面図
タイロッドアンカー工法	・作業空間が広く取れるので、掘削、躯体工事の作業性が良い。 ・大平面掘削の場合は経済的。 ・敷地周辺に10mくらいの余裕が必要。 ・1段しか支保工が架けられないので、比較的浅い掘削に向く。 ・控え杭のほかに、コンクリート製の梁やブロックを用いる場合もある。	断面図
逆打ち工法	・地下構造部が広くて深い場合や軟弱地盤の場合、さらに工期が厳しい場合に適している。 ・地下躯体を山留め支保工として利用し、掘削を進める工法。 ・地下工事と地上工事を並行して行うことも可能である。	断面

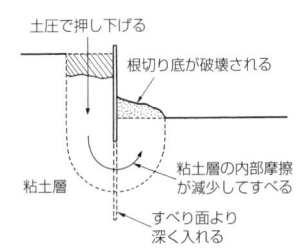

図2.4.12 ヒービング

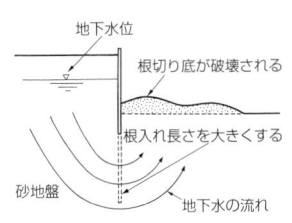

図2.4.13 ボイリング

b. 特殊な異状現象

①ヒービング：軟弱粘性土地盤を掘削するとき、矢板背面の土の重量によって、掘削底面内部にすべり破壊が生じ、底面が押し上げられてふくれ上がる現象。

〔ヒービングが予測された場合の対策〕

・剛性の高い山留め壁を良質な地盤まで貫入させ山留め壁の沈下、移動を防ぐ。
・根切り底以深の軟弱地盤の地盤改良をして、大きなせん断耐力ができる地盤にする。
・根切り位置の外周に余裕がある場合には、周辺地盤のすき取りを行い、山留め壁背面の荷重を減らす。
・掘削位置に近接してヒービングに影響を与える構造物がある場合は、アンダーピニングを行う。

②ボイリング・クイックサンド・パイピング：上向きの水流のため砂地盤の支持力がなくなる現象。つまり砂地盤が水と砂の混合した液状になり、砂全体が沸騰状に根切り内に吹き上げる現象をボイリングといい、このような砂の状態をクイックサンドという。また矢板の下部内側にクイックサンドが起き

ると，矢板の上部外側からも土砂が運ばれてパイプ状の水みちができる。このような現象をパイピングという。

〔ボイリングが予測された場合の対策〕

- 止水性の山留め壁を深く根入れする。
- 掘削場内外の地下水位を，ディープウェル・ウェルポイントなどによって低下させる。
- 止水性の山留め壁を不透水土層に根入れする。
- 掘削場内を地盤改良し，透水性の減少や強度の増加をはかる。

③盤ぶくれ：掘削底面下方に，被圧地下水を有する帯水層がある場合，被圧帯水層からの揚圧力によって，掘削底面の不透水性土層が持ち上げられる現象。

〔盤ぶくれの発生の対策〕

- 掘削底面（不透水層）下の地下水位をディープウェルなどによって低下させる。
- 止水性の山留め壁を被圧帯水層下の不透水層に根入れする。
- 掘削場内を地盤改良し，地下水を遮断し，土被り圧を増加する。

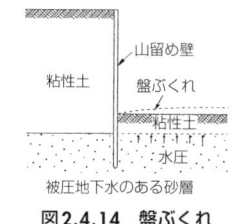

図2.4.14 盤ぶくれ

(5) 埋戻し・盛土・残土処理

1) 埋戻し・盛土

山砂 山地，丘陵，台地など陸地部の洪積堆積土で，建設用材料として採取される砂質に富んだ土の総称。泥分が多く，おもに埋戻し用に使われる。

現地の掘削土が良質ならば，場内に仮置きして利用するが，新規に持ち込んで行う場合は，山砂（真砂土），切込み砂利，鉱さいバラスなど，均等係数の大きい（大小さまざまな粒径が混ざった）ものを用いる。山砂が最も適している。

透水性の悪い山砂類，粘土質の場合の締固めは，まき出し厚さ30cm程度ごとに，ローラーまたはランマー等で締め固めながら埋め戻すのが原則である。

山留め壁と地下壁との間とか鋼矢板引抜き跡などのように，幅の狭い場所での埋戻しでは，地盤が軟弱であると，矢板引抜きと同時に周囲の土もともに抜き取ってしまい，地盤沈下を起こすこともあり注意しなければならない。

2) 残土処理

建設発生土 建設工事で建設副産物として発生する土。一般的には「残土」とも呼ばれるが，再生資源であり，廃棄物処理法に規定する廃棄物には該当しない。建設発生土には，(1)土砂およびもっぱら土地造成の目的となる土砂に準ずるもの，(2)港湾，河川などの浚渫にともなって生ずる土砂（浚渫土），その他これに類するものがある。

根切り後の余分な残土（建設発生土）の運搬・処理については，許可を受けた業者に委託して適正な処分を行うよう監視しなければならない。

特に汚泥については，産業廃棄物として管理型処分場に処分したことを確認しなければならない。搬出する際，工事用車両の作業所出入口には，標識・点滅灯等を設置し，交通渋滞等，第三者に迷惑をかけないように注意する。

国土交通省が推進している「建設発生土情報システム」の有効活用を進め，建設発生土の再利用を図ることが望ましい。

演習問題（土工事）◆ 下記の文で正しいものには○，誤っているものには×をつけなさい。

1. 軟弱地盤の掘削において，掘削位置の外周に余裕があったので，山留め壁の周囲地盤のすき取りを行い，ボイリング現象を防止した。　□
2. 砂質土地盤の床付け面を乱してしまったので，転圧による締固めを行った。　□
3. 切ばりにプレロードを導入するに当たって，切ばりの蛇行を防ぐために，上段切ばりと下段切ばりとの交差部の締付けボルトを堅固に締め付けた。　□
4. 水平切ばり工法における切ばりの継手は，応力を十分に伝達できる構造とし，できる限り切ばりの交差部の近くに設ける。　□

2.5 地業・基礎工事

(1) 地業・基礎工事の要点

基礎工事とは，基礎スラブと地業とを総称したものである。基礎スラブとは，上部構造の応力を地盤または杭地業に伝えるために設けられた構造部分であり，沈下や転倒が生じないような構造でなければならない。地業とは，基礎の支持形式にかかわらず建物の基礎と地盤とをつなぎ合わせる工事で，原則，基礎の捨てコンクリート以下の部分を支える総称である。

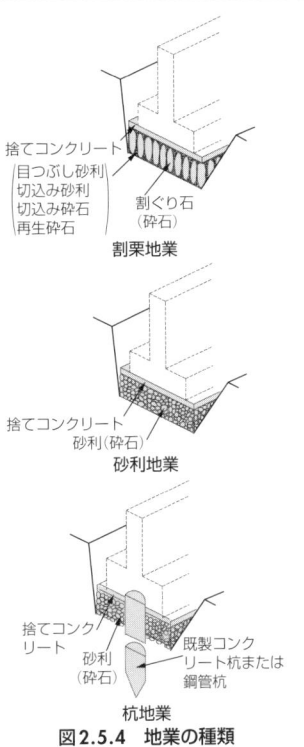

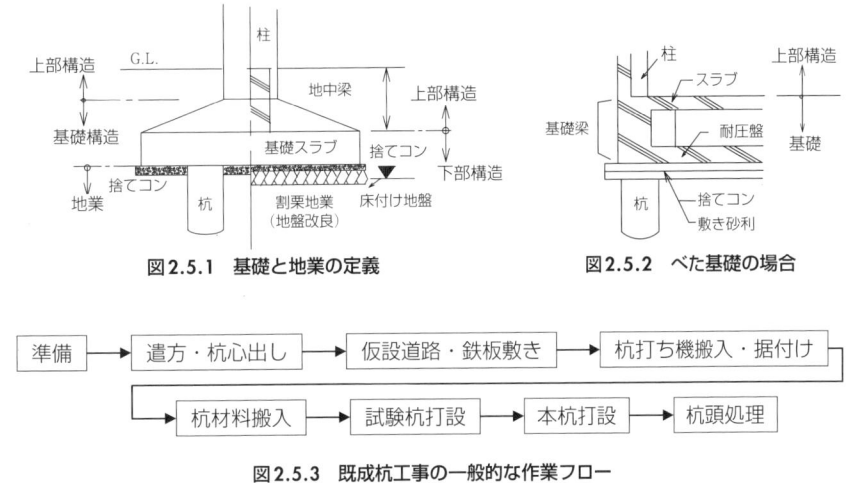

図2.5.1 基礎と地業の定義

図2.5.2 べた基礎の場合

図2.5.3 既成杭工事の一般的な作業フロー

図2.5.4 地業の種類

(2) 地業工事

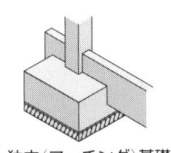

地業工事には，地肌地業，砂地業，砂利地業，捨てコン地業，杭地業，軟弱な地盤には，地耐力を増大，地盤沈下を抑制する地盤改良工事がある。

杭地業には，既成コンクリート杭を用いた打込み杭・摩擦杭・埋込み杭があり，現場で築造する場所打ちコンクリート杭，その他に木杭，鋼杭（鋼管杭・H鋼杭）等，杭地業の施工杭の選定には，地盤状況，現場の環境・状況，設計支持力等を考慮して，杭を正確に安全にできる施工法を検討する必要がある。

表2.5.1 地業の種類

地業の形式		地業の方法
直接地業		地肌，砂，玉石，割栗，砂利，捨てコンクリート
杭地業	既成杭	木，鋼管，コンクリート（打込み杭・埋込み杭・摩擦杭）
	場所打ちコンクリート杭	オールケーシング（ベノト），アースドリル（拡底杭），リバースサーキュレーション，BH，深礎
	ケーソン	ニューマチックオープン
地盤改良		締固め（バイブロフローテーション） 強制圧密（サンドドレイン） 杭打ち地盤改良（鋼管杭・ソイルセメント杭）

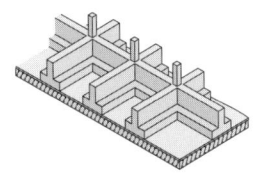

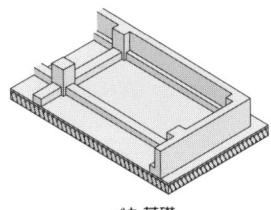

図2.5.5 直接基礎の種類

直接基礎として，フーチング基礎・べた基礎があり，フーチング基礎には独立基礎・布基礎・複合基礎がある。

既成杭は，既成コンクリート杭(RC杭)と鋼杭に分類される。

遠心力鉄筋コンクリート杭は，コンクリート強度が40N/mm²以上であるが，プレテンション方式遠心力高強度プレストレストコンクリート杭(PHC杭)は，コンクリート強度が80N/mm²以上のものである。

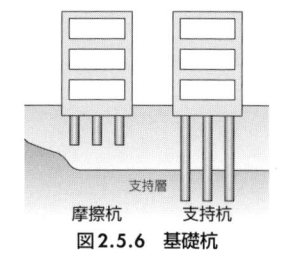

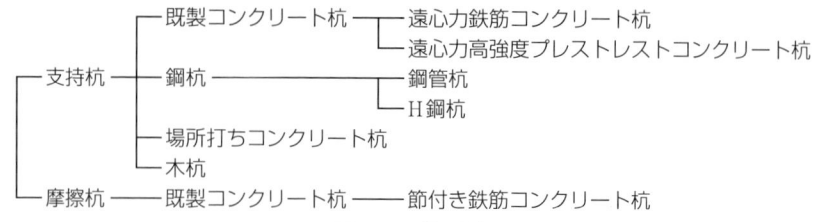

図2.5.6 基礎杭

図2.5.7 杭の種類

(3) 杭地業

1) 既成コンクリート杭

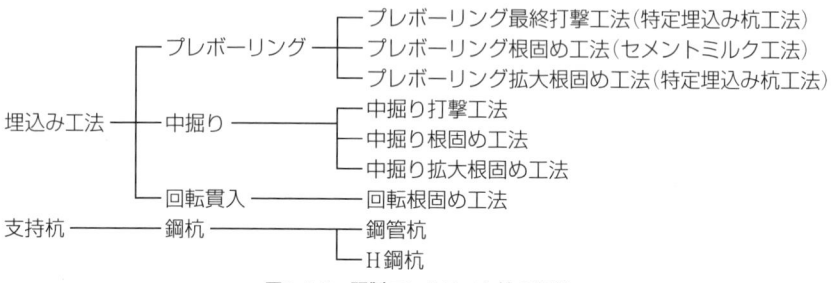

図2.5.8 既製コンクリート杭の種類

a. プレボーリング根固め工法(セメントミルク工法)

アースオーガーであらかじめ杭径より100mm程度大きく支持層まで削孔して，根固め液および杭周固定液を注入して既成コンクリート杭を建て込む工法。杭径は通常300～600mm，施工深度30m程度。杭は先端閉塞杭とする。

- 杭周固定液は，杭の周面摩擦力や水平抵抗を確保するために用いる。
- 杭の先端より強度が必要なため，ベントナイト溶液を用いる。
- 根固め液は，杭の先端位置から注入し始め，安定液を押し上げる。
- オーガーヘッドは，つねに根固め液の上面以下に保ち上下してはならない。引き上げは，土砂が落下しないように正回転でゆっくり行う。
- 支持地盤への到達確認は，掘削深さとオーガーの駆動用電動機の電流値の変化を読み取ることで行う。養生期間は，杭打込み後7日間程度とする。

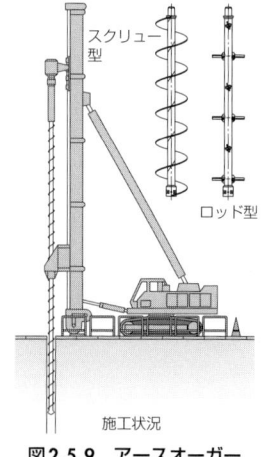

ベントナイト 水を吸収して著しく膨潤する微細な粘土。掘削孔の崩壊を防止する目的で，場所打ち杭や連続地中壁の掘削時に用いられる安定液の成分の一つで，溶液状にして使用する。

図2.5.9 アースオーガー

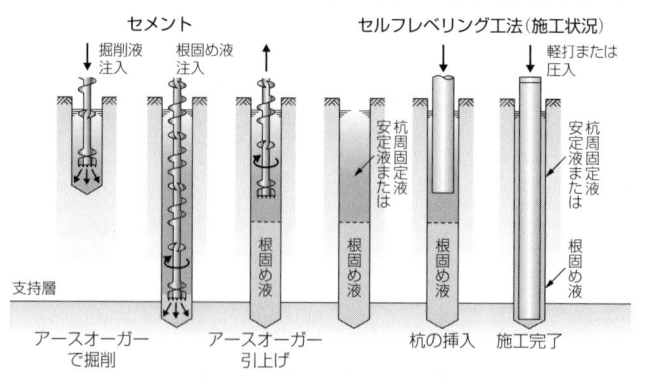

図2.5.10 セメントミルク工法

b. プレボーリング拡大根固め工法

掘削装置の拡大ヘッド，スリットスクリュー，連結シャフト，撹拌ロッドを用いてプレボーリングを行い，掘削土砂と充てん液を撹拌混合し，ソイルセメント状にして杭周面部を築造する。その後，根固め部を築造して，その掘削孔内に基礎節杭を建て込み，地盤に定着させる工法。

拡大ヘッドと，ら旋部分に切り欠きを有するオーガースクリュー・撹拌ロッド等を用いて，適宜掘削液を吐出しながら所定の深度まで掘削した後，拡大ヘッドの拡大翼を拡翼させ，杭周充てん液を吐出しながら，2 m以上，杭長の長さの範囲を拡大掘削するとともに，上下反復し，杭の50％以下に充てん液と掘削土砂を撹拌混合する。その後，先端部において，根固め液を注入しながら所定範囲を上下反復して根固め部を築造する。このように築造した掘削孔内に，節杭あるいは節杭＋ストレート杭を建て込み，地盤に定着させ，杭本体と根固め部および地盤との一体化を図る。

ソイルセメント セメント系懸濁液と土中の砂，礫，粘土などを練り混ぜたもの。硬化するとかなり強度がでるため，既製杭の周囲の根固め，路盤の安定処理，トンネルの覆工背部の裏込めなどに使用される。「ソイルモルタル」ともいう。

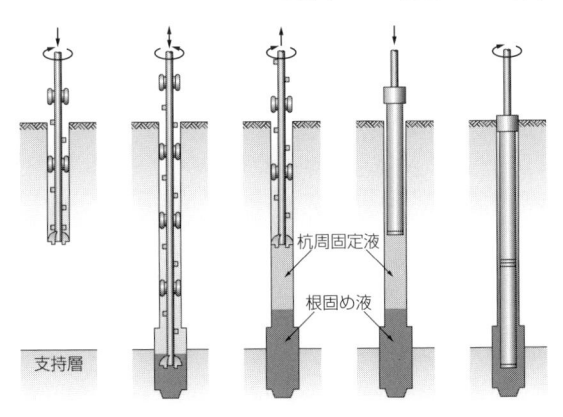

図2.5.11 プレボーリング拡大根固め工法

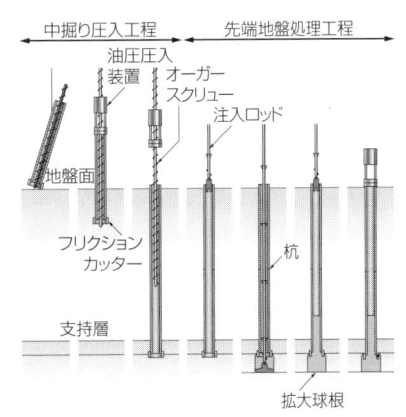

図2.5.12 中掘り工法

c. 中掘り根固め工法

先端開放型の杭の内部に，掘削機（アースオーガー）を挿入して，杭内部を掘削しながら杭中空部から排土し，杭を圧入して先端部をセメントミルクで根固めして設置する工法である。

杭の周面摩擦抵抗を低減させ，沈設を容易にするために，杭先端にはフリクションカッターを取り付ける。掘削が支持層に近づいたら，オーガーの先行掘りを少なくして地盤の乱れを防止する。比較的杭径の大きなもの（φ500 mm以上）の施工に適し，振動や騒音は非常に小さい。

セメントミルク 水にセメントを練り混ぜたミルク状の液体。これに細骨材が加わるとモルタル，さらに粗骨材が加わるとコンクリートに区分される。杭のプレボーリング工法で，既製杭の根固めやソイルセメント連続壁の地盤改良などに用いられる。

d. 鋼杭の工法

鋼杭には，鋼管杭とH鋼杭がある。鋼管杭には，一般的な鋼管を用いる工法と鋼管杭回転埋設工法がある。施工法には，既成コンクリート杭と同様に，打込み工法と埋込み工法があり，埋込み工法には，プレボーリング・中掘り工法で，拡大根固め工法等も施工されている。

また，鋼管杭の先端にら旋翼を付けた「先端翼付き回転貫入鋼管杭」と鋼管杭先端部にら旋状の羽根および掘削刃，側面に一定間隔でら旋状の羽根を取り付け，掘削地盤に回転圧入しながら支持地盤に設置する工法等がある。

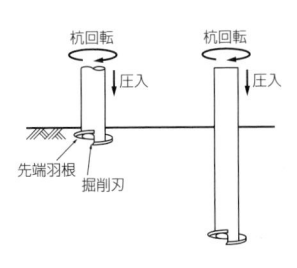

図2.5.13 鋼杭の回転挿入法

e. 回転圧入による埋込み工法(特定埋込み杭工法)

杭先端にスパイラル状の鉄筋または翼状・スクリュー状の掘削翼を取り付けた鋼杭を,回転圧入により所定深度まで設置する工法。全回転型の圧入装置で支持地盤にねじり込む。支持地盤まで打抜きの可否など検討を要する。

f. 杭頭の処理

既成コンクリート杭は,所定の高さよりも高い場合に,杭の高さを一定に切りそろえる。杭に損傷を与えない専用の切断工具で切断する。切り取った杭の処分は,必ず産業廃棄物として適正に処分する。

2) 場所打ちコンクリート杭地業

現場で地盤に杭径に応じた孔を支持層まで掘削・排土し,鉄筋かごを吊込み後,トレミー管を用いて富調合の水中コンクリートを打設する。こうして築造された杭を場所打ちコンクリート杭という。

その掘削方法・孔壁保護の方法により,主に5つの工法に分類される。これらの工法は,低騒音・低振動で掘削するので,市街地での工事に適している。杭孔を掘削する工法はおのおの異なるが,掘削完了後からは鉄筋かごを挿入,コンクリートを打設し杭を築造することは,各工法ともほぼ同じ方法で行われる。打設後に杭頭から上部空堀部分の埋め戻し方法も共通の作業で行われる。

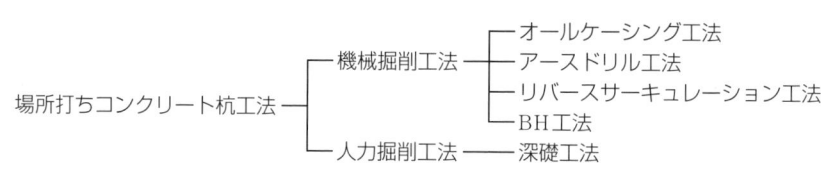

```
                          ┌─ オールケーシング工法
                          ├─ アースドリル工法
         ┌─ 機械掘削工法 ─┼─ リバースサーキュレーション工法
場所打ちコンクリート杭工法 ─┤              └─ BH工法
         └─ 人力掘削工法 ─── 深礎工法
```

図2.5.14 場所打ちコンクリート杭の種類

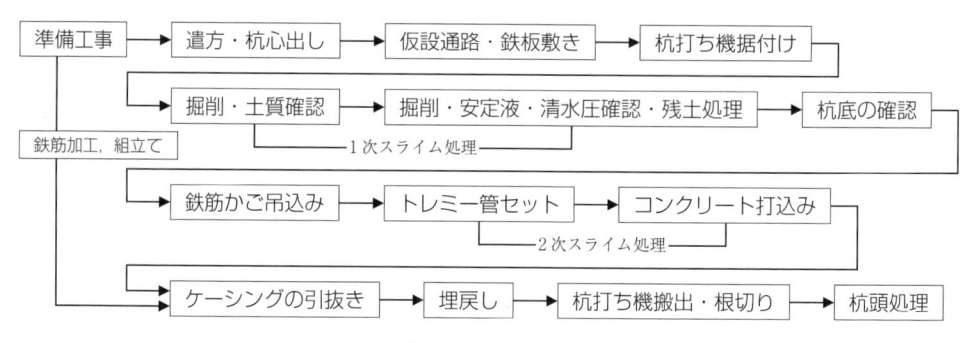

```
準備工事 → 遣方・杭心出し → 仮設通路・鉄板敷き → 杭打ち機据付け
         → 掘削・土質確認 → 掘削・安定液・清水圧確認・残土処理 → 杭底の確認
                         └─ 1次スライム処理 ─┘
鉄筋加工,組立て
         → 鉄筋かご吊込み → トレミー管セット → コンクリート打込み
                                  └─ 2次スライム処理 ─┘
         → ケーシングの引抜き → 埋戻し → 杭打ち機搬出・根切り → 杭頭処理
```

図2.5.15 場所打ちコンクリート杭の作業フロー

a. オールケーシング工法(ベノト工法)

連結できるケーシングチューブ(鋼管)で孔壁を保護して,ケーシングを揺動しながら圧入し,ハンマーグラブ(掘削機)をケーシング内に落下させ,土砂を掘削・排土する。ケーシングは,コンクリートを打設しながら,ケーシングの下端がコンクリート内に2m以上入った状態を保持して順次引き抜く。

全回転チュービング装置は,オールケーシング工法でケーシング径がϕ100〜3,200mmの鋼管をチャックでつかんで回転しながら地中へ押し込んでいき,継ぎ足しながら押し込む工法。回転力は最大の機種で800t・m,オールケーシング工法だけでなく,場所打ち杭のアースドリルおよびリバースサーキュレーション掘削機械の掘削用バケットを回転させるなど広く活用されている。

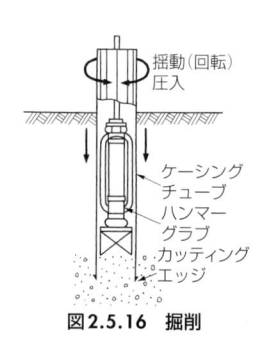

図2.5.16 掘削

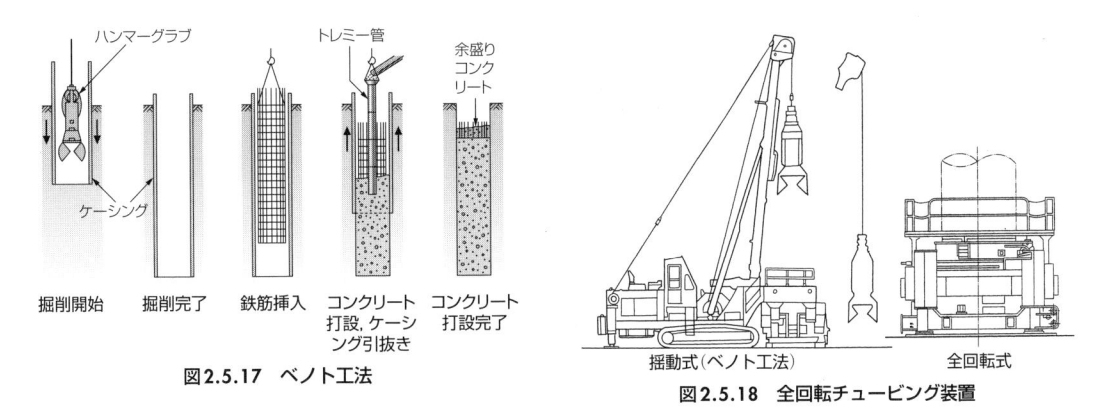

図2.5.17 ベノト工法

図2.5.18 全回転チュービング装置

b. アースドリル工法（地盤ドリル工法）

回転バケット内の土砂を排土しながら地盤を掘削する。孔壁保護は，表層ケーシングとベントナイト溶液（安定液）を用いる。打ち上がったコンクリートの支持地盤への到達の確認は，掘削深度，掘削機のモーターの電流，排土の状態で判定する。コンクリートの天端はレイタンスを見込み，余盛りとして500〜800mm程度高く打ち込むことを確認する。

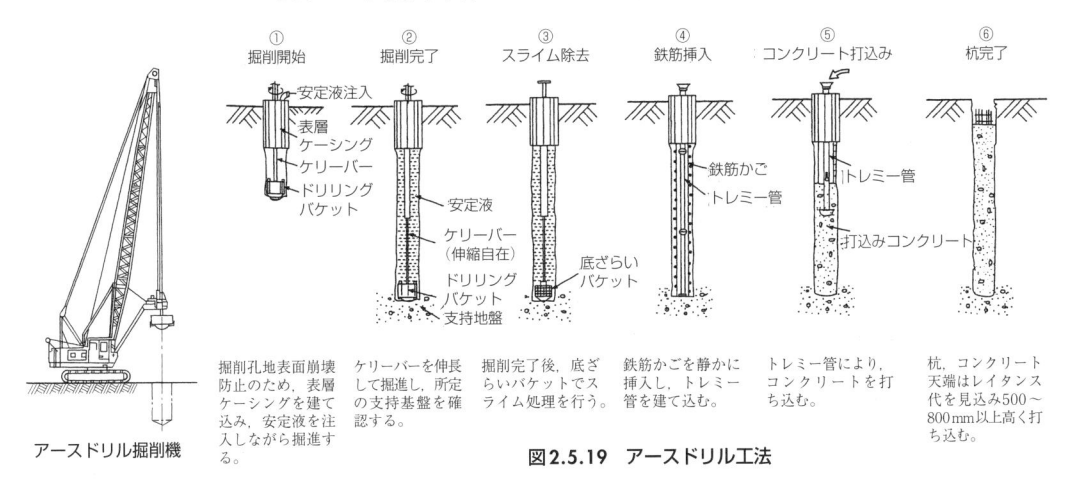

図2.5.19 アースドリル工法

c. リバースサーキュレーション工法

特殊な回転ビットを地上に設置したロータリーテーブルを通じて回転させて掘削し，土砂と孔内水を一緒にサクションポンプなどで地上に吸い上げ，ろ過装置を用い，土砂と水に分離し，水は再利用する逆循環方式で行う工法。

孔壁保護は，地盤表面部でスタンドパイプを使用し，孔内水位を地下水位より2m以上高く確保し，静水圧を0.02N/mm^{2}以上に保つことにより，孔壁の崩壊を防ぐ方法である。スタンドパイプは，地表面部分の孔壁保護と，その水頭差を確保する役割があり，杭の孔径より150〜200mm大きくする。

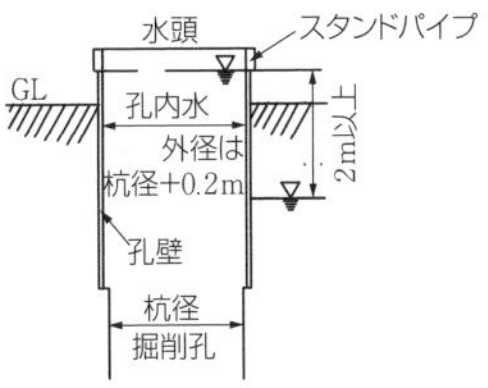

① スタンドパイプは孔径より150〜200mm大きいもの
② 水頭圧を0.02N/mm^{2}以上に保つ

図2.5.20 スタンドパイプ

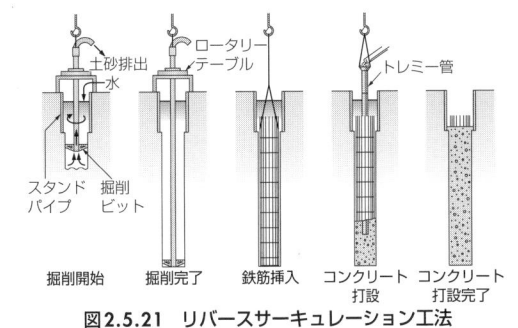

図2.5.21 リバースサーキュレーション工法

表2.5.2　場所打ち杭の特徴

	オールケーシング工法(40m深さ)	アースドリル工法(50m深さ)	リバースサーキュレーション工法(70m深さ)
掘削	ハンマーグラブを落下させ，地盤内に貫入させ破砕掘削させる。	自重と油圧の加圧状態で回転バケットを回転させて掘削する。	回転ビットで地盤を粉砕掘削する。
排土	ハンマーグラブを引き上げて排土。	回転バケットを引き上げて排土。	水と一緒に吸い上げ排土。
孔壁保護	ケーシングチューブ	ベントナイト溶液	水頭圧(スタンドパイプ)
スライム量処理方式	少量 1次処理：スライムバケット 2次処理：エアリフト方式	多い 1次処理：底ざらいバケット 2次処理：エアリフト方式	1次処理：ビットを空回し 2次処理：トレミー管・サクションポンプ方式
欠点	無水掘りは，ボイリングやヒービングが起きやすい，騒音・深度大。	粒径10cm以下の場合に限られる（回転バケットに入らない）。	掘削土と水の混合で排泥水の処理量が多すぎる。

d. スライム処理

　スライムとは，掘削された杭孔内の崩落土，泥水中の土砂などが沈殿したものである。この状態でコンクリートを打設すると，荷重がかかったときに築造された杭が沈下を起こすことになるので，スライム処理は確実に行う重要な作業である。

　スライムは，コンクリートの強度を含めた品質低下，断面欠損，支持力低下の原因になる。スライム処理には，掘削直後に行う「1次孔底処理」と，鉄筋かご挿入後，コンクリート打設直前に行う「2次孔底処理」がある。

1次孔底処理　場所打ち杭における一次スライム処理のこと。掘削完了後，鉄筋かごの建込み前にハンマーグラブや沈殿バケットによってスライムを除去する。鉄筋かごを建て込んだ後では，孔底端部のスライム除去は困難であり，1次孔底処理を確実に実施することが重要である。

2次孔底処理　場所打ち杭における2次スライム処理のこと。コンクリート打込み直前に行う濁水交換方式などによってスライムを除去する。ほとんどのスライムは，1次孔底処理で除去できるが，多量のスライムが沈殿する場合や，沈殿が安定しない場合などに必要となる1次孔底処理の補助的なもの。

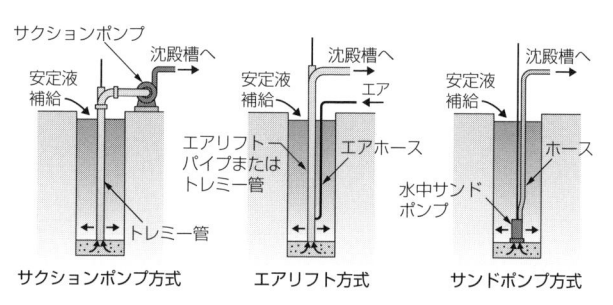

図2.5.22　スライム処理(孔底処理)

e. 排液・排土処理

　排液は，掘削時には相当の量が出るが，沈殿槽または直接真空ポンプ車に集め，場外へ搬出して，指定場所に投棄するか，排液タンクに集め，凝集剤を添加して上澄みと回収泥土とに分け，回収泥土は汚泥として産業廃棄物処分場(管理型)に運搬・処分する。

f. 鉄筋かごの加工および組立て

　鉄筋かごの組立ては，掘削前に組み立てておく。鉄筋かごの長さと掘削孔の深さに差がある場合は，上部の鉄筋量が多いため，上部の配筋が不足しないように，最下段の鉄筋かごで長さを調整する。

　鉄筋のかぶり厚さは，100mm以上でスペーサーを深さ方向に3～5m間隔を目安として，1断面4箇所以上取り付ける。

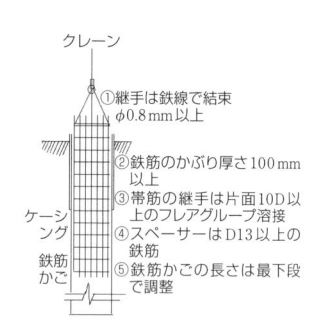

①継手は鉄線で結束 φ0.8mm以上
②鉄筋のかぶり厚さ100mm以上
③帯筋の継手は片面10D以上のフレアグルーブ溶接
④スペーサーはD13以上の鉄筋
⑤鉄筋かごの長さは最下段で調整

図2.5.23　鉄筋かごの吊り込み

g. コンクリートの打設

　場所打ちコンクリートのコンクリート打設は，原則，水中コンクリートになるので，打込みはトレミー管を用いる。打設開始前には，プランジャーをトレミー管に設置してコンクリートと泥水が混ざり合うのを防ぎ，下部から泥水等を押し上げるように行う。また，トレミー管およびケーシングチューブは，こ

れを引き抜きながらコンクリート打設を行う。このときトレミー管およびケーシングチューブの先端は，コンクリート中につねに2m以上入っているようにする。

杭底から押し上げられてきた不健全なコンクリートを，余盛り部分に集めて削り取る。余盛りの高さは，オールケーシングで500mm以上，アースドリルおよびリバースサーキュレーションの場合は800mm程度とする。

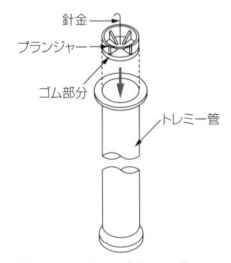

図2.5.24 プランジャー

トレミー管 場所打ちコンクリート杭などの水中コンクリートや連続地中壁のコンクリートの打設に用いる。直径15～30cm程度のコンクリート打設用輸送管。上部にコンクリートを受けるホッパーが取り付けられている。打設中はつねにコンクリート中に2m以上挿入した状態で，徐々に管を引き上げて連続的に打設する。

プランジャー 場所打ちコンクリート杭施工におけるコンクリート打設の際に，トレミー管に挿入する桶のようなもの。トレミー管内でコンクリートが孔内水と混じって品質低下することを防ぐために使用する。

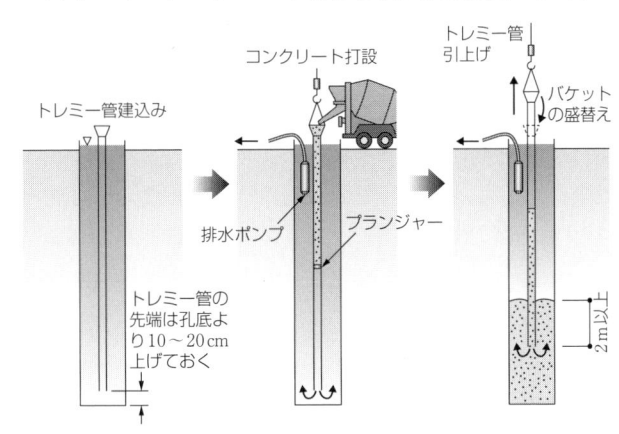

図2.5.25 トレミー管の挿入

h. 埋戻し

コンクリート打込み後，杭孔が残る場合は，孔への落下防止と孔周辺地盤の崩壊防止のため，埋戻しを行う。埋戻しは，硬化し始めた杭に悪影響を与えないように，敷地内の良土を静かに投入して行う。この良土は，根切りの際，杭位置の目印にもなる。

i. 杭頭の処理

杭頭は，コンクリートの打込みから14日程度経過したのち，本体を傷めないように平らにはつり取り，所定の高さにそろえる。

余盛り部分や不良コンクリート部分をはつり取り，健全なコンクリートを露出させ，所定の定着長さを確保して鉄筋を切断する。

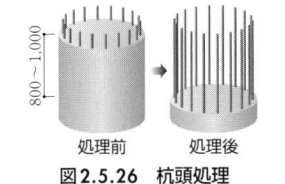

図2.5.26 杭頭処理

(4) 地盤改良

地盤改良とは，支持地盤の地耐力を増強させ，地盤沈下量を抑制，液状化対策などの目的で地盤土の性質を改良することである。

敷地ごとの地盤状況や建築物の規模により，工法の選択や運用に際しては，十分な事前調査と検討が必要である。

1) 強制圧密工法　粘性土地盤の地耐力増大や地盤沈下を抑制するため，強制的に間隙水を排除し，圧密沈下を促進させる工法。盛土工法やサンドドレイン工法などがある。

2) 締固め工法　砂質土地盤に物理的・機械的に水締め，振動締めにより，砂，砕石，再生材などを地盤中に充てんし，密度を増大させる工法。地震時の液状化現象の防止を目的としている。

①サンドドレイン工法：軟弱地盤において，鉛直振動を利用して地盤内に締固め杭を造成し，周辺地盤を締め固めて安定を図る。

②バイブロフローテーション工法：水平振動と水締めを効果的に利用し，緩い

砂地盤を締め固める地盤改良法。

3) **固結工法**　粘性土や砂質土とも，セメントや石灰，薬液の注入などにより，土粒子間の化学的結合力を増大させる工法。地耐力の増大や地盤沈下，液状化の防止を目的としている。

4) **置換工法**　軟弱な粘土層を，良質な土やソイルセメント（現地の土とセメントミルクを攪拌したもの），コンクリート（ラップルコンクリート）と置換する工法。地耐力の増大や沈下の抑制を目的として用いる。

5) **排水工法**　砂質地盤で，地震時の液状化を防止するために，土中の過剰な水分（間隙水）を脱水させる工法。グラベルドレーン工法，ドレーンパイプ工法等がある。

6) **杭打ち地盤改良**　①鋼管杭打ち工事：住宅の軟弱地盤にφ100〜200mm程度の鋼管を支持杭として打ち込み，建物の沈下を防止する工法。
②ソイルセメント杭工事：セメントミルクを注入し，土砂と攪拌してパイル状に固化させて支持杭や表層地盤改良に用いる工法である。

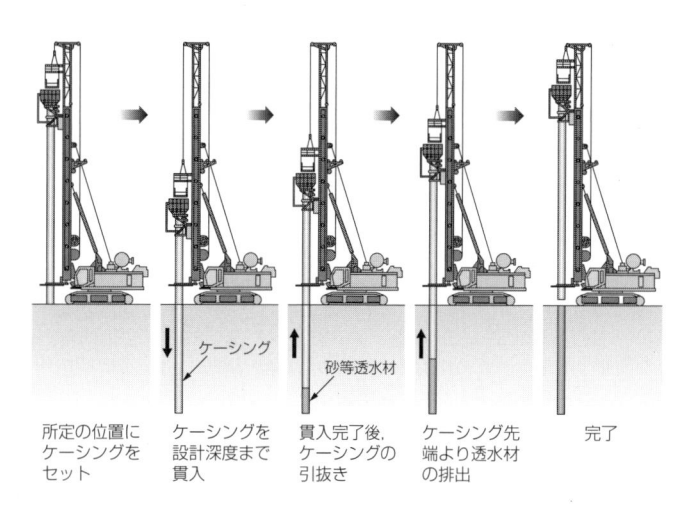

図2.5.27　サンドドレイン工法

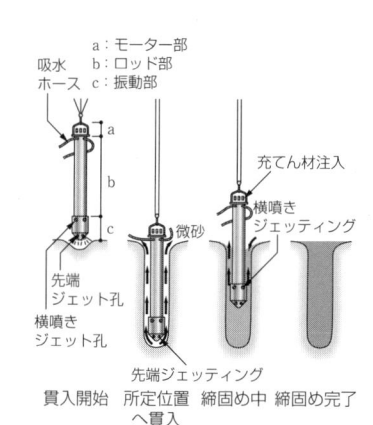

図2.5.28　バイブロフローテーション工法

演習問題（地業・基礎工事）　◆下記の文で正しいものには○，誤っているものには×をつけなさい。

1. 捨てコンクリート地業は基礎等の墨出しや鉄筋・型枠の組立てのために施工するもので，地盤を強化するための地業ではない。

2. 場所打ちコンクリート杭工事において，コンクリートの打込みに際し，杭頭部に余盛りを行い，コンクリートが硬化した後，余盛り部分をはつり取った。

3. セメントミルク工法において，掘削終了後のアースオーガーの引上げは，吸引現象により負荷が発生しないように，できるだけゆっくり行った。

4. アースドリル工法において，近接する杭については，連続して施工する。

5. トレミー管は，コンクリートの逆流や泥水の浸入を防ぐために用いるので，コンクリート中に1m以上埋まった状態を保持する。

6. 場所打ちコンクリート杭において，鉄筋かごの帯筋の継手は重ね継手とし，その帯筋を主筋に点溶接した。

2.6 鉄筋工事

(1) 鉄筋工事の要点

鉄筋工事は，設計図書に基づいて，建物の構造耐力を確保する重要な工事である。鉄筋コンクリート系構造においては，鉄筋・型枠・コンクリートに関するそれぞれの工事が一体となって進められる。

鉄筋コンクリート構造は，圧縮応力をコンクリートで，引張応力を鉄筋の主筋で，せん断力は主に帯筋・あばら筋に負担させることで外力に抵抗するものである。一度組み立てた鉄筋は，誤りが生じても手直しが困難であり，手戻りのないよう，施工中の検査を怠らないよう管理をすることが重要である。

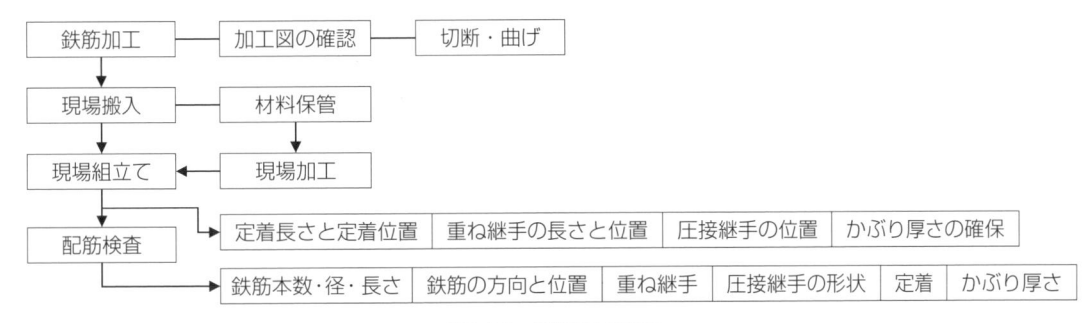

図2.6.1 鉄筋工事の流れ

①基礎柱筋・地中梁の配筋	②土間の配筋中	③1階の床面へ墨出し中	④2階柱，梁の配筋
捨てコンクリート打設後に基礎柱と地中梁を取り付ける。	基礎コンクリート打ち完了，埋戻し完了後から土間の配筋中。	土間コンクリート完了後，トランシット・レベルで墨出し。	墨出し後に主筋を組み，帯筋，スペーサーを取り付ける。

⑤壁鉄筋組立て中	⑥梁の組立て中	⑦柱・梁筋組立て完了	⑧床開口部の補強筋
壁の配筋後，窓枠の四隅の補強筋，スペーサー設置。	落し込み工法で梁筋を組み立ててから，圧接施工をする。	梁筋，スターラップ取付け後，落とし込む。	補強筋は上下スラブ筋の内部にすべて配筋する。

(2) 鉄筋の材料

異形棒鋼 コンクリートに対する付着力を高めるために，表面にリブや節などの突起を付けた鉄筋。丸鋼よりも引抜き力に抵抗する力が強い。

鉄筋の種類には，丸鋼(SR)，異形棒鋼(SD)がある。異形棒鋼は，鉄筋とコンクリートの付着力を増大させるために工夫された鉄筋で，丸鋼に比べ許容付着応力度が約67%大きい。そのため建築では，大半が熱間圧延異形棒鋼が用いられている。

第2章 躯体工事

降伏点 鋼材に力を加えたとき、ある力以上になると、その力のまま鋼材の変形が増加して塑性変形が始まる状態を「降伏」といい、降伏が始まる点を降伏点という。

鉄筋の呼び名は、「SD345A」などと表示されるが、その345とは、降伏点または0.2％耐力が345N/mm²以上保証されているということである。

溶接金網は、線径2.6～8.0mmの鉄線を格子状に、網目は50～300mmで、1枚の大きさは、1m×2m、2m×4mの規格がある。金網の交点を電気溶接したもので、主に鉄骨のデッキプレートスラブの配筋などに用いられる。

鉄筋の種類および強度

〔鉄筋の識別方法〕

節 異形棒鋼(鉄筋)の表面に設けた凹凸状のリブのことで、コンクリートやモルタルの付着力を高め、引抜き力に抵抗する力を増すためのもの。

圧延マーク 圧延鋼材に対して、その生産工程で製品に印される記号。製造業者名や鋼種などが判別できるようになっている。「ロールマーク」ともいい、特に鉄骨鋼材の場合には「識別マーク」と呼ばれている。

ミルシート 商品の品質を保証するため、メーカーが規格に対して発行する品質証明書。鉄筋の場合は、鉄筋の種類、径または呼び名、数量、化学成分、引張りおよび曲げ試験結果、製造業者名などが記載されている。「鋼材検査証明書」ともいう。

異形棒鋼(SD)は、各メーカーの節の形状や識別表示が異なる。鉄筋の鋼種、規格を示す識別記号(圧延マーク)が1本ごとに刻まれている。また、メタルタッグ(スチール製の識別札)が鉄筋1束ごとに付いているため、種別、呼び名、溶鋼番号(鋼材検査証明書に記入)、寸法、数量などが容易に識別できる。さらに、メタルタッグと同色の塗料を、鉄筋の断面に塗ることもある。

鋼材メーカーが発行している鉄筋などの鋼材納入時に添付されるミルシートは、JIS規格に適合する品質であることの証明となる。

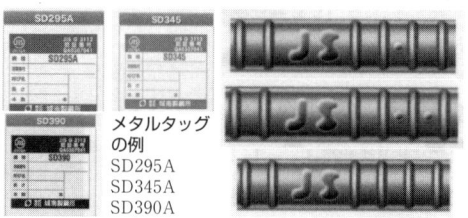

表2.6.1 圧延マークと識別塗色

SD295B*	1またはI	白
SD345	突起の数　1個(・)	黄
SD390	突起の数　2個(・・)	緑
SD490	突起の数　3個(・・・)	青

＊ 66ページ・図2.6.3参照。

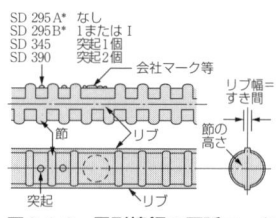

メタルタッグの例
SD295A
SD345A
SD390A

図2.6.2　ロール記号とメタルタッグの例

SD 295A*	なし
SD 295B*	1またはI
SD 345	突起1個
SD 390	突起2個

会社マーク等

図2.6.3　異形棒鋼の圧延マーク表示例

＊ JIS G 3112：2010(鉄筋コンクリート用棒鋼)が2020年4月20日に改定され、JIS G 3112：2020に置き換えられた。この改定により、SD295Bが廃止となり、SD295AがSD295に変更された。

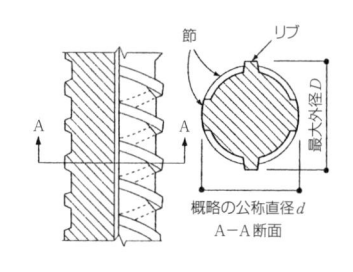

呼び名	公称直径*(d)(mm)	最大外径(D)(mm)
D10	9.53	11
D13	12.7	14
D16	15.9	18
D19	19.1	21
D22	22.2	25
D25	25.4	28
D29	28.6	33

＊異形棒鋼の見かけの直径。公称周長の場合と同様に、単位長さ当たりの重量から算出する。

図2.6.4　異形棒鋼(SD)の公称直径と最大外径

(3) 鉄筋の加工・組立て

1) 切断と加工

鉄筋冷間直角切断機 鉄筋のガス圧接を行う端面部分を圧接に適した状態に切断する工具。切断機本体を鉄筋に固定し、円盤状のカッターを電動で高速回転させて切断する。短時間で鉄筋を軸線に対して直角で平滑に切断できるため、圧接作業当日に現場で鉄筋の切断を行う場合は、グラインダー研削による端面仕上げが不要となる。

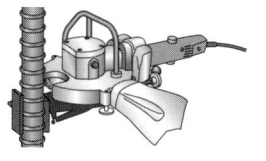

①鉄筋の切断・曲げなどの加工作業は、常温(冷間)で加工する。
②切断は、シャーカッターまたは電動カッターによるものとし、ガス切断など加熱して鉄筋を切断・加工する方法は避ける。

図2.6.5　鉄筋冷間直角切断機

表2.6.2　加工寸法の許容差

主筋	D25以下	±15許容差(mm)
	D29以上D41以下	±20許容差
あばら筋・帯筋・スパイラル筋		±5許容差
加工後の全長		±20許容差

2) 曲げ加工

末端部にフックを付けなければならない箇所を以下に示す。

・丸鋼(断面が円形の鉄筋。一般的にはφ6～32mmまで。)
・あばら筋および帯筋(ただし、片面$10d$、両面$5d$以上のフレアグルーブ溶接で継ぐ場合を除く)

2.6 鉄筋工事

あばら筋 梁のせん断力に対する補強のために，梁の上下の主筋に直交させて囲むように巻く鉄筋。「スターラップ」，略して「STP」ともいう。

帯筋 鉄筋コンクリート柱の主鉄筋に巻き付けるようにした水平方向の鉄筋。「フープ」ともいう。

腹筋 鉄筋コンクリートの梁の中腹部分に，主筋方向に配置する鉄筋。スターラップの振れ止めやはらみ出し防止を目的としたもの。

幅止め筋 鉄筋コンクリート梁の腹筋の間に架け渡した補助鉄筋。鉄筋の梁幅を整えて配筋全体を固定する目的で配置する。

主筋 鉄筋コンクリート構造において，構造計算上必要な軸方向力と曲げモーメントに抗する鉄筋。部材の軸方向に配置する。

配力筋 鉄筋コンクリートのスラブ配筋や壁配筋などにおいて，主筋方向以外の方向に応力を分散させるために配置する鉄筋。「副筋」ともいい，一般には主筋と直角方向に配置される。

・煙突の鉄筋
・柱および梁の出隅部分の鉄筋（基礎梁を除く）

表2.6.3 鉄筋の折り曲げ形状・寸法

折り曲げ角度	鉄筋の種類	鉄筋の径による区分	鉄筋の折り曲げ内法直径(d)
180° 135° 90°	SD295A SD295B SD345	D16以下	$3d$以上
		D19～D41	$4d$以上
	SD390	D41以下	$5d$以上
90°	SD490	D25以下	
		D29以下	$6d$以上

＊本表は，『建築工事標準仕様書・同解説　JASS 5 鉄筋コンクリート工事 2018』（日本建築学会）より作成。

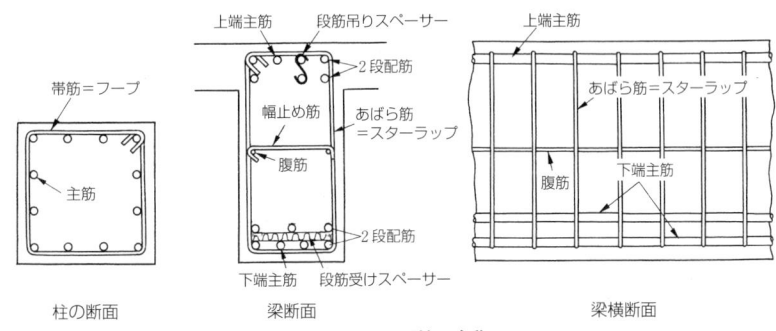

図2.6.6 配筋の名称

3）鉄筋の組立て

補助筋 計算で要求される鉄筋以外に，用心のため，または位置，形状を保つために入れる鉄筋。

a. 配筋の方法

①主筋は，部材に作用する主外力に抵抗する鉄筋（柱，梁，床スラブの鉄筋）
②補助筋は，部材に働くせん断力に抵抗する鉄筋（あばら筋，帯筋，壁筋）
③その他，鉄筋を組み立てるために用いる鉄筋（腹筋，幅止め筋など）

b. 組立ての留意点

①鉄筋相互の位置の固定は，鉄筋の交点や重ね部分を0.8～0.85mm程度のなまし鉄線で結束する。
②柱・梁主筋と帯筋・あばら筋との結束は，四角の交点において全数結束する。その他の交点は，半数以上結束する。壁・スラブの鉄筋の交点は，半数以上，千鳥に結束する。
③壁・スラブの配筋は，中央から割付け，端部は定められた間隔以下とする。
④鉄骨鉄筋コンクリート構造における鉄筋は，鉄骨と接触させないことを原則とし，鉄骨面から25mm以上，かつ，粗骨材最大寸法の1.25倍以上のあきを確保する。ただし，柱・梁接合部において，柱のフランジの厚さ方向の面に直交する梁主筋は接触してもよい。

表2.6.4 鉄筋の間隔・あきの最小寸法

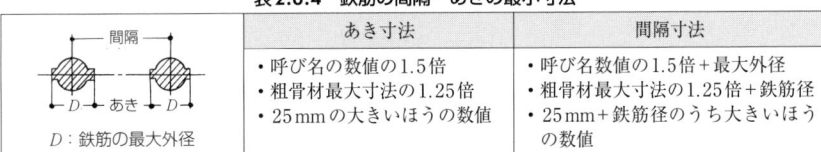

あき寸法	間隔寸法
・呼び名の数値の1.5倍 ・粗骨材最大寸法の1.25倍 ・25mmの大きいほうの数値	・呼び名数値の1.5倍＋最大外径 ・粗骨材最大寸法の1.25倍＋鉄筋径 ・25mm＋鉄筋径のうち大きいほうの数値

D：鉄筋の最大外径

c. 定着の留意点

定着とは，鉄筋が引き抜けないように，コンクリートの中に端部を埋め込ん

で固定させること。埋め込んだ鉄筋に力が作用しても，引き抜けないように固定するため，鉄筋の埋込み長さ(定着長さ)が，下表のとおり規定されている。

表2.6.5 異形鉄筋の直線定着長さ（フック付き定着長さは、全て10d減ずる）

設計基準強度(N/mm²)	L₂ SD295	L₂ SD345	L₂ SD390	L₂ SD490	L₃ 小梁	L₃ スラブ
21	35d	35d	40d	—	20d	10dかつ150mm以上
24〜27	30d	35d	40d	45d	20d	10dかつ150mm以上
30〜36	30d	30d	35d	40d	20d	10dかつ150mm以上
39〜45	25d	30d	35d	40d	20d	10dかつ150mm以上

① 鉄筋の定着長さは，鉄筋の種類やコンクリートの設計基準強度，配筋される部位によってそれぞれ定められている。
② 梁主筋を柱部材に定着するには，柱部材の中心線を超えて折り曲げる。
③ 最上階の梁の上端主筋の折り曲げは，直線部で定着長さを確保する。
④ 最上階の四隅部の柱主筋端は，フックを付ける。

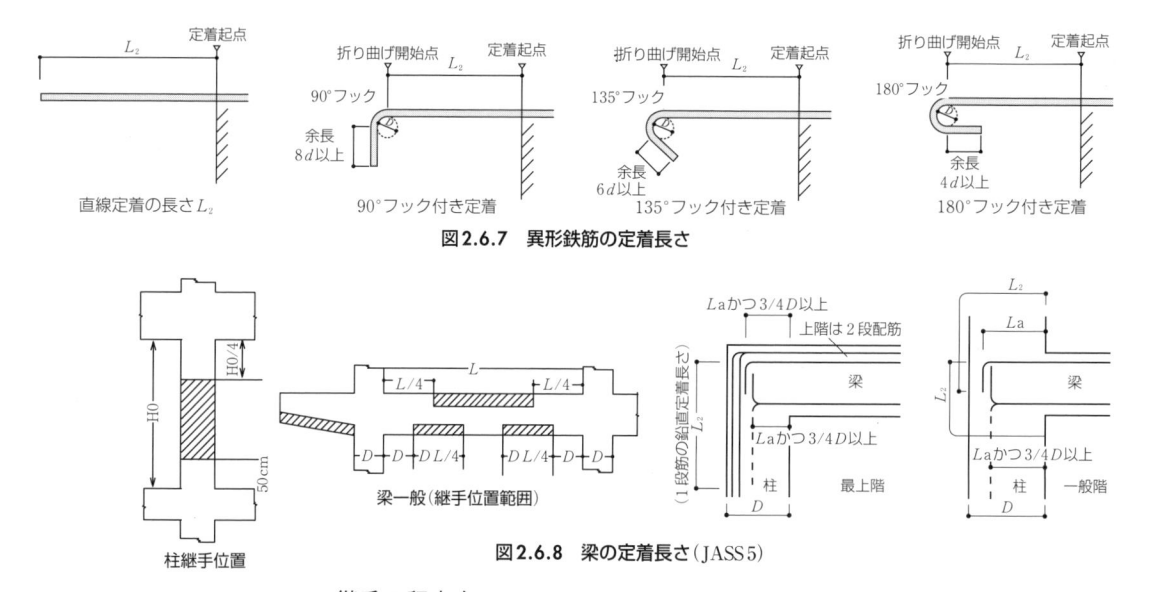

図2.6.7 異形鉄筋の定着長さ

図2.6.8 梁の定着長さ（JASS 5）

d. 継手の留意点

継手とは，鉄筋相互の継手部分(継手長さ)が，下表のとおり規定されている。継手の工法には，重ね継手，ガス圧接継手，機械式継手，溶接継手などに分けられる。一般的には，異形鉄筋の径が16mm以下は重ね継手，D19以上はガス圧接継手を用いることが多い。

① 継手部分は原則，母材強度以上の性能が要求され，安全のため，継手の位置，範囲，配置方法などの制限がある。
② 重ね継手の長さで，径が異なる場合は，細いほうの鉄筋径によって決める。
③ あき重ね継手は，継手長さLの0.2倍かつ150mm以下とする。

重ね継手 鉄筋を所定の長さに重ねることで力を伝える継手工法の一種。重ね継手は細径鉄筋に用いられ，通常，太径鉄筋には用いない。鉄筋どうしの間隔を広げた，あき重ね継手もある。

あき重ね継手 重ね継手の一種で，重ね合わせる鉄筋どうしを密着させずに，所定のあきを確保して重ねる継手。スラブ筋，壁筋に用いることができる。

表2.6.6 異形鉄筋の直線重ね継手

設計基準強度(N/mm²)	SD295	SD345	SD390
18	45d	50d	—
21	40d	45d	50d
24〜27	35d	40d	45d
30〜36	35d	35d	40d
39〜45	35d	35d	40d

最小かぶり厚さ 鉄筋コンクリート部材の各面，またはそのうちの特定の箇所において，最も外側にある鉄筋の最小限度のかぶり厚さ。その数値は建築基準法で規定されている。

設計かぶり厚さ 最小かぶり厚さを満足するために，施工上の誤差を加味したかぶり厚さを設計かぶり厚さという。JASS 5では，加味する誤差を10mm（曲面部材は20mm）としている。

e. かぶり厚さの留意点

かぶり厚さとは，組み立てた鉄筋の最も外側の鉄筋からコンクリート表面までの距離をいう。かぶり厚さが確保できていないと，火災時に部材の構造耐力が低下したり，たわみや変形を生じることもある。また，コンクリートの中性化が進行して，鉄筋が腐食されやすくなるなど，躯体の強度や性能に問題が生じる。

したがって，鉄筋の加工，組立てにおいては，最小かぶり厚さを確保するために，施工誤差を考慮し，施工に当たっては柱，梁などの鉄筋かぶり厚さの最小値に10mmを加えて加工することにしている。

なお，JASS 5 (2009) では，計画供用期間の級に応じて，構造部材，非構造部材の設計かぶり厚さが規定されており，鉄筋組立て完了時に最小かぶり厚さ以上を確実に確保することとしている。

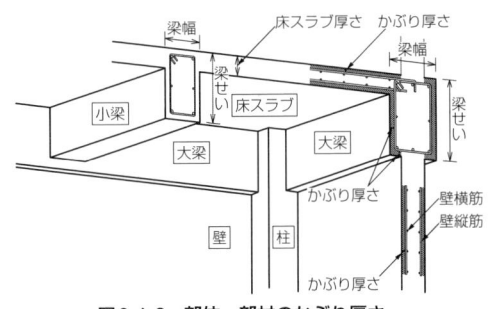

図2.6.9 部位・部材のかぶり厚さ

表2.6.7 設計かぶり厚さの規定（JASS5）

部位・部材の種類		短期		標準・長期		超長期	
		屋内	屋外	屋内	屋外	屋内	屋外
構造部材	柱・梁・耐力壁	40	40	40	50	40	50
	床スラブ・屋根スラブ	30	30	30	40	40	50
直接土に接する柱・梁・壁・床・布基礎		50					
基礎		70					

①基礎の捨てコンクリートの厚さは，かぶり厚さに算入しない。
②杭基礎の場合は，杭頭からの最短距離が，かぶり厚さとなる。
③柱の補強筋のダブル配筋の場合の開口補強筋は，壁筋の内側に配筋する。
④梁貫通孔の補強筋は，梁の主筋，またはあばら筋の内側に配筋する。
⑤屋根スラブの出隅および入隅の部分には，ひび割れを防止するため，斜め補強筋を屋根スラブ上端筋の下側に配筋する。
⑥土に接する柱筋のかぶり厚さは，原則，打継ぎ位置まで増し打ちする。
⑦躯体の打継ぎ目地部分のかぶり厚さは，目地底から規定値をとる。

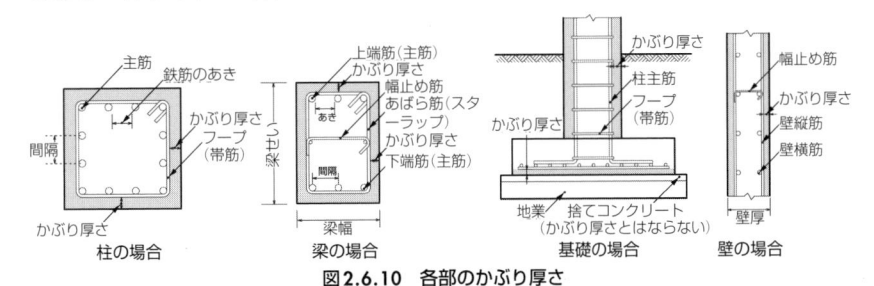

図2.6.10 各部のかぶり厚さ

f. 補強筋・開口部補強

補強筋とは，設備関連の各種スリーブや開口部の隅など，大きな引張力が生じるため，壁や床の中央部の鉄筋では負担できない場合が多い。そのため，補強筋として隅角部周辺に鉄筋を補強し，ひび割れや破壊が生じないようにする。

窓の開口部の四隅に発生する斜めクラックを防ぐための補強筋や，仮設重量物を載せるスラブ補強筋などがある

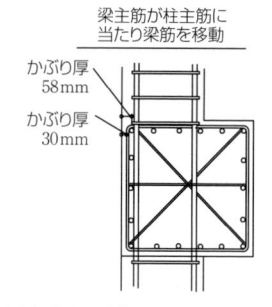

第2章 躯体工事

図2.6.11 柱と梁の配筋の特殊例

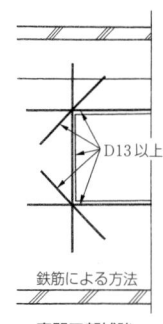

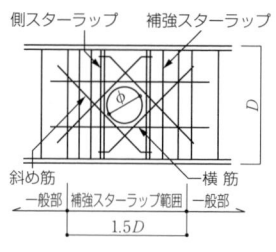

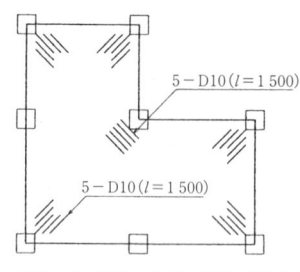

かぶり厚さの計算例
・柱のかぶり厚さ30mm
・柱フープ13mm(最大外径14mm)
・柱主筋25mm(最大外径28mm)
・梁主筋25mm(最大外径28mm)
・梁スターラップ13mm (最大外径14mm)

図2.6.12 補強筋および開口部補強
（窓開口部補強／鉄筋による方法／貫通孔補強(RC梁)／屋根スラブ、出隅および入隅部の補強配筋）

g. スペーサー・バーサポート

スペーサーおよびバーサポートは、組み立てられた鉄筋相互の位置およびかぶり厚さの確保と、コンクリート打込み作業中のフレキシブルホースなどの衝撃や振動などによる配筋の乱れ防止のために、鉄筋と型枠等に取り付け使用される。

スペーサーおよびバーサポートの材質は、コンクリート製、鋼製、ステンレス製とする。ただし、柱・梁・壁などの側面に限りプラスチック製でもよい。

①柱筋・壁筋のスペーサーは、上階部を施工する際の台直しを避けるため、梁底近くに、柱では柱頭の第1帯筋の位置に配置する。
②梁下のスペーサーブロックは、必ずスターラップの下に配置する。
③床用のスペーサーブロックまたはバーサポートは、必ず上端筋・下端筋とも交差する鉄筋の下側の鉄筋を支えるように配置する。
④片持ち床スラブは、コンクリート打設時に上端筋の位置が下がり、構造耐力上の障害が起きやすいので、位置の保持のためには、連続サポートを用いる。
⑤断熱材打込み部では、スペーサーが断熱材にくい込むため、防止用のスペーサーを用いる。

図2.6.13 柱・壁などのスペーサーブロック

キャラメル 鉄筋コンクリート工事で用いる、3cm程度の小さな四角のキャラメル形をした、鉄筋のかぶり厚さを確保するためのスペーサーの一種。「さいころ」ともいう。

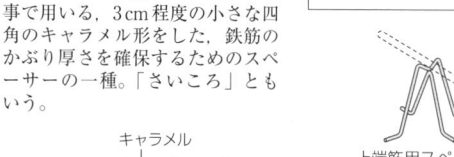

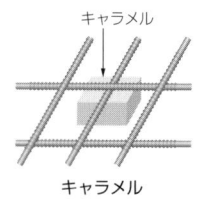

キャラメル

表2.6.8 スペーサー・バーサポートの配置と数量の標準

スラブ	梁	柱
鋼製・コンクリート製	鋼製・コンクリート製	鋼製・コンクリート製
上端筋・下端筋それぞれ 1.3個/m² 程度	間隔は1.5程度 端部は1.5以内	上段は梁下より0.5m程度、中段は中間、柱幅方向は1m未満2個、1m以上3個
基礎	基礎梁	壁・地下外壁
面積4m²程度 8個　16m² 20個	間隔は1.5程度 端部は1.5以内	上段は梁下より0.5m程度 中段は上段より1.5mの間隔 横間隔は1.5m程度、端部は1.5m以内

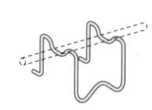

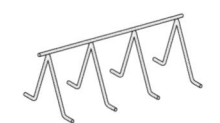

上端筋用スペーサー　下端筋用スペーサー　梁筋用シングルスペーサー　ポリドーナツ

(キャラメル)下端筋用スペーサー　(腰掛け)上端筋用スペーサー　梁筋用ダブルスペーサー
＊躯体コンクリート強度と同等

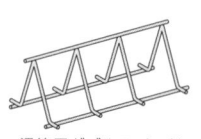

図2.6.14 各種スペーサー

(4) ガス圧接継手

鉄筋のガス圧接には、クローズ・バット法が用いられている。この方法は、一般に接合する2個の鉄筋の端面を平滑に加工して突き合わせておき、その接合部を酸素・アセチレン炎(還元炎)で加熱し、適度の温度に達したとき圧力を加えて接合する方法である。

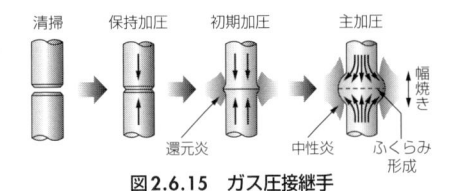

図2.6.15 ガス圧接継手

a. 圧接工の資格

①圧接工は、(社)日本鉄筋継手協会が行う「ガス圧接作業員技量資格検定試験」に合格した有資格者でなければならない。

②圧接工の技量資格には、1種～4種の4種類があり、その種別により作業可能範囲が決められている。

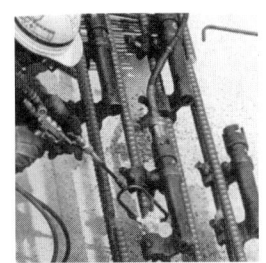

自動ガス圧接技量資格者 鉄筋コンクリート用の棒鋼を、自動ガス圧接機を用いて圧接接合する技量を有する者。加熱、加工といった一連の作業をプログラムによって行う。取得には2種以上の手動ガス圧接技量資格が必要。

手動ガス圧接技量資格者 鉄筋コンクリート用の棒鋼を、酸素アセチレン炎を使用して圧接接合する技量を認定する検定試験を受けて資格を有する者。棒鋼の径により1種から4種までの区分がある。

表2.6.9 圧接技量資格と作業可能範囲

技量資格種別	作業可能範囲
1種	径25以下　呼び名　D25以下
2種	径32以下　呼び名　D32以下
3種	径38以下　呼び名　D38以下
4種	径50以下　呼び名　D51以下

図2.6.16 ガス圧接作業

b. 圧接装置

①加熱器・加圧器・圧接器(支持器)の3つで構成されている。

②鉄筋径に応じた圧接器具やバーナーを使用することが、良好なガス圧接継手を得るための必要条件である。

c. 鉄筋加工

①鉄筋の切断は、1つの圧接箇所について、鉄筋径(d)の1～1.5dのアップセット(縮み)があるので、その程度の縮み代を見込んでおく。

②圧接端部の切断・加工は、圧接当日に行う。カッター切断の場合には、端部の曲がりや陥没断面を生じる場合がある。その場合は切断し直す。

d. 圧接作業

①降雨雪時または強風下での作業は、雨水等で急冷されて圧接部が硬化し、割れが入るおそれがあるので中止する。また、風速が4m/s程度を超える場合は中止する。

②鉄筋を圧接器に取り付ける場合、鉄筋突合せ面のすき間を2mm以下とし、密着させる。

③圧接位置は、応力の小さい箇所で、相互に400mm以上ずらして施工する。

④圧接箇所は、鉄筋の直線部とし、曲げ加工部およびその近傍は避ける。また圧接箇所では、曲げ加工は行わない。

⑤種類の異なる鉄筋の圧接は、1ランクの上下まで、鉄筋径の差が7mm以下まで可能。

圧接端面 圧接しようとする鉄筋の端面。ごみや汚れを落とし、フラットな面にすることが品質管理上重要。圧接後においては、接合面を圧接面、熱影響部を含む継手部全体を圧接部という。

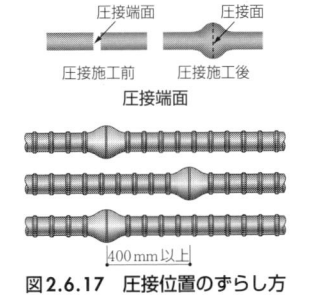

図2.6.17 圧接位置のずらし方

e. 圧接完了後の検査

圧接完了後の検査には，全数検査である「外観検査」と，抜取り検査である「引張り試験」「超音波深傷試験」がある。通常は，外観検査と超音波深傷試験の併用で行われる。

①外観検査は，圧接箇所全数について行う。圧接部の状態を検査すると同時に，圧接し忘れ箇所を点検するためでもある。検査は，圧接部のふくらみの形状および寸法，中心軸の偏心量および曲がり，圧接面のずれ，その他有害と認められる欠陥の有無等について行う。

②超音波探傷試験(非破壊検査)は，圧接部の内部欠陥を検査するもので，内部に巻き込んだ不純物は再加熱しても修正できない。検査箇所は，1組の作業班が1日に施工した圧接箇所を1検査ロットとし，1検査ロットに30箇所とする。

③引張試験は破壊試験であり，3個以上の試験片を採取し，公的試験場で行う。

④熱間押抜き法は，圧接直後にせん断刃を駆動させてふくらみ部を削り，せん断面の表面外観を目視で判定する方法である。

超音波探傷試験 溶接部などの非破壊検査方法の一種。20kHz以上の周波数をもつ音波を超音波といい，それを検査対象に放射することで溶接部の欠陥を検出する。略して「UT」。検出の原理は山びこと同じで，溶接部に発信した超音波が溶接欠陥部で反射することを利用している。

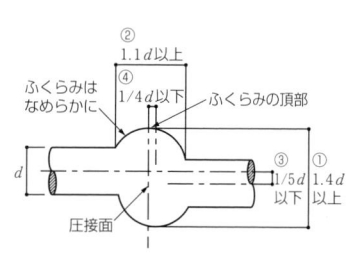

図2.6.18 圧接継手の許容形状

表2.6.10 圧接不良部の措置

項　目	基準（　）はSD490	再加熱で修正	切り取って再圧接
①接合部のふくらみの直径	鉄筋径の1.4倍以上（1.5倍以上）	1.4倍未満の場合	−
②接合部のふくらみの長さ	鉄筋径の1.1倍以上（1.2倍以上）	1.1倍未満の場合	−
③鉄筋中心軸の偏心量	鉄筋径の1/5以下	−	1/5を超えた場合
④ふくらみの頂部からの圧接面のずれ	鉄筋径の1/4以下	−	1/4を超えた場合
		形状が著しく不良なもの，またはつば形の場合	

(5) 特殊継手類

a. 機械式継手

機械式継手とは，鉄筋を直接接合するのではなく，特殊鋼材製の鋼管（スリーブまたはカプラー）と異形鉄筋の節のかみ合いを利用して接合する工法で，異形鉄筋のみに可能な継手である。

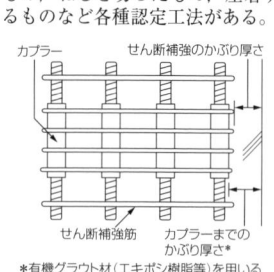

カプラー 鉄筋の機械式継手に用いる接合用金具で，グラウトを充てんするもの，ナットを併用するもの，ねじを切ったもの，圧着するものなど各種認定工法がある。

図2.6.20 カプラー

*有機グラウト材(エキポシ樹脂等)を用いる場合は耐火条件によって異なり，2時間で6cm，3時間で8cmとされている。

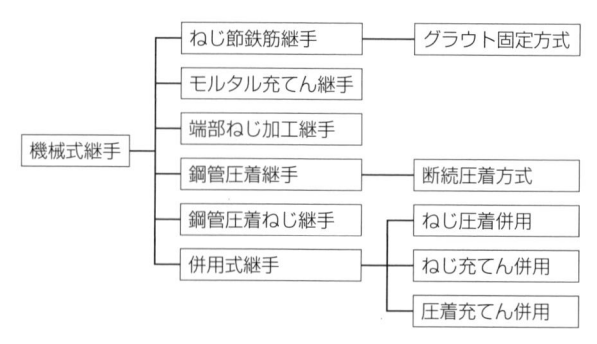

図2.6.19 機械式継手の種類

機械式継手
- ねじ節鉄筋継手 ─ グラウト固定方式
- モルタル充てん継手
- 端部ねじ加工継手
- 鋼管圧着継手 ─ 断続圧着方式
- 鋼管圧着ねじ継手
- 併用式継手 ─ ねじ圧着併用
  ─ ねじ充てん併用
  ─ 圧着充てん併用

鉄筋に生じた引張力は，鉄筋表面の節から，せん断力として継手金物に伝達され，さらに継手金物から他方の鉄筋に伝達されるという機構である。このため，引張力を確実に伝達するためには，筒状の継手金物への挿入長さの管理が最も重要だが，挿入長さ以外に，鉄筋を固定するために，充てん材を注入する工法もあり，それぞれの管理項目が定められている。

b. 差し筋

コンクリートの打継ぎ箇所などにおいて，コンクリートが硬化前に，鉄筋の接合をあき重ね継手としてコンクリート内に挿入(差し筋)する工法である。

①地中梁のコンクリート中に，土間のスラブ筋を梁の天端に差し込んで，コンクリートが硬化後，その差し筋を横に倒し土間筋に接続する工法。

差し筋の定着長さは，地中梁と土間の長さ$80d$以上が必要である。

②下階の壁鉄筋が200 mmピッチで，上階の壁鉄筋を250 mmピッチで配筋する場合，下階の鉄筋を上階スラブ天端から定着長さまで立ち上げてコンクリートを打設し，上階の壁筋を組み立てるときに，あき重ね継手として取り付ける工法。

図2.6.21 地中梁に土間用の差し筋をする

演習問題（鉄筋工事） ◆ 下記の文で正しいものには○，誤っているものには×をつけなさい。

1. 鉄筋は，設計図書に指定され，寸法および形状に合わせ，熱間で加工して組み立てる。
2. 帯筋・あばら筋の組立てで，フックの位置は交互に配置する。
3. 配筋後，鉄筋の交差部の要所において，常温の状態で点付け溶接を行ってはならない。
4. 柱の鉄筋の最小かぶり厚さは，主筋の外側からコンクリート表面までである。
5. D13とD16の鉄筋の重ね継手の長さについては，D16の呼び名の数値である所定の数値を乗じて算出する。
6. ガス圧接継手において，圧接面のずれが鉄筋径の1/4を超えた場合，その圧接部については，再加熱して修正する。
7. 矩形柱の主筋と帯筋の交差する鉄筋相互の結束については，四隅の交点においては全数行い，その他において半数以上行った。
8. SD345のD25の鉄筋の手動ガス圧接については，技量資格種別2種の手動ガス圧接技量資格者が行った。

2.7 型枠工事

(1) 型枠工事の要点

　型枠とは，打設されたコンクリートが設計図書通りの正しい位置に納まるようにするための「鋳型」である。コンクリートの打込みから硬化するまでの間，構造物の形状を寸法精度よく維持する必要がある。あくまで仮設物であり，最終的には撤去するものなので経済性を考慮する必要もあるが，コンクリート打込み時に生じる荷重によって破損・倒壊しない強度が要求される。

　組立ては危険作業がともなう工事なので，できる限り工場加工のパネル化や柱・梁・スラブ型枠を地上で組み立ててレッカーで吊り上げ取り付けるなどの工夫をして，重大災害の起きないように合理化を進めるべきである。

　型枠の解体は，コンクリート打設後に規定の型枠存置期間まで十分に養生をしてから実施することが重要である。

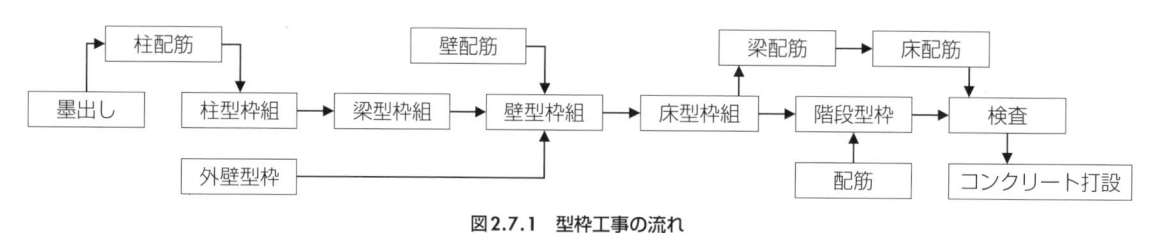

図2.7.1　型枠工事の流れ

①基礎型枠組立て完了	②墨出し後，壁の桟木敷き	③柱・壁・梁型枠中	④柱・梁型枠締付け中
合板を単管で締め付け，パイプサポートで突っ張る。	型枠下端の位置と高さを調整するパッキン取付け。	柱筋完了後，柱・壁・梁の順で組み立て，壁配筋をする。	柱・梁の合板に，単管とフォームタイで締め付ける。
⑤壁枠・窓枠取付け	⑥床型枠設置中	⑦1階型枠締付け完了	⑧2階ベランダ型枠完了
型枠一面を組み，壁の配筋後に反対面枠を組み立てる。	床型枠完了後に天井吊りインサートなどを取り付ける。	コンクリート打設前にスラブの高さを調整する。	コンクリート打設中に型枠が移動しないように確認する。

(2) 基本計画

せき板　型枠の構成部分のうち，直接コンクリートに接する面状の材料。合板，鋼製などがあり，「型枠パネル」とも呼ばれる。

　型枠工事の施工に関し，型枠に要求される主な性能を以下に示す。大項目として，寸法精度，強度，表面の仕上がり，経済性がある。

①せき板は，コンクリートの硬化不良や豆板が生じにくいものを選定すること。

型枠転用計画 型枠の存置期間はコスト，表面仕上がり状態への影響が大きいため，事前に支保工を含めた転用計画を検討することが重要となる。型枠は合板製，樹脂製，鋼製などがあるが，イニシャルコスト，耐久性，仕上げなどを考慮し，部位ごとに検討する。

② 型枠の加工精度および組立て精度が正確であること。
③ 型枠として強度が十分で，コンクリート打設時の荷重で変形や移動しない。
④ 型枠の転用回数を増やし，規格化を図り，材料の使用量を減少させること。
⑤ 現場での加工・組立てが容易で，解体・運搬・揚重など作業が容易であること。

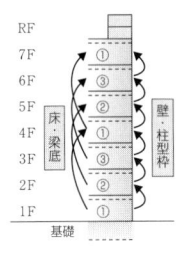

図2.7.2 型枠転用計画

(3) 型枠の材料

1) せき板類

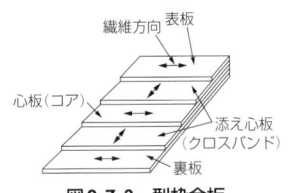

図2.7.3 型枠合板

a. 合板
① コンクリート型枠用合板（JAS）によるラワン・ベイマツなどを用いて，積層数が5層，厚さ12mmのものが一般的である。
② オーバーレイ合板は，表面にメラミンなどを施した化粧合板を用いてコンクリート打放し面に使用される。

b. 鋼製パネル（メタルフォーム）
① 寸法精度やコンクリート表面の平滑性・転用回数に優れているが，切断や釘打ち，穴あけなどの加工が容易でないため，モジュールの一定な工業化住宅や木造住宅の基礎に多用されている。
② アルミ製パネルは，軽くてさびに強く，耐久性に優れているが，高価である。

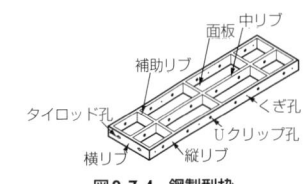

図2.7.4 鋼製型枠

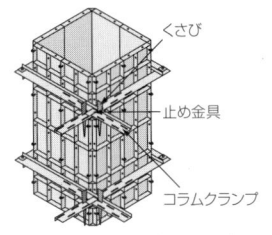

図2.7.6 メタルフォーム

c. 板類
木製の板を枠に組み立て，パネルにして壁にせき板として用いるものと，スギ・ヒノキ等を用い，打放し用に加工して現場で組み立てる方法がある。

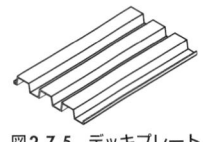

図2.7.5 デッキプレート

メタルフォーム コンクリート型枠工事に用いる鋼板製の型枠。合板の型枠に比べて重量があり，製作費は高いが，組立て用の特殊な金具が各種考案されており，組立て，解体が容易。水密性，強度に優れ，支保工が少なくてすむほか，転用回数も200回程度と多い。「鋼製型枠」ともいう。

デッキプレート コンクリートスラブの型枠や床版として用いられる波形をした薄鋼板。冷間で圧延成形される。合成スラブとして用いる場合，コンクリート打設時は型枠として，コンクリート硬化後はコンクリートと一体化して引張り力を受けもつため，施工性，耐力に優れる。特に高層建築物の床に多く用いられ，床の軽量化，工期短縮などの利点がある。「床鋼板」ともいう。JIS G 3352。

フラットデッキ 床型枠施工に用いる，上面が平坦で下面にリブが付いた薄鋼板製の端部閉塞型デッキプレート。RC造やS造などの床および屋根スラブの型枠として使用する。

d. デッキプレート
① デッキプレートには，フラットデッキとUデッキがあり，スラブのせき板材として用いる。型枠を支持する支保工が不要で，解体作業もなく，経済性に優れ，工期短縮を図れる合理化工法で，鉄骨構造に多く用いられる。
② フラットデッキは，板厚が薄く，衝撃に弱く，曲がったり，へこんだり，変形しやすい。敷込みには，下地の小梁のピッチを狭くして使用する。

e. その他の型枠材
① ラス型枠工法は取り外さない埋込み工法で，合板の代わりに特殊リブラス（鋼製ネット）を用いてせき板として使用，主に地中梁や基礎などに用いる。施工の省力化および工期が短縮できる。
② 透水型枠は，せき板に吸水布を張る場合と，孔などを設けてコンクリートを打ち込んだ直後よりコンクリート中の余剰水を排出する材料で，水セメント比を下げることにより表層部を緻密にする施工法である。
③ はく離剤等は，塗布して転用回数を増やすためと，コンクリート表面の平滑性の向上を目的とする。
④ MCR工法は，外壁タイル張りのはく離防止を図る目的として開発されたもので，コンクリート型枠に専用のシートを取り付けておき，コンクリートを

2) 補強材・締結材等

セパレーター RC造の梁、壁などにおいて、鉄筋と型枠の間隔、また相対する型枠の相互間隔を保持するために取り付けるかい物。鋼製、薄鉄板、パイプ製などがある。タイボルトを兼用した丸セパレーターが一般的。

打ち込むことにより、コンクリート表面に多数のあり状の穴を設け、躯体のコンクリートとモルタルとを機械的にかみ合わせることではく離を防止する。

① セパレーターとせき板の間隔を一定に保つために用いられる部品で、C型、B型、B.C型がある。
- C型セパレーターは、コンクリート表面に仕上げがある場合と、見え隠れの箇所に用いる両端にボルトと座金を取り付けたもの。
- B型セパレーターは、コンクリート表面を打放しにする場合に用いるもので、両端にプラスチックまたは木製のコーンとボルトを取り付けたもの。
- B.C型セパレーターは、片面のコンクリートが打放しでB型、対面はC型を取り付けたもの。

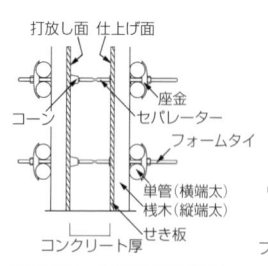

図2.7.7 型枠の使用材料
図2.7.8 フォームタイ
図2.7.9 セパレーター

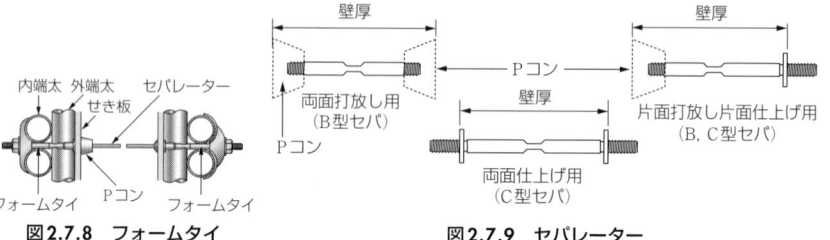

② フォームタイは、型枠を両面から縦端太と横端太を介して締め付ける金具である。締付けの方法には、ねじ式とくさび型がある。

③ 締付け用チェーンおよびターンバックルは、型枠の垂直を調整するための引張り用の金具で、型枠の横端太にチェーンを巻き付け、ターンバックルで引っ張り、横端太をパイプサポートで押しながら垂直に調整する。

④ コラムクランプは、独立柱型枠を四方から水平に締め付けるもので、L型の平鋼に数箇所くさび孔を開け、柱の大きさに合わせ、鋼製くさびで四方の型枠を締め付ける仮設金具である。

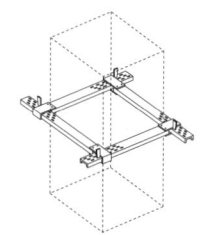

図2.7.10 コラムクランプ

a. 単管・角パイプ

足場などに用いる単管パイプ（φ48.6×厚2.4mm）、角パイプ（50mm角×厚2.3mm）を型枠側面に縦端太・横端太・根太等に使用する。いずれも長さは、1～7m程度。

b. 桟木・端太角

桟木は、木材で断面サイズが24mm×50mm角をせき板の四隅と縦端太兼用で使用する。縦端太角はスラブの大引き材として使用される。断面サイズは90～100mmの角材で、長さは3～4m程度、梁下などは50cm～1mである。

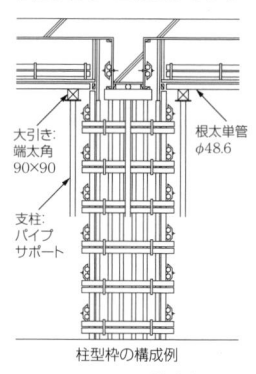

図2.7.11 端太角

c. 備品材

型枠を組立て後に、全体の倒れを防止するため、引張りにはチェーンとターンバックルを用いる。突っ張りには、パイプサポートや単管等を用いる。

図2.7.12 ターンバックル

3) 支保工

支保工とは、せき板を所定の位置に固定するための仮設資材である。柱や壁では、縦端太と横端太などの単管や端太角材などがあり、スラブや梁では根太や大引き材、パイプサポート等が支保工である。

型枠支保工 コンクリートを打設する際、型枠を仮設的に支持、固定するための木製、鋼製の部材。労働安全衛生法で定義、規定されている。

端太角 型枠工事の支持材として使われている角材。10cm四方のスギ、マツ、ヒノキの角材がよく使われており、重機の支持台や仮設道路の路盤などにも用いられる。「端太材」あるいは、単に「端太」ともいう。

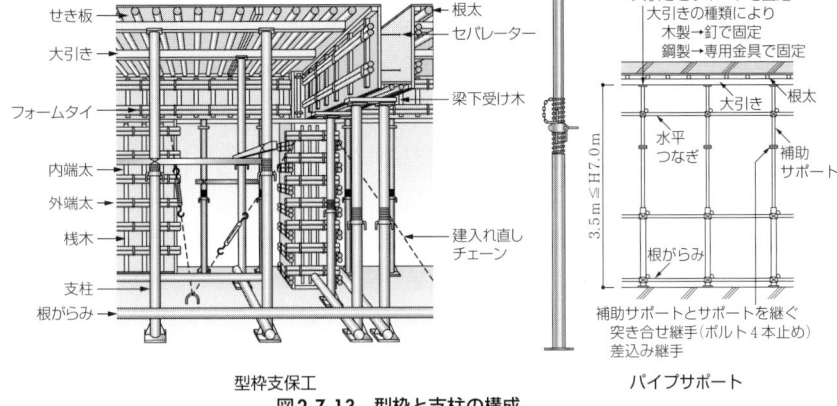

型枠支保工
図2.7.13 型枠と支柱の構成

パイプサポート

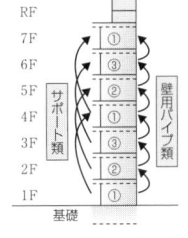

図2.7.14 支保工転用計画

支保工転用計画 型枠転用計画とともに検討される型枠支保工の転用計画。投入時期、数量、解体時期と搬出計画が躯体工程に影響する。

表2.7.1 支保工の支柱

パイプサポート	下部外管と上部差込み管からなり、長さの調節は中間のねじ管部分に専用のピンを差し、ハンドルレバーを回して上下させる。調節長さは2.1〜3.4mの範囲まで可能。状況により補助サポートと組み合わせて使用でき、軽量の荷重1.5t程度に耐える。長さが3.5mを超える場合は、高さ2m以内ごとに、水平つなぎを直角2方向に設け、かつ水平つなぎの変位を防止する。 集中荷重として支えるため、上下階のサポート位置は同一の場所(直下)に設置する。パイプサポート最下部には、滑らないように根がらみとして、単管などで直角2方向を取り付けておく。
枠組支柱	体育館など高い天井部分に、枠組足場を用いてステージを組み、支保工として使用する。下部にジャッキベース、最上段頭部にジャッキを設置して調整する。
組立鋼柱	大きな梁や床板で階高の高い場所や大きい荷重を受ける場合に、支柱として使用する三角または四角鋼柱で、最大許容支持力が15t級と大きい強度がある。

(4) 型枠の設計

荷重の設計 鉛直荷重には床・梁、側圧には柱・壁、水平荷重には床・梁の支保工の補強で検討する。

a. 構造設計の基準

- 鉛直荷重=固定荷重+積載荷重
- 固定荷重=鉄筋+型枠+コンクリート
- 積載荷重=作業荷重+衝撃荷重

コンクリートによる側圧は、打設速度、打設高さ、コンクリート質量に影響する。以下に留意事項を示す。

①型枠の強度および剛性の計算は、コンクリート施工時の鉛直荷重、水平荷重およびコンクリートの側圧について行う。

②地震による荷重は通常、考慮しないが、風圧による荷重は、地域・季節や型枠施工時の地上からの高さの関係で、強風にさらされる場合は考慮する。

③合板せき板の構造計算は、原則、各支点間を単純梁として計算する。

b. コンクリート打設時の荷重(鉛直荷重=設計荷重)

①床板型枠設計用荷重(T.L)は、実状に応じて定めるのが原則であるが、通常のコンクリートポンプ工法の場合、次式により算出する。

T.L(トータルロード)=D.L(デッドロード)+L.L(ライブロード)

D.L (固定荷重):コンクリート、型枠などの自重で、普通コンクリートの場合は、$2.4 \times d$ (t/m^2)に型枠の質量として40kg/m^2(400N/m^2)を加える

(d＝床板の厚さ(mm))。

L.L(作業荷重＋衝撃荷重):(労働安全衛生規則)により, 150kg/m²(1,500N/m²)以上とすることが定められている。

②水平方向の荷重
- 枠組支柱など鋼管枠を支柱として用いる場合は,当該型枠支保工の上端に,設計荷重の2.5/100に相当する水平方向の荷重が作用しても安全な構造のものとする。
- 鋼管支柱・組立鋼柱など,鋼管枠以外のものを支柱として用いるときは,当該型枠支保工の上端に,設計荷重の5/100に相当する水平方向の荷重が作用しても安全な構造のものとする。

c. 型枠に及ぼすコンクリートの側圧
〔コンクリートの側圧が大きくなる要素〕
- 打込み速度が速いほど大きくなる。
- 重い骨材を使用すると,単位容積質量が大きくなるため。
- 鉄筋・鉄骨の使用量が少ない場合(使用量が多いと側圧は小さくなる)。
- コンクリートのスランプが大きい場合。
- コンクリートの温度および気温が低いと硬化が遅くなる場合。
- 打設時に入念に締め固めるほど大きくなる。

(5) 型枠の組立て

1) 型枠組立ての準備　型枠を組み立てる前の準備,設計図からコンクリートの躯体施工図(打上がり寸法図)を作成する。

2) 型枠組立ての流れ
- コンクリートに埋め込むインサートや貫通孔,設備関連のボックス類等を明示し,関連業者に配布して施工法や手順の問題点を検討しておく。
- 躯体施工図から型枠計画図を作成する。型枠の割付け図,型枠断面図。
- 支保工組立て図などを作成し,型枠施工業者と協議・検討しておく。
- 型枠組立てに必要な資器材の品質と数量の調査,支給計画を作成する。

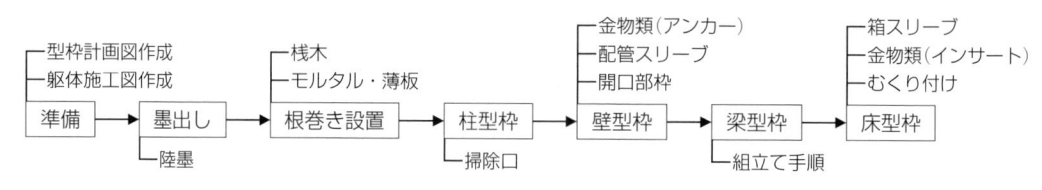

```
              ┌型枠計画図作成                         ┌金物類(アンカー)          ┌箱スリーブ
              │躯体施工図作成     ┌桟木              │配管スリーブ              │金物類(インサート)
              │                   │モルタル・薄板    │開口部枠                  │むくり付け
 ┌──┐    ┌────┐    ┌──────┐    ┌────┐    ┌────┐    ┌────┐    ┌────┐
 │準備│→│墨出し│→│根巻き設置│→│柱型枠│→│壁型枠│→│梁型枠│→│床型枠│
 └──┘    └────┘    └──────┘    └────┘    └────┘    └────┘    └────┘
              └陸墨                               └掃除口                └組立て手順
```

図2.7.15　型枠組立ての流れ

(6) 型枠の解体

型枠の存置期間　垂直(基礎・梁側・柱・壁)のせき板の場合,型枠と支柱の解体順序は,「垂直のせき板 → 水平のせき板 → 床板下の支柱 → 梁下の支柱」の順である。

a. 圧縮強度による存置期間(養生方法は現場水中養生または現場封かん養生)
①計画供用期間の級が短期および標準の場合は5N/mm²以上,湿潤養生しない場合は10N/mm²以上。
②計画供用期間の級が長期および超長期の場合は10N/mm²以上,湿潤養生

現場水中養生 構造体コンクリートの圧縮強度試験用供試体の養生方法の一つ。工事現場内の直射日光が当たらない場所に水槽を設置し，その中で行う水中養生のこと。

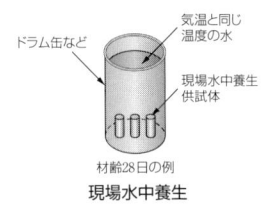

現場水中養生

現場封かん養生 構造体コンクリートの圧縮強度試験用供試体の養生方法の一つ。コンクリート表面から水分が逸散しないよう，また外気温の変化に追随できるようにプラスチックフィルムなどで供試体を封かんし，工事現場の直射日光の当たらない場所で行う。打設したコンクリートから切り取ったコア供試体と同類の供試体とみなされる。単に「封かん養生」ともいう。

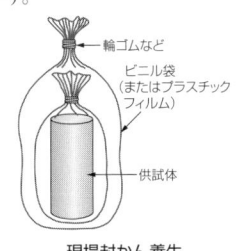

現場封かん養生

しない場合は15N/mm²以上。

③高強度コンクリートは10N/mm²以上。

b. 日数による場合（計画供用期間の級が短期および標準の場合）

表2.7.2　せき板の最小存置期間　（単位：日数）

存置期間中の平均気温	施工箇所 セメントの種類	基礎・梁側・柱・壁		
		早強ポルトランドセメント	普通ポルトランドセメント・混合セメントのA種	混合セメントのB種
コンクリートの材齢による場合(日)	15℃以上	2	3	5
	5℃以上	3	5	7
	0℃以上	5	8	10

※コンクリートの圧縮強度による場合，圧縮強度が5N/mm²以上となるまで。

c. 水平（床板下・梁下）のせき板

コンクリートの圧縮強度が，設計基準強度の50％に達すれば解体することができる。原則は，支保工を取り外した後とする。大梁以外は盛り替え可能。

d. 支柱の解体

①床板下は，コンクリートの圧縮強度が，設計基準強度の85％に達すれば解体することができる（原則は，設計基準強度の100％）。コンクリートの圧縮強度試験の結果，12N/mm²以上。

②梁下コンクリートの圧縮強度試験の結果が，設計基準強度の85％に達すれば解体することができる。日数による場合は，28日に達すれば解体することができる。①・②ともコンクリートの圧縮強度試験の結果，12N/mm²（軽量骨材使用は9N/mm²）以上であり，かつ，構造計算によって安全が確認された場合は解体できる。

③片持ち梁・庇（ひさし）は，コンクリートの圧縮強度が，設計基準強度の100％に達すれば解体することができる。ただし，上部に足場など荷重がかかる場合は，それ以上必要となる。

④スラブ下および梁下の支保工の存置期間は，材齢28日以前に取り外す場合は，現場水中養生または現場封かん養生した供試体の圧縮強度が，設計基準強度以上とする。

e. 支柱の盛り替え

支柱の盛り替えとは，支柱をいったん取り外して，スラブ下や梁下のせき板を外した後に，再び支柱を立てて躯体を支持することであり，構造上重要な大梁だけは除く。

①直上階のコンクリート打設中など大きな積載荷重がある場合は，行ってはならない。

②養生中のコンクリートなどに有害な振動・衝撃を与えないように行う。

③支柱の盛り替えには，同時に多数の支柱を取り外してはならない。

④盛り替える支柱の頂部には，受け板または角材などを取り付けてコンクリートに密着させる。

⑤事前に盛り替えることを決めた場合，できるだけウイングサポートを用いるよう検討する。

表2.7.3　支柱の最小存置期間

(単位：日数)

施工箇所		スラブ下			梁下
セメントの種類 存置期間中 の平均気温		早強ポルトランドセメント	普通ポルトランドセメント・混合セメントのA種	混合セメントのB種	左記のすべてのセメント
コンクリートの材齢による場合（日）	15℃以上	8	17	28	28
	5℃以上	12	25		
	0℃以上	15	28		
コンクリートの圧縮強度による場合		―	圧縮強度が設計基準強度（Fc）の85％以上または12N/mm²以上であり，かつ，施工中の荷重および外力について，構造計算により安全であることが確認されるまで。		圧縮強度が設計基準強度以上であり，かつ，施工中の荷重および外力について，構造計算により安全であることが確認されるまで。

(7) 型枠の特殊工法〔合理化工法〕

1) スリップフォーム工法　サイロなどで採用され，「スライディングフォーム工法」ともいう。コンクリートを断続的に打設しながら，一定速度で型枠を滑動，せり上げていく工法で，工期を短縮できるとともに，コンクリートの打継ぎ面に欠陥が生じにくい特徴がある。

2) デッキプレート型枠工法　鋼製のデッキプレートを床型枠として用いる工法であり，型枠を支持するために支柱を用いる必要はなく，解体作業も不要である。鉄骨造で最も一般的であるが，鉄筋コンクリートで用いることもある。スラブ型枠の組立て・解体が不要で，工期短縮・安全性の向上，経済性など有利な面が多く，合理化された工法といえる。さまざまなタイプのものが規格化され市販されている。

3) プレキャストコンクリート型枠工法　プレキャストコンクリート部材を型枠としてコンクリートに打ち込む工法である。捨て型枠として用いるので，構造断面には算入されないが，柱用の構造型枠材として，せん断補強筋を打ち込み遠心成形されたタイプもある。

4) 薄板打込み型枠工法　工場製作の薄型でパネル化された仕上げ外壁をせき板として，内壁面は鉄筋を取り付けたものに型枠を組みコンクリート打設する工法で，カーテンウォール壁とは異なるが，外壁仕上げの工期短縮が可能，外部足場が不要となる場合もあり，安全性も高い。

演習問題（型枠工事）　◆下記の文で正しいものには○，誤っているものには×をつけなさい。

1. 高流動コンクリートにおいて，型枠設計用のコンクリート側圧は，一般にフレッシュコンクリートの単位容積質量による液圧が作用するものとして計算する。□

2. 型枠支保工の構造計算において，コンクリートの打込みをポンプ工法により行うので，打込み時の積載荷重を1.5 N/m²とした。□

3. 型枠は，一般に，コンクリート打込み時に動かないように，外部足場にも堅固に固定する。□

4. 型枠の構造計算において，型枠組立て後に台風等で強風にさらされるおそれがあったので，壁型枠の傾きや倒れの防止の検討については，風圧力に対しても行った。□

2.8 コンクリート工事

(1) コンクリート工事の要点

　コンクリート工事は，躯体工事で要求される最終的品質を満足し，しかも均質で良質なコンクリートを確実に，経済的に施工することが重要である。

　要求される品質とは，コンクリートの強度・剛性・耐久性・水密性・施工性などがある。その品質管理項目には，「コンクリートの製造→運搬→打込み→締固め→養生」という一連のプロセスを管理することに尽きる。

　生コン工場から運搬されて現場に搬入されたコンクリートは，いわば半製品であり，現場での確実な施工管理が良質のコンクリートを造りだす要といえる。

　コンクリートの現場打設は，1フロアを1日の作業で完了させるのが一般的であり，当日の天候・気温などの条件もともなうこともあり，打込み作業の手順，打込み方法および養生方法など綿密な打込み計画を検討しておく必要がある。一度打ち込まれたコンクリートは，打ち直しができない，失敗は許されない工事であり，型枠・鉄筋など事前の検査も確実に行っておくことが大切である。

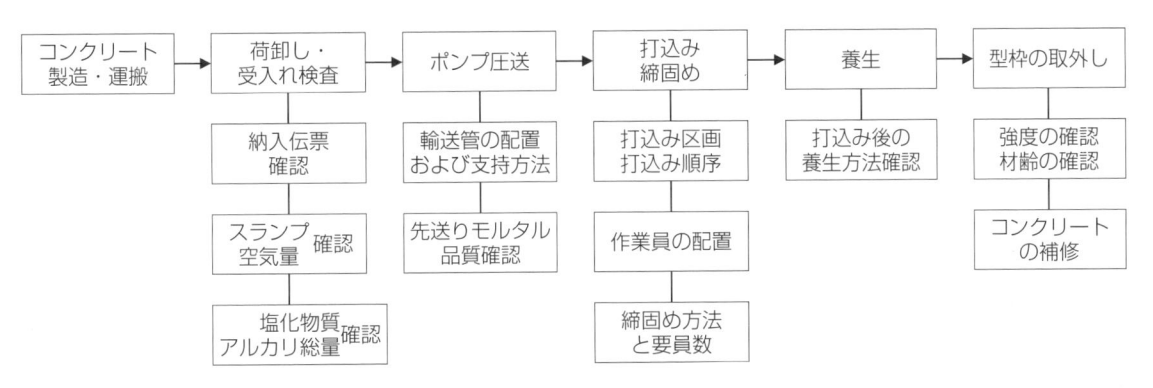

図2.8.1　コンクリート工事の流れ

①生コン製造はJIS認定工場で，場所は現場到着時刻を考慮して決定する。

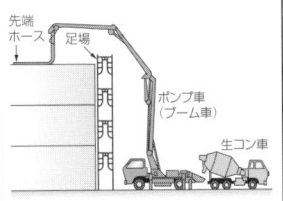

②ブーム付きポンプ車で直送する。納入伝票と発注内容を照合。

③受入れ検査。スランプ試験(中央)と空気量測定(左)。

④打込み区画，打込み順序は，距離の遠い所から手前に打設する。

図2.8.2　コンクリートの手順

(2) コンクリートの材料

コンクリートはセメント，骨材，水，混和剤などの材料をミキサーで混合したもので，使用材料の品質がコンクリートの品質にじかに反映する。その中でも特に水は，その量の加減で大きな影響を及ぼす。

コンクリート材料の組成を次に示す。

ベースコンクリート ①建物の基礎のうち，最下部にあって最初にコンクリート打設が行われる底盤やフーチングコンクリートのこと。②流動化コンクリートの製造に際し，流動化剤を使用する前の基本となるコンクリート。

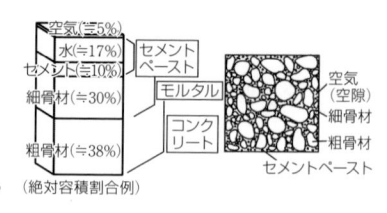

図2.8.3 コンクリートの構成

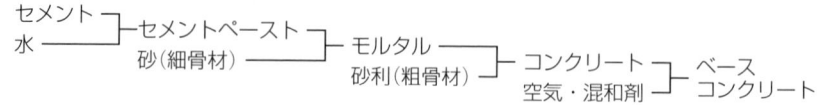

図2.8.4 コンクリートの組成

1) セメント

セメント 広義には無機質結合材で一般的にモルタルやコンクリートをつくるための結合材をいう。狭義には石灰石や石こう，粘土を焼成し粉末にしたもので，ポルトランドセメント，混合セメント，特殊セメントに大別されるが，通常，普通ポルトランドセメントを指す。

表2.8.1 各種セメントの特徴と用途

名　称（規格）	特徴と主な用途
普通ポルトランドセメント	最も一般的なセメント。一般の工事に使用される。
早強ポルトランドセメント	普通よりも強度発現が早く，低温でも強度を発現する。緊急工事・冬季工事・寒冷地での使用。コンクリート製品などに使用。
高炉セメント（混入量によりA・B・C種に分類）	早期強度の発現はゆっくりしているが，長期強度は普通よりも大きい。化学抵抗性・耐海水性などが大きい。
シリカセメント（同上A・B・C種）	化学抵抗性・耐海水性などが大きい。海水・河川工事に使用。
フライアッシュセメント（A・B・C種）	ワーカビリティが良く，長期強度が大きく，乾燥収縮が小さく，水和熱が小さい。ダム工事などに使用。

2) 骨材

骨材 モルタルまたはコンクリートをつくるためにセメントおよび水と練り混ぜる砂。砂利，砕石，砕砂，高炉スラグ粗（細）骨材，フェロニッケルスラグ粗（細）骨材のこと。粒径の大きさによって細骨材，粗骨材に，比重によって軽量骨材，普通骨材，重量骨材，さらに天然骨材，人工骨材の区別もある。

骨材は，粒径によって粗骨材と細骨材に分けられる。建築工事に使用する砂利は，最大寸法20〜25mmが多く利用される。骨材はコンクリート容積の約70%を占めるため，コンクリートに大きな影響を及ぼす。

a. 骨材の粒径による分類

表2.8.2 骨材の粒径による分類

細　骨　材（砂）		粗骨材（砂利）
5mmのふるい	10mmのふるい	5mmのふるい
質量比で90%以上通過する骨材	質量比で100%以上通過する骨材	質量比で90%以上とどまる骨材

図2.8.5 粗骨材（上）・細骨材（下）

b. 骨材の品質

骨材は比重によって，軽量骨材（2.5g/mm³未満），普通骨材（2.5g/mm³以上2.8g/mm³以下），重量骨材（2.8g/mm³超）に分けられる。

c. 骨材中の不純物

①塩化物含有量

- 塩分含有量：細骨材の短期では標準0.04%以下，特記により0.1%以下まで使用できる。長期・超長期では0.02%以下とする。
- コンクリートに含まれる塩化物含有量は，塩化物イオン量として0.30kg/m³以下とする。ただし，鉄筋防錆上有効な対策を講ずれば，塩化物含有量は，塩化物イオン量として0.6kg/m³を超えないとすることができる。

簡易な試験法には，イオン電極法，モール法，電極電流測定法などがある。

②アルカリ骨材反応

反応性シリカを含む骨材と，セメントなどに含まれるNa⁺・Ka⁺のアルカリイ

表2.8.3 鉄筋の防錆対策

水セメント比を55%以下にする。適切な防錆剤を使用する。
AE減水剤を使用して，スランプを18cm以下にする。
床の下端筋のかぶり厚さを3cm以上とする。

オンが反応して、アルカリけい酸塩を生成、これが膨張してコンクリートにホップアウト、ひび割れなどを生じさせる現象。反応性骨材・高アルカリ量・十分な湿度の3つの条件がそろったときに、アルカリ骨材反応が発生する。

3) 練混ぜ水

飲用に適する水が理想だが、塩分を含む水・酸性水などは使用しないこと。

生コン車とプラントの洗浄水を沈殿水槽に回収し、上澄み水とスラッジ水に沈殿させた水は、品質規定の条件により練混ぜ水として使用できる。

4) 混和材料

混和材料の使用目的は、ワーカビリティの改良、長期または初期の強度増大、水密性の増大、乾燥収縮の低減、耐久性の向上などである。

混和材料には、混和材と混和剤および添加物がある。

混和材 セメント、水、骨材以外の材料で、練混ぜの際に必要に応じてモルタルまたはコンクリートにその成分として加える材料のうち、高炉スラグ微粉末、フライアッシュ、膨張材、シリカフュームのように、比較的多量に用いるもの。セメントの一部として使用することが多く、収縮量の低減、温度上昇の抑制、耐薬品性などの効果がある。

- 混和材は、フライアッシュ、シリカフューム、高炉スラグ微粉末、膨張材などのように、通常、コンクリート1m³中に10kg以上を混入、使用する粉末状の材料である。

表2.8.4 混和材の種類と特徴

種類	特徴
フライアッシュ	石炭火力発電によって発生する。微粉炭の燃焼灰。コンクリートのワーカビリティの改善、長期強度の増進、水密性の向上が図れる。
膨張材	コンクリートを膨張させる作用があり、コンクリートの乾燥収縮ひび割れや温度ひび割れを防止するために用いられる。石灰系、鉄粉系、石こう系などがある。
高炉スラグ微粉末	高炉を用いた製鉄時に発生するスラグ。耐海水性の向上や長期強度の増進が図れる。
シリカフューム	シリコン製造時に発生する超微粒子。コンクリートの流動性の改善、強度、耐久性の向上が図れる。

混和剤 セメント、水、骨材以外の材料で、練混ぜの際に必要に応じてモルタルまたはコンクリートにその成分として加える材料のうち、AE剤、AE減水剤、高性能AE減水剤、凝結遅延剤のように薬品的に少量用いるもの。おもにワーカビリティの改善、空気量の調整などの効果がある。

- 混和剤は、薬液状のもので、少量(セメント量の1%以下)を混入したもの。

表2.8.5 混和剤の特徴

①AE剤(空気連行剤)	多数の独立した空気泡を混入する混和剤である。コンクリートの流動性が改善され、作業性が良くなる。水セメント比が小さく、強度を低下させることなく、耐凍結融解性を向上させることができる。
②減水剤	セメント粒子を分散させるため、練混ぜ水を減少しても流動性を保ち、単位水量を減少できる。
③AE減水剤	①と②の効果をあわせもつ。標準形・遅延形があり、凝結を遅らせる暑中コンクリートやマスコンクリートに使う。
④高性能AE減水剤	③に比較して高い減水性(減水率18%以上)、良好なスランプ保持性能、空気連行性能を有する。
⑤流動化剤 高流動化剤	流動性が一時的に良くなる高性能の減水剤で、工事現場に到着してから打設直前に添加する。通常の使用量では、水セメント比は0.3%程度しか増加しないので、圧縮強度に影響は少ない。
凝結遅延剤	暑中のコンクリートや強度の高いコンクリートの打設において、ワーカビリティの確保などを目的にコンクリートの凝結を遅らせる場合に用いる。

(3) コンクリートの調合・強度

1) 計画供用期間

計画供用期間の級 JASS 5においては、短期、標準、長期および超長期の4水準であり、コンクリート強度とかぶり厚さの選定という簡便な方法で耐久性の差を表現している。

建築主または設計者が建物の構造体および部材について、設計時に計画する供用予定期間では、短期・標準・長期・超長期の4つの級に区分されており、耐久設計基準強度が設定されている。

表2.8.6 コンクリートの耐久設計基準強度

計画供用期間の級	耐久設計基準強度 F_d(N/mm²)
短期供用級(およそ30年)	18
標準供用級(およそ65年)	24
長期供用級(およそ100年)	30
超長期供用級(およそ200年)	36

2) 各種強度の関係

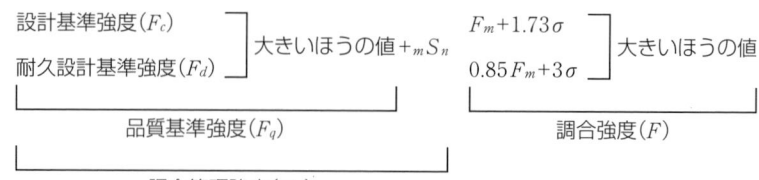

図2.8.6 各種強度の関係

設計基準強度(F_c) と 耐久設計基準強度(F_d) の大きいほうの値 $+ _mS_n$ = 品質基準強度(F_q) = 調合管理強度(F_m)

$F_m + 1.73\sigma$ と $0.85F_m + 3\sigma$ の大きいほうの値 = 調合強度(F)

3) 設計基準強度(F_c)
構造計算の基準となるコンクリートの圧縮強度。18, 21, 24, 27, 30, 33, 36 N/mm² の7種類とし、特記による。

4) 品質基準強度(F_q)
コンクリートの品質の基準として定める強度。

耐久設計基準強度(F_d) $+3\,\mathrm{N/mm^2}$

設計基準強度(F_c) $+3\,\mathrm{N/mm^2}$

上記の計算式で出た値の大きいほうが、品質基準強度(F_q)となる。

5) 調合強度(F)
コンクリートの調合を決める場合に目標とする圧縮強度（生コン工場の目標強度値）。

$F28 \geq$ 品質基準強度 $+$ 温度補正値 $+ 1.73\sigma$

$F28 \geq 0.85(F_q + t) + 3\sigma$ （両方とも満足しなければならない）

- t：温度補正値（コンクリート強度の管理材齢期間中の予想平均気温による強度の補正値 $F_c + t = T$ → 気温補正強度）
- σ：標準偏差（使用するコンクリートの強度のばらつき。呼び強度（発注強度）は、ゼネコンが生コン工場に発注契約する強度をいう）
- F_c：コンクリートの設計基準強度(N/mm²)
- F_m：コンクリートの調合管理強度(N/mm²)
- F_q：コンクリートの品質基準強度(N/mm²)
- $_mS_n$：構造体強度補正値(N/mm²)

（$_mS_n$とは、標準養生した供試体の材齢m日における圧縮強度と、構造体コンクリートの材齢n日における圧縮強度の差による）

呼び強度 レディーミクストコンクリートのJIS分類上の強度区分を示す呼称で、生コン工場への発注強度をいう。一般に、発注強度は設計基準強度に各種強度補正値を加えた強度とする。

管理材齢 コンクリートの計画調合において、目標とする圧縮強度発現が得られることを保証する材齢。一般的には28日であるが、56日あるいは91日とする場合もある。

6) コンクリートの調合と用語

コンクリートを練り上げるときに、工場で製造されたものを「レディーミクストコンクリート」、工事現場で製造するものを「工事現場練りコンクリート」といい、練り上がり後、まだ固まらない状態のものを「フレッシュコンクリート」という。

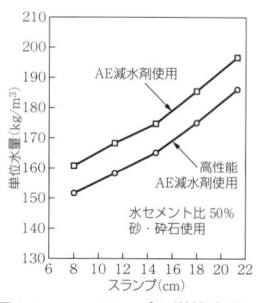

図2.8.7 スランプと単位水量の関係（例）

表2.8.7 コンクリートの調合に関する用語

用語	内容
水セメント比	セメントに対する水の質量比で、最大値が規定されている。水/セメント(%)で、一般で65%。
単位水量	フレッシュコンクリート1m³中に含まれる水量。ただし、骨材中の水量は含まない。小さくする。
単位セメント量	フレッシュコンクリート1m³中に含まれるセメントの量。最小値が規定されている。
細骨材率	全骨材に対する細骨材の容積百分率で、細骨材(%)=細骨材の絶対容積/骨材の絶対容積×100
スランプ	コンクリートの施工軟度を示し、この値が大きいほど軟らかいコンクリートである。
空気量	フレッシュコンクリートに含まれる空気の容積のコンクリート容積に対する百分率。ただし、骨材内部の空気は含まない。空気量測定は、荷卸し時にスランプ試験と同時に行う。

7) コンクリートの性質と用語

スランプ試験 コンクリートの流動性を知るための試験。鉄板の上にスランプコーンを置き、その中にコンクリートを所定の手順で詰め、スランプコーンを引き上げて抜いた後に、コンクリート頂部の下がった値(スランプ値)を0.5cm単位で測定する。JIS A 1101

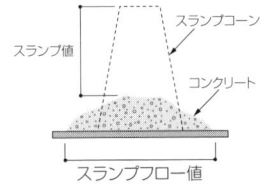

a. 用語

表2.8.8 コンクリートの性質に関する用語

用語	内容
コンシステンシー	主に水量によって左右されるフレッシュコンクリートの変形または流動に対する抵抗性。定量的に示すには、スランプ試験が代表的である(軟らかさを表す)。
ワーカビリティ	材料分離を生じることなく、運搬・打込み・締固め・仕上げなどの作業が容易にできる程度を表すフレッシュコンクリートの性質。良い・悪い・適当・不適当などで表現される。
プラスティシティ	容易に型枠に詰めることができ、型枠を取り去ると、ゆっくり形を変えるが、崩れたり、材料が分離することがないようなフレッシュコンクリートの性質。
ブリーディング	コンクリート打設後、フレッシュコンクリートにおいて、水が上昇する現象。ブリーディングが大きいと、付着力を低下させ、水密性を悪くする。
レイタンス	コンクリート打込み後、ブリーディングにともなってコンクリート表面に微粒物が薄層となって沈積するもの。打継ぎの障害となるので、ワイヤーブラシなどを用いて除去しなければならない。
エフロレッセンス	コンクリートの表面にできる結晶化した白い物質で、セメント中の水酸化石灰が、加水分解して水酸化カルシウムとなったもの。「白華現象」ともいう。

b. 中性化(固まったコンクリートの性質)

鉄筋コンクリート構造物の耐久性は、コンクリート材料の中性化が、鉄筋の位置までに進行する期間であると考えられる。本来、アルカリ性のコンクリートが中性化〈炭酸化〉することによって、鉄筋がさびやすくなるからである。他にコンクリートのクラックによる塩分浸入(塩害)で、鉄筋のさびが発生する。

中性化の程度は、フェノールフタレインの1%溶液を塗って、赤く変色しない部分は、中性化しているところである。

図2.8.8 中性化によるコンクリート構造物の劣化

(4) コンクリートの運搬

1) 運搬と荷卸し

運搬車の台数、積込み量、運搬経路、待ち時間および場所などを事前に確認する。練混ぜから打込み終了までの時間を事前に検討し、運搬時間の限度を指定する。

2) 受入れ検査

①工場から現場到着後、コンクリートの荷卸し地点において、発注時の指定項目に適合することを、納品伝票により運搬車ごとに確認する。

②チェック項目は、納入場所、積込み時間、セメント、粗骨材の種類・強度、スランプ、空気量、塩化物含有量、アルカリ量、容積、単位水量、温度など。

③圧縮強度試験のため、監理者立会いの上、テストピースの採取を行う。

④荷卸し直前にアジテーターを高速回転して十分撹拌させてから、コンクリートポンプ車に流し入れ圧送する。その場合、ワーカビリティ、スランプや空気量が低下しても、絶対に生コン車やポンプ車に加水してはならない。

①砂利、②砂、③セメント、④水、⑤混和剤、⑥砂利計量器、⑦砂計量器、⑧セメント計量器、⑨量水器、⑩混和剤計量器、⑪ミキサー2台、⑫操作盤

図2.8.9 生コンプラントの構成

表2.8.9 受入れ検査の圧縮強度試験

	養生方法および判定基準	時期・回数
受入れ検査の圧縮強度試験	・養生方法:標準養生 ・判定基準:1回の試験結果が呼び強度の強度値の85%以上 ・3回の試験結果において、平均値が呼び強度の強度値以上	・1回の試験は、打込み工区ごと、打込み日ごとに、かつ150m³またはその端数ごとに、3個の供試体を用いる。 ・3回の試験で1検査ロットを構成する。1回の試験には、1台の運搬車から採取した3個の供試体を用いる。

3) コンクリートポンプ圧送工法と留意点

コンクリートポンプには、ピストン式(車両重量4t以上、最も一般的に使用)とスクイーズ式(車両重量2～4t、主に住宅用)がある。圧送方法には、輸送配管方式とアーム付きポンプ車式(ブーム式)がある。

① 輸送管の呼び寸法は、人工軽量骨材および普通骨材(最大40mm)を使用する場合は125mm以上、その他は100mm以上とする。
② コンクリートの圧送に先立ち、先送りモルタル(富調合)を圧送して、配管内面の潤滑性を良くして閉塞防止を行う。品質変化した部分は破棄する。

図2.8.10 ピストン式コンクリートポンプ車

(5) コンクリートの打込み(打設)

1) 時間管理
- コンクリートの練混ぜから打込み終了までの時間は、品質管理上重要であり、外気温：25℃以上90分以内、外気温：25℃未満120分以内とする。
- 打込み継続中における打重ね時間間隔は、コールドジョイントの原因となる。限度は、外気温：25℃以上120分以内、外気温：25℃未満150分以内。

2) 打込み方法
- 通常の施工の締固め用機器および要員は、ポンプ車1台につき棒状振動機2台以上を配置し、振動機要員、たたき締め要員、型枠工、鉄筋工、設備工等を適切に配置する。打込み前には、せき板と打継ぎ部分は散水して湿潤状態にする。
- 打込み順序は、運搬距離の遠い場所から、順次手前に打ち込むようにする。
- 型枠内では横流しを避けて、低い位置から3m間隔以内に垂直打ちとする。
- 1回の打込み落下高さは、分離を防止するために1m以下を標準とする。全体が均一な高さを保つように、1箇所に多量に打ち込まず、水平に回し打ちとする。

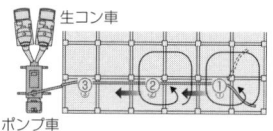

図2.8.11 コンクリート打設順序(例)

3) 締固め
- 打ち込まれたコンクリートを密実に締め固めることにより、分離・空洞・ジャンカ・コールドジョイントなど欠陥の生じないよう入念に行う。
- 締固めには、一般に高周波バイブレーターが最も効果が大きいが、打込み部位により、型枠振動機、突き棒、木づちなど適切に併用する。
- バイブレーター(棒状振動機)の使用は打込み各層ごと、先端が約10cm程度、かつ挿入間隔は60cm以下で垂直に挿入する。
- 振動時間は、コンクリート表面にセメントペーストが浮き上がるときを標準(1～3分程度)とし、加振しながら徐々に引き抜く。加振時間は、1箇所5～15秒の範囲とする。
- 型枠振動機を用いる場合は、振動機の取付け間隔は2～3mごとに1台とし、スランプ18cmのときは、加振時間は1～3分とする。

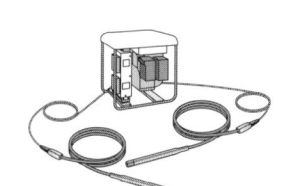

図2.8.12 高周波バイブレーター

4) 打継ぎ
- コンクリートの打継ぎ部分は、水密性・耐久性・構造耐力上の弱点となるので、各階の水平打込み以外の垂直打継ぎは、エキスパンションなどで避ける工夫が必要である。
- 水平打継ぎ面は、ブラシなどでレイタンスを十分に取り除いて、目荒らし・清掃の上、打設前に散水して湿潤状態にしておく。
- 垂直打継ぎの梁・スラブは、せん断力の小さいスパンの中央付近で打ち継ぐ。
- 打継ぎ面の仕切り材は、小幅板、エアフェンス、エキスパンドメタルを用いる。

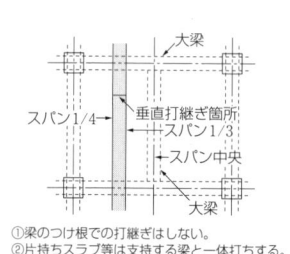

① 梁のつけ根での打継ぎはしない。
② 片持ちスラブ等は支持する梁と一体打ちする。
図2.8.13 打継ぎ箇所(平面)

(6) コンクリートの強度管理

1) コンクリートの養生

養生の基本は、打ち込まれたコンクリートが必要な性能を発現するまでの所定の期間、乾燥を防止し湿潤に保つこと、適切な温度に保つこと、振動・衝撃などに対する処置を施し、品質を確保することが目的である。

標準養生 モルタルやコンクリートの強度試験体における標準的な養生として用いられる方法。温度を20℃±3℃に保った水中もしくは飽和水蒸気中に置く。

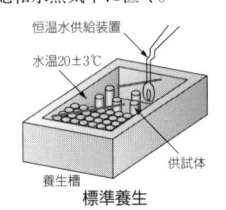

- 打込み後は、散水や養生マットで湿潤養生を保ち、適切な温度範囲に保つ必要がある。
- 水和熱などで過度に高温度になると、強度発現が停滞、または乾燥によって表面が中性化しやすくなり、耐久性にも悪影響を及ぼす場合がある。
- 打込み後、24時間程度は載荷および歩行や解体作業などをしてはならない。

湿潤養生 コンクリートの表面などを湿潤状態に保ち、水分の不足による圧縮強度不足、表面のひび割れ発生などを防止するために実施する養生方法。

表2.8.10 湿潤養生の期間

セメントの種類 \ 計画供用期間の級	短期および標準	長期および超長期
早強ポルトランドセメント	3日以上	5日以上
普通ポルトランドセメント 水密コンクリート	5日以上 7日以上	7日以上 9日以上
その他のセメント	7日以上	10日以上
湿潤養生を打ち切ることができるコンクリートの圧縮強度	10N/mm²	15N/mm²
	現場水中養生または現場封かん養生とする。	

2) 圧縮強度試験

①供試体の作成（普通コンクリートの場合）

供試体成形用型枠（モールド）は、供試体の高さが直径の2倍となる金属製円筒とする。直径は粗骨材の最大寸法の3倍以上、かつ、10cm以上とする。

②試験方法
- 試験を行う材齢が指定されていない場合は、28日とする。
- 荷重は衝撃を与えないように加える。荷重積載速度は、毎秒0.6±0.4N/mm²を標準とする。

③切り取ったコアの圧縮強度試験（構造体コンクリートの場合）

コアの試験体は、高さと直径の比が、必ずしも2:1とならない。高さが直径の2倍よりも小さい場合には、実際の強度より大きく測定されるため、補正係数をかけ、直径の2倍の高さをもつ試験体の強度に換算する。

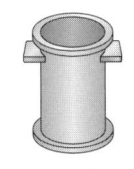

図2.8.14 コンクリート供試体用鋼製型枠

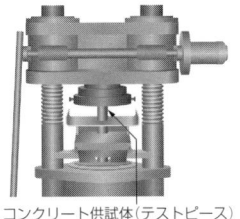

図2.8.15 コンクリートの圧縮強度試験

表2.8.11 構造体コンクリートの強度検査（普通コンクリート）

採取方法	判定基準
・コンクリートの打込み日ごと、打込み工区ごと、かつ150m³または端数ごとに1回行う。 ・1回の試験には、適当な間隔をおいた3台の運搬車から、1個ずつ採取した合計3個の供試体を用いる。 ・試験結果の判定は、1回ごとに行う。	試験材齢：28日の場合 養生方法：標準養生 判定基準：1回の試験における3個の供試体の圧縮強度の平均値が、コンクリートの調合管理強度以上 試験材齢：91日の場合 養生方法：コア 判定方法：1回の試験における3個の供試体の圧縮強度の平均値が、コンクリートの調合管理強度以上

3) 高強度コンクリートの圧縮強度検査

設計基準強度が36N/mm²を超える場合のコンクリート工事に適用する。

表2.8.12　高強度コンクリートの圧縮強度検査

使用するコンクリートの圧縮強度検査	判定基準
・コンクリートの打込み日，かつ300m³ごと，検査ロットを構成して行う。 ・1検査ロットにおける試験回数は，3回とする。 ・1回の試験は，任意の1台の運搬車から採取した3個の供試体で行う。 ・1検査ロットの試験は，適当な間隔をあけた任意の3台の運搬車から，1台につき3個ずつ採取した合計9個の供試体を用いて行う。	判定は，調合強度を定めるための基準において，3回の試験結果の最小値が，調合管理強度の85%以上，かつ3回の試験結果の平均値が，調合管理強度以上であれば合格とする。

4) コンクリートの欠陥と防止

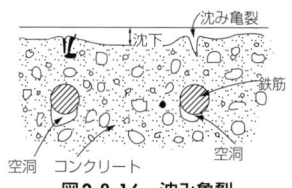

図2.8.16　沈み亀裂

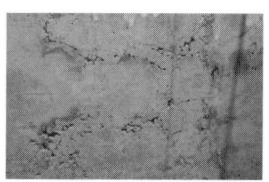

図2.8.17　ジャンカ

図2.8.18　コールドジョイント

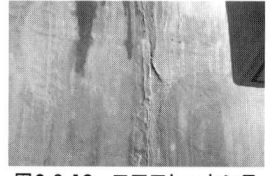

図2.8.19　エフロレッセンス

コンクリートテストハンマー

〈検査手順〉
① 床から130～150cmの高さで，20×20cmの範囲に縦横3cm以上の間隔で20箇所程度の印を付ける。
② ハンマーにより20箇所打撃する。
③ 20箇所の反発度(R)の平均値から圧縮強度(Fc)を推定する。

図2.8.20　コンクリート非破壊試験

a. 沈み亀裂
軟練りコンクリートでは，浮き水上昇にともない，1～2%ほど沈下するが，その際，鉄筋に沈降を阻害されるため，鉄筋上端に亀裂を，下端に空隙を生ずる。これを「沈み亀裂」という。

b. 収縮ひび割れ（プラスチック収縮ひび割れ・乾燥収縮ひび割れ）
急激な乾燥により，長さ数cmから数mのものが，狭い範囲に無数に出るひび割れをいう。タンパーによる表面のタンピングなどにより処置する。

c. ジャンカ
コンクリートの外面に現れる，砂利が分離したまま硬化したもの。「豆板」「あばた」ともいう。特に柱脚などでコンクリート投入時に，帯筋などに砂利が当たり，分離して柱脚に砂利が多く集中して起きる。

d. コールドジョイント
先に打ち込まれたコンクリートがある程度凝結すると，後から打ち込まれたコンクリートと一体にならないで，継目ができる。この継目を「コールドジョイント」という。

e. 打継ぎ不良
打継ぎ処置の不良によって生じた肌分れ，目違い，ひび割れで，レイタンス等を取り除き，清掃し水湿しを行う。

f. ポップアウト
コンクリート表面下に存在する膨張性物質や軟石が，セメントや水との反応および気象作用により膨張し，コンクリート表面を破壊してできたクレーター状のくぼみ。

g. 砂目
型枠表面に沿ってブリージング水が流れ，ペーストが洗い流されてできた砂の模様。

h. エフロレッセンス（白華）
コンクリート表面やれんが，タイル目地などに現れる白色の物質。セメントの硬化で生じた水酸化カルシウムが，空気中の炭酸ガスと化合して炭酸カルシウムになったもの。

i. 欠陥の強度測定法
構造体コンクリートの圧縮強度を測定するため，シュミットハンマー（またはリバウンドハンマー）機器を用いて，コンクリートに打撃を与え，返ってきた衝撃により強度を推定する方法。反発硬度法の一つであり，構造物に損傷を与えずに，検査が可能な非破壊検査手法である。

(7) 各種コンクリート

1)	暑中コンクリート	気温が高く、コンクリートのスランプの低下や水分の急激な蒸発などのおそれがある時期に施工されるコンクリートで、日平均外気温が25℃以上の場合に適用される。荷卸し時のコンクリート温度は、原則35℃以下とする。
2)	寒中コンクリート	コンクリート打込み後の養生期間に、コンクリートが凍結するおそれのある時期に施工されるコンクリートで、旬の日平均気温が4℃以下となる場合に適用される。
3)	流動化コンクリート	スランプを増大させたコンクリートで流動性が良く、打設が困難な狭小の場所に適用される。荷卸しから打込み終了までに要する時間は、外気温25℃未満で30分以内、25℃以上は20分以内が望ましい。
4)	高流動コンクリート	フレッシュ時の材料分離抵抗性を損なうことなく、流動性を著しく高めたコンクリートで、流動化コンクリートと比較して、材料分離することなく円滑に流動していれば、締固めは不要である。
5)	高強度コンクリート	化学混和剤の性能の向上やコンクリートの製造技術の向上によって、コンクリートの高強度化が可能になったため、高層建築への実用化の進展とともに高強度コンクリートの採用事例は、今後ますます増加の傾向にある。
6)	プレストレスコンクリート	PC鋼線（または鋼棒）が縮もうとする力によって、コンクリートにあらかじめ圧縮力を与えておき、その後作用する引張力に抵抗しようとするもの。コンクリートが固まる前に、PC鋼線（または鋼棒）に引張力を与えておくものをプレテンション方式、コンクリートが固まってからPC鋼線（または鋼棒）に引張力を与えるものをポストテンション（アンボンド方式）方式という。
7)	マスコンクリート	最小断面寸法が壁状部材で800mm以上、マット状部材・柱状部材で1,000mm以上の大断面で、硬化中にセメントの水和熱が蓄積され内部温度が上昇するため、表面と温度差が生じ問題が起きやすいので、化学処理混和剤等でセメントの水和反応を抑制し、温度上昇を緩やかにする。
8)	水密コンクリート	特に高い水密性や漏水に対する抵抗性が要求されるコンクリートで、主に水槽、プール、地下室などの水圧を受ける部位に適用する。
9)	水中コンクリート	場所打ち杭および連続地中壁など、トレミー管などを用いて、安定液または清水中に打ち込むコンクリートをいう。
10)	軽量コンクリート	細骨材および粗骨材の全部に、人工軽量骨材を用いるコンクリートを対象にしている。人工軽量骨材は、骨材中に多くの空隙を含むことにより、密度が軽くなる。
11)	海水の作用を受けるコンクリート	海水または海水滴の劣化作用を受けるおそれのある部分に用いるコンクリート。
12)	凍結融解作用を受けるコンクリート	寒冷地に建設する建築物など、激しい凍結融解作用を受ける部分に使用するコンクリートに適する。
13)	無筋コンクリート	土間・捨てコンクリートなどで、鉄筋で補強されていないコンクリートをいう。
14)	再生骨材コンクリート	既存の構造物を解体した際に発生するコンクリート塊をコンクリート用骨材に破砕処理した物を「再生骨材」という。使用目的に応じ、さまざまな製造方法で多種多様に再生骨材が製造されている。

表2.8.13 各種コンクリートの主な調合および数値

	空気量	最大水セメント比（以下）	最大単位水量（以下）	最小単位セメント量	スランプ（以下）	塩化物量（以下）	荷卸し温度	特記事項
普通コンクリート	4.5%標準 許容差±15% 凍害のおそれのあるもの4%以上6%以下	65%	185kg/m³	270kg/m³以上 高性能AE減水剤 290kg/m³	33N/mm²以上 21cm以下 33N/mm²未満 18cm以下（許容差有）	0.3kg/m³ 条件により 0.6kg/m³		打重ね25℃未満150分、以上120分 以下、練混ぜ25℃未満120分以内、以上90分 高強度、高流動は120分以内
寒中コンクリート	AE剤、AE減水剤 高性能AE減水剤			―	ミキサー内 水温度40℃以下		10～20℃	打込み後28日まで外気温平均が3.2℃以下に使用
暑中コンクリート	上記の運延形流動化剤			―			35℃以下	月平均気温25℃を超える時期
水密コンクリート	4.5%以下	50%以下	―	―	18cm以下		30℃以下	貯水槽・プールなど高い水密性が要求される所に用いる
マスコンクリート	―	―	―	―	15cm以下		35℃以下	最小断面 壁18cm以上 耐圧板、柱100cm以上
高流動コンクリート	3.0～4.5%	50%以下	175kg/m³	―	スランプフロー50～70cm ベース15cm 流動化21cm		25℃未満30分 25℃以上20分	ベース普通15cm、軽量18cm以下 流動化21cm以下、増大量10cm以下
高強度コンクリート	凍害有4.5% 凍害無2%以上	50%以下	175kg/m³	35N/mm²超え50N/mm²未満23cm または スランプフロー50～ 50N/mm²以上60N/mm²以下 スランプフロー60cm以下		0.3kg/m³	35℃以下	試験回数 3回/300m³ 設計基準強度が36N/mm²を超える強度のコンクリート
軽量コンクリート	5%標準	27N/mm²以下55% 27N/mm²超え50%	185kg/m³	27N/mm²以下320kg/m³ 27N/mm²超え340kg/m³	21cm以下			
プレストレストコンクリート			185kg/m³	プレテンション ポストテンション	プレテンション 12cm以下 ポストテンション 15cm以下	0.2kg/m³ 0.3kg/m³		設計基準強度プレテンション35N/mm²以上 設計基準強度ポストテンション24N/mm²以上
プレキャストコンクリート 部材コンクリート 充てんコンクリート		55%以下 55%以下	― 185kg/m³	300kg/m³以上 330kg/m³以上	12cm(8)以下 21cm以下		温度上昇勾配 10～20℃/h	脱型 平立て起こし8～10N 初期ひび割れ防止3時間程度前養生 部材かぶり厚 耐力30mm 非耐力20mm
場所打ち杭 連続地中壁		60%以下 55%以下	200kg/m³	330kg/m³以上 360kg/m³以上	21cm以下			トレミー管先端2m以上入れる 気温による補正はしない

コンクリート用再生骨材を用いたコンクリートを「再生骨材コンクリート」という。標準品としては、高強度・高耐久性が要求されない、かつ凍結融解作用を受けない部材および部位に用いられる。

表2.8.14 再生コンクリートの品質区分と適用用途例

品質区分	種別	適用用途
再生骨材コンクリートL JIS A 5023 （非構造部位）	標準品	裏込めコンクリート・間詰めコンクリート・均しコンクリート・捨てコンクリート等、高い強度・耐久性が要求されない、かつ凍結融解作用を受けない部材および部位
	塩分規制品	同上およびコンクリート構造物中に鉄筋を持ち、かつ長期にわたって鉄筋の発せい（錆）を抑制したい場合
	仕様発注品	高い耐久性を必要としない無筋コンクリート構造物または小規模の鉄筋コンクリート構造物（擁壁、消波ブロック等）および同上
再生骨材コンクリートM JIS A 5022（地中構造物）		杭、耐圧盤、基礎梁、鋼管充てんコンクリートなど、乾燥収縮や凍結融解の影響を受けにくい部位および部材
再生骨材コンクリートH JIS A 5021（一般構造物）		一般の鉄筋コンクリート構造物（普通コンクリートと同等・高強度コンクリート以外）

演習問題（コンクリート工事） ◆下記の文で正しいものには○、誤っているものには×をつけなさい。

1. 練混ぜ水は、コンクリートおよび鋼材に対して無害で、塩化物イオン量が300ppm以下でなければならない。　　　□
2. 混合セメントの高炉セメントは、水和熱が小さいので、マスコンクリートに用いる。　　　□
3. AE剤は、練り混ぜることにより、コンクリート中に無数の微細な気泡を含ませて、コンクリートのワーカビリティを向上させる混和剤である。　　　□
4. 構造物および部材の計画供用期間は、構造体の耐久性を確保するため、3段階の水準が設定されている。　　　□
5. コンクリートの打込み圧送中に、スランプや水セメント比等が著しく変質した場合は、生コン車（アジテーター車）に適度な水を加え、輸送管に詰まらないようにする。　　　□
6. コンクリートの圧送に先立ち、輸送管内面に富調合の先送りモルタルを圧送する。　　　□
7. 梁において、やむを得ずコンクリートを打ち継ぐ必要が生じたので、その梁の鉛直打継ぎ部については、柱に近い場所に設けなければならない。　　　□
8. コンクリートの打込み後において、プラスチック収縮ひび割れが発生したので、コンクリートの凝結終了前に、速やかにタッピングにより処置した。　　　□
9. スランプを18cmと指定したレディーミクストコンクリートにおいて、受入れ時のスランプ試験の結果が20cmであったので、合格とした。　　　□
10. 寒中コンクリートにおいて、荷卸し時のコンクリート温度の下限値については、打込み後に十分な水和発熱が見込まれるので、3℃とした。　　　□

2.9 壁式プレキャスト鉄筋コンクリート工事

(1) 壁式プレキャスト鉄筋コンクリート工事の要点

建築工事の合理化策として、建物を部品化して工場生産し、これを現場に運搬して重機で組み立てるプレハブ工法である。

建物の構造形式にかかわらず、さまざまな形で開発されているが、鉄筋コンクリート構造の部材で建物に適用されるものをプレキャストコンクリート(PC)工法(PCa)と称し、中高層の集合住宅など(壁式構造による現場労働力の省力化や工期短縮が可能)で広く普及している。

PC工法 ①工場あるいは建設現場であらかじめ成形してつくられたコンクリート部材(＝PC部材)を組み立てていく工法。「プレキャストコンクリート(PC)工法」というが、以下②の用法と区別するため「PCa工法」と呼ぶことが多い。PC部材は柱、梁、床や壁など用途や部位に応じて成形される。
②プレストレストコンクリートを使用した工法。コンクリートの中に鋼材などを通して強度を高めたもの。PC鋼材を両サイドから引張り、圧縮力を加えて強化することで、コンクリートの最大の弱点である荷重によるひび割れを防止し、構造物の寿命を長くすることができる。

図2.9.1 PC工法の作業工程

図2.9.2 壁式プレキャスト構造の構成例

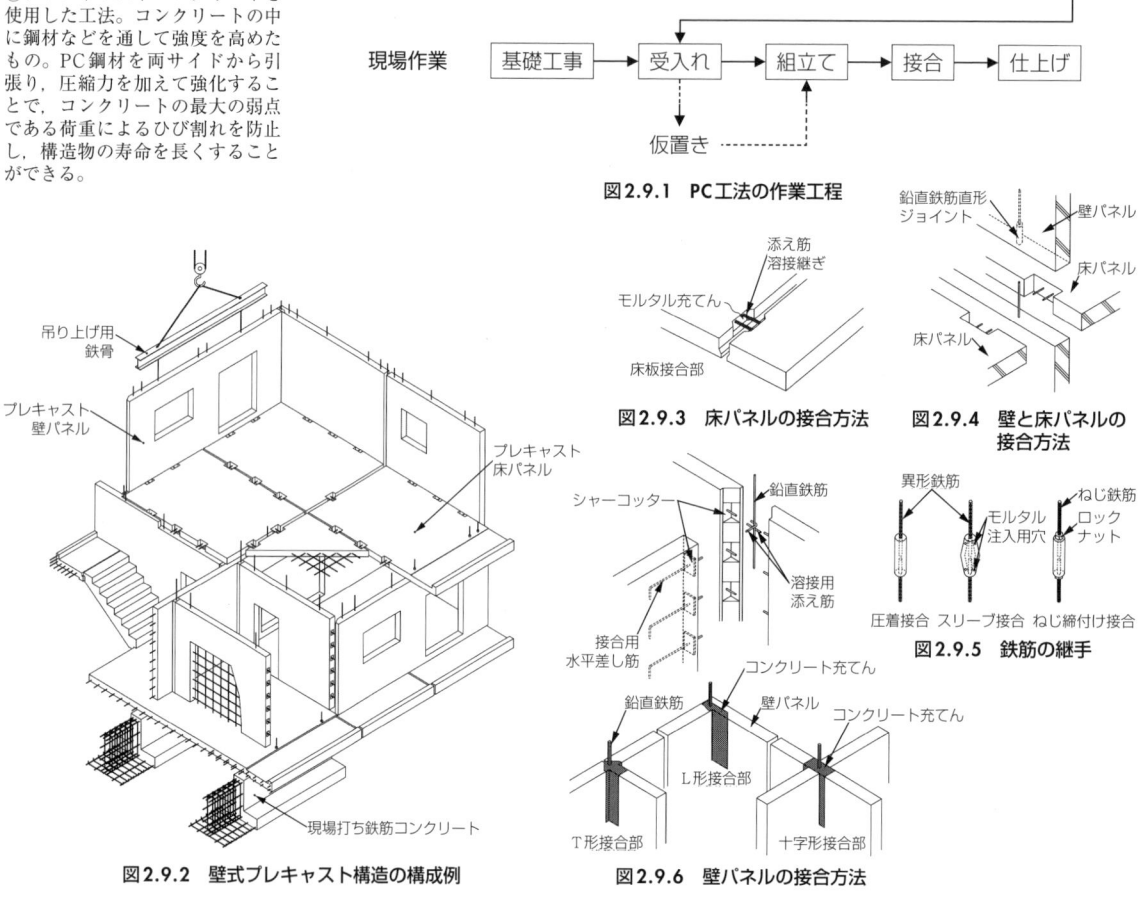

図2.9.3 床パネルの接合方法

図2.9.4 壁と床パネルの接合方法

図2.9.5 鉄筋の継手

図2.9.6 壁パネルの接合方法

(2) 部材の製造

1) 部材の用語

①部材コンクリート：工場で部材を製造するために用いるコンクリート。

②充てんコンクリート：現場において部材になったコンクリート版を建て込んで、その鉛直方向・水平方向の接合部にコンクリートを充てんして固定するコンクリート。圧縮強度は、工事現場で採取し、現場水中養生した供試体の圧縮強度で表し、その値は、材齢28日において品質基準強度以上とする。

③敷きモルタル：垂直壁部材の下端に敷くモルタルで、壁部材の自重で十分充

2.9 壁式プレキャスト鉄筋コンクリート工事

てんされるように，壁部材の厚さでかつレベル調整材より10mm程度高くなるように盛り上げて敷き込む。供試体の圧縮強度は，②と同様の値とする。

④ウェットジョイント：鉄筋相互を溶接した後，後打ちコンクリートまたはモルタルそのものの応力伝達によって，プレキャスト部材どうしを接合する方式である。

⑤ドライジョイント：鋼材などで溶接接合または機械的接合された応力伝達によって，プレキャスト部材どうしを接合する方式である。

⑥機械式継手：鉄筋，特に太径鉄筋どうしを直接的に継ぐ方法で，ねじカップラー方式，スリーブ継手，溶着方式，特殊溶接方式およびそれらの併用方式を総称していう。

⑦エンクローズ溶接：溶接接合するプレキャスト部材の拘束を軽減するために，建物全体の中央から外側へ進め，鉄筋の残留応力を小さくするために，同一接合部の溶接作業を連続して行う方式。

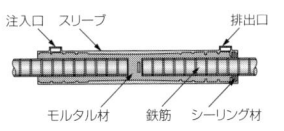

図2.9.7 ウェットジョイント

2) コンクリートの調合

表2.9.1 コンクリートの調合

	水セメント比	単位水量	単位セメント量	スランプ	空気量
部材コンクリート	55%以下	—	300 kg/m³以上	12cm以下 平打ち8cm以下	3%以下 凍結融解作用を受ける場合は，4%以上〜6%以下
充てんコンクリート	55%以下	185 kg/m³以下	330 kg/m³以上	21cm以下	

3) 製造工程

コンクリートパネルの打込み方向によって，平打ち式と立打ち方式がある。大部分が，鋼製ベットによる単層平打ち方式が採用される。ただし，集合住宅のバルコニー床と手すり部分など一体打ちする場合は，平打ち式と立打ち方式の併用打ちを行う。

表2.9.2 製造手順

型枠清掃 はく離材塗布	型枠組立て	鉄筋組込み 部品取付け	打設前検査	表面仕上げ コンクリート打設	蒸気養生	脱型時、強度確認	脱型	散水養生	貯蔵	出荷検査	出荷
① →	② →	③ →	④ →	⑤ →	⑥ →	⑦ →	⑧ →	⑨ →	⑩ →	⑪	

③サッシ，タイル，石などの取付け

④配筋検査，ファスナーなど金物取付け

⑤一般的に木ごて押え

⑥初期ひび割れをなくすために，3時間程度前養生を行う。

蒸気養生は，常圧蒸気による加熱によって，コンクリートの硬化促進を行う。

温度上昇期間は，一般的に10〜20℃/h程度の温度上昇勾配が推奨される。

最高温度継続期間は，普通セメントを用いた場合では70℃以下とする。

温度降下期間は，冷却の勾配は緩やかに，温度上昇勾配より緩やかにする。

⑦圧縮強度については，部材と同じ条件で養生した供試体で行う。

⑧PC板の脱型時強度は，平打ちの脱型の場合12N/mm²程度，立て起こしは，

蒸気養生 高温の水蒸気の中で行うコンクリートの促進養生。おもに，プレキャスト鉄筋コンクリート(PCa)部材の養生において，初期強度を増大させて長期強度を確保し，その他の諸性能を良好に保つために実施する。高温，高圧による蒸気養生は「オートクレーブ養生」という。

散水養生 コンクリート打設後の硬化作用に必要な水分を確保するため、表面にホースなどを使って散水し、湿潤状態に保つ養生方法。

ベットを70～80°まで起こして吊り上げる場合8～10N/mm²程度で行う。

脱型後の養生は、十分な散水養生を行い、失われた水分を補給する必要がある。

⑩補修の判定基準は、軽微なひび割れ（幅が0.1mmを超え0.3mm以下）は補修（エポキシ樹脂注入）。

破棄処分の判定基準は、構造耐力上重要な壁・梁部材に0.3mm以上のひび割れが部材全体に入っているものである。

(3) 現場施工

①組立て工程に合わせて部材を現場に搬入、トラックやトレーラーから直接タワー型クローラークレーンなどで部材を吊り上げ（直取り）、組み立てることが望ましい。

②壁板が所定の位置にセットされると、すぐに控えを取り付ける。控えは、圧縮および引張りに抵抗する組立て用斜めサポートを用いる。

③組立てに関する注意点

・部材組立て作業には、作業指揮者を任命して指揮させる。
・風速が10m/s以上および突風の時は、作業を中止する。
・組立て精度の検査は、仮固定完了後、次の部材が組み立てられる前に行う。

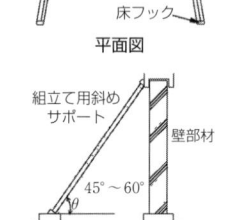

図2.9.8　建方斜めサポート

表2.9.3　組立て精度の試験・検査

項　目		試験方法	時期・回数	判定基準
柱・耐力壁	建込み位置	床上に印した基準墨とのずれをスチールテープなどで測定する。	組立て後全数[1]	±5mm以下[2]
	傾き	下げ振り、スロープスケールなどにて測定する。		
	天端の高さ	レベルにて測定する。		
梁・床	建込み位置	梁の場合は、床上に印した基準墨とのずれを、床の場合は、梁・壁への掛かり代などをスチールテープ・曲尺などで測定する。		
	天端の高さ	レベルにて測定する。		

注1）組立て作業中の仮固定完了後、次の部材が組み立てられる前とする。
　2）鉄骨柱の場合は、柱長さの1/1,000以下とする。

・部材の組立て精度の試験・検査において、構成部材のうち柱・耐力壁の垂直部材と梁、床部材の水平部材の判定基準は、±5mm以下としている。
・プレキャスト部材の接合部に用いる現場打ちコンクリートは、接合部1箇所ごとに一度に打ち込む。
・一般階の壁部材位置の墨出しは、床部材の組立てが完了し、溶接および充てん用コンクリートの施工が完了してから行う。
・上階の部材の組立て作業は、下階の鉛直接合部の充てんコンクリートの圧縮強度が、9N/mm²以上に達した後に開始する。
・気温が-5℃を下回る場合は、溶接作業を行ってはならない。

④部材と現場打ちコンクリートとの取合い部分は、プレキャスト部材と接して、部材から伸びる鉄筋の継手や定着を設けたり、現場打ちコンクリート部から突出させた接合用鉄筋や接合用金物に、プレキャスト部材を接合したりする

機能を果たす要所となる。
- 現場打ちコンクリート部分の型枠，鉄筋，金物類には，部材と同等の精度が要求される。
- 現場打ちコンクリート打込みに際しては，部材が乾燥したままだと吸水しやすく，それに接したコンクリートにジャンカなどが生じやすくなるので，部材を清掃し，散水して部材表面を湿潤状態とする。

⑤部材間の目地
- 建築用シーリング材を充てんする部分に欠けのある場合は，建築用シーリング材で「捨て打ち」を行った後，初期補修用プレミックスポリマーセメントモルタルを用いて補修を行う。
- 壁部材など水平および垂直接合部の防水は，目地寸法の確保および3面接着とならないように，バックアップ材を装てんして建築用シーリング材により行う。
- 防水目地に使用されるシーリング材の種類は，反応硬化2成分形のポリウレタン系シーリング材が用いられる。
- シーリング材の充てん深さが10mmを下回るような場合，材料の耐久性が悪くなるので，充てん深さは10mm以上確保する。また，シーリング材の充てん深さは，防水目地幅に対して1/2以上とする。

演習問題（プレキャスト鉄筋コンクリート工事）◆ 下記の文で正しいものには○，誤っているものには×をつけなさい。

1. プレキャスト部材の耐力壁の水平接合部には，壁厚さと同じ幅で，かつ，レベル調整材と同じ高さに敷きモルタルを敷き込み，壁部材を建て込んだ。
2. プレキャスト部材の現場建込み時の組立て精度の検査は，仮固定終了後，次の部材が組み立てられた後に行う。
3. 高強度コンクリートを用いて，部材厚の大きなプレキャスト部材を製造するに当たり，セメントの水和熱を考慮し，加熱養生を計画した。
4. 部材コンクリートは，単位セメント量を270kg/m³以上とし，スランプは12cm以下，平打ちの場合は8cm以下とする。
5. 一般階の壁部材位置の墨出しは，床部材の組立てが完了し，溶接および充てん用コンクリートの施工前に行っていなければならない。
6. 充てんコンクリート部分の型枠，鉄筋，金物類には，部材と同等の精度が要求される。
7. シーリング材の充てん深さは10mm以上，かつ防水目地幅に対して1/2以上とする。
8. 工事現場における部材の受入れ検査において，部材の形状寸法については，部材製造工場の検査済みの表示を確認し，計測を実施しなかった。

2.10 鉄骨工事

(1) 鉄骨工事の要点

　　　　　　　　　　鉄骨工事は，鉄骨製作工場で加工，組立てされた形鋼や鋼板の部材を建設現場に搬入して建て，ボルトや溶接で接合する作業である。主な構造区別は，鉄骨構造と鉄骨鉄筋コンクリート造があり，鉄骨構造には板厚が4mm未満の形鋼を用いた軽量鉄骨構造もある。

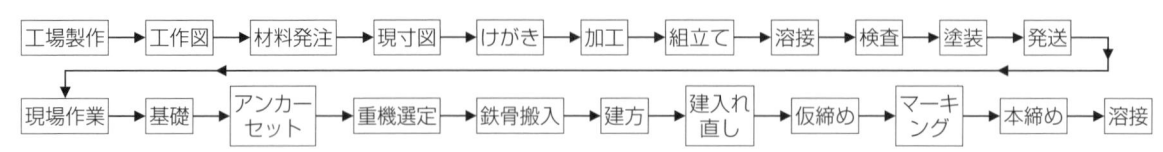

工場製作 → 工作図 → 材料発注 → 現寸図 → けがき → 加工 → 組立て → 溶接 → 検査 → 塗装 → 発送

現場作業 → 基礎 → アンカーセット → 重機選定 → 鉄骨搬入 → 建方 → 建入れ直し → 仮締め → マーキング → 本締め → 溶接

図2.10.1　鉄骨工事の流れ

鉄骨搬入，仮置き	鉄骨建方の柱脚部分	柱・梁の建方	建入れ直し
荷卸しの際，受入れ検査を行う。輸送中の不具合を確認する。	柱脚のベースプレートとアンカーボルトを締め付け固定する。	建方方式と揚重機の性能確認。建方中の安全対策を検討する。	柱の倒れ，出入りなど建方時の誤差を修正し，建方精度を確保する。

柱脚の根巻きとブレース	柱の本締め	切妻屋根の架構法	軽量鉄骨プレハブ住宅
根巻きが高い場合の柱脚には，ジベル筋を溶接し補強する。	本締め検査は，マーキングのずれとピンテールの破断を確認。	切妻型のトラス構造をコンクリートの梁の上に据え付ける。	ブレース＆パネル構造の建物で，各プレハブメーカーの軽量鉄骨造。

(2) 鉄骨の材料

　　　　　　　　　　鉄骨工事に使用する鋼材，高力ボルト，リベット，溶接用材料などは，JIS規格品より選んで使用する。一般構造用圧延鋼材（SS材）および高層・大スパンの建物には，高強度鋼材や溶接構造用圧延鋼材（SM材）が用いられる。

　　　　　　　　　　材料の種類・形状・寸法は，品質証明書（ミルシート）によって現品と照合する。鋼材の現品に規格名称や種類の区分などが表示され，材質が確実に識別できるものは，規格品証明書の代わりに現品証明書を用いることができる。

　　　　　　　　　　鋼材については，ミルシートのほかにミルマーク，ステンシル，ラベルなどを活用して，品質の確認を行う。

SN 490 B
↑　↑　↑
│　│　└鋼種区分*
│　└─引張り強さ（N/mm²）
└──鋼材の種別

* C：溶接性，靭性に加え，板厚方向特性，内部性状にも考慮
　B：溶接性，靭性に考慮
　A：C，B以外のもの

図2.10.2　鋼材の表記

(3) 工場製作一般

1) 製作工場の選定

鉄骨製作工場グレード 国土交通省により認定される鉄骨製作工場の性能評価結果を表す指標。S, H, M, R, Jの5つのグレードがあり、Sグレードの工場が最も規模が大きい。

表2.10.1 工場認定グレードの適用範囲

グレード(ランク)	Jグレード	Rグレード	Mグレード	Hグレード
建物規模	3階以下500m²以下	5階以下3,000m²以下	制限なし	制限なし
種類	400N	490Nまで	490Nまで	520Nまで
板厚	16mm以下	25mm以下	40mm以下	60mm以下
通しダイアフラム	490Nまで22mm以下	32mm以下	50mm以下	70mm以下
ベースプレート	490Nまで50mm以下	50mm以下	制限なし	制限なし

Sグレードは全て制限なし。

2) 工場製作の流れ

テープ合せ 鉄骨工事などにおいて、工場製作と現場施工で寸法差が生じないよう、製作に先立ち、おのおのが使用するスチールテープを持ち寄り、その誤差が許容範囲内であることを確認すること。一般的には、50Nの張力を与えて5m単位で誤差を測定する。鉄骨工事では、JIS B 7512による1級のものを用いる。

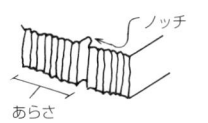

a. 工作図の作成

工作図は、設計図書に代わって製作、建方に対する指示書的役割を果たすもので、次の内容を具備していることを原則とする。

①鉄骨の伏図・軸組図・部材リスト
②鉄骨部材の詳細な形状・寸法・部材符号・製品符号・製品数量・材質
③溶接および高力ボルト接合部の形状・寸法・継手符号・ボルトの種類・等級

b. 現寸図の作成

現寸図は、鉄骨製作工場の現寸場の床面に、実物大の現寸図を描く。CADを使用した工作図の場合は、省略することができる。確認事項は、スパン・階高など基本寸法、部材の材質と形状・寸法、ボルト孔径や位置等。その際に工事現場と鉄骨製作工場で別々の巻尺を使うため、基準巻尺の確認(テープ合せ)を行う。

工作図のCAD化、加工、組立てのNC化(数値制御方式の工作機械)の普及と定着にともなって、現寸図を省略して、工作図を中心とする製作工程が一般化している。

c. 工作一般

①型板・定規取り：現寸作業で作成される型板は、ポリフィルムなどを現寸図に当て敷き、ボルト位置などを記入し、外形をカットする。

②けがき：型板や定規を用いて、鋼材に切断線、部材取付け位置、孔の位置や径、開先形状、折り曲げ位置などのマークをする作業である。

③切断：けがきに従って鋼材を切断する作業である。鋼材のガス切断は、自動ガス切断機を用いる。切断面の精度は、あらさ100μmRz以下、ノッチ深さ1mm以下。精度が確保できないときは、グラインダーで修正する。

④加工：開先加工は、ガス加工法、機械加工法、プラズマ加工法があるが、自動ガス切断が一般的である。開先切断面の精度は、あらさ200μmRz以下、ノッチ深さ2mm以下。切断面の精度は、あらさ200μmRz以下、ノッチ深さ2mm以下。開先の形状には、I形・レ形、V形、X形、K形がある。

⑤孔あけ：高力ボルト用孔あけは、ドリルあけとする。接合面をブラスト処理する場合は、ブラスト前に孔あけ加工する。ボルト・アンカーボルト・鉄筋貫通孔などは、ドリルあけを原則とするが、板厚が13mm以下のときは、せん断孔あけとすることができる。

⑥摩擦面の処理：すべり係数が0.45以上確保できる摩擦面の処理方法は、自然

図2.10.3 ノッチ

あらさ	100μmRz以下
ノッチ深さ	1mm以下

表2.10.2 代表的な開先形状

名称	形状	特徴
I形		6mm以下の薄板に適用。
レ形		加工が片側で開先加工が容易。最も一般的に用いられる。
V形		横向きを除く全姿勢に適用可。X形に比べて溶接量が多い。
X形		開先加工に手間がかかる。厚板の溶接に適用される。
K形		厚板の溶接に適用される。

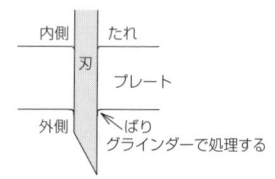

図2.10.4 せん断孔あけ

常温の内側曲げ半径
柱材や梁およびブレース端のハンチなど、塑性変形能力を要求される部材は$4t$以上、その他は$2t$以上（tは加工材の板厚）。

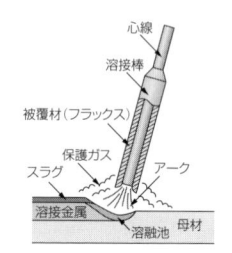

図2.10.5 被覆アーク溶接

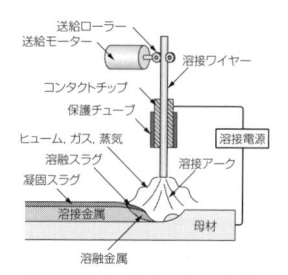

図2.10.6 セルフシールド半自動アーク溶接

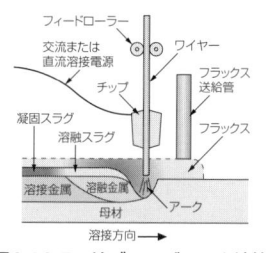

図2.10.7 サブマージアーク溶接

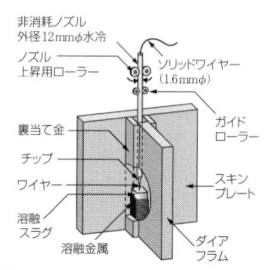

図2.10.8 エレクトロスラグ溶接

発錆、ブラスト処理のいずれかの方法とする。

⑦曲げ加工：鋼材の曲げ加工方法は、部材を加熱しないで、プレスまたはベンデングローラー、ビームベンダーなどの曲げ加工機械によって曲げる常温加工と、鋼材全体を850～900℃の赤熱状態に加熱し、外力を加えて曲げる熱間加工がある。常温曲げ加工による内側曲げ半径は規定されている。

⑧組立て：鋼材にけがき、切断、孔あけ、曲げ、開先加工などを行って、一次加工が完了した部材を所要の条件に基づき結合することを「組立て」という。

⑨鋼材を部分的に加熱し、溶融状態にして接合することを「溶接」という。組立て溶接の最小ビードは、$t \leq 6 \rightarrow 30\,mm$、$t > 6 \rightarrow 40\,mm$ とする（ビードとは、1回の溶接作業によって作られた溶着金属）。

〔溶接の長所〕
・鋼材の断面欠損がなく、全断面が有効に使えて材料が節約できる。
・接合部の連続性と剛性が得られる。
・自由な接合形式ができる。
・接合部時の騒音や振動が少ない。

〔溶接の短所〕
・溶接熱によるひずみがでやすい。
・溶接に従事できる溶接工の有資格者が必要である。
・接合部の検査が難しく、欠陥がわかりにくい。

d. 溶接方法の分類

①被覆アーク溶接（アーク手溶接）

被覆材（フラックス）で被覆された溶接棒と母材の間に電圧を加え、その間に生じるアーク熱により溶融させて溶接する方法。溶接棒の供給と運棒は、全て手作業である。風速10m/sまで溶接作業は可能で、一般的に使用される。

②半自動アーク溶接

溶接ワイヤーは、自動的に供給されるが、溶接トーチの操作は手動なので、半自動溶接という。セルフシールド半自動は、風速10m/sまで作業可能。

ガスシールドアーク半自動溶接は、防風措置を施した場合を除き、風速2m/s以上ある場所での作業は行ってはならない。

③自動アーク溶接

開先上に盛り上げた粒状のフラックスの中に、裸の電極ワイヤーを突っ込んでアーク溶接を行う工法で、ワイヤーの供給、アークの調節および移動を自動的に行う。

作業は原則として、鉄骨加工工場で下向き姿勢で行う。サブマージアーク溶接が主流である。

④エレクトロスラグ溶接

スラグ浴に通電ノズルを通し、ワイヤー、スラグ、溶融金属を流れる電流の抵抗発熱を利用してワイヤーと母材を溶融させ、溶融金属をつくる溶接方法である。ボックス柱のダイアフラムの溶接に用いられる。高温スラグの対流により、接合される母材の開先面をも溶融して溶接が進行していくので、溶接途中で中断してはならない。

2.10 鉄骨工事

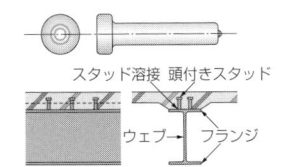

図2.10.9 頭付きスタッド
コンクリートスラブと鉄骨梁の納まり例

栓溶接 2枚重ねた鋼材の一方に孔をあけ、その孔の周囲あるいは孔の全部に溶着金属を盛ることで接合する溶接法。「プラグ溶接」ともいう。

突合せ溶接 母材を溶かし、そこに溶接棒を溶かした溶着金属を溶かし込んで接合部を一体化する接合方法。応力が溶接部を介して直接伝達される効率の高い継手で、柱、梁接合部の梁フランジの溶接など、主要な部材の接合に使用される。

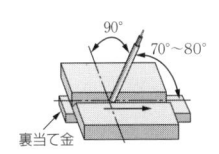

図2.10.10 被膜アーク下向き姿勢

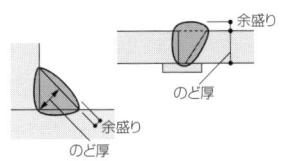

図2.10.11 余盛り

隅肉溶接 三角形の断面形状をもった隅肉継手で接合する溶接方法。せん断力により荷重を伝達するが、強度は突合せ溶接の半分程度となるため、繰り返し衝撃荷重を受ける部材の接合には適さない。

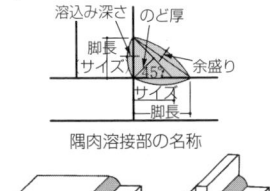

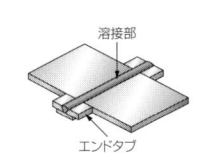

隅肉溶接部の名称

図2.10.12 隅肉溶接

図2.10.13 エンドタブ

⑤スタッド溶接

鋼棒を直接アーク溶接で母材に植え付ける工法である。スラブと梁を一体化させて合成梁を構成する目的で使用する。電源は専用電源として、作業は下向き姿勢で行う。

スタッドをデッキプレートに貫通させ溶接する場合は、径16φ以上のスタッドを使い、デッキプレートを梁に密着させて溶接する。デッキ合成スラブの場合には、床スラブから伝達される面内せん断力に対し十分耐えられるように、焼抜き栓溶接を行う。施工後の検査は、1ロットに1本の割合で、ハンマーで15度曲げ、欠陥がなければそのロットを合格とする。

e. ひずみ取り

溶接部が再凝固するとき収縮しようとするために、周辺にひずみを生じるといった性質がある。そのため溶接後に、ひずみを矯正する作業が必要になる場合がある。

加熱矯正する場合の温度は、400N/mm²級鋼、49N/mm²級鋼の場合、加熱後空冷または空冷後水冷する場合は850〜900℃、加熱後直ちに水冷する場合は600〜650℃。ただし、水冷開始温度は650℃以下とする。

f. 溶接施工

①鉄骨工事の本溶接に従事する溶接工は、鉄骨工事技術指針（板厚区分と溶接工の資格）による資格を有することが必要である。

②溶接の姿勢は、下向きが最も無理がなく確実な施工ができるので、大きな部材でも、治具を使って下向きになるようにする。

③溶接による組立ては、溶接によるひずみが最小となるように、収縮の大きい突合せ溶接部を先に溶接し、次に隅肉溶接を行う。

④隅肉溶接の余盛りの高さ（下表の通り）

表2.10.3 隅肉溶接の余盛りの高さ

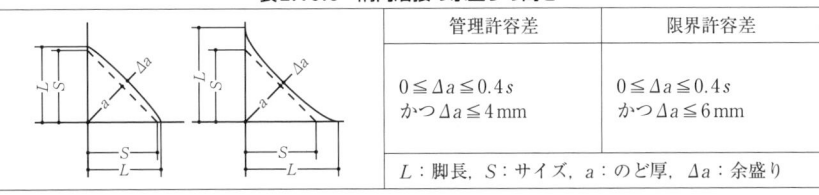

	管理許容差	限界許容差
	$0 \leq \Delta a \leq 0.4s$ かつ $\Delta a \leq 4mm$	$0 \leq \Delta a \leq 0.4s$ かつ $\Delta a \leq 6mm$

L：脚長、S：サイズ、a：のど厚、Δa：余盛り

⑤隅肉溶接の溶接長さは、有効長さに隅肉サイズの2倍を加えたものであり、その長さを確保するように施工する。

⑥突合せ溶接は、全断面にわたって溶接し、余盛りは最小とする。突合せ溶接される部材の板厚が異なる場合、厚いほうの材を1/2.5以下の傾斜に加工し、開先部分で薄いほうと同一の高さにする。

⑦エンドタブの組立て溶接の欠陥は、始端と終端に出やすいので、開先内に行う溶接には、両端に継手と同じ形状で、母材と同厚のエンドタブを組立て溶接、裏当て金に取付け母材部分を健全に保つ。

⑧隅肉溶接の端部は、滑らかに回し溶接（2Sかつ15mm以上）を行う。

⑨溶接線の交差箇所での交差を避けるため、一方の母材に扇状の切欠き（スカラップ）を設ける。スカラップは複合円とし、滑らかに仕上げる。

⑩気温−5℃未満は溶接中止，−5℃〜55℃は100mm範囲を加熱。

g. 溶接部の各種試験方法

表2.10.4 溶接部の各種試験方法

部位	試験名	試験の特徴	試験方法
表面欠陥	浸透探傷試験	カラーチェック（染色浸透探傷法）で簡単な方法	非破壊試験
	磁粉探傷試験	磁粉が欠陥回りに付着，表面欠陥を容易に検出する	
内部欠陥	超音波探傷試験	音波を溶接内部に送信し，反射音で内部欠陥を検出	
	放射線透過試験	X線・γ線で透過写真をつくり欠陥を判定する	
	マクロ試験	溶接部を切断し，溶込み状態や欠陥を検出する	破壊試験

h. 溶接部の溶接欠陥

①アンダーカット：溶接の止端に沿って母材が掘られ，溶着金属が満たされずに溝のように残っている部分。

②オーバーラップ：溶接金属が母材や先に置かれた溶接金属に融合しないで重なる現象。溶接棒が太すぎたり電流が適正でない場合，あるいは運棒が遅い場合に生じることが多い。

③ピット：溶着金属表面に生じる小さな孔

④表面割れ：溶着金属表面の割れ

⑤内部欠陥：スラグ巻込み，溶込み不良，融合不良，ブローホールなど

i. さび止め塗装

溶接の検査が完了した鉄骨は，油汚れなど塗装素地面の処理をした後，工場から発送前にさび止め塗装を行う。さび止め塗料としては，鉛丹系さび止めペイント（JIS K 5622）が一般的である。

〈さび止め塗装をしない部分〉

- コンクリートに埋め込まれる部分およびベースプレート面
- 高力ボルト摩擦接合部の摩擦面および組立てで肌合せとなる面
- 現場溶接を施す部分および隣接する両面100mm以内
- 超音波探傷試験に支障を及ぼす範囲，密閉となる内部
- 耐火被覆材の接着面，ピンの軸受け面，ローラーの滑動面で削り仕上げ部分

(4) 工事現場施工

1) 現場施工管理

鉄骨製作工場で加工・製作された後，工事現場に搬入された各部材の仕分け・建方および部材相互の接合によって，鉄骨工事が完了するまでに要する作業，施工管理を行う工事現場での各工程および検査の項目を以下にまとめる。

①アンカーボルトの埋込み（位置，出の高さ，モルタル面の精度）

②搬入された鉄骨製品の外観（曲がり，塗装部など傷の有無）

③建方（建入れ精度，接合部の精度）

④高力ボルト接合（1次締め，マーキング，本締め，ピンテールの破断状態，とも回り，軸回りの有無，締付け後のナット回転量，余長など）

⑤現場溶接接合（開先部の精度，溶接外観，表面欠陥，内部欠陥）

⑥デッキプレート工事（焼抜き栓溶接，アークスポット溶接の外観，母材への影響）

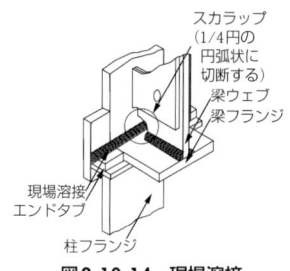

図2.10.14 現場溶接

図2.10.15 アンダーカット

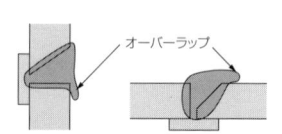

図2.10.16 オーバーラップ

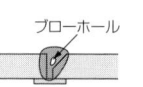

図2.10.17 ブローホール

ブローホール 溶接欠陥の一種で単独で溶接部内に残留した気孔のこと。気孔の大部分は溶着金属内に発生する。ブローホールの集合体を「ポロシティ」という。

⑦スタッド工事(デッキ貫通溶接外観,打撃曲げ試験結果,母材への影響)

⑧他工事との関連溶接(ビード外観,溶接位置)

⑨現場塗装(素地ごしらえ・塗膜厚,外観)

⑩耐火被覆(下地処理,厚さ,かさ比重)

2) アンカーボルト据付け

アンカーボルトの役割は,鉄骨骨組の柱脚と基礎を接合,固定し,一体化するためであり,柱脚の形式は,骨組の規模,柱からの応力伝達の条件により,露出形式,根巻き形式,埋込み形式がある。

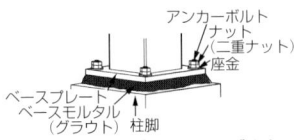

①建方用のアンカーボルトは,躯体工事完了後は構造耐力を負担しないアンカーボルトで,主に建方の手段として用いる。

②構造用アンカーボルトは,躯体工事完了後も構造耐力を負担するアンカーボルトで,引張力・せん断力およびこれらの組合せを負担する。

図2.10.18 柱脚アンカーボルト

a. アンカーボルトの埋込み

①可動式埋込み方式は,規模の小さい建物に用いる工法で,アンカーボルトを基礎型枠に型板をセットし,基礎コンクリート打設後に直接埋め込む。

②固定埋込み方式は,捨てコンクリート打設後,柱脚墨出しを行った時点で鉄骨アングル材等で組み立てたアンカーフレームを捨てコンクリート上にセットして固定しておく工法で,建物の規模の大きい工事に用いられる。

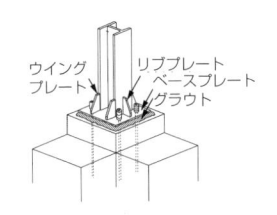

図2.10.19 露出形式柱脚(H形柱)
図2.10.20 露出形式柱脚(ボックス柱) 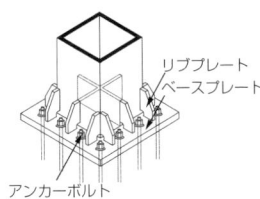
図2.10.21 埋込み形式柱脚 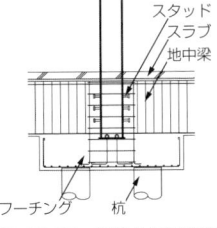
図2.10.22 根巻き形式柱脚 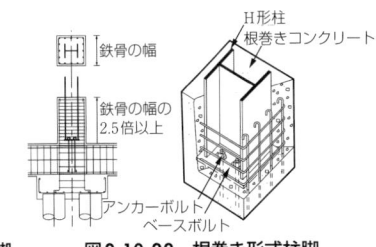

b. アンカーボルトの精度および締付け

①水平方向のずれの限界許容差は,建方用のアンカーボルトは±8mm,構造用アンカーボルトは±5mmとする。

②アンカーボルトのナットは,六角ナットを使用して,二重ナットの外に3山以上出るように施工する。

③アンカーボルトには座金を用い,コンクリートに埋め込まれる場合を除き,ナット部分の溶接,ナットの二重使用等で戻り止めを施したものであること。

c. レベルモルタル仕上げ

中心塗りのモルタルの大きさは,ϕ200mm以上とし,塗厚さは30mm以上50mm以下とする。仕上げ面高さの精度は,特記のない限り,限界許容差で±5mm(管理許容差で±3mm)とする。

3) 建方

建方計画に基づいて部材の取付け位置や部材の誤りがないように,かつ,効率の良い建方順序を選定し,構造の不安定な建方途中での事故のないように十分検討する必要がある。

建方用機械は,建築物の規模や工事現場の条件によって,取扱いに無理がないように,建方中は,危険作業がともなう作業のため,作業員の安全,隣地および周辺に対する災害予防,強風対策等,十分な配慮が必要である。

建方完了後に，仮締め・建入れ直し・1次締め・マーキング・本締め等の施工手順に沿って，その都度，品質検査を行い，精度の確認をする必要がある。

a. 建方一般

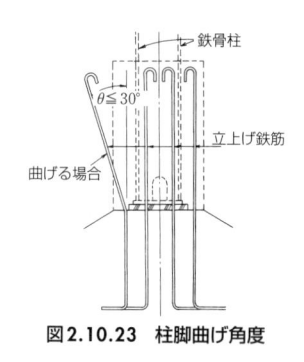

①建方に使用するワイヤーロープ，シャックル，吊り金物等は，許容荷重範囲内で正しく使用する。また，定期的に点検し，損傷のあるものは使用しない。

②柱脚部分が鉄骨鉄筋コンクリート造の場合等に，鉄筋を曲げたり，元の位置に戻す場合，赤熱状態（850～900℃）に加熱して曲げるのが望ましい。折り曲げ角度は，30°以下を限度とする。

③風速10m以上の場合は，建方作業は行わない。また，作業を中止する場合は，タワークレーンの旋回装置はフリーにしておく。

④建方は，1方向のみの屛風建てを避け，横架材や仮ブレースでつなぎ，1日の作業量は必ずボックス状態になるように組み立てる。

図2.10.23　柱脚曲げ角度

b. 建入れ直し

①ワイヤーロープの取付け用ピースは，あらかじめ鉄骨本体に取り付けられた強固なものとする。

②ターンバックル付き筋かいを有する構造物においては，その筋かいを用いて建入れ直しを行ってはならない。

建入れ直し　鉄骨の建込みが終わったとき，柱，梁などの倒れ，水平度，出入り，曲りなどを測量機器で計測しながら治具を使って修正すること。

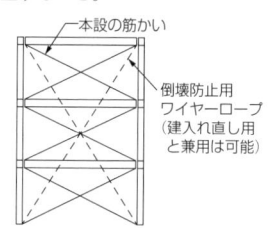

図2.10.24　建入れ直し

c. 仮ボルトの締付け

建方作業における部材の組立てに使用し，本締めまたは溶接までの間，予想される外力に対して架構の変形および倒壊を防ぐためのボルトを「仮ボルト」という。

①仮ボルトは中ボルト等を用い，ボルト一群に対して，高力ボルト継手では1/3程度，かつ2本以上，混用継手および併用継手では1/2程度，かつ2本以上をバランス良く配置し，締め付ける。

②本締めに用いるボルトを仮ボルトに使用してはならない。使用した仮ボルトは，建入れ直し後，1次締め時点で本締めに用いるボルトに取り替える。

d. 建方の施工精度

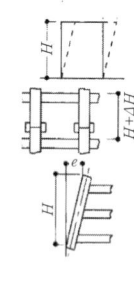

表2.10.5　工事現場の主な鉄骨精度検査

名　称	管理許容差	限界許容差
①建物の倒れ(e)	$e \leq H/4,000 + 7mm$ かつ$e \leq 30mm$	$e \leq H/2,500 + 10mm$ かつ$e \leq 50mm$
②工事現場継手階の階高の誤差(ΔH)	$-5mm \leq \Delta H \leq +5mm$	$-8mm \leq \Delta H \leq +8mm$
③柱の倒れ(e)	$e \leq H/1,000$ かつ$e \leq 10mm$	$e \leq H/700$ かつ$e \leq 15mm$

4) 締付け

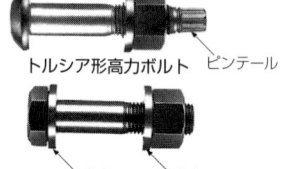

a. 高力ボルト接合（ハイテンションボルト接合）

高張力鋼で作られた非常に強度の高いボルトで，トルクレンチなどの締付け機を用いて接合部相互を強く締め付け，これによって生ずる接合部材間の摩擦面による摩擦力によって応力を伝達する接合方法である。

①高力ボルトの搬入は，包装の完全なものを未開封状態のまま工事現場に搬入する。

②受入れ時に荷姿，種類，等級，径，長さ，ロット番号などを確認する。メー

図2.10.25　高力ボルト

カー，規格品証明書に合致し，発注時の条件を確認する。
③はだすきがある場合の処理は，はだすきが1mmを超えるものは，フィラーを挿入する。フィラーの材質は，母材の材質にかかわらず400N/mm²級鋼材でよく，両面とも摩擦面として処理をする。
④ボルト孔の修正は，部材組立て時に生じたボルト孔のくい違いが，2mm以下の場合はリーマー掛けして修正してよいが，2mmを超える場合は監理者と協議して決める。
⑤混用継手はウェブを高力ボルト接合，フランジを工事現場溶接接合とする方法で，原則，高力ボルトを先に締付け後に溶接を行う。
⑥併用継手は，ウェブにおいて高力ボルトを先に締め付けたスプライスプレートの全周を隅肉溶接する方法で，高力ボルトを先に締付け後に溶接を行う。

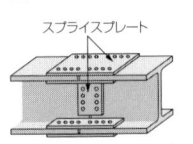

b. 高力ボルトの種類と長さ
①高力六角ボルトのほうが座金1枚分(5mm)長い。
②高力ボルトの余長は，ねじ山が1〜6山の範囲で残るものでなければならない。

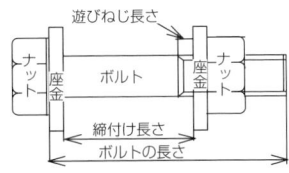

c. 高力六角ボルト(JIS形高力ボルト)
①高力六形ボルトの締付けは，標準ボルト張力が得られるように1次締め，マーキング，本締めの順で行う。
②締付けは，トルクコントロール法またはナット回転法により行う。
③高力ボルトに異常のないことを確認し，ボルト頭下およびナット下に座金を1個ずつ敷き，ナットを回転させて行う。
④セットを構成する座金およびナットには表裏があるので，ボルトを接合部に組み込むときには，逆使いしないように注意する。

- トルクコントロール法の場合は，5セットのボルトを任意に取り出して試験ボルトとする。
- ボルト張力の個々の測定値が，平均値の±10%以内にある場合は，施工ロットのボルトは正常であると判断する。
- ナット回転法の場合は，5セットのボルトを任意に取り出して締め付け，全てのセットのナット回転量が同程度なら問題ないものとする。
- 1次締付け後のナット回転量が，120度±30度の範囲にあるものを合格とする。この範囲を超えて締め付けられたボルトは取り替える。

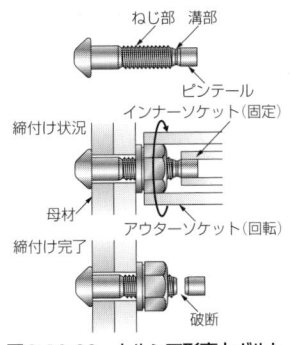

d. トルシア形高力ボルト
トルシア形高力ボルトは，締付けによりボルトのチップ部ならびにナットなどの特殊部分が破断することで，締付けが目視で確認できる高力ボルトである。
①締付け作業は，1次締め・マーキング・本締めの3段階で行う。ボルトの挿入から本締めまでの作業は，同日中に終了することを原則とする。
②1次締めは，トルクレンチにより一定の力（本締めトルク値の20〜30%）で締め付ける。
③マーキングは，白マジックでボルト・ナット・座金・母材に一直線でマークする。
④本締めは，センタースリーブにてピンテールをつかみ，反時計方向に回転させる。アウタースリーブにてナットをつかみ，時計方向に回転させる。所定

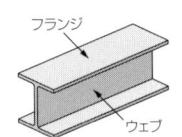

ピンテール 摩擦接合に用いる高張力ボルトの一つで，ボルトの先端にくびれがあり，所定の締付け力を加えると，そこから破断するようになったもの。このしくみを用いているのが，トルシア形高力ボルトである。

トルク係数値 JIS B 1186に規定された高力六角ボルトの品質特性を示す数値の一つで，高力ボルトの締付けトルク値を，ボルトねじ外径の基本寸法とボルト張力の積で割って求められる。

の軸力が出た時点で，ピンテールが切れる仕組みになっている。1次締め後に，マーキングのずれによって共回り・軸回りの有無・ナット回転量を確認する。

⑤共回りとは，ボルトとナットが一緒に回転しているため，ボルトとナット座金と母材のマークが一致しているものである。

⑥軸回りとは，トルシア形高力ボルトで，ボルトだけが回転してピンテールが切れているものである。

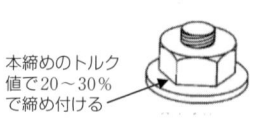

図2.10.31　トルシア形高力ボルトの締め手順

表2.10.6　高力ボルトの締付けと検査

形式	締付け法	導入張力確認試験	本締め	本締め後の検査 共通事項	本締め後の検査 個別事項
JIS形	トルクコントロール法	5セットのボルト張力が，規定値の範囲を満足すればよい。ばらつきが平均ボルト張力の15％以内であればよい。	トルクレンチ・電動レンチで，規定のトルク値まで締め付ける。	外観検査 ・全数 ・共回り，軸回り，ボルトの余長を確認する。	回転量にばらつきがある場合は追締めし，全てのボルトのトルク値が，試験時に得られた平均トルク値±10％以内にあれば合格とする。
JIS形	ナット回転法	5セットのボルトの回転量が，同程度であればよい。	トルクレンチ・電動レンチで，120度回転させる。		1次締付け後のナット回転量が，120度±30度以内にあれば合格とする。
トルシア形		5セットのボルトの張力が，規定値の範囲を満足すればよい。	インパクトレンチで，ピンテールが破断するまで締め付ける。		平均回転角度が，±30度以内にあれば合格とする。

e. 溶融亜鉛メッキ工法

鉄骨造建築物など，鋼構造物の防錆・耐候性向上を目指して，鋼材に溶融亜鉛メッキを行う工法である。

①メッキ槽に部材を漬けてメッキする（どぶ漬け）ため，メッキ槽の最大寸法を考慮して部材寸法を決めなければならない。

②ボックス構造・パイプ構造など閉鎖型断面のものは，内部に亜鉛の流出入ができるように，大き目の空気抜き用の開口部を2箇所設けておく。

③スチフナーなど亜鉛だまりとなりやすい部分には，半径40mm以上のスカラップを設ける。

④溶融亜鉛メッキ高力ボルト接合の摩擦面は，メッキ後にブラスト処理し，あらかじめ50μmRz以上，すべり係数0.4以上を確保する。

⑤締付けは，ナット回転法により，1次締め・マーキング・本締めの3段階で行う。

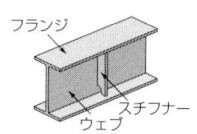

図2.10.32　スチフナー

ブラスト処理 ショットまたはグリッドと呼ばれる粒体を鋼部材の摩擦面に吹き付けて，所定の表面粗さを確保するために行う摩擦面の処理方法の一つ。建築では高力ボルト接合の摩擦面に適用されることが多い。適切に処理すれば，高力ボルト接合で必要とされるすべり係数値0.45が得られる。

5) 耐火被覆

耐火被覆 鉄骨造の骨組を火災の熱から守るために，耐火性，断熱性の高い材料で鉄骨を被覆する。建築基準法上，鉄骨造は一定基準の耐火被覆をすることで耐火構造とみなされる。

耐火被覆には，吹付け工法，張付け工法，巻付け工法，ラスモルタル塗付け工法などがある。吹付け工法は，ロックウールなどを専用の吹付け機械を使用して，鋼材面に吹き付ける工法である。

①吹付けは，落下防止を考慮して，必要に応じて下吹きと上吹きの2回吹きとし，下吹きの翌日に上吹きを行う。

②施工中は，施工面積5m²当たり1箇所を単位として，ピンなどを用いて厚さ

を確認しながら施工する。なお，確認ピンは施工後もそのまま存置しておく。
③施工後は，耐火性能別に各階ごと，かつ，床面積1,500 m^2ごとに1回を原則として，1回につき5個を採取して，厚さとかさ比重を測定する。

(5) 軽量形鋼構造

一般構造用軽量形鋼で厚さ4mm未満の冷間成形鋼材を用いたもので，鉄骨造の工場や倉庫などの母屋や胴縁，小規模な建物(工業化住宅)の構造部材，一般間仕切り壁下地，天井下地等に使用される。

1) 材料(鋼材)

軽量形鋼 厚さ1.6～6.0mm程度の間に各種あり，熱間圧延の一般形鋼に比べ，重量に比して断面係数や断面二次半径が大きいのが特徴。形状は，溝形，山形，Z形などがある。

一般構造用軽量形鋼は，鋼板または鋼帯から，冷間でロール成形法により製造する。検査に合格した軽量形鋼には，1結束ごとに種類の記号，寸法，結束ごとの数量または質量，製造業者名，略号を適切な方法で表示しなければならない。

- 軽量形鋼構造に用いられる部材は，板厚が薄いので，切断は機械切断とする。
- 腐食に対する安全性が低く，十分な防錆処置を必要とする。
- ボルト接合は，一般に普通ボルト接合で，せん断により伝達する方法で施工する。
- 普通ボルトには戻りめが必要で，二重ナット，スプリングワッシャー，溶接などを用いる。

2) 工業化住宅

工業化住宅は，プレハブの利点が有効に発揮されるよう，生産・施工・供給面での品質管理システムが整備され，工場でユニット化されたユニット構法の住宅である。主要構造部が工場で製造され，建築現場で建てる工法で，システム化された住宅であり，ブレースパネル構法，ラーメン構法がある。

国土交通大臣による性能認定制度が設けられ，品質管理のもとで工場生産されるため，品質にはばらつきが少なく，部材が規格化され，工法が標準化されているので，技能者の技術に影響されることなく安定した施工が可能である。

また，工場生産割合が高く，工期短縮およびメーカーの責任体制が明確である。この認定内容は，行政官庁等に配布され，確認申請の提出書類（構造計算書等）が省略される。

演習問題（鉄骨工事） ◆ 下記の文で正しいものには○，誤っているものには×をつけなさい。

1. トルシア形高力ボルトの本締めについては，専用のレンチを用いてピンテールが破断するまでナットを締め付けた。 □
2. 高力ボルト接合における一群の高力ボルトの締付けについては，接合部の周辺から中央部に向かって行った。 □
3. 両面とも摩擦面としての処理を行ったフィラープレートの材質は，母材の材質にかかわらず，400N/mm^2級の鋼材でよい。 □
4. 組立溶接については，溶接部に割れが生じないように，必要で十分な長さと3mm以上の脚長をもつビードを適切な間隔で配置した。 □

2.11 コンクリートブロック・ALCパネル板工事

この節で対象とするコンクリートブロック，ALCパネル，押出成形セメント板は，いずれもセメント系の工場生産品であり，材料の寸法や品質等の規格がJISで規定され，これに適合する材料および施工をしなければならない。

(1) コンクリートブロック工事

ブロック工事(組積工事またはメーソンリー工事)には，積み上げるコンクリートブロック工事とれんが工事，および敷き並べるインターロッキングブロック工事がある。

コンクリートブロック工事には，水平荷重や垂直荷重を負担する，構造耐力壁とする「補強コンクリートブロック造」と非耐力壁の「帳壁」と呼ばれるパイプシャフトや簡易な塀などに用いる後積み工法のブロック積みがある。

空洞ブロックに，基本形，横筋用，隅用があり，型枠用ブロックに片えぐり形，両えぐり形がある。強度の分類は，A種4N・B種6N・C種8N/mm²である。

1) 形状・寸法による分類

表2.11.1 基本ブロックの寸法

呼び寸法		実質の寸法		正味の厚さ
長さ	高さ	長さ	高さ	
300	100	290	90	100
400	150	**390**	140	110
450	**200**	440	**190**	120
500	250	490	240	130
600	300	590	290	140
900		890		150
				190

注) 呼び寸法は，設計で用いる寸法。実質の寸法は，目地を除いた施工上での寸法。太字は，一般に用いられているもの。

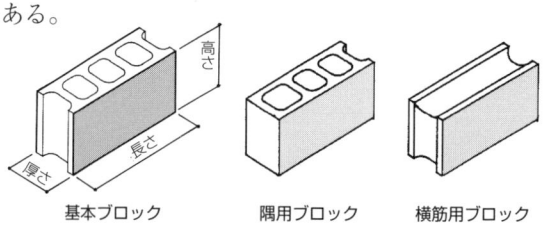

図2.11.1 空洞ブロックの種類

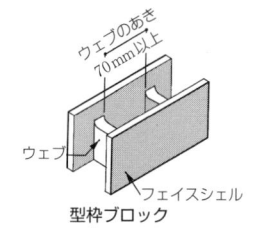

2) 補強コンクリートブロック造

空洞ブロックを組積し，鉄筋で補強された耐力壁による小規模な構造物であり，3階建以下を想定し，部分的に型枠ブロックを用いる場合もある。

①壁縦筋のかぶり厚さは，鉄筋を覆うコンクリートやモルタルの厚さの最小値をいい，ブロックの厚さは含まない。最小値は20mmとする。

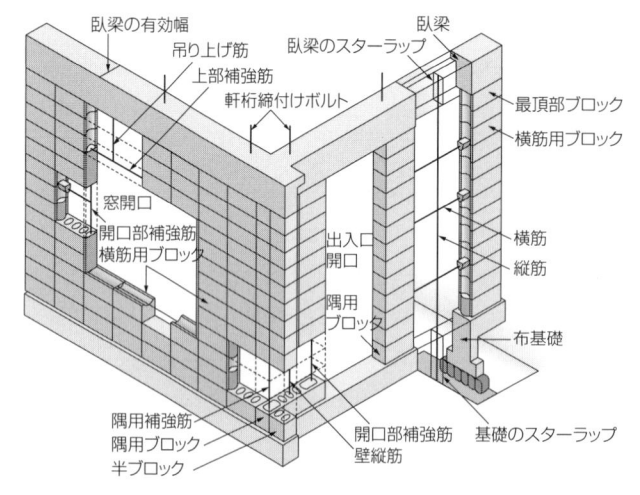

図2.11.2 補強コンクリートブロック造

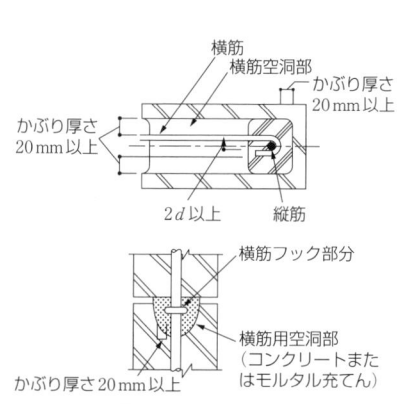

図2.11.3 かぶり厚さ

② 壁横筋は、壁端部縦筋に180°フックとし、かぎ掛けとする。ただし、直交壁がある場合は、直交壁に定着(40d)させるか、横筋の重ね継手(45d)とする。
③ 壁縦筋および壁横筋のピッチは、原則400mmとし、主筋(縦筋)には継手を設けてはならない。
④ まぐさは出入口・窓等の開口部の上部に設ける水平材で、まぐさ上部の荷重を受けるので鉄筋コンクリート造とし、配筋は特記による。
⑤ フェイスシェルの厚さの大きいほうを上に、1日の積上げは1.6m以下とする。
⑥ 充てんコンクリート等は2〜3段ごとで、作業終了時の充てん高さは、上端部より−50mm下げて止めておく。
⑦ 配管は電気配管のみ空洞部に通せるが、上下水道・ガス管等は埋め込めない。

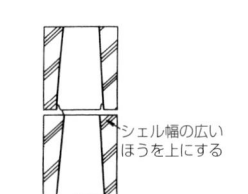

図2.11.4 フェイスシェル

3) 帳壁

帳壁は非耐力壁であるが、自重および壁体に直接かかる地震力や風力等に耐えるものでなければならない。組積の時期は通常、躯体完了後に施工する。

① 帳壁の規模は、主要支点間距離(縦・横とも)3.5m以下、主となる方向の持出し長さは1.6m以下、壁厚は120mmかつ、L1/25とする(L1:縦支点間距離)。
② 鉄筋の主筋は、原則としてブロック中心部に配筋し、構造体に定着する。
③ 主筋には、重ね継手は設けないこととしているが、主筋を上下階からの鉄筋と溶接長さ10d以上の片面アーク溶接または5d以上の両面アーク溶接とした場合には、継手を設けることができる。
④ 壁横筋は、壁端部縦筋に180°フックとし、かぎ掛けとする。ただし、直交壁がある場合は、直交壁に定着させるか、横筋の重ね継手とする。

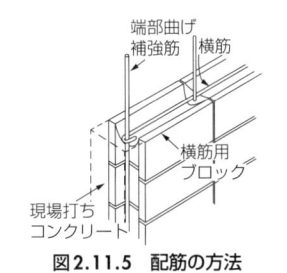

図2.11.5 配筋の方法

4) ブロック塀

ブロック塀は、工法が比較的簡単なため、管理が安易になりがちであるが、外部工事で直接風雨にさらされ、荷重の支持も地盤面の基礎によっていることから、かぶり厚さによる鉄筋の腐食、配筋不良、基礎構造不良等の原因による地震時の倒壊が非常に多いので、適切な設計と施工を心がける必要がある。

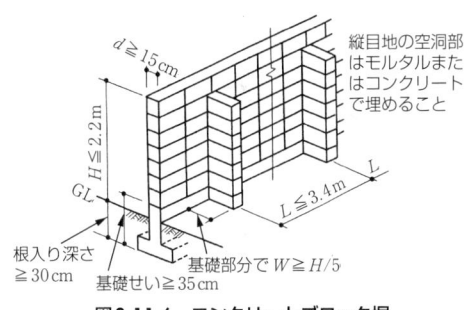

図2.11.6 コンクリートブロック塀

5) インターロッキング工事

一般的には、道路・歩道などの表面仕上げに用いる化粧平板ブロックを敷き並べる舗装工事である。

路床の上に路盤を敷き、転圧し、サンドクッションを所定の厚さに敷き均し、インターロッキングブロックを乾式工法で敷設する。ただし、急勾配の舗装および化粧枡ふたにインターロッキングブロックを敷設する場合は、空練りモルタルを使用する。

仕上がり面の平坦性は、歩行に支障となる段差がないものとし、インターロッキングブロック間の段差は3mm以内とする。

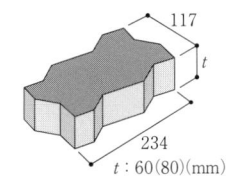

図2.11.7 インターロッキングブロック

(2) ALCパネル板工事

ALCパネルとは、珪石、セメント、生石灰、発泡剤のアルミ粉末を主原料とし、鉄筋を補強材として高温高圧中で蒸気養生して板状に成形した多孔質の軽量気泡コンクリート板 (autoclaved lightweight concrete)。製品はすべて工場生産による規格化されたプレキャストパネルである。

1) ALCパネル

規格寸法は、幅600mm（大幅900mm）、長さ1〜5m、厚さ100〜150mm（住宅用50mm）である。主な特徴は、

① 圧縮強度は、4〜5N/mm² 程度で小さい。
② 断熱性が高く、熱伝導率がコンクリートの約1/10で耐火性に優れる。
③ 比重は約0.5なので、コンクリートの約1/4程度で吸水性が大きい。
④ アルカリ性に乏しく、補強鉄筋は防錆処理が必要である。

2) パネルの施工

a. 加工（パネルの切断・溝掘り・孔あけ）

パネルには強度上有害な溝、孔、切欠きなどの加工を行わない。外壁・間仕切り壁でやむを得ず行う場合は、

- 溝掘りは、パネル1枚当たり1本、かつ幅30mm以下、深さ10mm以下。
- 孔あけは、パネル幅の1/6以下、屋根・床は直径φ50mm以下。

b. 開口部補強

窓・出入口などの開口部回りには、耐力上有効な開口部補強鋼材を設ける。パネルに取り付ける鋼製金物は、亜鉛メッキを行い、下地鋼材および開口部補強鋼材は、さび止め塗料を2回塗りとする。

c. 取付け

① 屋根・床敷込みは、表裏（鉄筋の位置）を確認し、主要支点間距離の1/75以上、かつ、40mm以上の掛かり代を確保し、通りよく敷き込む。パネルの長辺目地部には、取付け金物を介して所定の長さの目地鉄筋を挿入する。
② 屋根パネルなどを水平方向に持ち出す場合の寸法は、支持点からパネル厚さの3倍以下とする。
③ パラペットなど垂直方向に持ち出す場合は、支持点からパネル厚さの6倍以下とする。6倍を超える場合は、補強鋼材を設けて、下層とは別のパネルを取り付ける。

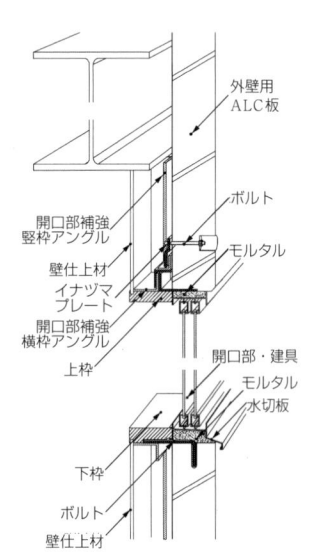

図2.11.8 開口部回り

3) 外壁パネル工法

縦壁ロッキング構法 地震などの構造躯体の層間変形角に対して、パネルが1枚ごとに微小回転して、層間変形角に追従するALCパネルの乾式の取付け構法。大地震動時における層間変形角が1/75程度の建物にも対応できる。

縦壁スライド構法 パネルの下部を固定、上部を面内方向に可動することにより、大地震動時における層間変形角が1/100程度の建物に対応できる乾式の取付け構法。

a. ロッキング構法

パネル内部に設置したアンカーに固定した取付け金物を、パネルが回転可能なピン支持となるように、定規アングルに溶接などで固定し、パネル重量をパネル下中央部に位置する自重受け金物により支持する構法である。躯体の層間変位に対しては、パネルが一枚一枚独立して回転することで追従を容易にする。層間変位追従性能は一番優れている。

b. スライド構法

パネル部は、パネル間の縦目地空洞部に配置した目地鉄筋を、定規アングルに固定した縦受けプレートなどの取付け金物に固定し、パネル上部は目地鉄筋をスライドはたプレートなどの取付け金物を介して定規アングルに取り付け、パネル上部が面内方向にスライドするように取り付ける構法である。

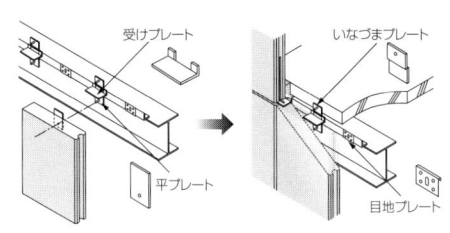

図2.11.9 縦壁ロッキング構法の取付け例（ALCパネル・外壁）

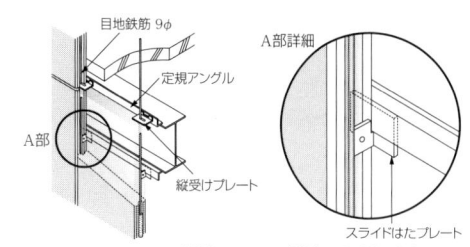

図2.11.10 縦壁スライド構法の取付け例（ALCパネル・外壁）

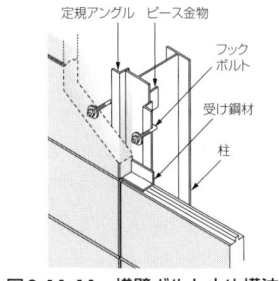

図2.11.11 横壁ボルト止め構法の取付け例（ALCパネル・外壁）

c. 横壁ボルト止め構法

パネル両端部において，フックボルトなどにより定規アングルなどの下地鋼材に取り付ける構法である。パネル自重は，3～5段ごとに定規アングルに取り付けた自重受け鋼材（アングル）で支持する。ボルト止め位置は，パネル幅の中央部付近，パネル短辺小口より50mm以上離し，パネル補強筋に当たらない位置に取り付ける。座掘り孔の深さは30mm程度とする。

d. パネル間の目地シーリング

①ロッキング構法は，隣接するパネル相互の挙動を吸収するための伸縮目地およびパネル相互にずれが生じる。パネル1枚ごとに伸縮調整目地が必要。

②ボルト止め構法の目地は，ワーキングジョイントであり，パネル目地の動きに追従できるように2面接着とする。

③スライド構法において，モルタルが充てんされるパネルの縦目地は，パネル相互が一体化しノンワーキングジョイントとなるので，3面接着とする。パネル5枚ごとに伸縮調整目地が必要。

e. 施工上の留意事項

①パネルは表面強度が低いので，アクリル系の低モジュラスのシール材を使用する。

②パネルは強度・剛性が小さいため，下地のモルタル塗りは厚塗りとしない。現場調合モルタルは，ALCパネル用に既調合されたモルタルを使用する。

③接着強度の大きい複層塗材RE・複層塗材RSは，付着破壊を起こすので使用しない。

(3) 押出成形セメント板工事

押出成形セメント板を外壁に用いる場合は，一般的に塗装などの仕上げが施される。間仕切り壁の場合は，塗装などのほか，押出成形セメント板を耐火壁として用い，仕上げに軽量鉄骨下地にボードを張って仕上げる場合もある。

1) 材料

押出成形セメント板は，セメント，けい酸質原料，繊維質原料および混和剤を混練りし，中空を有するパネル状に押出成形したものをオートクレーブ養生して製作したもの。

オートクレーブ養生 高温，高圧の蒸気釜の中で，常圧より高い圧力下で高温の水蒸気を用いて行う蒸気養生のこと。コンクリート工場製品は，規格化されたコンクリート製品を大量につくろうとするものであり，製品の早期出荷を可能にするための促進養生として使用されている。

パネルの形状には，表面を平滑にしたフラットパネル，表面にリブまたはエンボスを施したデザインパネル，表面にタイル張付け用アリ溝形状を施したタイルベースパネルの3種類がある。フラットパネルは，一般的に働き幅600mm，厚さ60mmのものが使用される。

2) 外壁パネル工法

①縦張り工法は，パネル四隅の取付け金物で支持部材に取り付け，躯体の層間

第2章 躯体工事

図2.11.12 押出成形セメント板

押出成形セメントパネル 無機質の材料を用いた中空構造のパネル。軽量かつ高強度で施工性が良く，タイル，塗装，素地など自由に仕上げを選ぶことができる。パネル自体は非構造部材であり，地震などのせん断力を負担させないように取り付ける。縦張りの場合はロッキング構法，横張りの場合はスライド構法を標準取付け構法とする。

変位に対し，ロッキング構法により地震時の揺れに対して追従させる。パネル各段ごとに，荷重受け部材および伸縮調整目地が必要である。

②横張り工法は，パネル四隅の取付け金物で支持部材に取り付け，躯体の層間変位に対し，スライドすることにより地震時の揺れに対して追従させる。パネル3段以下ごとに荷重受けが必要である。

③パネル相互の目地幅は，縦張り工法で長辺が8mm以上，短辺が15mm以上，横張り工法で8mmまたは10mm，短辺が15mmを標準とする。

④パネル短辺の小口面に表裏が記載されているので，パネル表裏を確認し，通りよく建て込む。

⑤パネルの取付け金物（Zグリップ）は，取付けボルトが取付け金物のルーズホールの中心に位置するように取り付ける。また，下地鋼材に30mm以上の掛かり代を確保して取り付ける。

⑥縦張り工法のパネルは，各段ごとに構造体に固定した下地鋼材で受ける。横張り工法のパネルは，積上げ枚数3枚以下ごとに，構造体に固定した自重受け金物で受ける。

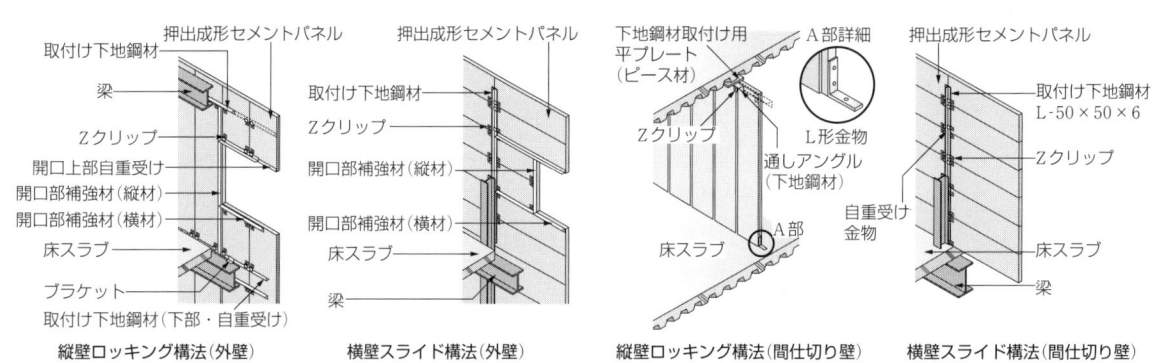

図2.11.13 外壁パネル工法

縦壁ロッキング構法（外壁）／横壁スライド構法（外壁）／縦壁ロッキング構法（間仕切り壁）／横壁スライド構法（間仕切り壁）

演習問題（コンクリートブロック・ALCパネル板工事）◆下記の文で正しいものには○，誤っているものには×をつけなさい。

1. 補強コンクリートブロックの壁縦筋および壁横筋のピッチは，原則800mmとし，主筋（縦筋）には継手を設けてはならない。□

2. 充てんコンクリート等は5段ごとで，作業途中で終了する場合の充てん高さは，上端部より－50mm下げて止めておく。□

3. 帳壁の主筋は，原則としてブロック中心部に配筋し，構造体に定着させる。□

4. ALCパネルは，圧縮強度は4～5N/mm²程度で小さいが，断熱性が高く，耐火性に優れている。□

5. ALCパネルの屋根庇の持出し寸法は，パネル厚さの5倍以下とする。□

6. ALCパネルのロッキング構法は，パネル1枚ごとに独立して回転するので，スライド構法より層間変位追従性能性は劣る。□

7. 押出し成形セメント板パネルには表裏があるので，取付けには表裏を確認する。□

2.12 施工機械器具

(1) 土工事用機械

表2.12.1　施工機械器具

分類		機械名	用途
掘削用機械 根切りの規模・土質・敷地内外の状況などの条件と，機械能力に見合った機種と台数を選定する。		①パワーショベル	地盤面より高い位置(3m程度)の掘削用に使用
		②バックホー	地盤面より低い位置(3～6m程度)の掘削用に使用
		③クラムシェル	掘削深度の大きい地下部分の垂直下方の根切り用に使用
		④ドラグライン	浅くて広い面積を遠方から手前に土砂をかき寄せて掘削
		⑤ブルドーザー	掘削された土砂の集積やすき取り，整地用に使用
		⑥アングルドーザー	斜面掘削や路盤の片切り・盛こぼし作業や整地用に使用
		⑦スクレーパー	土の掘削や集積・運搬・敷き均しなど造成地で使用
		⑧トラクターショベル	掘削・運搬・積込み用で，クローラー式とタイヤ式がある
		⑨パイルドライバー	杭打ち用のやぐら
転圧・締固め用機械		⑩転圧式	ロードローラー，タイヤローラー
		⑪衝撃式	タンピングランマー，バイブロランマー
		⑫振動式	ソイルコンパクター，バイブレーションローラー
運搬用機械		⑬ダンプトラック	根切りの土砂や骨材等の運搬用で，荷台が昇降する機能付き
		⑭ベルトコンベアー	溝状の硬質ゴムのベルトで，土砂などの斜め横移動運搬用

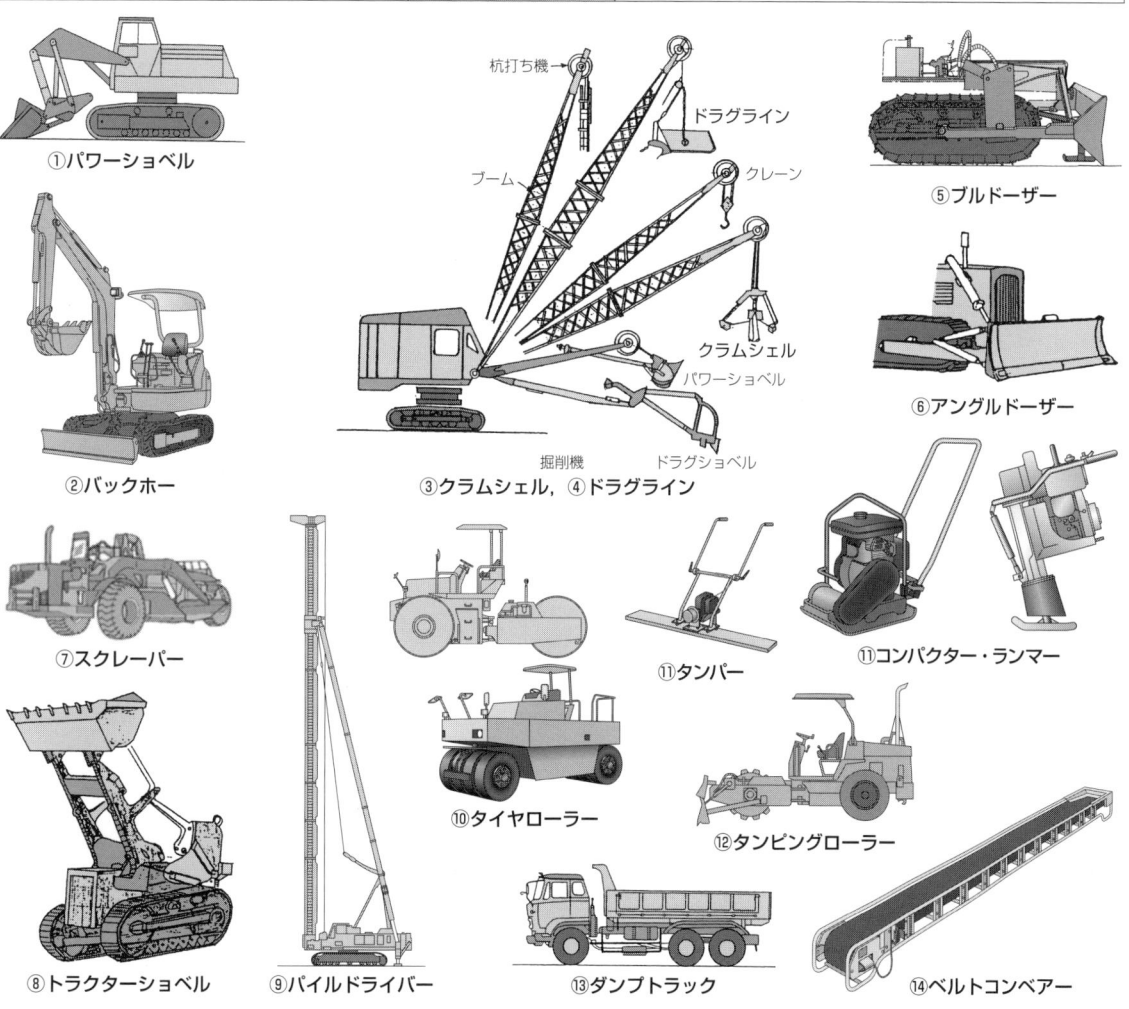

①パワーショベル
②バックホー
③クラムシェル，④ドラグライン
⑤ブルドーザー
⑥アングルドーザー
⑦スクレーパー
⑪タンパー
⑪コンパクター・ランマー
⑧トラクターショベル
⑨パイルドライバー
⑩タイヤローラー
⑫タンピングローラー
⑬ダンプトラック
⑭ベルトコンベアー

第2章 躯体工事

(2)各種工事用機械

表2.12.2 工事用機械類

杭打ち工事用機械	①アースオーガー	場所打ち杭に用い，シャフトで吊り，刃先を回転して掘削。
	②バイブロハンマー	上下振動で杭の打ち抜き，矢板など地中に貫入させる。
	アースドリル	場所打ち杭の孔掘り用で，回転式バケットで土砂を排出。
鉄筋工事用機械	シャーカッター	鉄筋切断用機械で，大形の加工場や小型の現場用がある。
	バーベンダー	電動の鉄筋の折曲げ機械と手動の折曲げ用がある。
コンクリート工事用機械・工具	③バッチャープラント	コンクリート製造プラントの設備機械類全般をいう。
	ディスペンサー	コンクリートの空気量測定器
	④コンクリート運搬車	トラックミキサー
		アジテーターミキサー
	⑤コンクリートポンプ（配管車・ブーム車）	ピストン式：排出圧力が高く，広範囲の調合にも対応する。
		スクイーズ式：フレキシブルホースが劣化し交換が起きる。
	シュート	コンクリート打設に直接流し込むための樋型の用具
	⑥バイブレーター	流し込まれたコンクリートを振動で締め固める機械
	シュミットハンマー	(リバウンドハンマー)反発度で強度を測定する。
鉄骨工事用機械	切断・加工用	アングルカッター，シャーカッター，自動ガス切断機
	孔あけ加工用	電気ドリル，エアードリル，ラジアルドリル，ガーター型
	溶接用機械	アーク溶接，半自動，全自動，スタッド溶接
	⑦その他	インパクトレンチ，トルクレンチ，リーマー

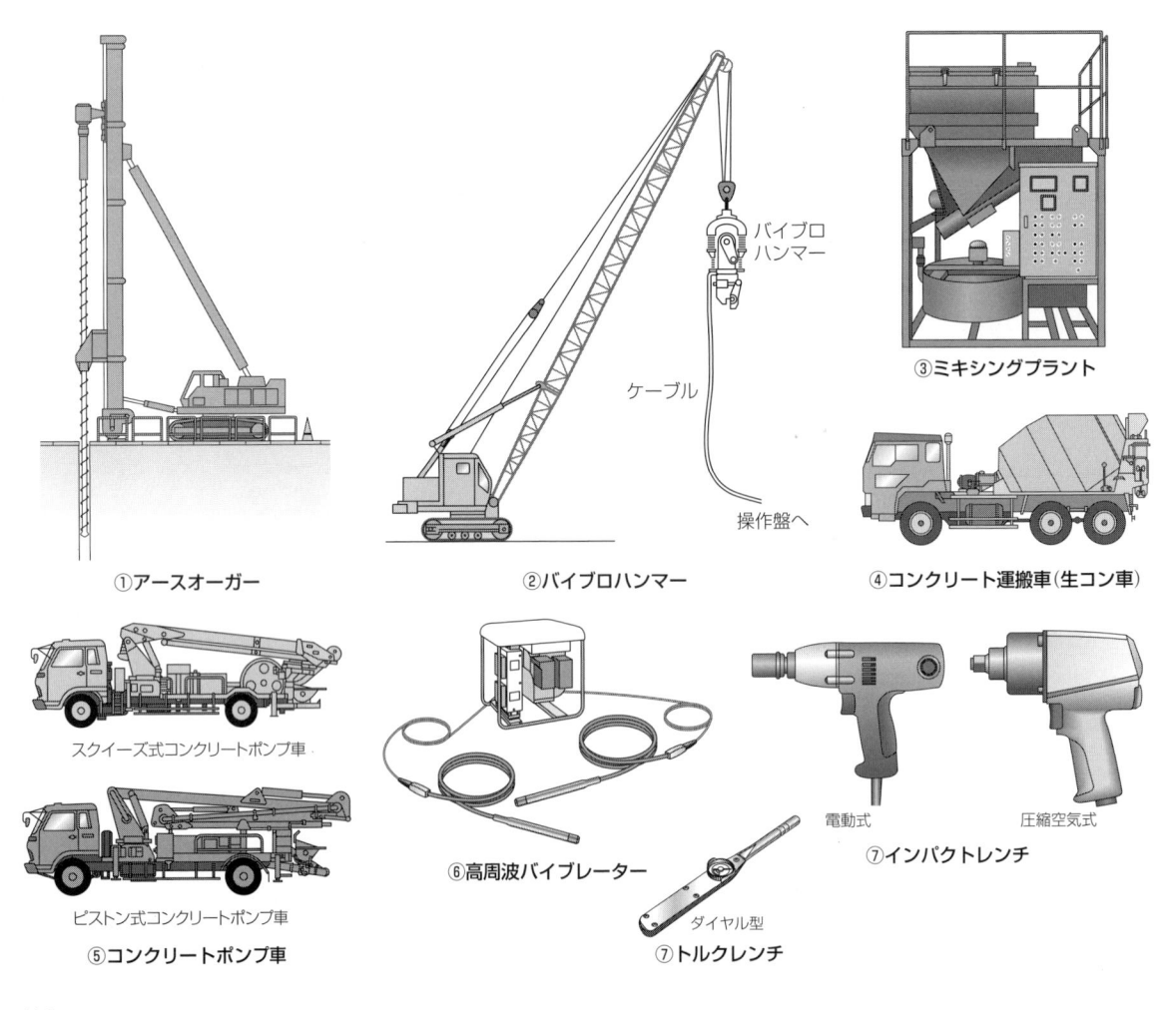

①アースオーガー

②バイブロハンマー

③ミキシングプラント

④コンクリート運搬車(生コン車)

スクイーズ式コンクリートポンプ車

ピストン式コンクリートポンプ車

⑤コンクリートポンプ車

⑥高周波バイブレーター

⑦トルクレンチ（ダイヤル型）

⑦インパクトレンチ（電動式／圧縮空気式）

(3) 揚重・運搬用機械

材料の揚重・運搬の適否は、施工効率、工程、安全性、コストを含めた工事全体の成否を左右する重要な作業である。機械の特徴や能力を把握して、最適な機種を選定することが大切である。

表2.12.3 揚重用機械・運搬用機械類

クレーン	タワークレーン (定置型・走行型)	起伏式 上下方向に傾斜	マストクライミング方式、タワーの高さの変更には、マスト部分を継ぎ足して、これに沿って旋回部分を上昇させる。
			フロアクライミング方式、クレーン本体を鉄骨などにいったん預けて、ベースもろとも上階に引き上げ上昇させる。
		水平式	マストクライミング方式 / フロアクライミング方式 — タワー上部のブームが水平旋回する。
	①ジブクレーン	定置型	建物屋上階に設置、小規模の揚重用やタワークレーン解体用。
		走行型	屋上でレール上を走行させ、広範囲の作業が可能である。
	天井クレーン		鉄骨工場で部材などの水平・横行移動などに使用する。
	門型クレーン		主に屋外に設置し、鉄骨部材やPC部材などの運搬・集積などに使用する。
移動式クレーン	②トラッククレーン	機械式 / 油圧式	トラックにクレーンを搭載したもので、公道を走行できる。機動力があり、単発の揚重作業に適す、アウトリガーセット式。
	③ラフテレークレーン	機械式 / 油圧式	4輪操舵方式で小回りがきき、不整地での機動性が高い。公道走行可能、走行用とクレーン用の運転席が兼用、狭い場所に適す。
	④クローラークレーン	起伏式 / タワー式	走行装置がキャタピラ型で、接地圧が小さく、不整地での移動性に優れ、ブームのふところが大きい。公道走行は不可。
エレベーター類	⑤建設用リフト	1本溝 / 2本溝	資機材や廃材の垂直方向の運搬に用いる。各階に荷取りステージと開閉式ゲートが必要である、人が乗って昇降できない。
	⑥人荷エレベーター	1本溝 / 2本溝	建設リフト用と作業員の昇降用にも使用できる、2本溝はロングスパンエレベーターと呼び、荷台の中央部に資機材を、両端の上部が囲われた部分に人が乗れる。
ウィンチ類	⑦ウィンチ	電動式 / クラッチ	通常は電動式が用いられるが、資材の垂直運搬や運搬用台車などの牽引に使用される。金車・シャックル・ワイヤーロープなどと併用して用いられる。
	⑧ホイスト	ホイスト	横行(トロリー)装置と組み合わせ、H形鋼に懸垂させて使用する。

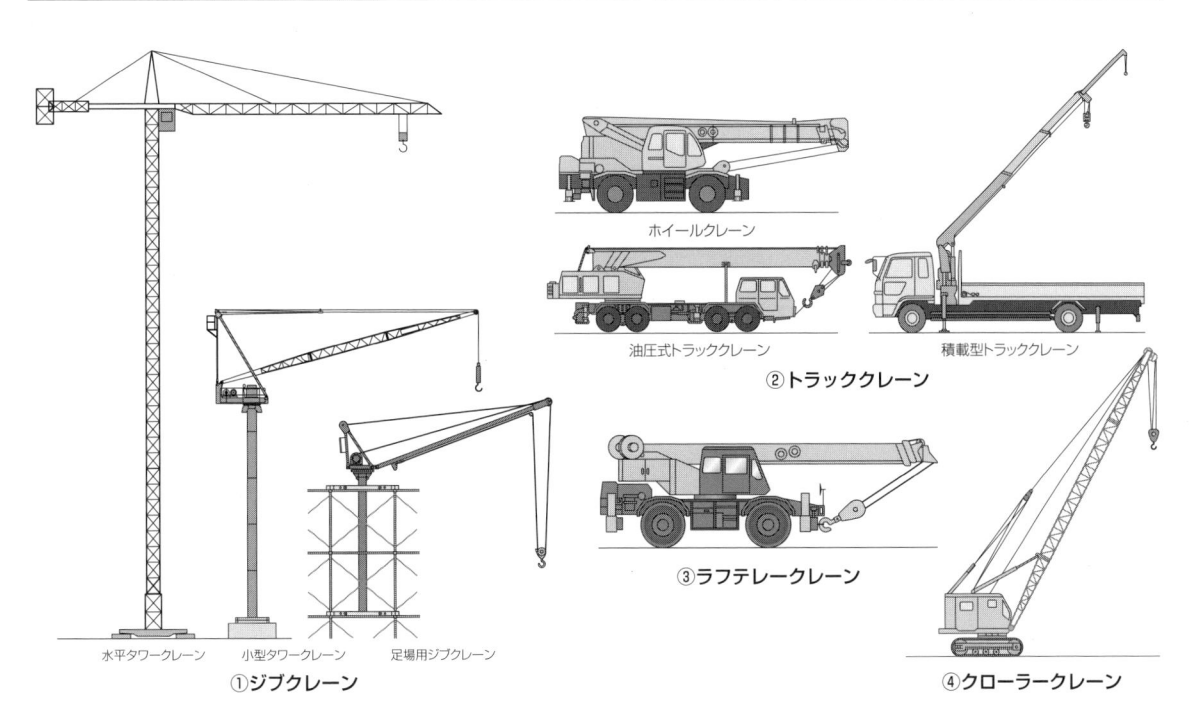

水平タワークレーン　小型タワークレーン　足場用ジブクレーン
①ジブクレーン

ホイールクレーン
油圧式トラッククレーン　積載型トラッククレーン
②トラッククレーン

③ラフテレークレーン

④クローラークレーン

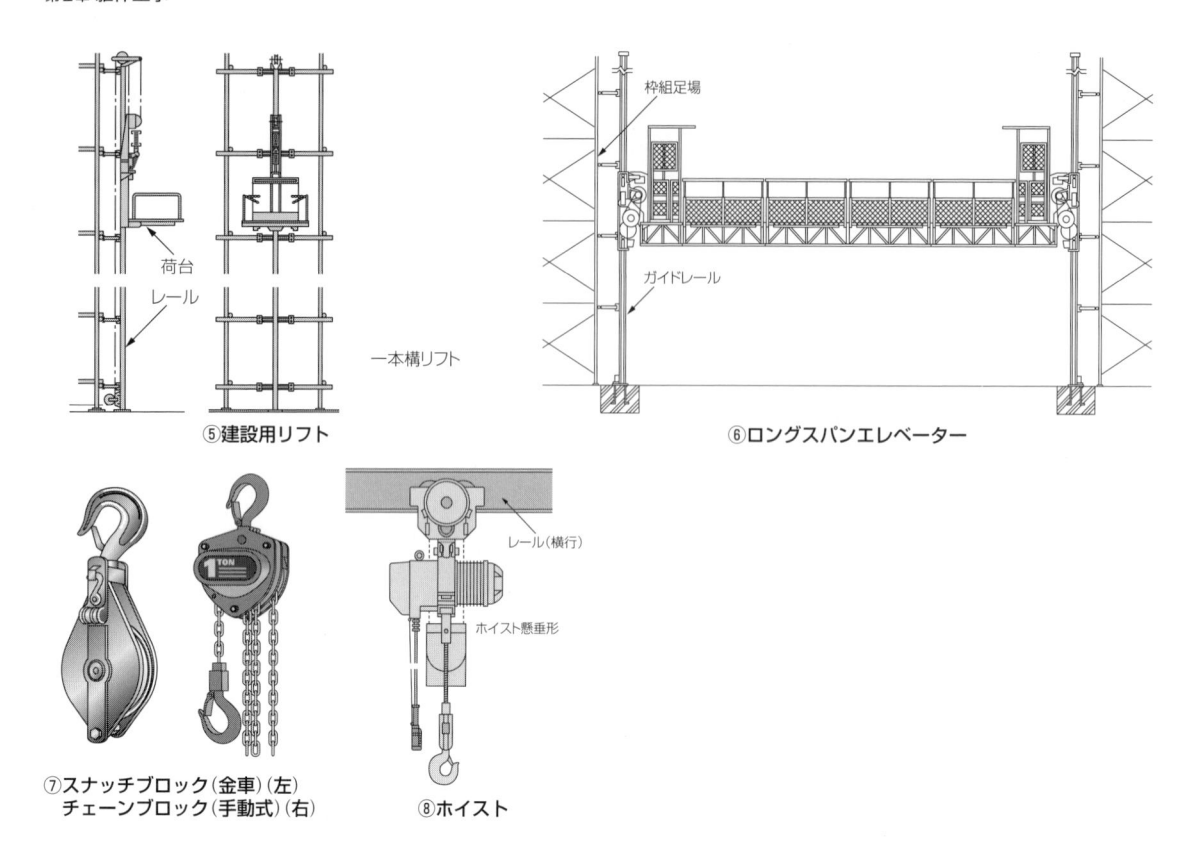

⑤建設用リフト　荷台／レール／一本構リフト

⑥ロングスパンエレベーター　枠組足場／ガイドレール

⑦スナッチブロック(金車)(左)　チェーンブロック(手動式)(右)

⑧ホイスト　レール(横行)／ホイスト懸垂形

演習問題（施工機械器具）◆ 下記の文で正しいものには○，誤っているものには×をつけなさい。

1. バックホーは掘削機械で，機体位置より低地の土砂を手前に引き寄せて掘削する。固い地盤の掘削・溝掘り・水中の掘削も可能で，広く用いられている。

2. クラムシェルは，ブーム先端にクラムシェルバケットを吊り，機体下の土砂をつかみ上げる。固い地盤の掘削も可能で，地下工事の根切りに適する。

3. クローラークレーンは，キャタピラーにクレーンを搭載したもの。トラッククレーンに比べ接地圧が大きく，安定性に優れるが，機動性に欠ける。

4. バイブロハンマーは，キャタピラーにクレーンを搭載し，上下方向の振動による杭打ち，鋼矢板などの打込みや引抜きなどを行う。

5. リバウンドハンマー（シュミットハンマー）は，コンクリート打設後のコンクリート強度を計る破壊検査機器である。

第3章 仕上げ工事

3.1 防水工事

　建築物で防水を必要とする部位は，屋根，ひさし，ベランダ，外壁および室内の水回り等である。防水工事の工法としては，不透水性被膜を形成して防水するメンブレン防水と，各種の部材間の接合部や目地部分に施工する線防水（シーリング防水）がある。

　防水工事は，施工する職人の技能に大きく左右される工事であり，防水機能の良否に影響する。また，施工前の下地処理の施工不良が，漏水など重大な欠陥につながるので十分な管理が必要である。

(1) 防水工事の種類

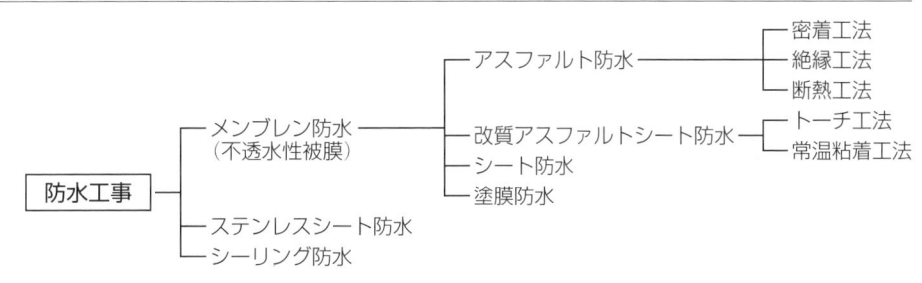

図3.1.1　防水工事の種類

(2) 防水工事の管理

1) 下地の状態　　a. 下地コンクリート面

①平滑で凹凸がないようにする。

②鉄筋や番線などの突起物，粗骨材，モルタルのこぼれなど，防水層を破壊する原因となるので完全に除去する。

b. 下地の乾燥状態

①高周波水分計による下地の測定で，含水率8％程度以下とする。

②コンクリート打込み後の経過日数や目視による状況を確認する。

c. 下地の形状

①勾配

・現場打ちコンクリートブロック類：1/50～1/100

・保護仕上げなし，または塗膜：1/20～1/50

②出隅と入隅の下地形状・面取りの有無

・アスファルト防水の出隅は30mm面取り，入隅は平面70mm，立上り30mmの三角形とする。

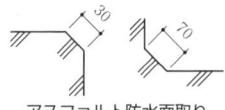

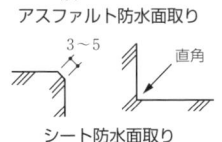

図3.1.2　下地の面取り形状

第3章 仕上げ工事

・シート防水と塗膜防水は，出隅3～5mm面取り，入隅は直角とする。
③露出防水の入隅は，モルタルの面取りに代えて成形キャント材を用いることができる。

2）防水材料の管理

アスファルトプライマー アスファルトを揮発性の溶剤を用いて液体とした液状材料。アスファルト防水を施す下地に塗布し，浸透させて防水層の付着を良くする。

a. 材料の保管と取扱い

①アスファルトプライマーやゴムアスファルト系シール材は，可燃性で低沸点の溶剤を使用しているので，引火しやすく爆発の危険性がある。また，溶剤により健康を害する場合があり，換気をするなど作業環境に配慮する。
②アスファルトを屋外に保管する場合は，雨露にあたらないように，また袋入りアスファルトを積み重ねるときは，10袋を超えて積まないようにする。

b. 防水施工時の気象条件（施工を中止する場合）

①気温が著しく低い場合，降雨雪などのおそれのある場合，強風の場合。
②施工中，降雨雪のおそれが生じた場合は，一時張付けを中止し，施工した防水層について必要な養生を行う。

（3）メンブレン防水工事

1）アスファルト防水

アスファルトルーフィング 主として天然の有機繊維（古紙，木質パルプ，毛くずなど）を原料としたフェルト状のルーフィング原紙にアスファルトを含浸，被覆し，その表裏面に粘着を防止するための鉱物質粉末を散着したシート状材料。

アスファルト防水は積層式熱工法で，アスファルトとルーフィング類を交互に数層重ねて密着し防水層を構成するもので，通常，6～10mm程度の厚さに仕上げる。

ルーフィングの組合せと層数を変えることで，要求レベルに応じた防水性能をもたせることが可能，建物の種類と部位，耐用年数に対応して適切な防水層を選択できる。アスファルト防水は，下地と防水層の接着方法の違いで，密着工法と絶縁工法がある。

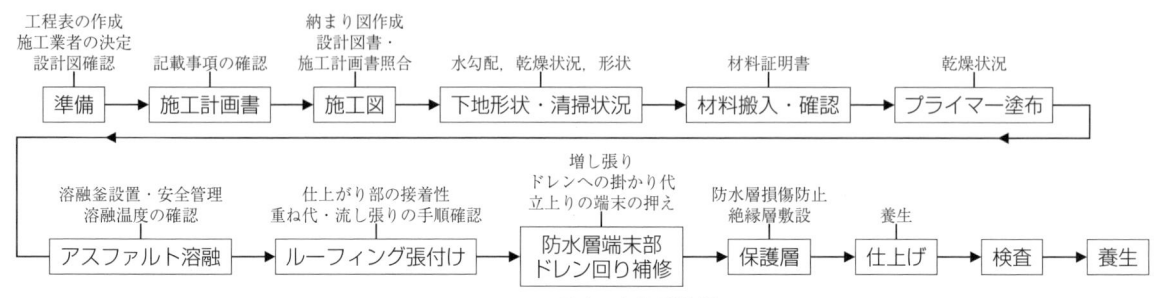

図3.1.3　アスファルト防水工事（保護仕様）のフロー

準備 → 施工計画書 → 施工図 → 下地形状・清掃状況 → 材料搬入・確認 → プライマー塗布 → アスファルト溶融 → ルーフィング張付け → 防水層端末部ドレン回り補修 → 保護層 → 仕上げ → 検査 → 養生

a. 密着工法

下地と防水層を全面に接着する工法で，施工上の留意事項は下記のとおりである。

①下地に塗布するアスファルトプライマーの使用量は，0.2kg/m²，溶融アスファルトは1.0kg/m²とする。
②平場は流し張り，立上りは巻上げ張りとする。
③ルーフィングの重ね代は，幅・長さ方向とも100mm程度とする。

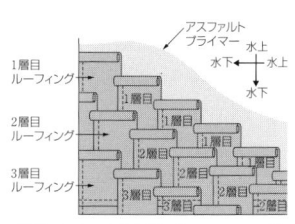

図3.1.4　水勾配とルーフィング類の張付け

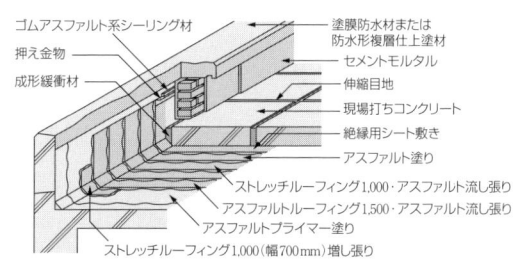

図3.1.5　アスファルト防水の納まり

3.1 防水工事

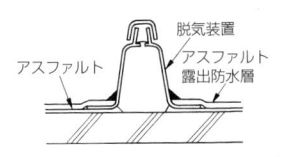

図3.1.6 脱気装置の納まり例

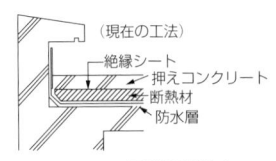

図3.1.7 保護断熱防水

砂付きルーフィング 原紙にアスファルトを浸透，被覆し，片面に1mm前後の鉱物質の粒子を付着させたルーフィング。人の歩行しない屋根などのアスファルト防水において，防水層の最終仕上層として用いられる。JIS A 6005。

アスファルトの品質2種（度）

軟化点	90以上
針入度	20以上40以下
針入度指数	4.0以上
引火点	270以上
フラース脆化点	-10以下

b. 絶縁工法

下地の不連続部分の動きにより，防水層の破断や下地水分の変化・膨張による防水層のふくれなどが予測される場合に選定し，動きが生じる接合部分に絶縁テープや穴あきルーフィングなどを敷き，他の部分のみ密着させる工法で，下地のひび割れや継目の動きによって生ずる防水層の破断を防ぐことができる。絶縁だけで対処できない場合には，脱気装置を併用して，外気に拡散させる方法を取ることが標準とされている。

c. 屋根保護断熱防水

防水層の上に吸水性の特に小さい断熱材を設け，絶縁用シートを敷き，保護コンクリートを設けるものである。また，直射日光や外気温の高低による影響から防水層を保護する効果もある。

d. 露出防水

最上層に耐久性のある砂付きストレッチルーフィングを用いるものであるが，一般の歩行には適さない。防水層の保護や美観の目的で，砂付きストレッチルーフィングの上にシルバー系着色塗料を塗布することになっている。

表3.1.1　アスファルトの性状に関する用語

用　語	内　　容
軟化点	アスファルトの軟化する温度を表し，防水層の高温時を示すもので，下限の値が規定されている。
針入度	常温におけるアスファルトの硬さを表す。規定の方法で針をアスファルト表面に押し込み，アスファルトの中に貫入した長さで表す。
針入度指数	アスファルトの高温時における軟化，低温時における脆化などの起こる度合い，いわゆる感温性を表す。数値が大きいほど，アスファルトの性能が良い。
フラース脆化点	アスファルトの低温時の機械的特性（可とう性）を表す。アスファルトは低温になると硬くなってもろくなる。これを「脆化」といい，脆化が始まる温度のこと。この値が低いほど，低温に対する特性が良い。

2) 改質アスファルトシート防水

改質アスファルトシート防水工法は，改質アスファルトシートにトーチバーナーを用いて施工するトーチ工法と，粘着層付き改質アスファルトシートを用いる常温粘着工法がある。

a. トーチ工法

トーチバーナーを用いることにより，改質アスファルトシート相互の接合部および改質アスファルトシートどうしが，溶融一体化することが特徴である。

b. 常温粘着工法

裏面に粘着層を施した粘着層付き改質アスファルトシートを，裏面のはく離紙等をはがしながら下地に接着させる工法である。

下地のひび割れや挙動に対して追従性があり，耐候性も良く，露出防水に適し，アスファルト防水とちがい火を使用しない。施工も簡単で工期は短い。

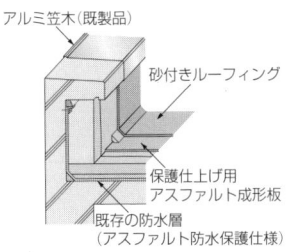

図3.1.8　トーチ工法

3) 合成高分子系シート防水

a. 加硫ゴム系全面接着工法

厚さ1〜2mmのルーフィングシートを用い，伸びが大きく，弾性があり，よく追従し，相互の接合は接着剤で行い，繰り返し疲労にも抵抗力を有する。

b. 非加硫ゴム系全面接着工法

厚さ1.5〜2mmのルーフィングシートを用い，柔軟で下地になじみやすく，

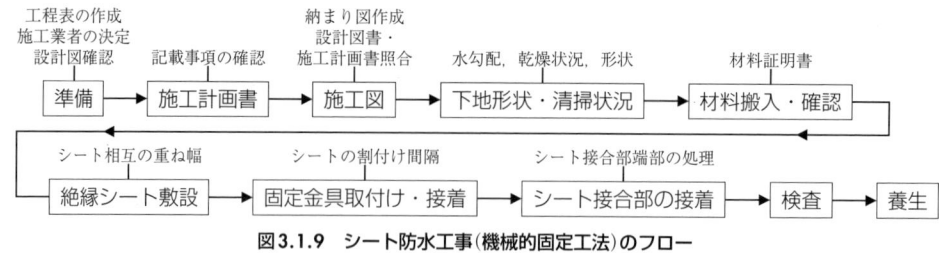

図3.1.9 シート防水工事(機械的固定工法)のフロー

シート相互の接着性および仕上げ塗料の密着性が良好である。

c. 塩化ビニール樹脂系全面接着工法

ルーフィングシートは厚さ1.2～2.5mmで、歩行用は2mm以上、保護材不要で軽歩行もできる。相互の接合には、熱風または溶着剤を用いる。

d. 塩化ビニール樹脂系機械的固定工法

機械的固定工法のルーフィングシートは、非歩行屋根に使用し、均質シート・繊維等で補強された複合シートを用いる。接合は上記c.と同様である。

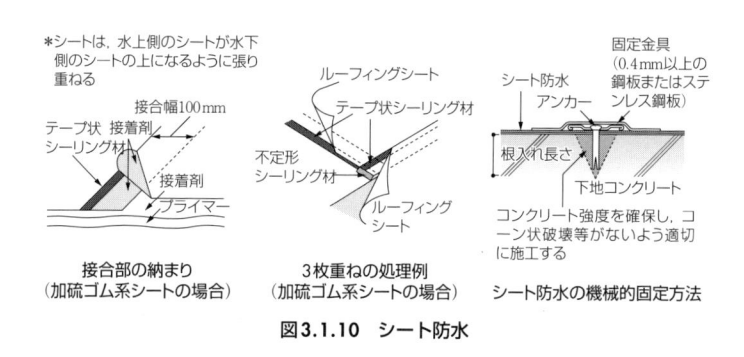

図3.1.10 シート防水

4) 塗膜防水　　防水層に屋根用塗膜防水材を塗り重ねて、連続的な膜を構成するメンブレン防水であり、主にウレタンゴム系とゴムアスファルト系がある。

ウレタンゴム系塗膜防水材は、屋根・ひさし・開放廊下・バルコニーに、ゴムアスファルト系塗膜防水材は、地下外壁・屋内に使用される場合が多い。

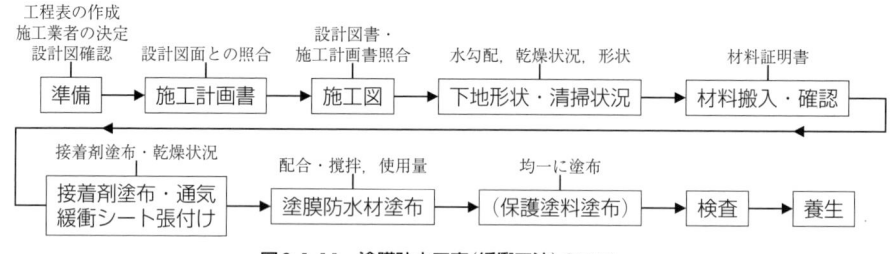

図3.1.11 塗膜防水工事(緩衝工法)のフロー

5) FRP塗膜防水　　液状の軟質不飽和ポリエステル樹脂に、ガラスマットや不織布などの補強材を組み込み、下地に塗布・硬化させることで積層強化された被覆防水層を形成する。住宅等のベランダなどに用いる簡便な工法である。

6) ステンレスシート防水　　防水は、0.4mm厚のステンレス鋼板を自走式シーム溶接機で溶接し、一体化したものを防水層として、この鋼板を吊り子で下地に固定する工法である。

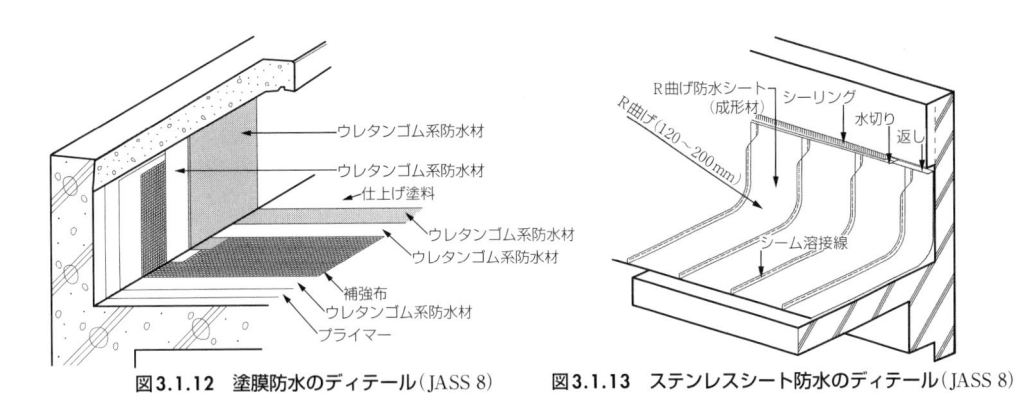

図3.1.12 塗膜防水のディテール(JASS 8)　　図3.1.13 ステンレスシート防水のディテール(JASS 8)

(4) シーリング防水工事

外壁コンクリート部分の打継ぎ目地，ひび割れ誘発目地，伸縮調整目地，化粧目地やタイル・石など各部材の接合部，カーテンウォール，サッシ枠回り，ガラス留めにシーリング材を充てんする防水工事である。シーリング材の充てんには，ムーブメントの大きさでワーキングジョイントとノンワーキングジョイントに大別される。

1) シーリング材の種類

〈被着体の組合せと種類〉

①シリコーン系：金属(方立て目地)，ガラス回り
②変成シリコーン系：金属，コンクリート，ALC，押出セメント板，PC板
③ポリサルファイド系：石，タイル，コンクリート，アルミ建具(工場)
④ポリウレタン系：ALC/コンクリート，押出セメント板

表3.1.2 シーリング材の特徴

シーリングの種類		記号	主な特徴と注意事項	
シリコーン系	1成分形	SR-1	ガラス耐光接着性が良く，ガラス回りに使用できる。雨掛かり外部に使用すると，目地周辺を汚染する。	他基材を打ち継ぐことが難しい。
	2成分形	SR-2		動的追従性，耐候性にきわめて優れ，動きの大きい目地に使用できる。他基材を打ち継ぐことが難しい。
変成シリコーン系	1成分形	MS-1	ガラス耐光接着性が劣るため，ガラス回りでは使用しない。	復元性が乏しいので動きの大きい目地には不適。
	2成分形	MS-2		動的追従性，耐候性に優れ，動きの大きい目地に使用できる。
ポリサルファイド系	2成分形	PS-2	石材等の多孔質で汚染を生じにくい。動的追従性でやや劣るため，動きの大きい目地では使用を控えること。ガラス回りでの使用は可能であるが，耐光接着性はSR-2より劣る。	
ポリウレタン系	1成分形	PU-1	表面耐候性が劣るため，表面の塗装が必要。	動きの大きい目地では使用を控えること。少量の部位(だめ工事や部分補修等)に使用する。
	2成分形	PU-2		動きの大きい目地では使用を控えること。

表面耐候性：屋外においてシーリング材表面の日光・雨雪などの自然条件を受けて，時間経過にともなって生じる材料の物理的・化学的変化に対する抵抗の程度のこと。
ガラス耐光接着性：ガラス面を透過する太陽光(紫外線)に耐える接着性の程度のこと。
2成分形ポリイソブチレン系シーリング材：非汎用品。耐汚染性・変退色性に優れているが，接着性はプライマーに依存する傾向が大きい。仕上材(被着体，塗装性)との相性や他シーリング材との打継ぎ可否等を含め，事前に確認・検討を行うこと。

2) シーリング防水の用語

①不定形シーリング材：ペースト状の材料を目地に充てんして，硬化・接着させるもの。1成分形シーリング材と2成分形シーリングがある。1成分形はカートリッジやチューブ容器で供給されるが，2成分形は，施工直前に主成分となる基材と硬化剤を調合し，練り混ぜて使用するシーリング材である。
②定形シーリング材：ガスケットやひも状に成形したものを，目地やすき間にはめ込むもの。

③2面接着：目地の裏面には接着させないで，両側面のみ接着するコーキング。ムーブメントの大きいワーキングジョイントに用いて収縮に強くなる工法。

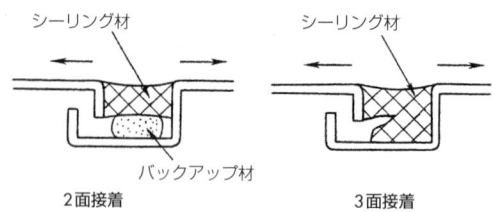

④3面接着：目地の裏面と両側面にコーキングを接着させる工法で，亀裂誘発目地や打継ぎ目地など，動きが少ない目地の部分に使用する工法。

図3.1.14　2面接着と3面接着

⑤ムーブメント：地震や風圧・温度変化などによって，部材接合部の目地に生ずる挙動またはその量。

⑥ワーキングジョイント：カーテンウォールの目地など，ジョイントムーブメント（目地の動き）が比較的大きい目地のこと。

⑦ノンワーキングジョイント：コンクリートの打継ぎ目地など，動きが少ないジョイントのこと。

⑧オープンタイム：接着剤を被着材料に塗ってから，所定の性能が出るまで放置し接着するまでの時間。

⑨タックフリー：シーリング材の硬化時間のことで，充てんしたシーリング材に手で触れても付着しなくなるまでの時間をいう。

3) シーリング防水の一般的な工程

①被着体（目地）の清掃 → ②バックアップ材を入れる → ③マスキングテープ張り → ④プライマーを塗布 → ⑤シーリング材を充てん → ⑥ヘラで仕上げる → ⑦マスキングテープを直ちに除去する → ⑧目地周辺を清掃する

近年のシーリング材は，⑦の直ちに除去が2時間程度後でもよくなった。

4) シーリング防水の施工環境

①降雨・降雪・強風時には，施工しない。

②気温15～25℃，湿度80％未満が適当である。被着体が5℃を下回ったり，50℃以上になるときは，施工を見合わせる。

演習問題（防水工事） ◆ 下記の文で正しいものには○，誤っているものには×をつけなさい。

1. アスファルト防水工事の屋根露出防水絶縁工法において，一般平場部の最下層には，アスファルトプライマー塗りの後にストレッチルーフィングを全面にわたって張り付けた。 ☐

2. シート防水工事において，防水層の下地の入隅については直角とし，出隅のついては，30度の面取りとした。 ☐

3. ウレタンゴム系塗膜防水工事において，補強布の重ね幅については50mmとし，防水材の塗り継ぎの重ね幅については100mmとした。 ☐

4. シーリング工事において，鉄筋コンクリート造の外壁の建具枠回りについては，目地底にボンドブレーカーを用いずに，シーリング材を充てんする3面接着とした。 ☐

3.2 石工事

(1) 石工事の要点

　　石材は，天然素材の建築材料として，建物の内外装に用いられている。硬質で比重は重く，加工・運搬・取付けに多くの手間を要する。高価な材料であり，耐久性に優れ，美観もよく高級な建物に多く使用されている。使用目的と性能に合った使用の検討が重要である。

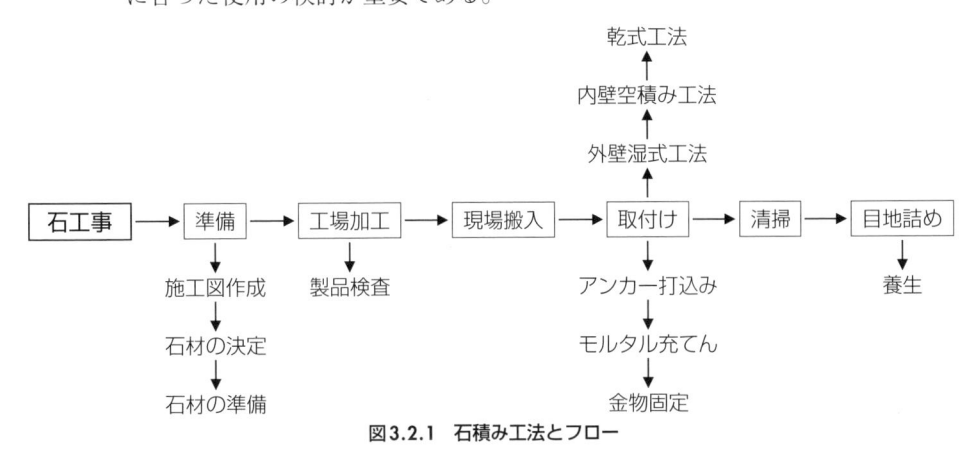

図3.2.1　石積み工法とフロー

(2) 石材の種類と特徴

表3.2.1　石の種類と特徴

分類		岩石名	特　徴	用　途
天然石	火成岩類	花こう岩（御影石）	御影石ともいう。圧縮強度は大きいが，火熱には弱く，約550℃以上で爆裂する。内外壁・床に用いる。桜色・さび色・灰色などがある。	外装用張り石，柱，彫刻や階段石など。稲田，万成，浮金ほか。
		安山岩	鉄平石は有名。強度や耐火性は高いが，美的ではなく装飾に用いることは少ない。敷石・門・塀などに用いる。	外装用張り石，床舗装材に適する。鉄平石，新小松石，白河石，月出石，間知石。
	変成岩類	大理石	石灰石の一種。内外装に用いるが，酸に対して弱いので，外装にはなるべく避ける。白を基調にさまざまな模様のものがある。	内部塗装用，張り石や床舗装など。白大理石，霰，縞サラサ，トラバーチン，オニックス，淡雪ほか。
		蛇紋岩	黒と青あるいは緑が混じった色調。耐久性・耐火性・耐酸性が低い。	貴蛇紋，蛇紋，青葉。
	水成岩類	凝灰岩	大谷石は有名。火山灰の凝固したもの。軽量であるが強度が小さく風化しやすい。内装用にはタイル状にして張り付け，また門・塀などに用いる。	大谷石，院内石，沢田石，鹿沼石，建築用材として多用。
		砂岩	砂が凝固したもの。耐火性は高いが，耐摩耗性は低い。	多胡石，日の出石，高島石。建築用石材として多用。
		粘板岩	天然スレート。粘土が堆積してできたもの。生産量が少なく，あまり用いられていない。タイル状にして，屋根材や外壁材として下地に張り付けて用いる。	雄勝スレート，赤間石。屋根瓦・石碑・硯石など。
人造石		テラゾー	大理石の砕石をセメントで固め磨き上げたもの。ブロックやタイルにして石と同様に用いる。原石よりもやや強度は小さい。	テラゾーブロックでは，平物，甲板，大スクリーン，階段ボーダーほか。大理石に準じて内装用，床舗装用など。
		擬石	花こう岩や安山岩の砕石をセメントで固めたもの。粗面仕上げが多い。	自然石と同じく，内・外装用の壁面や床舗装用など。

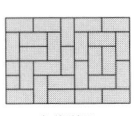

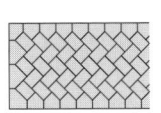

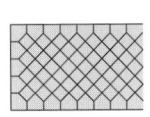

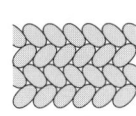

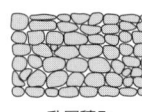

図3.2.2　主な石積みの種類

布積み　文化積み　谷積み　落し積み　長手積み　矢羽積み　乱層積み

(3) 石材の加工・表面仕上げ

びしゃん 石材の表面をたたいて平滑に仕上げるためのハンマー。20cm前後の柄に15cm程度の槌が付き、3.6cm四方の槌の端面には碁盤の目状の突起がある。

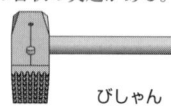

カーボランダム 炭化けい素の商標名。電気炉でつくられる黒っぽい結晶で、硬く高温に耐えることから、おもに研磨剤として用いられるほか、他の材料と混合して、耐火材料として使用する場合もある。

バフ仕上げ 金属表面を磨き光沢のある仕上げとする加工法で、「鏡面仕上げ」ともいわれる。布、皮、ゴムなど柔軟性のある素材でできた軟らかいバフに砥粒を付着させ、このバフを回転させながら工作物に押し当てて表面を磨いて加工する。

表3.2.2 石材の加工・仕上げの工法

種類	適用石	工法
のみきり	花こう岩	石の表面にほぼ平行に、のみの跡を残す仕上げ。のみの大きさで、大・中・小の種類がある。
びしゃん	花こう岩・擬石	のみ切りの上から、びしゃんで表面に小さな凹凸を残すように仕上げる。荒・細などの種類がある。
小たたき	花こう岩・擬石	びしゃん仕上げの表面を、両刃で細かい平行線を密に刻んで仕上げる。
ジェットバーナー	花こう岩	石の表面をバーナーで加熱した後に水で急冷、はく離させ、小さな凹凸仕上げにしたもの。花こう岩の熱性能を利用。表面を研磨し、滑らかにしたものは「ジェットポリッシュ」という。
引きはだ	花こう岩	原石を機械のこでひき、そのまま仕上げとしたもの。
磨き仕上げ		カーボランダムと石、ダイヤモンドと石などで磨いたもの。

表3.2.3 石材の表面仕上げ

粗磨き	花こう岩	カーボランダム砥石は、#24～#80を用いる。
	大理石・テラゾー	カーボランダム砥石は、#100～#300を用いる。
水磨き	花こう岩・大理石・テラゾー	カーボランダム砥石は、#400～#800を用いる。
本磨き	花こう岩・大理石・テラゾー	カーボランダム砥石は、#800～#1,500を用いて磨いたうえ、つや出し粉を用いてバフ仕上げにする。床に使用すると滑りやすいので注意が必要。

(4) 石材の施工法

1) 下地の処理 コンクリート面の下地は、張り石の取付けに必要な、あと施工アンカーなどの定着に障害になる木片、セパレーター、番線などは完全に除去するか、防錆処理を施す。

2) 取付け金物 a. 外壁湿式工法および内壁空積み工法用金物

①引き金物、だぼ、かすがいは、ステンレス(SUS 304)とする。

②引き金物、だぼ、かすがいの径は、石材の厚さとのバランスを考慮し決定する。

③受け金物は、石材の荷重を受けるためで、一般的にさび止めした山形鋼を切断して用いる。

④引き金物緊結用の流し鉄筋は、外壁に使用される場合には、必ず耐久性を考慮してさび止め塗料塗りを行う。

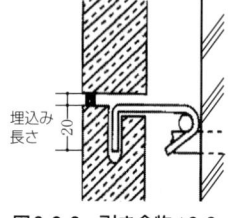

図3.2.3 引き金物φ3.2

b. 乾式工法用金物

①取付け方式は、スライド方式かロッキング方式で行い、金物はステンレス製でダブルファスナー形式とする。

②石材とファスナーとの取合いは、だぼを使用するが、石材の重量・厚さ・強度の総合的判断で寸法を決定する。

3) 外壁湿式工法 外壁湿式工法は施工例が減少して、外装の石施工は外壁乾式工法や石先付けプレキャストコンクリート工法に移行しつつある。湿式工法の減少している主な理由は、以下の通りである。

①石裏に水が浸入すると、石材のぬれ色現象・白華が生じ美観を損なう。

②躯体と裏込めモルタルの乾燥収縮と、石材の熱による膨張・収縮で石材のはく離が生じ、引き金物やだぼとの取付け不備の場合には脱落することがある。

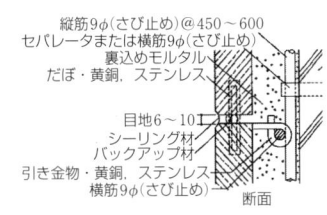

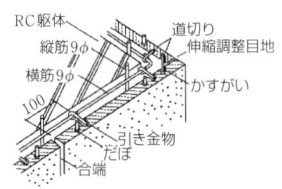

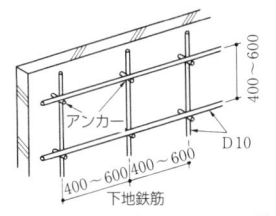

③地震時,躯体の挙動に追従しにくいため,石材にひび割れ・脱落することがある。
④2日に1段しか施工できないため,工期が長くかかる。

a. 材料

石材と下地がモルタルで接着されることから,厚さは25mmで耐衝撃性を満足できるが,薄くなるとぬれ色現象・白華が発生しやすくなるため,石裏面処理が必要となる。

b. 石材の加工

①引き金物用の穴は,石材の上端の横目地合端に2箇所,両端部より100mm程度の位置に設ける。
②だぼ用の穴は,石材の上端の横目地合端2箇所,両端部より150mm程度の位置に設ける。石材の下端は,石の割付けにより下段のだぼ位置に合わせる。
③受け金物用の座掘りは,石材の端の横目地合端に設ける。

c. 施工

①取付け代は,石材の裏面とコンクリート躯体との間隔40mmを標準とする。
②取付け下地にあと施工アンカーを打ち込み,これに横筋を溶接して,引き金物緊結下地とするあと施工アンカー工法。
③埋込みアンカーを,縦横450mm程度の間隔で,あらかじめコンクリート躯体に打ち込み,これに縦筋を溶接する。石材の横目地位置に合わせて横筋を配置し,これを縦筋に溶接して,引き金物緊結下地とする流し筋工法もある。
④あと施工アンカー工法および流し筋工法の下地に,引き金物を石のだぼに引っ掛けて固定する。張付け石は,1段ごとに裏込めモルタルを充てんする。

空積み工法は,内壁石張り専用とし,天井高さを考慮して4m以下を適用範囲としている。主として内壁に大理石を張る場合に採用される。屋外や水のかかる部分には使用しない。

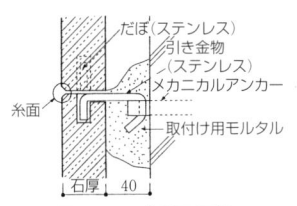

石の加工,取付け代,下地ごしらえ,受け金物,防錆処理ともに外壁湿式工法に準ずる。石材の裏面が裏込めモルタル以外は空洞なので,衝撃等による割れのおそれがある。1枚当たりの寸法が大きい場合,引き金物と取付けモルタルで補強(当てとろ)を行う。目地詰め寸法は,幅・深さとも6mm以上を標準とする。

大理石の目地詰めは,白色ポルトランドセメントと寒水石を使用する。

伸縮調整目地は,石張り壁面と接する床・天井・窓枠等の他部材との取合い部に設ける。壁面の出隅・入隅,および大きい平面の場合には,壁長さ6m程度にシーリング材を用いて設置する。

5) 乾式工法

乾式工法は,石材を1枚ごとにファスナーで保持する工法で,躯体と石材間での自重,地震力,

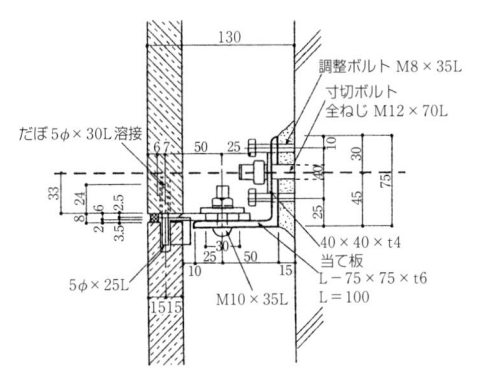

風圧力等の伝達は，ファスナーを介してなされる。

a. 乾式工法の利点
①躯体の変形の影響および白華現象・凍結を受けにくい。
②取付け工事が簡単・安全であり，工程・工期の短縮が図れる。

b. 石材の加工
　ファスナーは，現場打込みコンクリート壁の精度，あと施工アンカーの精度を考慮して，上下左右・出入り方向とも10mm程度以上の調整機構が必要となる。一次ファスナー・二次ファスナーを用いて調整をしやすくする。

c. 施工
①躯体精度±10mmとファスナー寸法60mmから，石材裏面から躯体表面までの取付け代は，70mmが標準となる。
②あと施工アンカーの施工に先立ち，躯体のセパレーター部の止水処理，打継ぎ目地や誘発目地へのシーリング施工または塗膜防水施工などを行う。
③あと施工アンカーの穿孔が，躯体の鉄筋に当たる場合の逃げ方向の対策は，事前に検討しておく。
④壁最下部の幅木石は，破損のおそれがあるので，衝撃対策で裏面にモルタルを充てんしておく。
⑤一次ファスナーは，出入り調整用の鋼製スペーサー（ライナープレート）を用い，上下左右はルーズホールで調整して取付け位置を定め，あと施工アンカーに固定する。
⑥二次ファスナーと石材の取付けは，一次ファスナーと二次ファスナーの緊結をボルトによる摩擦接合とする。石材を二次ファスナーに連結するためのだぼを石材に固定する方法は，ファスナー形式により2通りあり，状況により選択する。

　PC板製造工場であらかじめ鋼製の型枠の下部に石材を敷き並べて，コンクリートを打込みPC板パネルとする工法である。このPC板は，主にカーテンウォール部材として用いる。

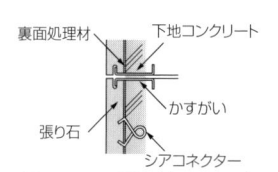

図3.2.9　乾式工法用金物

ルーズホール　部材取付け時の調整や取付け後の変形（温度伸縮や荷重，外力などによる）に追従できるように，上下や横方向の一方向を長円としたボルト孔をいう。

6）石先付けプレキャストコンクリート工法

図3.2.10　石先付けPC工法

a. 石材の裏面処理
①石材を敷き込む前に，石材の裏面にエポキシ樹脂とけい砂などを塗り付けて，石材裏面がコンクリートと直に接触するのを防止する。
②石材表面から水が浸透してコンクリート部分まで入り，灰汁により変色が生じる「ぬれ色現象」を防止することである。

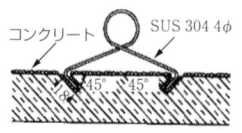

b. シアコネクターの設置
①シアコネクターは，石材とコンクリートとの挙動の差異を考慮して，石材に固定する金物である。
②シアコネクターはSUS 304を使用し，径は4mm以上，石材への穴あけは角度45°，埋込み長さは18mm程度とする。

図3.2.11　シアコネクター

7）清掃と養生

a. 清掃
　花こう岩・砂岩等の粗面仕上げは，水洗い，石けん水，合成洗剤等をナイロンブラシで洗う。塩酸類は避けるが，セメント等の汚れがある場合は，希釈した塩酸で洗い，後に中性洗剤を用いて水洗いをする。

特に大理石の場合は、酸洗いをしてはならない。

室内での本磨き仕上げの場合は、乾燥した布で清掃する。床および階段は、水洗いを原則とするが、汚れ防止とワックス掛けをする場合は、石面部分が変色する場合があるので注意が必要である。

b. 養生

① 降雨時のモルタル作業および目地詰め作業は、雨水が入らないように、シート等で養生するか作業を中止する。

② 壁仕上げ面は、ビニルシート等で汚れ防止を行い、物が当たりやすい場所や溶接火花が飛び散る所では、クッション材を挟んで合板や樹脂性の養生カバーを用いて損傷を防ぐ。

8) 石張り後の検査　石材の施工後に不具合が発見された場合、張り石の手直しは非常に困難である。そのため張り石面の不陸、目違い、目地の通り等は、石材取付け作業中に自主検査を実施しておく必要がある。

石材の取付け検査について、検査項目と判定基準は、以下に示す通りである。

表3.2.4　石材の検査項目と判定基準

検査項目	判定基準
石材の出入り	±0.5mm以下
水平・垂直度	辺長1mにつき0.5mm以下の傾き
目地幅	±0.1mm以下
目地の通り	乱れがないこと

演習問題(外装工事) ◆ 下記の文で正しいものには○、誤っているものには×をつけなさい。

1. 外壁乾式工法による張り石工事において、特記がなかったので、躯体にファスナーを固定する「あと施工アンカー」については、ステンレス(SUS304)の金属系アンカーを使用した。

2. コンクリート壁面の仕上げ塗装工事において、素地ごしらえについては、コンクリート壁面の含水率が10％以下の状態で行った。

3. 外壁のタイル後張り工法において、タイルの伸縮調整目地の位置については、下地のコンクリートのひび割れ誘発目地の位置と一致するように設けた。

4. 外壁乾式工法による張り石工事において、目地のシーリング材については、シリコーン系シーリング材を使用した。

5. 石工事の乾式工法は、湿式工法の欠点であるエフロレッセンスの発生がなく、降雨後の長い期間、石の表面の濡れ色の露呈を防げる。

6. タイルの改良圧着張りの張付けモルタルは、下地側に塗り付け、1回の塗付け面積は、60分以内に張り終える面積とする。

7. タイルの壁に接着剤張りを施工する場合、接着剤の1回の塗付け面積は3m²以下とし、30分以内に張り終える面積とする。

3.3 タイル工事

(1) タイル工事の要点

　　タイルは，素地，製法，形状，寸法，品質，用途，施工法，建物の施工部位などが多種多様にある。タイルの種類には規格品と特注品があり，特注品の発注は，試し焼き等に十分な製作日程とタイルの割付け図などで検討が必要である。施工には，その下地に適した張付け工法の選定と，温暖・寒冷地等で素地品質の選定を検討しなければならない。

　　タイルの張付けには，手張り工法と先付け工法がある。タイル工事の仕上がり面は，タイルと目地によって構成され，タイルの寸法や施工方法等によって異なる。陶磁器質の材料なので，内外壁の大面積の壁面に張る場合は，壁面にひび割れの発生を起こさないように，ひび割れ誘発目地や伸縮調整目地を設ける必要がある。

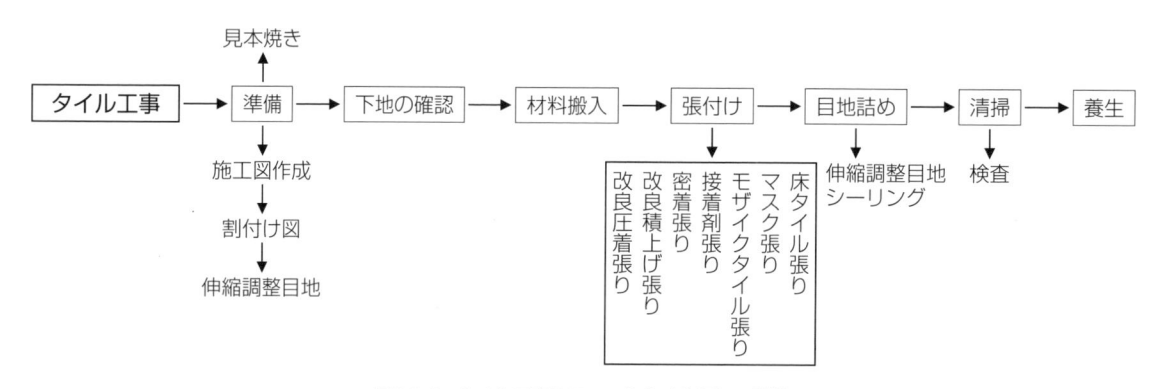

図3.3.1　タイル工事のフローとタイル張りの種類

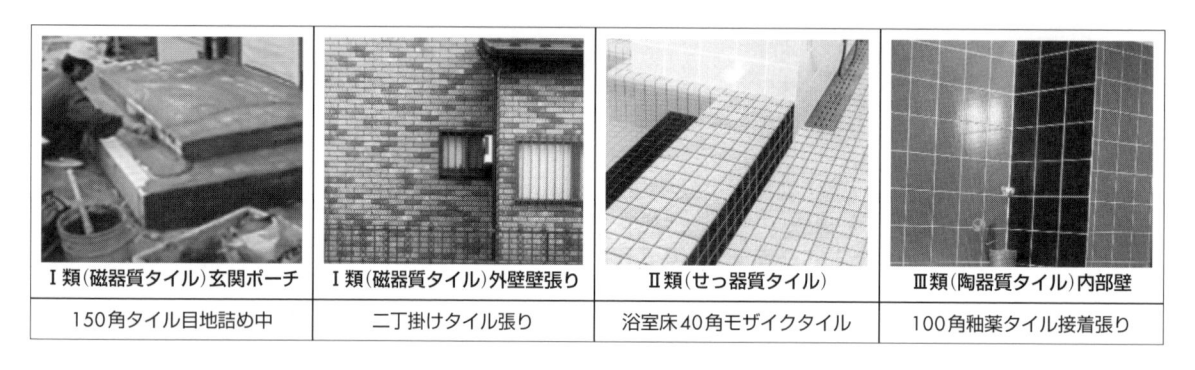

I類(磁器質タイル)玄関ポーチ	I類(磁器質タイル)外壁壁張り	II類(せっ器質タイル)	III類(陶器質タイル)内部壁
150角タイル目地詰め中	二丁掛けタイル張り	浴室床40角モザイクタイル	100角釉薬タイル接着張り

(2) タイルの種類と形状

表3.3.1　タイルの種類と特徴

種類	吸水率	用途	特徴
I類(磁器質タイル)	3%以下	内装・外装・床	高温焼成され，材質が緻密で，たたくと金属音を出す。吸水率が小さく，凍害に強い。
II類(せっ器質タイル)	10%以下	内装・外装・床	材質は堅い。使用地域や環境の状態で凍害を受けることがある。
III類(陶器質タイル)	50%以下	主として内装	吸水性が大きく，やや軟らかい。屋内でも，寒冷地では凍害を受けるため注意が必要。

せっ器質タイル　1,200℃前後で焼成された，硬質で吸水性が小さく，透水性に乏しいタイル。打音は澄んだ音がする。素地が有色で，素焼きのまま使用されることが多い。

陶磁器質タイルは，粘土または無機質原料を成形し，吸水・透水(凍害)防止のために「うわぐすり(釉薬)」をかけ，高温(1,100～1,300℃)で焼成，厚さ40mm未満の不燃材料。吸水率により，Ⅰ類・Ⅱ類・Ⅲ類に分類される。

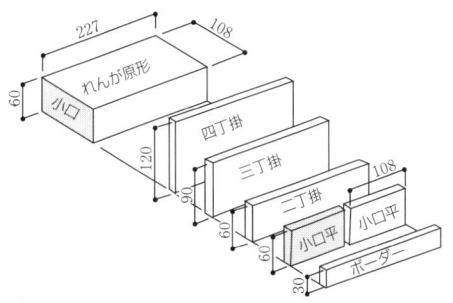

①裏足は，モルタルとタイルの接着を得るため，裏面をあり状にしてはめ合わせる。

②張付けモルタルは，塗付け前に下地に十分水湿しを行う。練混ぜは，十分空練りした後，混和剤(保水性を保つ)を混ぜた水を加えて練り混ぜる。練混ぜ後，1時間以内に使用する。

③まぐさ，ひさし先端下部，あげ裏等のはく落のおそれがある箇所に，小口タイル以上のタイルを張る場合は，はく落防止用の引き金物を用いる。

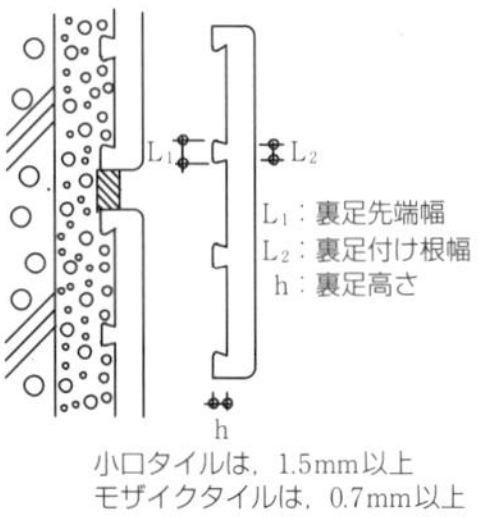

図3.3.3 目地の深さと裏足寸法
L₁：裏足先端幅
L₂：裏足付け根幅
h：裏足高さ
小口タイルは，1.5mm以上
モザイクタイルは，0.7mm以上

図3.3.2 タイルの形状

(3) タイルの張付け工法

1) タイル割付け方法
①一般的には規定寸法の材料を用い，基準線を定め，その間に割り付ける。
②概略の材料寸法を定めておき，基準線の間に割り付ける方法。
③内装タイルの場合，端数は両端を対称に，半枚物以上の切物を入れる。
④正面から出隅，入隅を見た場合，原則として目地は見えないようにする。

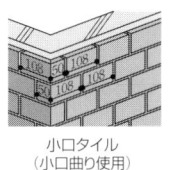

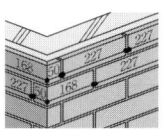

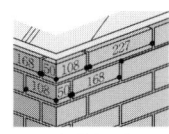

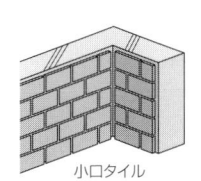

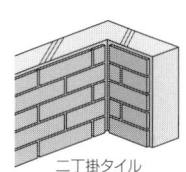

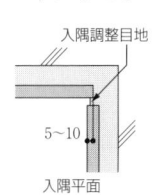

図3.3.4 タイル割り

2) タイル呼称および寸法

表3.3.2 タイルの主な寸法　(単位mm)

種類	呼称	実寸法	種類	呼称	実寸法
内装壁タイル	100角 150角 200角	97.5 147.5 197.5	外装壁タイル	小口 二丁掛 100角	108×60 227×60 □94
内装壁モザイクタイル	25角 50角	22.5 47.0	外装壁モザイクタイル	50角 50二丁	□45 95×45
内装床タイル	100角 150角 200角	95.0 145.0 195.0	外装床タイル	100角 150角 300角	□95 □145 □295
内装床モザイクタイル	50角	45.0	外装床モザイクタイル	50角	45×45

3) 壁・床タイル張り工法

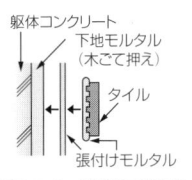

図3.3.5 改良圧着張り

a. 改良圧着張り

硬化している下地モルタル面に張付けモルタルを塗り，タイル裏面にも同じ張付けモルタルを載せて，上から下に向かって張り付ける。

①張付けモルタルを，下地面側に3～6mmむらなく塗る。
②張付けモルタルの1回の塗付け面積は，60分以内に張り終える面積とする。
③タイル裏面に3～4mmの厚さに載せ，直ちに下地面に押さえ付け，モルタ

ルがはみ出すまで木づち類で入念にたたき押さえる。

b. 改良積上げ張り
①硬化している下地モルタル面に，タイル裏面に張付けモルタル（塗り厚7～10mm）を載せて，下から上に向かって張り付ける。
②1日の張付け高さの限度は，1.5m程度とする。
③張付け後，24時間経過後，硬化をみて目地詰めを行う。

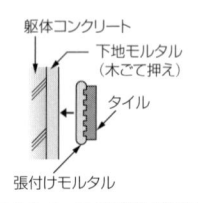

図3.3.6 改良積上げ張り

c. 密着張り（ヴィブラート工法）
①下地面に張付けモルタルを2層に分けて塗り付け，一段おきに上から下に向かって張り付ける。
②張付けモルタルの塗り厚は，5～8mmとする。
③1回の塗り面積は2m²以下で，かつ20分以内に張り終える面積とする。
④塗付け後，直ちにタイルをモルタルに押し当て，タイル張り振動機（ヴィブラート）を用いてタイル表面に振動を与え，裏面全面にモルタルがはみ出すまで，振動機を移動させながら目違いのないよう張り付ける。

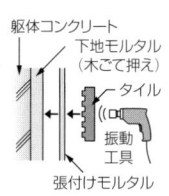

図3.3.7 密着張り（ヴィブラート工法）

d. 接着剤張り
①金ごてで仕上げ乾燥した下地モルタルに接着剤を塗布し（3mm厚程度），くし目を付けた後，タイルを押し込んで張り付ける。
②接着剤の1回の塗付け面積は3m²以内，30分以内に塗り終える面積とする。
③1枚張りは手でもみ込むように押さえ付け，ユニットタイル張りは全面を軽くたたきながら目地の通りを手直ししてから，たたき板で密着させる。

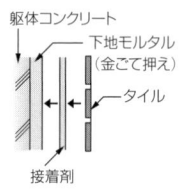

図3.3.8 接着剤張り

e. モザイクタイル張り
①下地面に張付けモルタルを塗り，タイルユニットを張り付ける。張付け終了後，時期を見ながら表紙に水湿して，紙をはがしタイルの配列を修正する。
②張付けモルタルの1回の塗付け面積の限度は3m²以下とし，20分以内に張り終える面積とする。

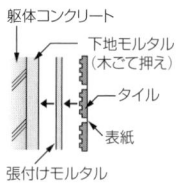

図3.3.9 モザイクタイル張り

f. マスク張り
①25mm角を超え小口未満のタイル専用のマスク板（板厚4mm程度）をユニットタイル裏面にかぶせ，この上から張付けモルタルを塗り付ける。
②マスクを取り外した後，直ちにタイルを壁面に張り付ける。
③張付けモルタルは，混ぜてから施工完了まで60分，モルタルの塗り置き時間は5分以内。

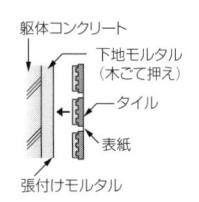

図3.3.10 マスク張り

g. 床タイル張り
①床に敷きモルタルを敷き込み，モルタルが硬化した後に，張付けモルタルを用いてタイル張りを行う。
②敷きモルタルの調合は，セメント1に対して，砂3～4程度の貧調合とし，少量の水を加えて，モルタルを手で握って固まる程度のばさばさ状にする。
③張付けモルタルは，セメント1に対して，砂1～2のモルタルを使用する。
④一般床タイルまたはユニットタイルは，下地に木づち，たたき板等で目地部分に張付けモルタルが盛り上がるまでたたき押さえて，張付けモルタルを塗り付けて張り付ける。モルタルの塗置き時間が長くならないように注意する。

図3.3.11 床ユニットタイル張り

ドライアウト モルタル，プラスターなどの塗り材料が，直射日光，風，下地の吸水などにより凝結硬化発生前に水分が急激に減少し，正常な凝結硬化をしないこと。塗り厚が薄くなった場合などは，特に発生しやすい。

4) 目地

タイル目地には，タイルとタイルのすき間に，止水とタイル保持のため，目地モルタルを充てんするものと，タイル壁面の伸縮を逃がすため，適切な間隔に設けるひび割れ誘発目地および伸縮調整目地がある。

a. タイル目地

目地の深さには，タイル面とほぼ同面の平目地，タイル面より少し落とした沈み目地，さらに深い深目地に分けられる。

① タイル目地は，タイルの形や寸法誤差を吸収するためと，タイル間のムーブメントを緩和・吸収する目的である。
② 目地詰めは，タイル張付け後，1日以上経過してから行う。
③ 目地の深さは，脱落防止等のため，タイル厚の1/2以内とする。

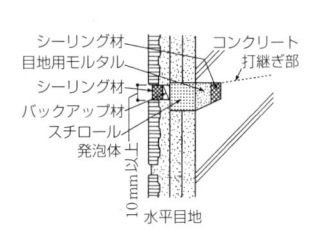

図3.3.12 沈み目地

b. ひび割れ誘発目地および伸縮調整目地

① 躯体・下地部材の構造的変形，張付けモルタルの収縮，タイルの伸縮等を考慮して，下地モルタルに伸縮調整目地を設ける。
② 下地の伸縮調整目地は，タイル張り面の伸縮調整目地と躯体亀裂誘発目地を一致させるように設ける。
③ 伸縮調整目地の位置は，各階の打継ぎ箇所や柱形，開口部寸法に応じた構造上の要所とし，縦・横とも3〜4mごとに設ける。

図3.3.13 ひび割れ誘発目地・伸縮調整目地の例

5) 清掃と養生

a. 清掃

① 酸類は30倍程度に希釈した工業用塩酸を用いるが，高濃度の酸で洗うと，汚れは落ちやすいが，目地材が侵されるので使用してはならない。
② 酸類を用いて汚れを落とす場合，周辺および酸が流れる途中の材料を汚染や腐食させないように注意する。

b. 養生

① 陶磁器質タイルは，施工時の直射日光や強風等が，タイルの接着に影響を及ぼすため，シートを張るなどして養生する。
② 冬季のタイル張りで気温が3℃以下になるおそれがある場合は，シート張りなど保温を行い，気温が降下しても凍害を受けないようにする。

6) タイル型枠先付け工法

現場でタイルを張る後張り工法に対し，工場でプレキャスト板にタイルを打ち込む工法，および現場打ちコンクリート工事で，型枠に先付けしてコンクリートに打ち込む工法がある。

a. タイル型枠先付けの各工法

① タイルシート法：タイルシートを型枠内面に仮付けして，コンクリートを打ち込む方法。
② 目地ます法：目地ますを型枠に取り付け，タイルをはめ込み，コンクリートを打ち込む方法。
③ 桟木法：大形特殊タイルの取付け方法で，自重の大きい大形タイルを桟木に引っ掛け，特殊釘で仮止めしてコンクリートを打ち込む方法。

図3.3.14 タイルシート法

b. 施工

① 割付けは，陶磁器質タイル張りと同様であるが，躯体工事開始時にタイルを必要とするので，早期に割付けを決定する必要がある。
② コンクリートの乾燥収縮によるひび割れに対処するため，ひび割れ誘発目地，

タイルやタイルユニットの寸法精度，取付け精度等，施工の誤差を考慮して設ける伸縮調整目地がある。

③型枠には，打放し仕上げと同程度の精度が要求され，さらに，コンクリートの充てん状況が確認できないため，品質管理が難しいなどの欠点がある。

(4) 検査

タイル工事の品質は，各工程で行うものであるが，下地モルタルやタイルがはく離していないことの確認のために検査を行う。タイルの検査には，非破壊検査である打診検査と接着強度検査がある。

1) 打診検査

図3.3.15 打診棒（パルハンマー）

①屋外などのタイル張り仕上げ壁面は，施工後2週間以上経過してから，全面にわたり打診棒（パルハンマー）を用いてタイル壁面をたたき，その音によってはく離を判断する。

②打診検査の結果，不良箇所があれば監理者に報告し，施工要領書に基づき処理する。

2) 接着強度検査

接着強度試験 タイルの接着強度を抜取りによって調べる試験。建研式簡易引張試験機による方法が一般的で，結果の判定は，引張り強度が0.4N/mm²以上の場合を合格としている。

図3.3.16 接着力試験機器（テクノスター）

①試験の時期は，施工後2週間以上経過してから実施する。

②タイル周辺をカッターで，コンクリート面まで切断して行う。タイルと張付けモルタル面だけでなく，下地モルタルとコンクリート面のはく離も確認するためである。

③試験体は二丁掛タイル等，小口タイルより大きなタイルの場合は，小口タイル程度の大きさに切断する。

④接着力試験機を用いて行い，試験体の個数は100m²ごとおよびその端数につき1個以上，かつ全体で3個以上とする。タイル先付けPC工法の場合，接着力試験の個数は6個以上とし，試験材齢は4週間を標準とする。

⑤接着力試験の判定基準は，後張りで全数につき0.4N/mm²以上，型枠先付け工法および先付けPC工法は，全数につき0.6N/mm²以上とする。

(5) れんが工事

れんがの種類は，普通れんが，焼過ぎれんが，施釉れんが，耐火れんが，軽量れんが，セメントれんが，特殊れんが等がある。

れんがの大きさは，長さ210mm，幅100mm，高さ60mmで，普通の赤れんがが一般的である。

表3.3.3　れんがの種類

種　類	使用箇所
普通れんが（JIS R 1250）	・門，扉，花壇，パラペット防水押えなどに使用。
建築用セラミックれんが（JIS R 5210）	・特に建築外装用につくられた吸水率の低い高強度のもの。 ・れんがタイルとしても多く用いられる。
耐火れんが（JIS R 2101）	・煙突・暖炉など，火に接する部分に用いられる耐火性のあるもの。

①多孔質で吸水率が大きいので，モルタルの水分を吸収しないように，積む前に5分間以上水に浸してから施工しないと，白華現象が起きる。

②1回の積上げ高さは1.6mを最大とし，工事途中の積み終わりは段逃げとする。

③積み方は，縦目地を芋目地にならないように，積上げモルタルは接合面全面にわたるようにする。

化粧目地 タイル，石，れんが，コンクリートブロックなどの張付けまたは組積において，表面を意匠的に仕上げた目地。引込み目地，出目地，覆輪目地，平目地，その他さまざまな種類がある。

④化粧目地は沈み目地とし，化粧張りの場合は，必要箇所に縦，横のだぼが挿入できる穴加工をしたものを使用する。
⑤積上げモルタルの硬化するまでは，振動・衝撃・荷重を与えないように注意する。
⑥気温が2℃以下に下がるおそれがある場合は，作業を中止するか，保温養生を行う。

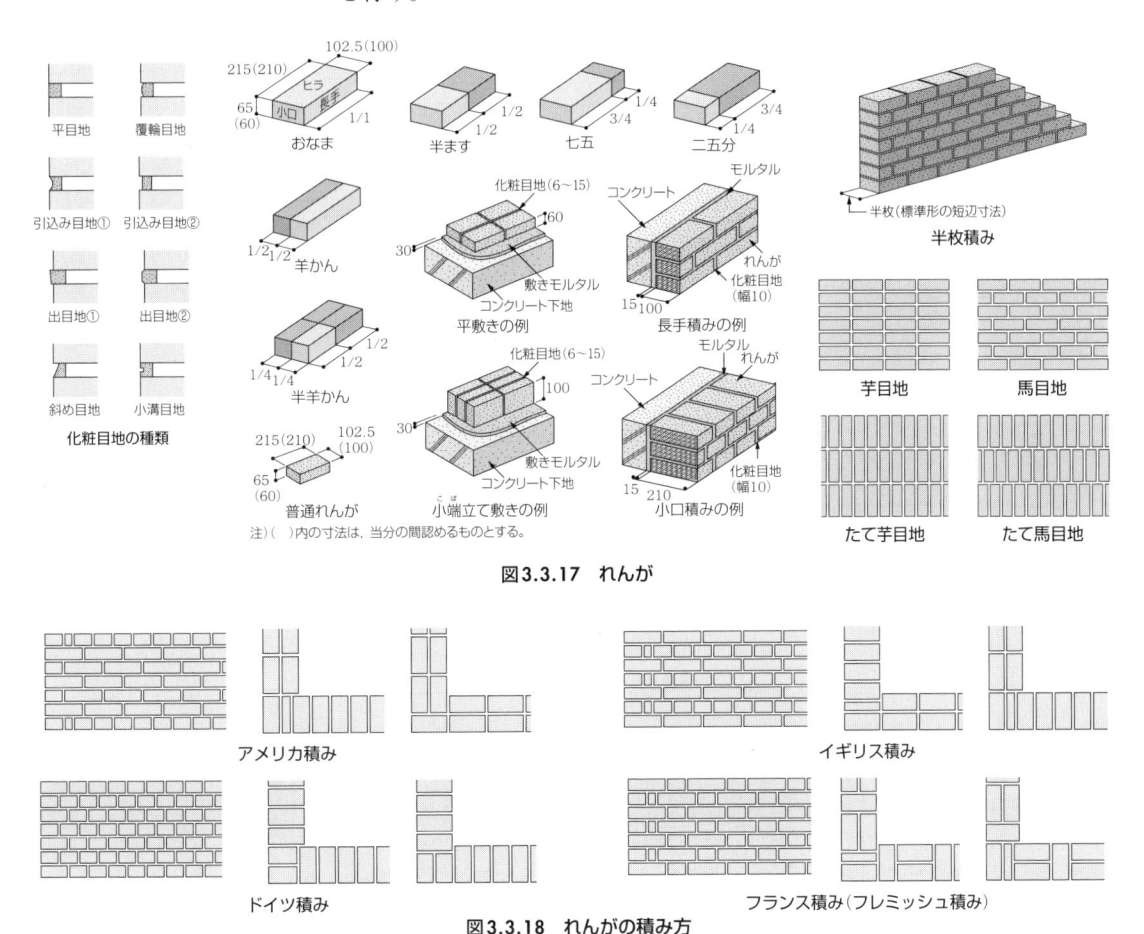

図3.3.17 れんが

図3.3.18 れんがの積み方

演習問題（タイル工事） ◆ 下記の文で正しいものには○，誤っているものには×をつけなさい。

1. けい酸カルシウム板を下地とするタイル工事における接着力試験については，下地が破損してしまうため，別に試験体を作成して接着力を確認した。　□

2. コンクリート下地へのセメントモルタル塗りにおいて，モルタルのドライアウトによる付着力の低下を防ぐために，下地に吸収調整材を3回以上塗り付けることにより，厚い膜を形成した。　□

3. 小口タイルのセメントモルタル張りタイル下地は，タイルが所定の精度に仕上がるように，2mにつき4mm以内の面精度となるようにした。　□

4. タイル後張り工法において，外壁タイルの引張接着強度及び破壊状況の判定のための試験体の数は，100m²以下ごとにつき1個以上，かつ全面積で2個以上とした。　□

3.4 木工事

(1) 木工事の要点

現在では，木工事は戸建住宅を除き，建築工事の一部分として扱われている。コンクリート構造・鉄骨構造などで建築される建物（事務所，マンション，ホテルなど）の天井の軸組などは軽量鉄骨組天井，壁面も軽量鉄骨間仕切りを用いている。造作工事も工場生産品の扉や入口枠セット物が使われ，幅木・回り縁なども既製品が主流となってきた。

木質構造の戸建住宅は，「在来軸組構法」，「枠組壁工法（ツーバイフォー）」，規格化された「壁パネル工法」および住宅メーカーによる「工業化住宅」，「構造用集成材構法」など多岐にわたっている。

現在では，プレカット加工が普及し，土台・軸組・小屋組からなる構造材の木材加工は，CAD入力し，自動加工機による刻みを行い，加工誤差が少なく正確で信頼のおける接合強度が得られている。

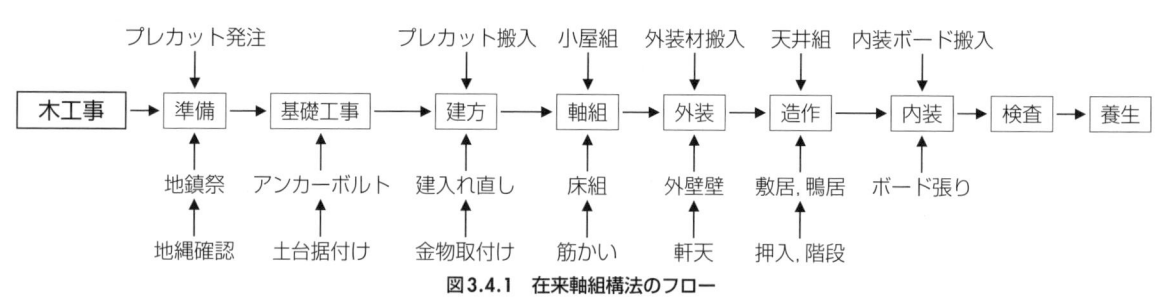

図3.4.1 在来軸組構法のフロー

①立上りコンクリート打設	②土台据付け，鋼製束取付け	③プレカット部材の搬入	④2階部分の建方中
土間コンクリート，立上りアンカーボルトセット，埋め戻し	土台据付け完了後に，1階床パネル取付け，床下に設備配管	建方前，現場に納入して，事前に地組みしておく	2階床材の合板を張り，管柱の建込み後，梁や軒桁を取り付ける

⑤小屋組，たる木取付け（棟上げ）	⑥軸組工事	⑦天井下地組（野縁受け，野縁）	⑧造作（和室の長押，天井板）
2階建入れ直し後，金物を締め付けて小屋束，たる木，野地板張り	筋かい，火打ち金物等の取付け，間柱，窓枠，床組の施工	野縁の貫板打ち，断熱材敷き，各種配線後，天井ボード張り	壁ボード，敷居，鴨居，入口枠押入れ，床の間，階段など造作

(2) 材料

1) 木材の用語
日本農林規格(JAS)による。

① 元口：根元。末口：上方(柱建ては，必ず末口を上にする)。

② 腹：反りのある樹木の内側(凹側)。背：反りのある樹木の外側(凸側)。
　梁は背を上側に使う。土台・大引きは背を下側に使う。
　柱は開口部側に腹，壁側は背とする。

③ 心材：樹心に近い部分で，硬く，変形は少ない(赤身)。
　辺材：樹皮に近い部分で，耐久力は劣る(白太材)。

④ 心持ち材：樹心を持つ部分(化粧柱等は背割りをする)→ 心去り材

背割り　柱などの心持ち材はひび割れを起こすため，柱の見え隠れになる面にのこ目を入れ，くさびを打って他面のひび割れを防止するもの。

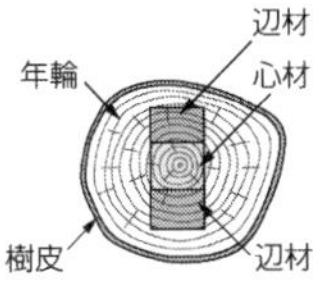

⑤ 木表：樹皮に近い面(敷居，鴨居は溝加工側にする)
　(床板は上にして使うが，濡れ縁は逆に下にする)。
　木裏：樹心に近い部分。

⑥ 柾目：樹心を通る線上の板(木目が線状)。
　板目：樹心を含まない繊維方向の板(木目が板状)。

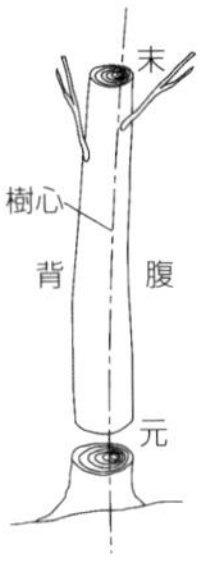

図3.4.2　木材の元と末，背と腹

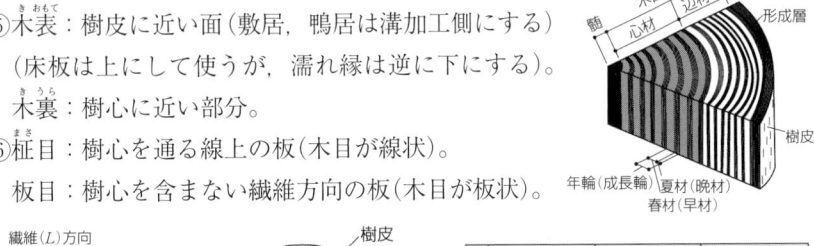

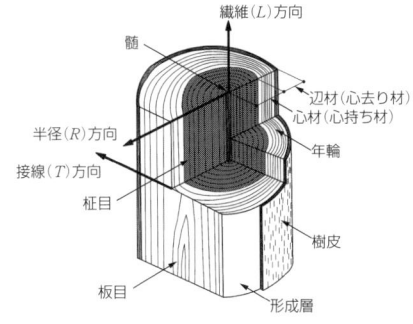

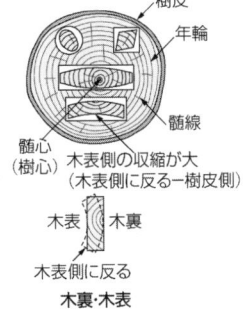

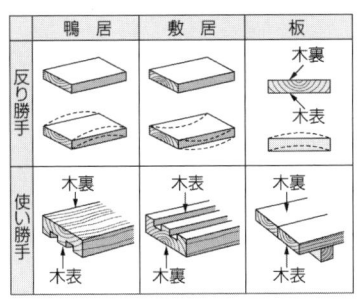

図3.4.3　木材の組織，木取り，木表，木裏

2) 含水率
① 現場の含水率の測定は，電気抵抗式水分計または高周波水分計による。
② 繊維飽和点約30％，気乾状態約15％，絶乾状態0％，生木40％。
③ 構造材20％以下，造作材15％以下，板材・集成材・建具材13％以下。

3) 木材の断面寸法
木材の断面は，のこ減り，かんな削り等により寸法が変わるので，「挽き立て寸法」か「仕上がり寸法」かを明確にする。
① 挽き立て寸法：所要の寸法に製材したままの寸法。
　仕上がり寸法：削り代を入れた正味寸法。
② 片面仕上げ：1.5～3.5mm，両面仕上げ：3.0～5.0mm。

4) 集成材
挽き板または小角材を，繊維方向を長手にそろえて接着剤で重ね張りし，角材や厚板材としたもの。JASにおいては，造作用，化粧ばり造作用，化粧ばり構造用，構造用に区分される。

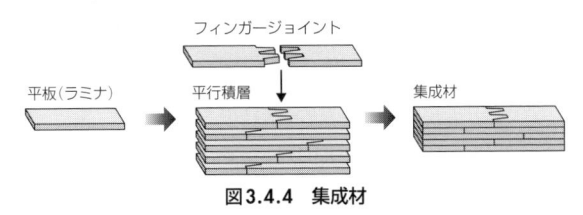

図3.4.4　集成材

①乾燥収縮が少なく、ひずみもなく、安定した品質と強度が確保できる。
②大断面や自由に断面形状をつくることができる。

5) **合板** 薄くはいだ単板(ベニヤ)を乾燥させ、それを奇数枚、繊維方向を90°互い違いに重ねて圧着した木質ボード。JASでは、住宅に用いられる構造用合板、コンクリート型枠用合板(コンパネ)、特に用途を定めない普通合板などがある。

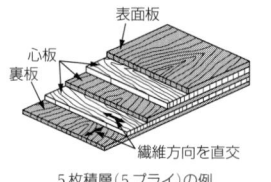

図3.4.5 合板の構成
5枚積層(5プライ)の例

表3.4.1 合板の主な寸法(標準) (単位:mm)

分類	厚さ	幅	長さ
普通合板(1類・2類)	2.3～24	910～1,220	910～3,030
型枠用合板(1類)	12～24	500～1,200	1,800～2,400
構造用合板(特類・1類)	5～35	900～1,220	1,800～3,030

表3.4.2 合板の分類

種類	特徴
普通合板	Ⅰ類:長期間の外気および湿潤露出に耐え、完全耐水性を有するように接着したもの Ⅱ類:通常の外気および湿潤露出に耐え、高度の耐水性を有するように接着したもの Ⅲ類:通常の耐湿性を有するように接着したもの
型枠合板	コンクリート型枠に使用する合板(コンパネ)。表面加工合板は、表面に塗装・オーバーレイ等の加工をしたもので、打放し仕上げに良好な結果が得られ、土木用型枠として多用されている。
構造用合板	普通合板のうち、建築物の構造耐力上主要な部分に使用する合板
特殊合板	1. 天然木化粧合板:普通合板の表面に美観を目的とした単板を張った合板 2. 特殊加工化粧合板:普通合板の表面にオーバーレイ、プリント、塗装等加工した合板等

オーバーレイ合板 プラスチック、布、紙、金属、木材などで表面を化粧加工した合板。「化粧合板」ともいう。

6) **パーティクルボード** 木材の小片を接着剤と混合し、熱圧成形した木質ボードの一種である。大きくて厚い板が取れ、加工が容易、遮音・断熱性が良いなどの性質をもつ。

厚さは10～40mm程度で、屋根、壁、床の下地、あるいは表面加工して家具、建具、内装材として使用される(JIS A 5908)。

7) **構造用パネル** 建築物の構造耐力上主要な部分に使用する合板。JASでは、1級と2級に分けている。主として、1級は構造計算を必要とする構造部分や部品に使用するもの、2級は耐力壁、屋根下地、床の下張り(シーリング)として使用する。

(3) 木造の加工

木造住宅の構造

表3.4.3 構造部材の種類

場所	部材名
軸組	土台、柱(通し柱、管柱)、桁、胴差し、筋かい、間柱など
小屋組	小屋梁、小屋束、母屋、母屋束、棟木、たる木など
床組	床梁(2階床)、大引き、床束、根太掛け、根太、火打ちなど

軸組構法 柱や梁、小屋組といった建物の骨格になる部分を軸組で構成した構法の総称。木造などの在来工法を指すことが多い。耐震性の強化を目的とする大幅な法改正により、耐力壁の量とバランスの良い配置、柱の接合金物の使用が規定された。

通し柱 複数階を貫く柱で、建方の際に定本的な役割をもつ。丈夫な軸組を作る効果をもつが、梁や胴差しなどの横架材の取り合いは差し口になるため、柱の断面欠損が大きくなってしまうので、断面の大きな材としないとその効果を期待できない。

a. 土台

上部からの荷重を、柱から土台、基礎へ伝えて地盤に伝える。土台寸法は、柱と同等以上とする。標準は105mm、火打ち土台は寸法45mm×90mm。

b. 軸組

柱と横架材(桁・梁・通し柱)から構成されている。

①柱寸法は横架材間の距離からの計算によるが、標準は105mm、通し柱は120mm角、3階建の通し柱は135mm角が一般的。

②横架材の梁は、柱と柱の間に架けられるもの。桁はその下の大部分に壁が設

3.4 木工事

③胴差しは，2階床レベルにあって，端部が通し柱の胴に刺さっているもの。胴差しの継手は，柱より150mm内外持ち出した位置とする。

④小屋組は，屋根を支えるもので，和小屋と洋小屋がある。和小屋は，梁の上に束を立てて母屋や垂木を設ける構法，洋小屋はトラスの形状で，大スパンに有利な構法である。

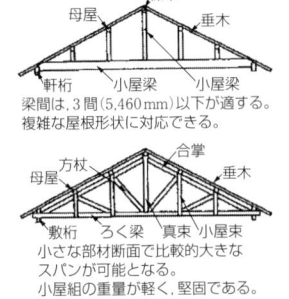

図3.4.7 和小屋(上)と洋小屋(下)

梁間は，3間(5,460mm)以下が適する。
複雑な屋根形状に対応できる。

小さな部材断面で比較的大きなスパンが可能となる。
小屋組の重量が軽く，堅固である。

継手 2つの部材を材軸方向に接合する部分。木工事や鉄骨工事においては，部材相互を直角，またはある角度をもたせて接合する部分を「仕口」といい，区別して用いる。

c. 継手と仕口

木材を長さ方向に継ぐ接合を「継手」，交差して組み合わせる接合を「仕口」という。近年は，プレカット加工が大半で，加工精度も良く，接合部の誤りも少ない。

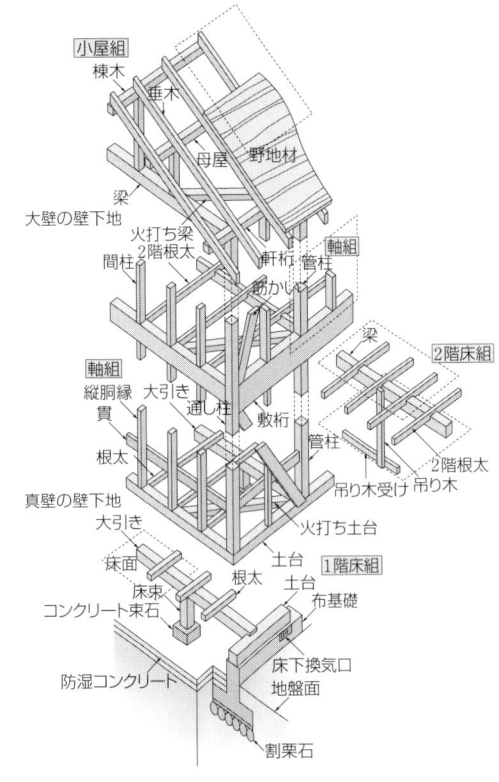

図3.4.6 軸組構法

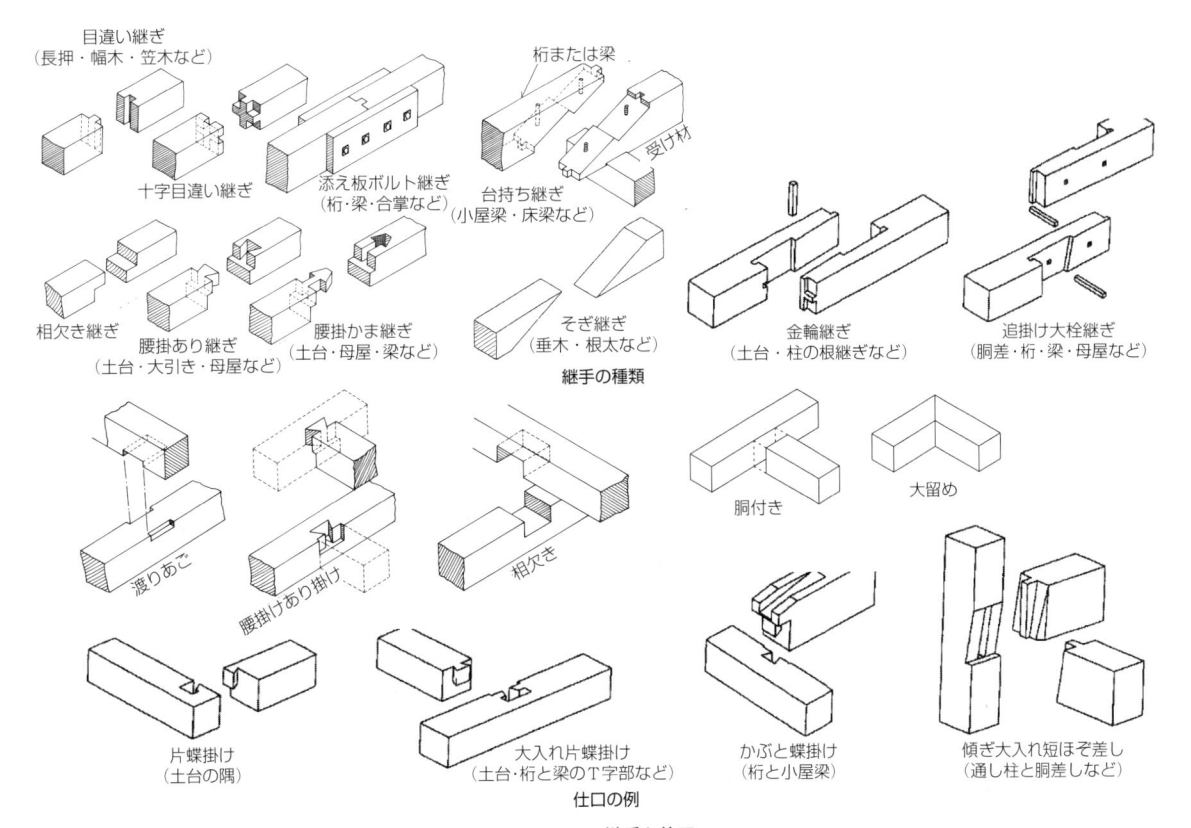

図3.4.8 継手と仕口

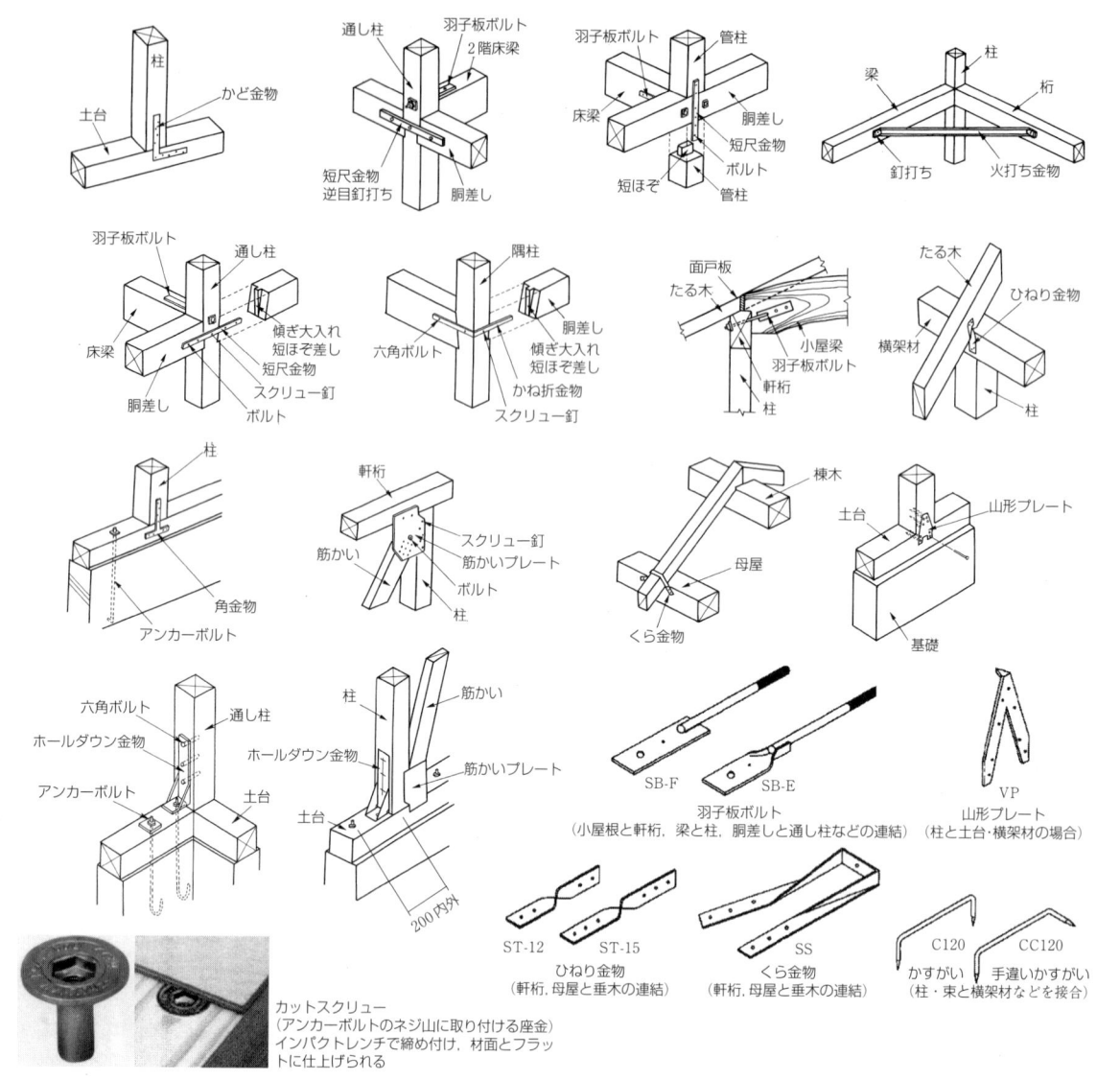

図3.4.9 主な接合金物

d 接合金物等

① 主要構造部を継手と仕口で接合する場合，金物を併用し，強度を損なわないようにする。主な金物名を挙げると，山形プレート，羽子板ボルト，火打ち金物，筋かいプレート，ホールダウン金物，ひねり金物，折曲げ金物，くら金物，かど金物，短ざく金物，かね折金物などがある。

② アンカーボルトは，一般に電気亜鉛メッキしたものを使用する。

③ 釘打ちにおける釘の長さは，板厚の2.5倍以上，釘径は板厚の1/6以下。

e. 防腐・防蟻

木造住宅の土台など地面から40cmの高さまでの木材（浴室回りも）には，防腐・防蟻処理を施す。

防腐剤塗りは，2回塗りまたは2回吹付けとし，最下階等における土間スラブ，コンクリート・ブロック等に接する各部材の全面に塗布する。

Zマーク表示金物 木造軸組構法住宅における接合金物のことで，日本住宅・木材技術センターが定める木造建築物用接合金物認定規程による規格に適応するもの。

(4) 現場施工

1) 建方　〔建方作業手順〕

① 建方は，クレーンを使用して地組み(前日までに基礎上に組立て)した桁行方向の部材を吊り上げて建て込み，順々に梁間方向の梁と管柱を取り付けていく。

② 1階の柱，梁，火打ち梁等を取り付けて，1階の建入れ直し，羽子板ボルト等を締め付ける。

③ 2階の床材の合板を吊り上げて敷き込む。2階の管柱を取り付け，2階の梁を架けて建入れ直し。

④ 2階金物等の締付け，小屋組，たる木架け，野地板打付け，養生シート掛けまでを当日で完了。

2) 造作工事

造作工事には，建方終了後から1～2階の床下地工事，壁下地工事，天井下地工事と敷居，鴨居，長押，出入口枠，間仕切り，階段，幅木，造付け家具，天井張り等，化粧仕上げの造作工事に分類する。

a. 床下地工事

① 1階床組は大引き，床束，根太，床断熱材敷き，下地用合板張りで進める。

② 床束はべた基礎が多くなり，高さ調整できる鋼製束またはプラスチック束が使われている。

③ 床断熱材敷きは，根太間に止め具を用いて，すき間なく全面に敷き込む。

b. 壁下地工事

壁下地は仕上材料によって違ってくる。胴縁の打付け，ラス下地，合板パーティクルボード，構造ボード，硬質木片セメント板，シージングボード，押出成形セメント板など。

c. 天井下地工事

一般的な木組の吊り木受け，吊り木，野縁受け，野縁で構成する場合と，軽量鉄骨(ライトゲージ)の天井組(軽量鉄骨天井下地)が普及しているが，場所により結露対策を考慮する必要がある。

d. 造作工事

造作工事は一般的に，床，天井，壁の順に行う。各階の床を仕上げ，これを造作工事の足場に使い作業する。

真壁造りと大壁造りで納まりが違うので，軸組の段階で考慮しておく。

① 和室の場合は，敷居・鴨居・長押・幅木・天井回り縁・付鴨居・額縁・窓台・縁側・押入，床の間では，床柱・床框・落し掛け・仏間・地袋・天袋・違い棚・雲板・出書院等がある。化粧材なので，取付け前に材質・木目・木肌に注意し，無傷のものを使用する。

② 洋室の場合，天井・壁の仕上げはクロス仕様が多くなり，下地にプラスターボードが使用されている。

幅木・天井回り縁・額縁・窓台等は，ビニール等の加工品が普及し，素地の仕上げは減少傾向にある。壁仕上げに化粧合板張りを行う場合は，内装材を隠し釘打ち，仮釘を用いたボンド張りで仕上げる。

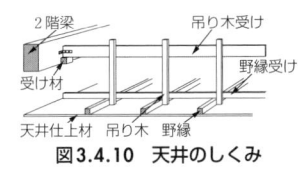

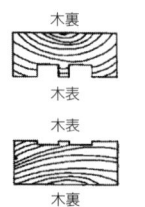

図3.4.10　天井のしくみ

図3.4.11　敷居・鴨居の木取り

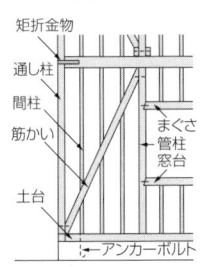

図3.4.12　木造(大壁)

(5) 枠組壁工法(ツーバイフォー工法)

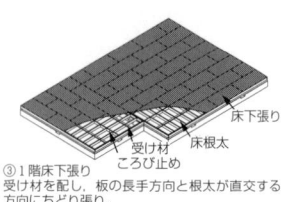

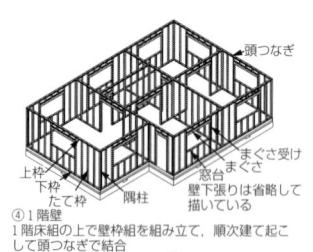

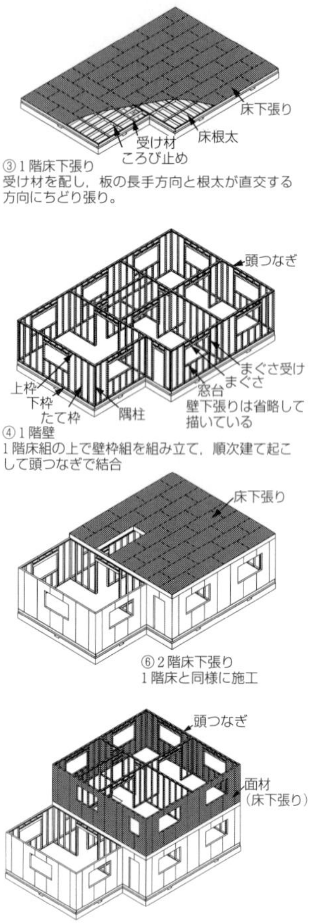

枠組壁工法は，木材で組まれた枠組に，構造用合板その他これに類するものを打ち付けた床および壁により建築物を建築する工法をいう。

この工法は，床・壁・屋根が構造面として荷重や外力に抵抗するもので，耐震性，耐火性，耐久性，省エネ性(断熱・気密)などにも優れている。

a. 材料

① 枠組壁工法構造用製材規格で中心となる枠材は，断面寸法が2インチ×4インチのものである。工場で規格寸法に生産されたものを現場に搬入する。

② 部材の取付け金物は，所定の長さと径の釘，ボルト金物，帯金物を用いる。

b. 施工手順

① 1階床枠組を取付け後，構造用合板を張った床組を土台に釘で緊結し，帯金物で固定する。この床合板の上に墨出しを行う。

② 1階床枠組上を作業台(プラットホーム)として，壁枠組を作り，構造用合板を張った壁組を順次建て起こして，壁が倒れないように控え材を取り付けておく。

③ 2階床枠組を1階と同様に行い，続いて2階の壁枠組工事を行う。

④ 小屋組工事は，屋根梁方式の小屋組とする。

⑤ 仕上げ工事は，在来木造の内装と大差はないが，下地の両面が合板にプラスターボード張りとなり，各種備品等の取付けに当たって，ボード裏面の補強材取付けの事前確認が必要である。

c. 断熱・防湿工事

枠組壁工法による住宅は，気密性・断熱性に優れている特徴がある。その性能を発揮するための断熱・防湿に関する施工は，万全を期する必要がある。断熱材の充てんには，周囲の木枠や室内側仕上材との間にすき間が生じないように，均一にはさみ，釘留めとする。天井や床など，水平面に設ける断熱材は，湿気が水に変化しても断熱材が水浸しにならないように，アルミ箔面を上側にする。

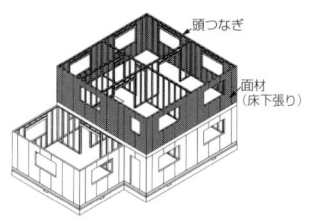

図3.4.13 枠組壁工法の建方工程

演習問題(木工事) ◆ 下記の文で正しいものには○，誤っているものには×をつけなさい。

1. 敷居及び鴨居の溝じゃくりについては，木裏において行った。
2. 土台を基礎に緊結するため，径12mmのアンカーボルトを，250mm埋め込むこととした。
3. 木材の筋かいと間柱との取合い部分については，間柱を筋かいの厚さだけ欠き取り，釘2本を平打ちした。
4. 地表面から高さ1m以下の外周壁内および水回り部分に接する壁内における柱，間柱筋かい，構造用面材および胴縁類には，木材保存処理材を用いた。
5. 木材の継手とは，部材を同じ方向に継ぐ場合で，仕口とは，異なる方向(直角方向)の部材を接合した場合の接合部をいう。
6. 枠組壁工法は，断面が2インチ×4インチの木材で組み立てた壁枠や床枠に，貫板を打ち付ける工法で，一般にツーバイフォー工法(2×4工法)と呼ばれる。

3.5 屋根工事

(1) 屋根工事の要点

建物の屋根は，防水工事と並んで屋根面の防水性能を確保するための工事であり，風雨・積雪などによる漏水は絶対に起こしてはならない。

屋根材は瓦，金属板，スレートなどで，材料を相互に組み合わせ，重ね寸法を適切にとり，下地材に確実に固定することで，止水性能を確保する工事である。各種葺き材に合った加工形状・重ね寸法を選定し，これらを機械的に組み合わせ，取り付けることが大切である。

設計図書に基づき，雨量・風力など外的な環境条件を十分把握するとともに，屋根勾配や樋の径なども検討しておかなければならない。

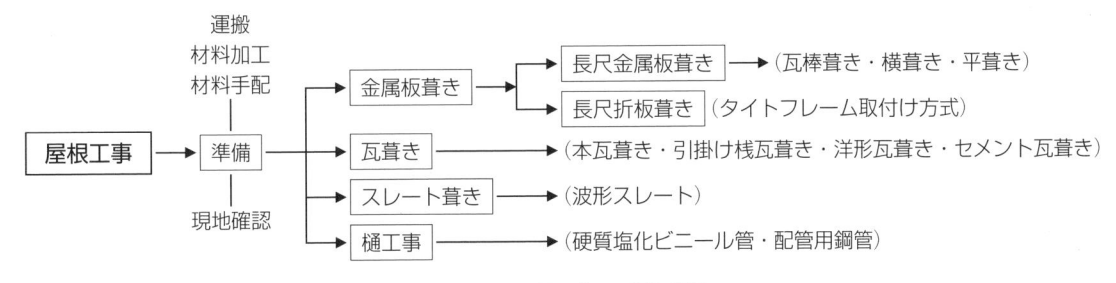

図3.5.1 屋根工事の工種と分類

(2) 屋根の形状

主な形状を下記に示す。

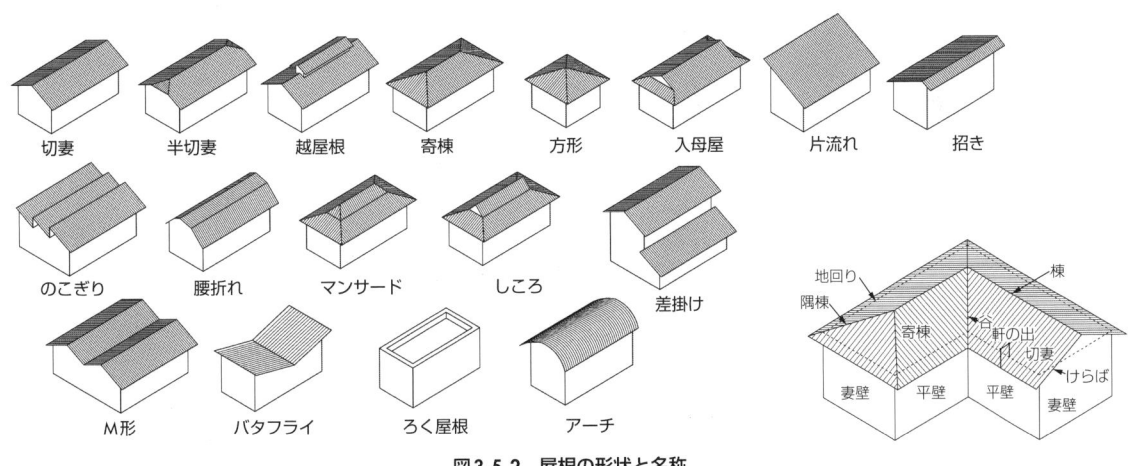

図3.5.2 屋根の形状と名称

(3) 屋根勾配

屋根勾配 水平面に対する屋根面の傾斜の度合いをいう。通常は，4/10，5/10などのように，分数形式(高さ/水平距離)で表記する。また，水平距離1尺(10寸)に対する高さを寸で表し，4寸勾配，5寸勾配のように呼ぶことも多い。

屋根勾配は，角度勾配(θ)，寸法勾配，分数勾配で表すが，一般的には分数勾配で示すことが多い。通常，設計図書などで示されるが，使用する屋根葺き材料や屋根の流れ長さによって，さらに，葺足と葺き重ねの関係を考慮しなければならない。

第3章 仕上げ工事

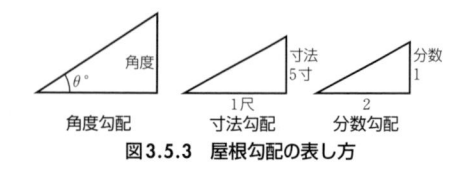

図3.5.3 屋根勾配の表し方

表3.5.1 屋根葺き材と勾配（分数勾配）

陸屋根	1/100～1/50	波形亜鉛鉄板	3.5/10～
長尺折板・瓦棒葺き	1/10～1/20	厚型スレート	3/10～4/10
平板金属板・波形スレート	1/30～	粘土瓦	4/10～5/10

(4) 屋根葺き材

表3.5.2 屋根葺き材の主な種類

種類	葺き方	特徴
植物繊維	茅葺き 藁葺き	ススキ，ヨシ，稲等，わら束を重ねて葺く
木材	大和葺き 柿葺き 木賊葺き 栃葺き	幅広の厚板を長手方向に葺く 3mm程度の薄板を重ね葺 4～6mmの薄板を重ね葺 10～30mmの厚板を重ね葺
樹皮	檜皮葺き 杉皮葺き	ヒノキの皮を重ねて葺く 杉皮を重ねて，竹で押さえ葺く
粘土瓦	本瓦葺き 桟瓦葺き 洋瓦葺き 石盤葺き	古い寺院等で見られる瓦葺き 一般的な屋根に見られる瓦葺き 欧米等の屋根に見られる瓦葺き 天然スレート板を加工して葺く

種類	葺き方	特徴
金属	銅瓦葺き 銅板葺き 鉛瓦葺き 鉛板葺き トタン葺き 瓦棒葺き 長尺折板葺き	本瓦葺きの形状に銅板で葺く 銅板を加工して平葺きにする 本瓦葺きの形状に鉛板で葺く 鉛板を加工して平葺きにする 平板，波状の亜鉛メッキ鉄板を葺く 亜鉛メッキ，カラー鉄板，アルミニウム，ステンレス板を使用して葺く
ガラス	ガラス板葺き ガラスブロック	平板・波板のガラス板で葺く 採光目的で屋根の一部にはめ込む
セメント製品	セメント瓦葺き，厚型スレート葺き，岩綿スレート葺き
化学製品	塩化ビニール板，ポリエステル板，アスファルトルーフィング，アスファルトフェルトなど用いて葺く

(5) 瓦葺き

1) 下葺き　アスファルトルーフィングは，瓦葺き下地や金属板葺き・スレート葺き下地などに用いられているが，改質アスファルトルーフィング下葺き材はステープルや釘打ち部の水密性に優れており，低温・高温性状が改良されている。

2) 本瓦葺き　神社・仏閣などに採用される日本古来の伝統的な葺き方であり，平瓦と丸瓦を交互に並べて葺く方法である。野地板に土留め桟を約450mm間隔に打ち付け，葺土を置き，平瓦を土留め桟に銅線で止め，その上に丸瓦を葺いていく手順である。

図3.5.4 本瓦葺き

3) 引掛け桟瓦葺き　一般に多く用いられている。葺き方は，桟瓦の縦の寸法にならい葺足（流れ方向の働き寸法）を決め，その葺足にならい瓦桟を通りよく正確に打ち付ける。

桟瓦　一般によく用いられている和瓦で，波形をした瓦をいう。盛り上がったところを桟，くぼんだところを谷という。右に桟のある右桟が一般的だが，季節風や吹雪の強い海岸近くでは，重ね目からの吹込みに配慮し，両流れ面の重ねの向きを同じくするために，左桟瓦を片面に使うこともある。屋根面の平葺き部分に使われる。

次に，軒先の横方向の割付けを行い，棟なども割り付ける。割付け後，軒先に軒糸，棟その他から，軒先にかけては流れ方向に地糸を張り，糸に沿って唐草瓦，桟瓦，けらば瓦を高低に注意しながら葺いていく。

最後に棟積みは，巴瓦，鬼瓦を据え付け，次に葺土またはモルタルを置きながら，順次のし瓦を積み上げ，棟の内部に空洞のないように詰め込んでから丸瓦を葺く。

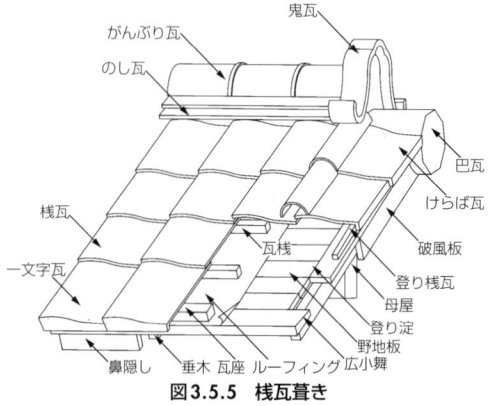

図3.5.5 桟瓦葺き

3.5 屋根工事

けらば瓦 切妻屋根の両側に用いられる。一般には水切りのために垂れが付き，右と左用がある。葺き方のポイントは，垂れ下端の線を通すことにある。また風による吹き上げに対して十分な止め付けが大切。「袖瓦」ともいう。

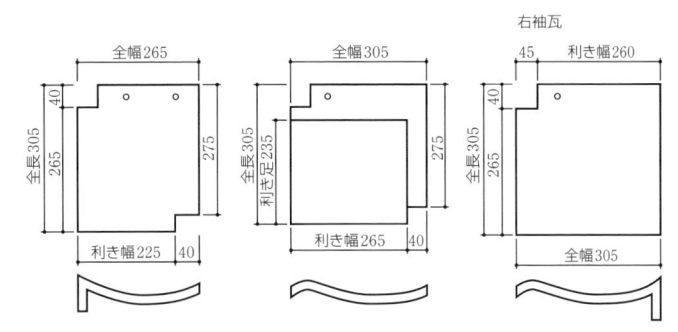

図3.5.6 瓦の形状，平瓦の働きと両端けらば瓦の形状

〔瓦の葺き方の方向〕

かぶせ葺き：左瓦にかぶせて葺く。

差し葺き：左瓦を右瓦に差し込んで葺く。右から葺く。

※差し葺きは，右瓦の葺きラインがそろえやすく，美術館など上級な建物に使われる。

粘土瓦 粘土を成形乾燥し，焼成した瓦。和形，洋形があり，釉薬の有無で，いぶし瓦，塩焼瓦，釉薬瓦，素焼瓦がある。粘土は各地で産出されるので，瓦の産地も三州瓦，遠州瓦，淡路瓦，石州瓦，越前瓦などが有名。

表3.5.3 粘土瓦の規格 （JIS A 5208）(単位：mm)

形状区分	寸法区分	寸法：長さ・幅	働き：長さ・幅
J形	49A	315×315	245×275
	53A	305×305	235×265
	53B	295×315	225×275
S形	49A	310×310	260×260
	49B	335×290	270×250
F形	40	350×345	280×305

表3.5.4 粘土瓦の産地と特徴

三州瓦(愛知県)	生産量全国一で，種類も多い。
石州瓦(島根県)	土に鉄分が多く，高温焼成し，凍害に強い。
淡路瓦(兵庫県)	釉薬瓦のほかに，いぶし瓦の生産量が多い。
関東瓦(埼玉県)	児玉・深谷・武州など，関東地方生産の総称（群馬・茨城・栃木など）。

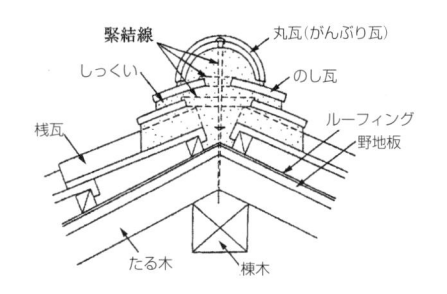

図3.5.7 棟の納まり（桟瓦葺き）

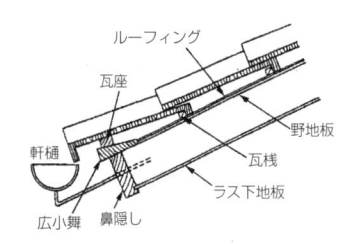

図3.5.8 軒先の納まり（桟瓦葺き）

4) 洋形瓦葺き

スペイン瓦 スペイン産の瓦。大正の終わり頃にわが国に持ち込まれた。日本の本瓦のように，半円弧の上瓦と下瓦の重ね葺きで構成され，葺き上がりは彫りの深い表情となる。役物の数は少ない。S瓦の原型。

S瓦 スペイン瓦の上瓦と下瓦を一体に成形した瓦。屋根下地と瓦の間に大きな空気層ができ，断熱性も高い。

瓦の型により，S瓦，フランス瓦，スペイン瓦，イタリア瓦などがある。

葺き方は，桟瓦に準じるが，かぶせ葺きが一般的である。釉薬瓦の使用からカラフルな色彩で需要が増えている。

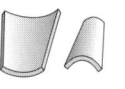

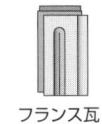

図3.5.9 洋瓦の種類
スペイン瓦　S瓦　フランス瓦

(6) 金属板葺き

1) 長尺瓦棒葺き

瓦棒の形状や心木の有無，取付け金物の種類などさまざまな工法がある。

瓦棒の間隔は450mm程度で，使用材料はカラー鉄板，厚さ0.4〜0.6mmが多く用いられる。

瓦棒葺き 屋根の流れ方向に一定間隔で細長い棒状部材（瓦棒）を取り付け，その位置で金属板の横方向の接続と下地への固定を行う。長さが3m以上あれば曲面の屋根も葺くことができる。金属板の温度伸縮を瓦棒の間で吸収でき，また間隔が金属板の幅以下であれば金属板の幅以下であれば金属板の流れ方向の継手がなくなり，雨仕舞に優れる。瓦棒位置に心木を入れる工法や，入れずに吊り子を用いる工法がある。

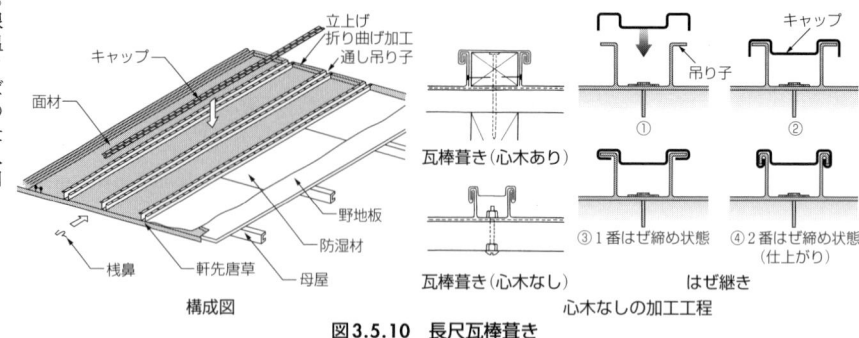

図3.5.10 長尺瓦棒葺き

2) 長尺折板葺き

ガルバリウム鋼板等を用いて，ロール成形機によって折板（厚さ0.6〜1.2mm）を成形加工する。2〜6mの間隔の折板の流れ方向に直交した梁の上に固定用のタイトフレームを鉄骨梁に溶接する。タイトフレームの上に折板をのせ，ボルトや金具（吊り子）で緊結する工法である。成形機を建設現場に持ち込んで，その場で成形しながら屋根を葺くことが可能である。体育館などスパンの大きい建物に適する。

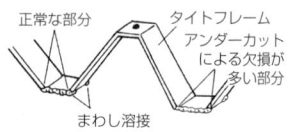

図3.5.11 タイトフレームの溶接固定

折板屋根 板を折り曲げ，W形やV形を連続させた断面形状をもつ屋根。工場，体育館やホールなどの大空間をつくるために用いられる。ガルバリウム鋼板や塗装鋼板を材料として加工した金属屋根が主流となっているが，鉄筋コンクリート製や木製のものもある。

タイトフレーム 工場などの鉄骨構造建物の屋根に使用される折板を梁に取り付けるために用いる。折板の形に加工した帯鋼。

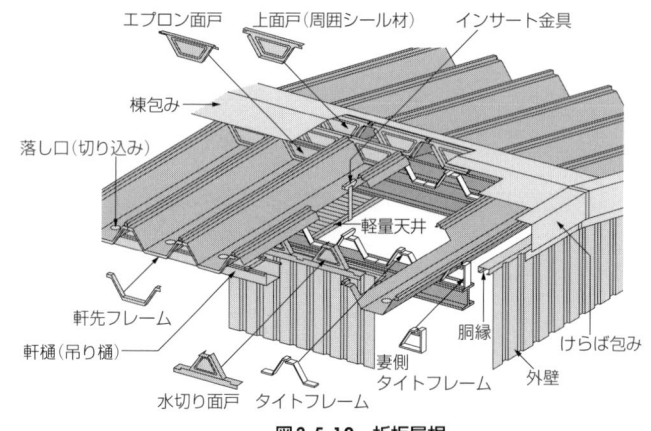

図3.5.12 折板屋根

3) 平葺き

ひさしなど小規模の屋根葺きに使用される。形状によって，一文字葺きや菱葺きなどがあり，下地は合板などを用い，止め付けは幅25mm程度の吊り子を1枚に3個程度使う。

一文字葺きは，アスファルトルーフィングで下葺きし，はぜの折り返しやかかり寸法は大きめ（15mm程度）にとり，毛細管現象による雨水の浸入をなくすため，ふくらみ部分を大きくする。

一文字葺き 葺き材を水平方向に一直線に並べ，幅の1/2ずつをずらしながら（千鳥）葺く。葺き材には，金属板，天然スレートなどが使われる。

菱葺き 金属板やスレート板を45度傾けて，菱形に葺き上げる平葺き工法の一つ。「四半葺き」ともいう。

はぜ継ぎ 金属屋根工事の板金工事において，金属板の端辺を小さく折り曲げて継ぎ合わせること。こはぜ継ぎ，巻はぜ継ぎ，立てはぜ継ぎなどがある。

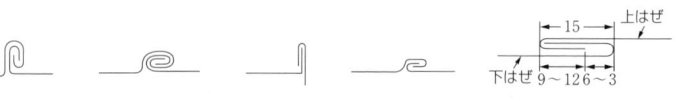

図3.5.13 平葺き

(7) スレート葺き

a. スレート波板葺き（繊維強化セメント板）

波形スレートは，一般には，工場・倉庫など鉄骨造の屋根や壁面に用いる。使用するスレートの種類や屋根勾配に応じて，適切な重ね寸法を選定する。

鉄骨造の場合は，下地材を使わないで，じかに母屋・胴縁（リップ溝形鋼）に直接フックボルトで留め付ける。スレートの重ねは，横山で大波・中波は1山半とし，縦重ねは150mm程度とする。留付け金物は，受け材当たり板幅1枚に付き2本（強風地域は3枚）とする。

スレート 屋根葺き，天井，内外装材として用いる板状の建材。天然スレートは粘板岩が圧力で変質した高価なもので，人工スレートは石綿の使用禁止にともない，代替繊維で強化したセメント板である。形状には波板と平板があり，平板は「フレキシブルボード」ともいわれる。

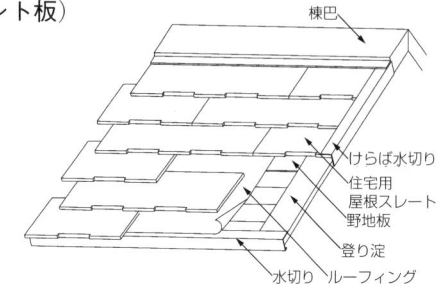

図3.5.14 スレート葺き

b. 平型屋根用スレート葺き

平型屋根用スレート葺きは，住宅の屋根用カラースレート瓦が使用される。張付けは，スレート1枚ごとに野地板に釘留めする。端数の切断や穴あけは，専用の工具で行う。

(8) 樋工事

樋の材料は，配管用炭素鋼鋼管（白）およびねじ込み式排水管継手の場合に硬質塩化ビニル管が用いられる。住宅系の建物は，後者（塩ビ管）が大半である。塩ビ管は，役物の呼び樋（あんこう），はい樋，雨樋など全て規格品がそろっており，現地で取付け工事だけとなっている。

鉄筋コンクリート造などは，排水管と排水用のルーフドレンを用いる。ルーフドレンには，アスファルト防水用，シート防水用，屋上モルタル用，バルコニー中継ぎ（縦管用）モルタル防水用などがある。

樋 屋根面の雨水を集め，地上または下水などに導くための半丸形や溝形，管状の部材。銅，亜鉛鉄板，鋼，ステンレスなどの金属性か塩化ビニル製のものが一般的に使われる。屋根の面積に応じて，樋の大きさや本数が決められる。

呼び樋 軒樋と竪樋をつなぐ横引きの樋。元来，軒に接続する受け口のますをあんこうといって区別していたが，現在では軒樋と竪樋の接続部分全体を含めて「呼び樋」あるいは「あんこう」という。

竪樋 壁や柱に沿って縦に雨水を導く樋。一般的に軒樋で受けた雨水は呼び樋で受け，それに竪樋を接続する。曲がりが多くなると流水の抵抗が大きくなって流量の低下をきたすため，なるべく直管であることが望ましい。

軒樋 屋根の雨水を受けるために軒先へ付ける樋。樋を露出する外樋が一般的だが，意匠上隠すための内樋などもある。

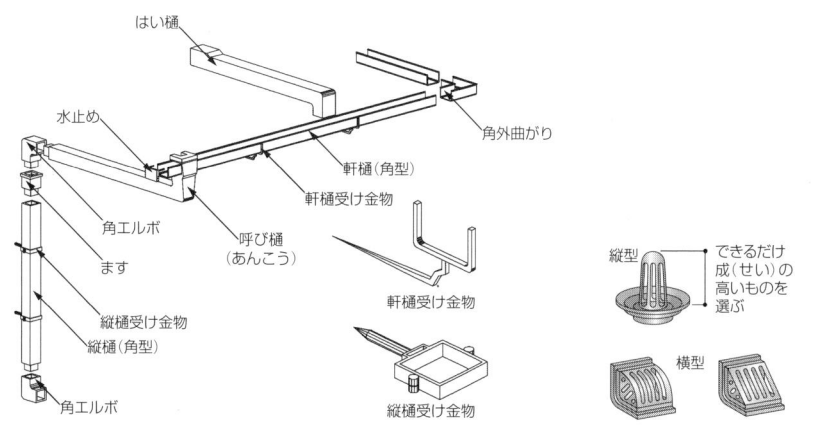

図3.5.15 樋の構成例   図3.5.16 ルーフドレンの形状

3.6 金属工事

(1) 金属工事の要点

金属工事には，注文製品を製作して取り付ける工事と既製品を取り付ける工事に分類される。注文製品と既製品ともに現場で取り付ける方法は，先付け工法と後付け工法があり，その取付け方法や納まりについては，製品を事前に吟味しておかないと，作業性が悪い，でき映えがよくないことになる。

建物に使用される金属は，非構造用の内外装材で多種多様であり，材料の種類・形状・寸法・品種が非常に多く，建物によって要求される装飾性・耐久性・経済性もまちまちである。

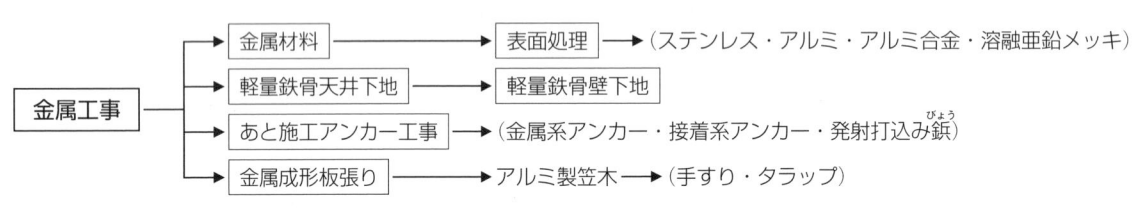

```
                  ┌─ 金属材料 ─────── 表面処理 → (ステンレス・アルミ・アルミ合金・溶融亜鉛メッキ)
                  ├─ 軽量鉄骨天井下地 ─ 軽量鉄骨壁下地
  金属工事 ───────┤
                  ├─ あと施工アンカー工事 → (金属系アンカー・接着系アンカー・発射打込み鋲)
                  └─ 金属成形板張り ──── アルミ製笠木 ─ (手すり・タラップ)
```

図3.6.1 金属工事の工種と分類

(2) 金属工事の材料

①鉄（鋼）は，内外装としては薄板鋼板が主であり，耐腐食・表面化粧用に表面処理を施して広く用いられている。

②ステンレスはさびない強靭な鋼で，建築に使われるステンレスは，SUS430 (18Cr) フェライト系，耐酸性は不十分だが溶接性は良い。

③アルミニウムは，アルミ合金としてサッシ，手すり，建具金物，家具などの仕上材として一般的に使われている。

(3) 表面処理

①メッキ：電気メッキは，メッキする金属をマイナス極，メッキ用の金属をプラス極にして，電解質液の中で電気を通して表面に被膜をつくる。亜鉛・ニッケル・クロムメッキがあり，鉄・銅・黄銅などにも用いる。

②溶融亜鉛メッキ（どぶ漬け）：溶融した亜鉛に，被メッキ金属を漬けて亜鉛の被膜を作るもの。厚いメッキ層が形成でき，屋外でも塗装なしで使用できる。

③ジンククロメート：さび止め塗装の一種。亜鉛メッキ後にクロム酸と硝酸，重クロム酸ソーダと硫酸などの溶液に漬けて，クロム酸の被膜を形成する。

④ステンレス表面仕上げ：鏡面，ヘアーライン，エッチングの仕上げがある。

> **どぶ漬け** 塗料，メッキなどに用いる操作の一つで，刷毛やスプレーなどを用いずに，製品を溶融液に漬けて表面に皮膜を作ること。「てんぷら」ともいう。

(4) 軽量鉄骨下地

1) 軽量鉄骨天井下地

①下地材各部の名称（JIS A 6517）については，**図3.6.2，3.6.3**参照。

②あと施工アンカーでのインサート取付けは避けること。

③野縁の配置方向は，照明器具などの関係を考慮し，野縁を切断しない。

④野縁の間隔は，仕上材の幅により150〜225mm程度とする。

⑤野縁と野縁受けの留付けクリップは，交互に向きを変えて留め付ける。

2) 軽量鉄骨壁下地

①間仕切りの心および逃げ墨を出して，スタッドの割付けを行う。

②ランナーは端部を押さえ，間隔900mm程度に打込みピン，掘込みアンカーの類で固定する。受け材が鋼材等では，タッピングビス類か溶接とする。

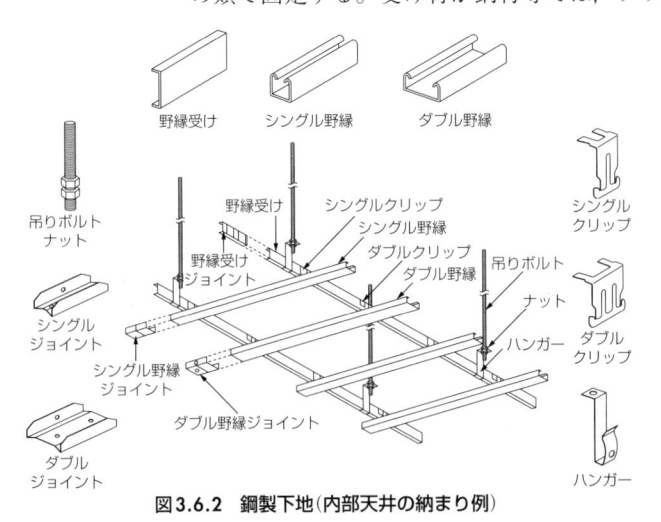

図3.6.2 鋼製下地（内部天井の納まり例）

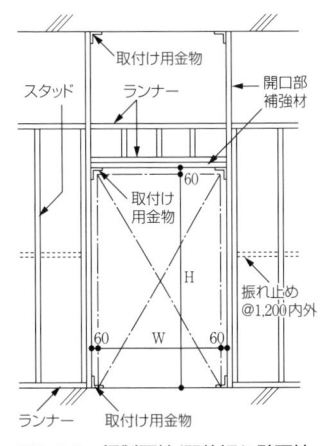

図3.6.3 鋼製下地（間仕切り壁下地・天井ボード張りの納まり例）

(5) あと施工アンカー

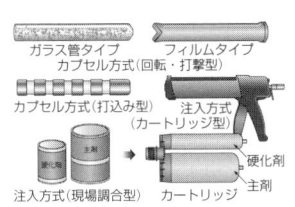

図3.6.4 接着系アンカー

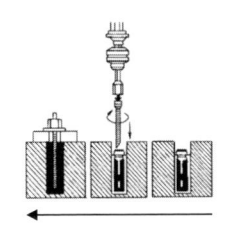

あと付け方式 ─┬─ あと施工アンカー ─┬─ 金属系アンカー
　　　　　　　│　　　　　　　　　　├─ 接着系アンカー
　　　　　　　└─ その他のアンカー　└─ 発射打込み鋲

①金属系（メカニカル）アンカーは，あらかじめ穿孔された孔に装てんし，打撃または回転締付けにより，その拡張部が開き，コンクリート孔壁に食い込むことによって機械的に固着される。各種タイプがあり，工法・耐力特性が異なる。期待する強度の確保のため，穿孔の精度，母材の状態，アンカー拡張部の施工完了の確認等，施工管理が特に重要となる。

②接着系（ケミカル）アンカーは，あらかじめ穿孔された孔に接着剤を注入し，ボルト等を埋め込む。または接着剤入りカプセルを装てんの上，ボルトを回転，打撃させながら埋め込むなど，接着剤の硬化により孔内のボルト等を固着する。

①母材に孔をあけ，カプセルを挿入する。
②ハンマードリルなどにボルトをつけて回転・衝撃を与え打ち込む。
③取付け完了。

図3.6.5 接着系アンカーの手順

③発射打込み鋲は，コンクリートや鋼材等に適応する鋲打ち機を用いて，火薬の燃焼ガスにより打ち込むもので，「鉄砲刀剣類所持等取締法」「火薬類取締法」の適用および規制を受け，所持・使用するには，定められた手続きが必要である。

④その他のアンカー類には，大きな耐力を期待しない軽量物の取付けに用いられ，母材もコンクリート，ALC，ブロック，ボード類が対象となる。

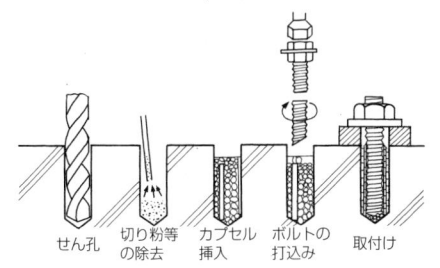

図3.6.6 金属系アンカーの手順

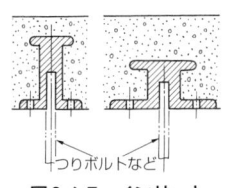

図3.6.7 インサート

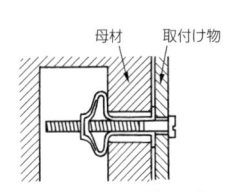

図3.6.8 アンカーピン

芯棒打込み式　内部コーン打込み式　本体打込み式　スリーブ打込み式
コーンナット式　テーパーボルト式　ダブルコーン式　ウェッジ式

図3.6.9　金属系アンカー（メカニカルアンカー）の種類

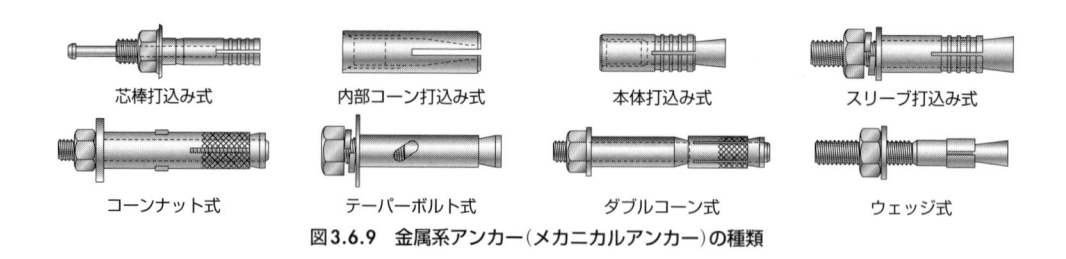

(6) 金属成形板張り

①金属の成形板（モールディング・スパンドレル）には，鋼板製，ステンレス板製，アルミニウム板製がある。
②取付け下地は，一般に軽量鉄骨下地材で，屋外・屋内に分けて野縁の材料・工法を検討する。
③成形板は，定尺の既製品であり，必ず割付けを行い，途中に半端が入らないように配置する。
④留付けは，目地底に目立たないように小ねじ留めとする。
⑤長さに応じ伸縮調整継手が必要となる。

(7) その他の金属工事

①アルミニウム製笠木は，主にRC造等の屋上パラペット等に使用される。笠木本体の取付けは，固定金具に対し，はめ合い方式で固定する。笠木と笠木は，ジョイント金具とはめ合い方式で行うが，オープンジョイントで温度変化に配慮し，伸縮への対応のため5～10mmのクリアランス（目地）を設ける。
②手すりは長い場合，笠木と同じ仕様で施工する。廊下・バルコニー・窓に使用する場合，建築基準法施行規則の高さおよび手すり子の間隔等を確実に遵守する。
③タラップは，屋外に取り付ける場合，関係者以外に使用できないようにする。

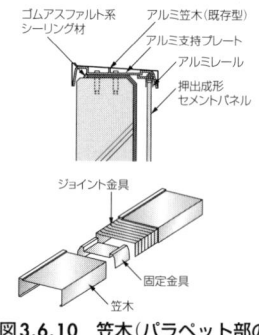

図3.6.10　笠木（パラペット部の納まり例）

演習問題（金属工事）◆ 下記の文で正しいものには○，誤っているものには×をつけなさい。

1. 軽量鉄骨壁下地において，設備配管により振れ止めを切断する箇所には，振れ止めと同材または吊りボルト（ねじ山径9.0mm）によって補強した。　□
2. 軽量鉄骨壁下地において，コンクリート壁に添え付くスタッドについては，ボード割付けにかかわらず，打込みピンで振れ止め上部の位置に固定した。　□
3. 軽量鉄骨天井下地において，野縁を野縁受けに留め付ける留付けクリップのつめの向きについては，野縁受けの溝に確実に折り曲げられるように，向きをそろえて留め付けた。　□
4. アルミ合金製の手すりの取付けにおいて，部材伸縮の目安（温度差40℃の場合）を1m当たり1mm程度として，伸縮調整部を8mごとに設けた。　□

3.7 左官工事

(1) 左官工事の要点

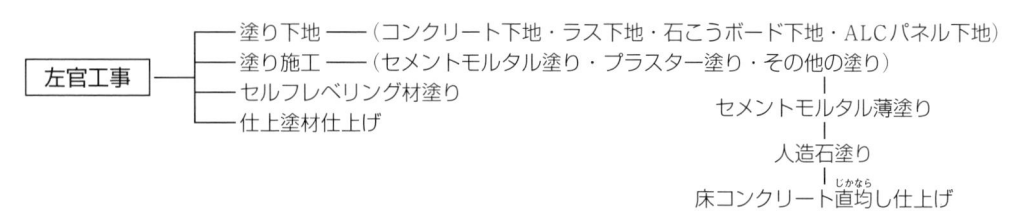

左官工事は，現場でモルタルやプラスター材などを調合・混練し，壁や床に鏝や吹付け機を用いて塗り付ける作業が大半である。湿式工法であり，下地や気候に影響を受けやすく，左官工の技能に負うところが大きい。

```
           ┌── 塗り下地 ──（コンクリート下地・ラス下地・石こうボード下地・ALCパネル下地）
左官工事 ──┼── 塗り施工 ──（セメントモルタル塗り・プラスター塗り・その他の塗り）
           ├── セルフレベリング材塗り              │
           └── 仕上塗材仕上げ                      ├── セメントモルタル薄塗り
                                                   ├── 人造石塗り
                                                   └── 床コンクリート直均し仕上げ
```

図3.7.1 左官工事の施工法と分類

(2) 各種の塗り下地

1) コンクリート下地　コンクリート下地は，ほとんどの仕上材料に適応できるが，表面の状態・塗り代の確保など仕上材により異なるので，下地処理方法を確認する。表面に残るはく離材や付着物などは，高圧洗浄・サンダー掛け等で処理する。コンクリート表面の凹凸が激しい場合は，はつり，付け送り等，不陸調整およびジャンカの補修をしておく。また，鋼製パネル使用の下地にも，目荒らし，のろ引き，接着剤の塗布などを行う。

2) 石こうボード下地　石こうボードとラスボードの2種類があり，厚さ9.5mm以上のものを使用する。軽量鉄骨下地の壁・天井などは，横使い乱継ぎとし，取付けはステンレスタップビスを用いて，100mm間隔以内に固定する。

3) ラス下地　木造・鉄骨造の下地として，モルタル塗りが一般的である。材料には，メタルラス，リブラス，ワイヤーラス，ラスシートなどあるが，ワイヤーラス，ラスシートは，仕上がりに亀裂が発生しやすいのでほとんど用いられていない。

① メタルラスは，木造でラス板・合板等に防水紙を張り，その上にタッカー針・ステープルで留める。

② リブラスは，メタルラスの長手方向の縁を網目にしないで，高さ9mmの凸形に補強したもので，下地から少し浮き上がり，モルタルが付きやすい。戸建住宅の基礎にラス型枠として用いられる場合もある。

4) 木毛セメント板下地　木毛セメント板は，細長い木片をからめてセメントで圧縮，固めたもので，厚さ15mm以上のものを用いる。体育館等の天井に張って吹き付け，化粧材として使われることもある。

5) ALCパネル下地　吸湿性が高いため，左官材料は作業前に十分水湿し，シーラー処理を施し，混和剤を使用しなければならない。表面強度が小さいので，モルタル塗りなどの高強度の仕上げは極力避ける。タイル張りは，必ず伸縮調整目地をパネル5枚以内（スライド工法の場合）に設ける。

6) 小舞下地　土壁の下地で竹，葦などの材料を麻や藁の縄で編んだものに荒壁土を付けていく。柱や梁と壁が力学的に縁が切れ，壁表面に力が伝わりにくい構造。

第3章 仕上げ工事

小舞 屋根や壁の下地として竹や細く削った木を縦横に細かく組んだもの。土壁下地に使われるものには、竹小舞、木小舞などがあり、柱・梁など構造材の間に、縦横の間渡し材を穴入れし、これに小舞材をしゅろ縄などをからげてきつく掻いていく。

珪藻土 海底に堆積した植物プランクトンでできた多孔質の土。耐熱性に優れることから、七輪(コンロ)の主材に使われたり、建築の塗り壁下地として使用される。

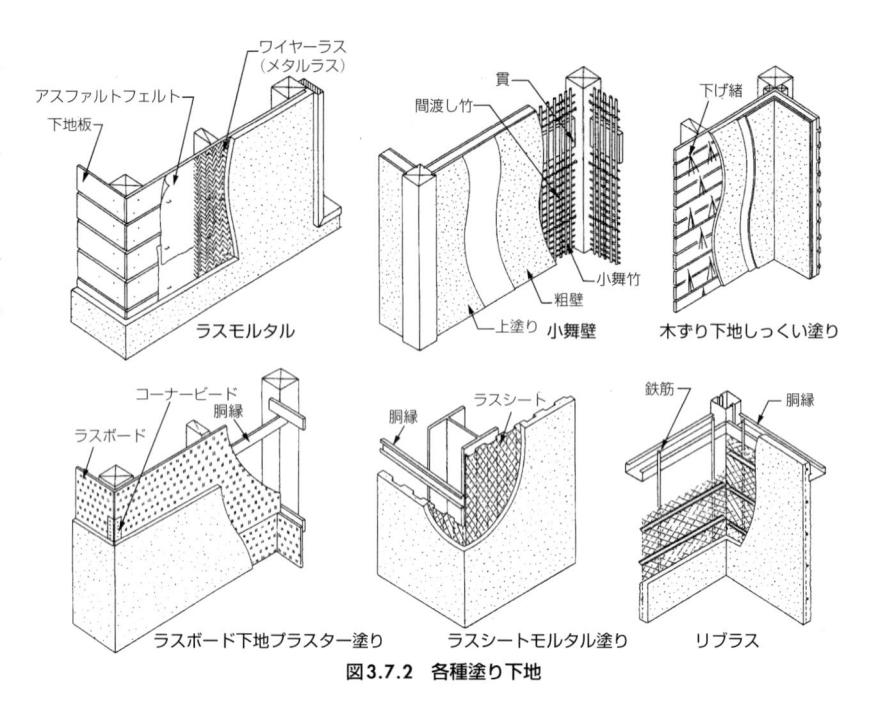

図3.7.2 各種塗り下地

(3) 塗り施工

1) セメントモルタル塗り

富調合 コンクリートにおいて、単位セメント量が比較的多い(350〜450kg/m³程度)調合。

貧調合 コンクリートにおいて、単位セメント量が比較的少ない(150〜250kg/m³程度)調合。

a. 材料・調合

①砂は、ごみ・土・有機不純物・塩化物などを含まず、粒径は塗り厚に支障のない限り大きいものを用いる。ただし、塗り厚の半分以下とする。
②下塗りは、強度を大きくして付着力を良くするため富調合とする。
③上塗りは、ひび割れを少なくするため貧調合とする。

表3.7.1 セメントモルタルの調合(容積比)

下地	施工箇所	下塗り セメント:砂	むら直し・中塗り セメント:砂	上塗り セメント:砂
コンクリート	内壁	1:2.5	1:3	1:3
	天井・ひさし	1:2.5	−	1:3
プレキャストコンクリート部材	外壁・その他	1:2.5	1:3	1:3

b. 施工

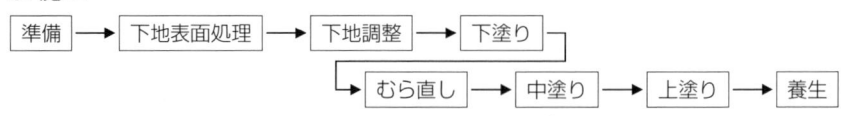

準備 → 下地表面処理 → 下地調整 → 下塗り → むら直し → 中塗り → 上塗り → 養生

図3.7.3 セメントモルタル塗り工事の一般的な作業フロー

①塗り厚は、天井・ひさしは12mm以下、壁等は25mm以下(床は除く)。
　1回の塗り厚は6mmを標準とし、9mm以下とする。
②下塗りは、2週間以上、できるだけ長期間放置する。
③中塗りは、平らに塗り付けた後に定木ずりして平たんにする。
④モルタルの1回の練混ぜは、2時間以内(夏季1.5時間)に使い切る。

定木ずり 左官工事で壁や床の塗り面を平らに仕上げるために、まっすぐな定木で表面をこすること。この定規を引き定木という。

2) 石こうプラスター塗り

パーライト 真珠岩、黒曜石を粉砕し、焼成膨張させたきわめて比重の軽い骨材。断熱性、吸音性に優れる。

a. 材料・調合

①石こうプラスターは2種類あり、現場調合プラスターは焼石こうを主原料とし、硬化遅延材を添加し、硬化時間を調整したもので、下塗り専用である。
②下塗り用既調合プラスターは、石こうプラスターにあらかじめパーライト、

バーミキュライト，川砂，けい砂，寒水石等の骨材，すさ類，合成樹脂系混和剤等を配合し，作業性を良くしたものである。

③石こうプラスターの調合で砂を入れ過ぎると，硬化時間が早くなり，強度が低下する。気泡が入りやすくなり，下地との接着面積が減少し，付着力が低下する。

b. 施工

①下地モルタル塗りを行うのは，金ぐしによる目荒らしによる付着の足がかりと，型枠用セパレーターなどのさび止めのためである。

②下地モルタル塗りが乾燥不十分のうちに塗ると，双方の硬化時間のずれにより，接着面にずれを起こし，はく離を生じやすい。

③一度練り混ぜたものは，急速に水和反応が進むので，練り直して使用できない。

④中塗りは，下塗りの硬化状態を点検して施工する。

⑤上塗り完了後，通風等により通気の調整を始めるのは，24時間程度経過してからがよい。

⑥施工時の気温が2℃以下になると，凍害を起こすので作業は行なわない。気温が低下するおそれがあれば，養生を行い，5℃以上に保つようにする。

3）ドロマイトプラスター塗り

表3.7.2 ドロマイトプラスターの調合

プラスター	1
セメント	0.2
砂	2
白毛すさ	700g
塗り厚	6mm

バーミキュライト 黒雲母の葉片を焼成してつくる軽量の二次鉱物。モルタルに混入して塗ると吸音，防熱効果がある。鉄骨の耐火被覆の原材料としても使用される。「ひる石」ともいう。

けい砂 石英を主成分とする細骨材。天然けい砂は花こう岩の風化，分解，淘汰によってできたもの，人工けい砂は白珪石を粉砕してつくる。左官工事の薄塗り仕上げ用の骨材などに使用される。

すさ 塗り壁の補強および亀裂防止のため，塗り材料に混入する繊維質材料。材料の収縮を分散し，ひび割れを防止するもの。わら，麻，紙，ガラス繊維，獣毛などを用いる。

付け送り 左官工事で，下地に凹みや小穴がある場合に，あらかじめ下塗りに先立って材料を塗り付けて，下地の平面度を修正する作業。コンクリート下地の場合は，モルタル等で埋め戻す。「穴埋め」ともいう。

a. 材料・調合

①マグネシアを含んだ消石灰・水を原料として，砂・すさ・顔料を混入する。空気中の二酸化炭素と作用し，硬化する。粘性が大きく塗りやすいが，硬化が遅く乾燥収縮が大きい。

②水に弱く，内壁や天井，水のかからない外壁やひさしなど。

b. 施工

①混練りが容易で，作業性に優れるという特徴がある。プラスターというと，ドロマイトプラスターを指すことが一般的である。

②コンクリート下地で付け送りが必要な場合，モルタルで不陸を修正し，2週間以上放置しておく。

③下塗り・ラスこすりは，こて押えを十分にして下地面に塗り付け，くし目をつける。むら直しは，下塗りの水引きの状態を見て行う。

④中塗りは，下塗りまたはむら直し後，7日以上置いた後，適度の水湿しをして金ごてで仕上げる。

⑤上塗りは，中塗りの半乾燥の時に，水引き状態を見てむらなく仕上げる。

表3.7.3 石こうプラスターとドロマイトプラスターの比較

項目＼種類	石こうプラスター	ドロマイトプラスター
硬化	水硬性（硬化するまで通風は避ける）	気硬性（換気が必要）
pH	中性，弱酸性	アルカリ性
練り置き時間	下塗り，中塗り＝2時間，上塗り1.5時間	12時間程度（こて伸びが良い）
セメントなどの混入	強度低下，接着力低下	強度増加，接着力増加

水硬性：セメントや石こうなどが，水と化学反応して，凝結，硬化する性質。
気硬性：消石灰，ドロマイトプラスターなどのように，空気中で硬化する性質。

4）その他の塗り工事

a. セメントモルタル薄塗り

セメントに寒水石，けい砂，パーライト，水溶性樹脂などを工場で調合した

もので、厚さ3～10mmの塗り厚で、タイル、吹付け、塗装、壁紙張りなどの下地として全面仕上げる。

b. 人造石塗り

セメントと各種の砕石や砂利を粉砕して顔料と調合し、上塗り面を洗い出し、研ぎ出し、たたきなどの加工仕上げした場合と、工場で板にして現場で取り付けるものがある。

c. 床コンクリート直均し仕上げ

直均し仕上げのまま使用する場合と、張り物・敷物等の下地とする場合がある。直均し仕上げのまま使用する工場・倉庫等で、耐磨耗性を要求される床では、表面仕上材を散布して仕上げる場合もある。

仕上げ程度については、それぞれ要求される精度が異なるので、各部分の使用目的、用途等を十分に考慮して行う。

> 人研ぎ 「人造石塗り研ぎ出し仕上げ」の略。セメントに大理石粒や顔料を練り混ぜてこて塗りした面を、硬化後に研磨してつや出し仕上げを施したもの。種石は通常5mm未満の砕石を使用するが、大きな大理石粒を使用したものは「テラゾー塗り」と呼ぶ。

5) セルフレベリング材塗り

図3.7.4 施工状況

石こう組成物やセメント組成物に骨材や流動化剤を添加し、セルフレベリング性を付与して、これを床面に流し簡単にならすだけで、平たん・平滑な精度の高い床下地をつくるものである。セルフレベリング材には、石こう系とセメント系がある。

① 塗り厚が大きいと、ひび割れや浮きが発生しやすくなるので、一般に5～20mmとし、標準は10mmとする。

② 硬化する前に風に当たると、表層部分だけが動いて、硬化後にしわが発生するので、硬化するまで通風を避ける。

③ 塗り施工後の養生期間は7日以上～14日程度とし、表面仕上材施工までの期間は30日以内を標準とする。

④ 施工場所の室温が5℃以下の場合は、施工しない。

表3.7.4 石こう系とセメント系の比較

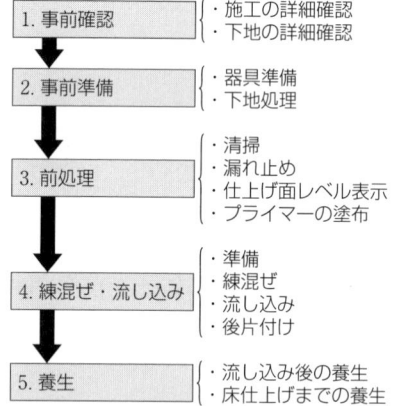

石こう系	セメント系
中性	アルカリ性
鉄部に防錆処理が必要	鉄部に防錆処理不要
耐水性少ない	耐水性大きい

図3.7.5 セルフレベリング施工手順

1. 事前確認 : 施工の詳細確認 / 下地の詳細確認
2. 事前準備 : 器具準備 / 下地処理
3. 前処理 : 清掃 / 漏れ止め / 仕上げ面レベル表示 / プライマーの塗布
4. 練混ぜ・流し込み : 準備 / 練混ぜ / 流し込み / 後片付け
5. 養生 : 流し込み後の養生 / 床仕上げまでの養生

6) 仕上塗材仕上げ

建築用仕上塗材は、指定された銘柄、色、つや等に基づいて製造所により調合・出荷されるので、現場で顔料・添加物を加えて調整してはならない。

① 薄付け仕上塗材仕上げの塗り厚は3mm程度で、砂壁状、ゆず肌状、さざ波状等に仕上げる。

② 厚付け仕上塗材仕上げの塗り厚は10mm程度までで、吹付け工法、こて塗り工法でスタッコ状に仕上げる。

③ 複層仕上塗材仕上げの塗り厚は1～5mm程度で、ゆず肌状にする場合はローラー工法で、凹凸模様にする場合は吹付け工法で行う。

④ 軽量鉄骨材仕上塗材仕上げの塗り厚は3～5mm程度で、砂壁状は吹付け工法で、平たん状はこて塗り工法で天井等に使用する。

> スタッコ セメントモルタルや石灰モルタルを5～10mm程度吹き付けまたは塗り付けて、こてやローラーで表面に大柄の凹凸模様を付けた外装材。本来は大理石に似せたイタリア産の塗装材で、消石灰に大理石粉、粘土粉を混入したもの。「セメントスタッコ」ともいう。

3.8 建具工事

(1) 建具工事の要点

建具工事とは，基本的に建物の外周部の窓や出入口に取り付ける金属製建具と，内部の間仕切り部分の出入口および押入などに取り付ける木製建具類を製作・取り付ける工事をいう。

建具の材料別の種類と機能別の種類は多種多様で，窓や出入口の採光・換気，人・物などの出入りが目的で，外部の風雨や騒音などを遮断する壁の役割も持たせている。

建具の構成は基本的に，建具枠と建具が一対になっている鋼製サッシと，木造住宅など柱と敷居・鴨居に建具を取り付ける工法に分かれる。近年では，内部建具も建具枠と建具を一対に工場で塗装またはビニル張り加工し，セットで搬入，造作大工が取り付ける工法が主流である。

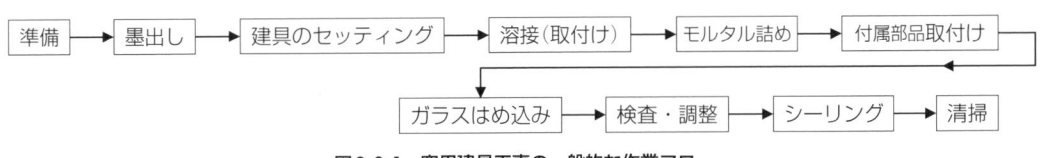

準備 → 墨出し → 建具のセッティング → 溶接(取付け) → モルタル詰め → 付属部品取付け → ガラスはめ込み → 検査・調整 → シーリング → 清掃

図3.8.1 窓用建具工事の一般的な作業フロー

(2) 種類と性能

1) 建具の種類

建具とは，可動する戸と建具枠で構成したものと定義されているが，可動方法の種類にも多様であり，可動しないものもある。

建具の材料と機能による分類は，次のようなものがある。

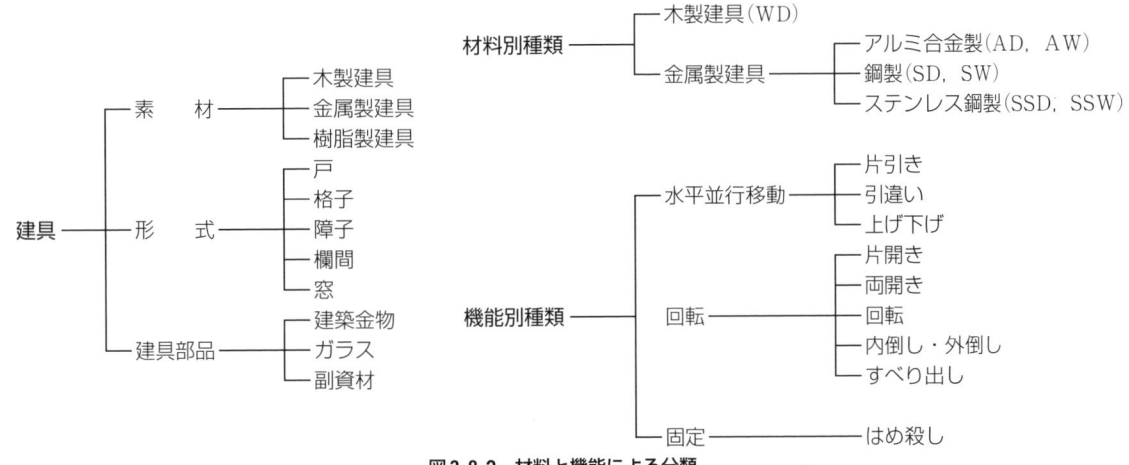

材料別種類
- 木製建具(WD)
- 金属製建具
  - アルミ合金製(AD, AW)
  - 鋼製(SD, SW)
  - ステンレス鋼製(SSD, SSW)

建具
- 素材
  - 木製建具
  - 金属製建具
  - 樹脂製建具
- 形式
  - 戸
  - 格子
  - 障子
  - 欄間
  - 窓
- 建具部品
  - 建築金物
  - ガラス
  - 副資材

機能別種類
- 水平並行移動
  - 片引き
  - 引違い
  - 上げ下げ
- 回転
  - 片開き
  - 両開き
  - 回転
  - 内倒し・外倒し
  - すべり出し
- 固定
  - はめ殺し

図3.8.2 材料と機能による分類

2) 性能

性能については，建具メーカーがJISに等級が規定されている性能認定を確保している数値をパンフレット等に記載している。等級を超える風圧力の場合は，部材の構造計算または建具製作所での試験の報告書による。

性能項目として，①耐風圧性，②気密性，③水密性，④遮音性，⑤断熱性，⑥耐震性がある。また，性能等級項目は，『建築工事監理指針』に記載されている。

表3.8.1　建具の主な種類と機能

建具の種類	機能	建具の種類	機能
はめ殺し窓	動かない窓	片開き戸	一般のドア
上げ下げ窓	可動部分が上下に動く窓	両開き戸	上に同じ
引き違い窓	可動部分が左右に動く窓	引き戸	片引き戸と両引き分け戸がある
両開き窓	可動部分が外か内に向かって開く窓	ジャルジー窓	水平に分割されたガラスが可動する
突き出し窓	可動部分が外に倒れる窓	折りたたみドア	建具が2つか3つに折れるもの
すべり出し窓	窓が外に向かって滑り出る	回転窓	ドアが出入口に向かって回転する

(3) 木製建具

1) 材料

平衡含水率　大気中におかれた含水率の高い木材は、水分を放出して次第に乾燥し、十分に乾燥した木材は水分を吸って、木材のおかれた温度と湿度に応じた含水率となり、平衡状態となって安定する。このときの含水率をいう。

反り、ねじれ、狂いなど寸法に変化が生じると、その機能が著しく損なわれるおそれがあることから、含水率は一般の木工事材料より厳しくしている。

人工乾燥は、平衡含水率より2〜3％低めに乾燥したほうが、狂いは少ない。屋内における木材の平衡含水率は、10〜15％程度とされる。天然乾燥では、平衡含水率は12〜19％程度で、半年以上が必要となる。一般に建具材料は、含水率13％以下を標準としている。

2) 種類・構造

a. フラッシュ戸

① 中骨式は、従来工法を機械製作しやすく改良し、中骨を横方向のみとして、かつ中間2箇所の中骨を分増し（見付け幅を太くすること）しない方法である。

② ペーパーコア式は、中骨の数を減じ、その代わりにペーパーコアを挟み込む工法である。

③ いずれの工法でも、ステープル留めと接着剤を用いて剛性を確保する。

④ 錠前当たりの部分には、高さ300mm以上の補強を施す。

b. ふすま（襖）

① 従来工法（Ⅰ型工法）で、周囲骨の隅をえり輪入れし、周囲骨間および周囲骨との取合いは、釘打ちとなっている。

② 紙張りは、下張り骨しばり・べた張り・袋張りの3工程で、その上に上張りするが、近年、茶ちり紙（骨しばり）と黒紙または紫紙（べた張り用）の3工程とすることが行われている。

③ 機械化製作のために開発された工法（Ⅱ型工法）で、一般に「チップボード型」と呼ばれる。周囲骨の隅は火打ちを入れ、接着剤とステープルで固定し、中骨と周囲骨の取合いはステープルで固定する。

c. 框戸（かまち）

框戸は、框枠の中に縦桟・横桟を組み込み、格子状で、ガラス戸や障子張りをする建具で、一般的に材料は素地で用いることが大半である。

① 框のほぞ形式は、1段1枚ほぞと2枚2段ほぞがある。

② 上框と縦框の取合いは、ほぞをしっかり差し込み固定させる。

③ 格子内にガラスなどを使うと重量が増すので、レールはU形・甲丸型とする。

d. 戸ぶすま

フラッシュ戸で、片面が洋室用の板材またはクロス、他面が和室用の紙張りとした建具である。上張り施工時の吸水による伸びや乾燥による収縮および湿度の影響で、反りが生じやすい。ビニルクロス張りは、張った側が凸になる。

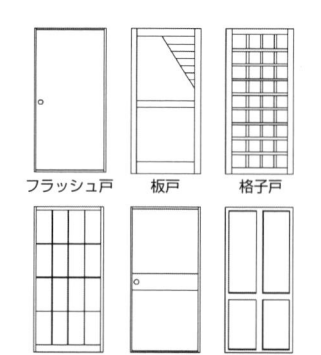

図3.8.3　木製建具の種類

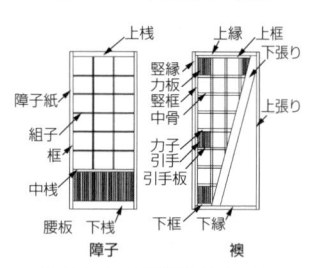

図3.8.4　和風建具のしくみ

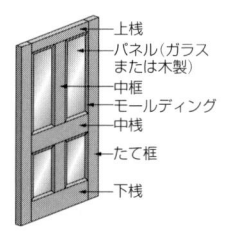

図3.8.5　框戸

(4) 鋼製建具

1) アルミニウム合金製建具

① 材料は製作工場で，アルミニウム押出成形材として製造される。

② アルミニウム合金は，銅，銅合金等とは接触腐食を起こすので，防食処理が必要である。銅の上を伝わった水が接触するだけで，強い腐食が起こることもある。接触しても安全な金属は，亜鉛・クロム・ステンレス等である。

③ 防虫網戸材は合成樹脂，ステンレスで，線径0.25 mm以上である。

④ アルミ板を加工して，枠・框・膳板・額縁等に使用する場合の厚さは，1.5 mm以上とするが，形状・寸法・補強板の有無，モルタル充てんの施工条件等を考慮して板厚を決める。

⑤ 枠見込みは，一般に住宅系は70 mm，鉄筋・ALC・鉄骨用は100 mmが用いられている。

⑥ 加工・組立ては一般に，建具を製品の形で現場に搬入するので，特殊な寸法の場合以外，現場組立ては行わない。工場で素材を仕口の形に合わせて加工し，突付け，小ねじ留めとしている。接合は強固であるが，動きやすく，現場で取り付けるまでは全体の形も不安定なので，現場の壁などに立て掛けて保管する。

⑦ 取付けは，基準墨に合わせて，枠の出入り，枠の上下・水平，枠の倒れをレベルや水糸で確認し，溶接留めとする。精度は許容差±2 mm程度とする。

膳板 窓の室内側に取り付ける額縁の下枠部分。腰壁仕上げの見切り材。

額縁 窓や出入口の枠に，納まりを良くするために取り付ける壁との見切り材。

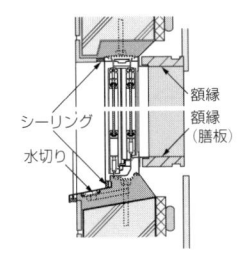

図3.8.6 額縁

無目（むめ） 鴨居や敷居と同じ位置に取り付ける横木で，建具用の溝がないもの。

召し合せ 両開き戸あるいは引き違い戸を閉じたとき，2枚の建具が合わさる部分。

開き勝手 丁番を扉の左右どちらに付けるかによって決まる扉の開く向きのこと。日本の慣例によるもので，サッシ協会の標準となっている呼び方では，丁番の見える側に立った人から見て，右側に見えるものを「右勝手」，左側に見えるものを「左勝手」という。

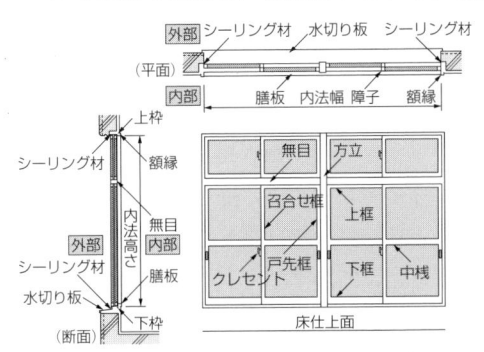

図3.8.7 アルミニウム製建具の各部名称

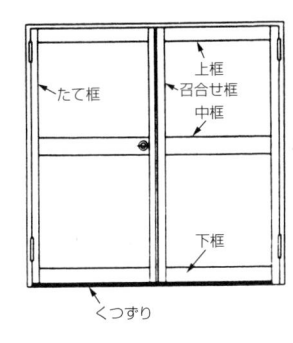

図3.8.8 ドアの名称

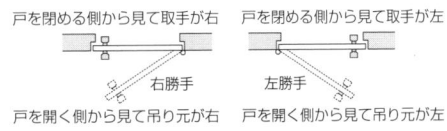

図3.8.9 開き勝手

2) 樹脂製建具

寒冷地において，断熱性の高い建具として普及している。主要構成材料である無可塑性ポリ塩化ビニールの主な特徴は，優れた断熱性（熱伝導率がアルミの約1/1,000）と耐塩害性であり，建具用材として制定された。

樹脂製建具は，複層ガラスの使用を前提としているため，枠の見込み寸法は，一般的にはアルミ建具より大きいものになる。ガラスおよび押縁を建具製作所ではめ込んだ後に，建築現場に搬送する。取付け方法はアルミ建具に準じる。

3) 鋼製建具

鋼板材料は，溶融亜鉛メッキ鋼板を標準としていたが，あらたに耐食性に優れた溶融亜鉛−5％アルミニウム合金メッキ鋼板が規定された。メッキ付着量は少ないが，約2倍の耐食性があり，市販されているものには，環境に配慮し

たクロムフリー化成処理が施されている。

①出入口の枠類で、戸1枚の有効開口部幅が950mm、かつ高さが2,400mm以下のものは、内部側・外部側とも板厚1.6mmが必要である。
②枠の加工・組立ては、工場で施工することが原則で、溶接留めとする。
③鋼製建具は防火扉等が大半で、現場取付け施工はアルミ建具に準じる。出入口・点検口等のくつずり、下枠等は、取付け前に建具を逆さにして、くつずり、下枠部分にモルタルを充てんして乾燥後に取り付ける。

4) 鋼製軽量建具

亜鉛メッキ鋼板の出入口くつずりは、ステンレス製とする。ビニル被覆鋼板およびカラー鋼板は、表面仕上げ済みなので、現場での塗装は不要で工期短縮になる。

表面板の厚さは標準で0.6mmと統一されているが、補強板は2.3mmとする。内装用建具なので、ガラス溝の寸法および形状は、建具製作所の仕様でよい。

5) ステンレス製建具

材料はSUS304を標準としていたが、あらたに外部や水回りにSUS443J1を使用し、高い耐食性を必要としない屋内の建具等にSUS430を使用するというように、使い分けをする。その他、取付け方法等は鋼製に準じる。

ステンレスに接触する鋼材による腐食が起こることがあるので、裏板・力骨(ちからぼね)等の重要な補強材は、さび止め塗装をする。

6) シャッター

a. 重量シャッター

建築物の屋内・外部に使用する重量シャッターには、防火シャッター・防炎シャッターが含まれる。目的により、鋼製・ステンレス・アルミニウム合金製がある。重量シャッターのスラットの厚さは、1.5mm以上とする。

防煙シャッターは、煙感知器と連動させ、シャッターケースを設け、まぐさ部およびガイドレール部に遮煙装置を付ける。スラット形状は、インターロッキング形とオーバーラッピング形がある。耐風圧性を高めるため、はずれ止め装置を取り付けておく。

b. 軽量シャッター

建築物の屋内・屋外に使用するスラットの板厚が1.0mm以下で、スプリング式と電動式がある。電動式は、シャッターが全閉したまま故障した場合、屋外から手動で開放できないので、本体を屋外側に納めるか、くぐり戸を設ける。

c. オーバースライドドア

電動式の場合、見えない場所から操作するオーバーヘッドドアには、障害物感知装置を設ける。降下速度が速いので、障害物に直接接触する前に停止する、光電センサー等を用いた非接触形障害物感知装置とするのが望ましい。

開閉式には、スプリングを利用したバランス式とチェーン式・電動式がある。その他の形にロードヘッド形、ハイリフト形、バーチカル形がある。

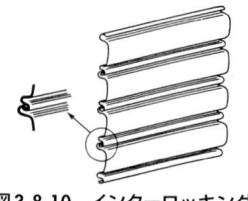

> **スラット** シャッターやブラインドにおいて、遮へい面を構成する小幅板のこと。

図3.8.10 インターロッキング形スラット 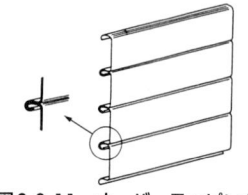　　図3.8.11 オーバーラッピング形スラット 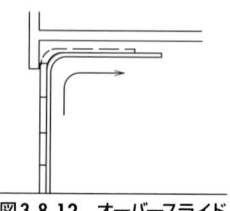　　図3.8.12 オーバースライドシャッター

3.8 建具工事

(5) 建具金物

建具の戸，枠に付属し，戸の動作円滑，動作制御，位置制御，締まり，操作等の機能を分担する建具金物について，材質・形状・寸法のあらましを表す。金物に使用する材料は，鋼，ステンレス，黄銅，青銅（砲金），アルミニウム合金，亜鉛合金，合成樹脂，合成ゴム，木などがある。

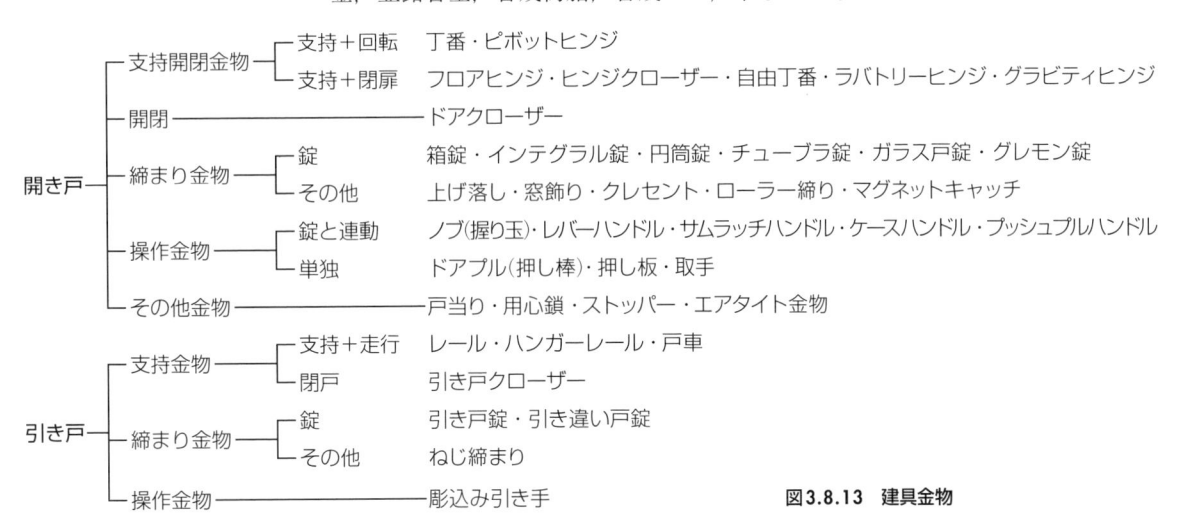

```
         ┌─支持開閉金物─┬─支持＋回転──丁番・ピボットヒンジ
         │              └─支持＋閉扉──フロアヒンジ・ヒンジクローザー・自由丁番・ラバトリーヒンジ・グラビティヒンジ
         ├─開閉─────────────────ドアクローザー
開き戸──┤─締まり金物──┬─錠──────箱錠・インテグラル錠・円筒錠・チューブラ錠・ガラス戸錠・グレモン錠
         │              └─その他──上げ落し・窓飾り・クレセント・ローラー締り・マグネットキャッチ
         ├─操作金物────┬─錠と連動──ノブ(握り玉)・レバーハンドル・サムラッチハンドル・ケースハンドル・プッシュプルハンドル
         │              └─単独──────ドアプル(押し棒)・押し板・取手
         └─その他金物────────────戸当り・用心鎖・ストッパー・エアタイト金物

         ┌─支持金物─────┬─支持＋走行──レール・ハンガーレール・戸車
         │              └─閉戸──────引き戸クローザー
引き戸──┤─締まり金物──┬─錠──────引き戸錠・引き違い戸錠
         │              └─その他──ねじ締まり
         └─操作金物────────────彫込み引き手
```

図3.8.13　建具金物

1) 開閉金物
a. 両開き戸

図3.8.14に示す通りである。

b. 引き違い戸

図3.8.15に示す通りである。

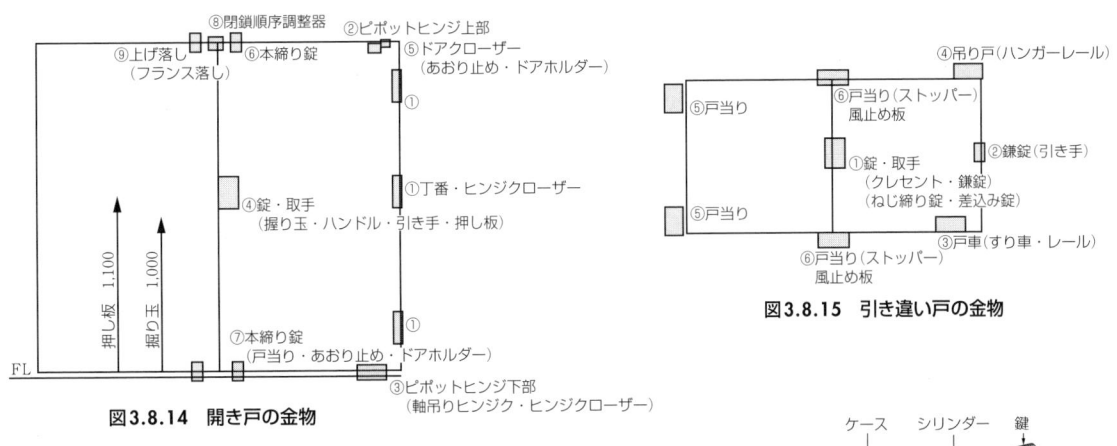

図3.8.14　開き戸の金物

図3.8.15　引き違い戸の金物

2) 施錠金物
a. 箱錠

握り玉と鍵座が別になっているもの，デッドボルトとラッチボルトを持つもの，あるいは錠の機構がケースの中に収められている錠の総称である。戸のたて框に彫り込んで

デッドボルト　本締り錠においてサムターンや鍵の回転によって錠面から出入りするボルト。扉を閉めて受け座の中へボルトが入ると錠が閉まる。

ラッチボルト　空締めボルトのこと。ボルトをスプリングで錠前から突き出すようにして受け座の穴に押し込んで扉が閉まる構造としたもの。

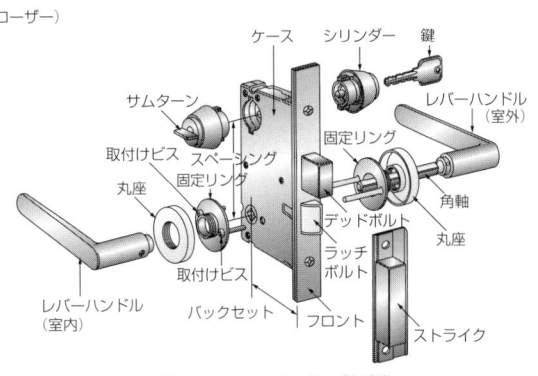

図3.8.16　シリンダー錠（例）

155

第3章 仕上げ工事

サムターン 鍵を用いずに指で回すだけで施錠できる，つまみ状のひねり金物。玄関の内側や室内側からの戸締りに用いられ，外側からは鍵で開け閉めする。

ケースハンドル 引き手の一種で使用されないときは，扉の表面から出っ張らないように，くぼみ状のケース内に収められている。大引き戸に設けたくぐり戸や，常時開閉が行われない防火戸などに使用される。

クレセント アルミサッシの窓に多く用いられている建具用の締め金具の一つ。外側の戸に受け金物を付け，それとかみ合うように三日月形の回転金物を内側の戸に取り付ける。下から上へぐるりと半回転させると締まるという単純な仕掛けのもの。排煙窓に用いる場合は，設置高さ（800～1,500mm）が決められている。

取り付ける彫り込み箱錠が一般的である。

b. モノロック

彫込み錠の一種で，シリンダーが握り玉（ノブ）の中に組み込まれたものもある。

①デッドボルトとラッチボルトが兼用のもの：モノロック，チューブ錠
②デッドボルトとラッチボルトが別々のもの：本締り付きモノロック

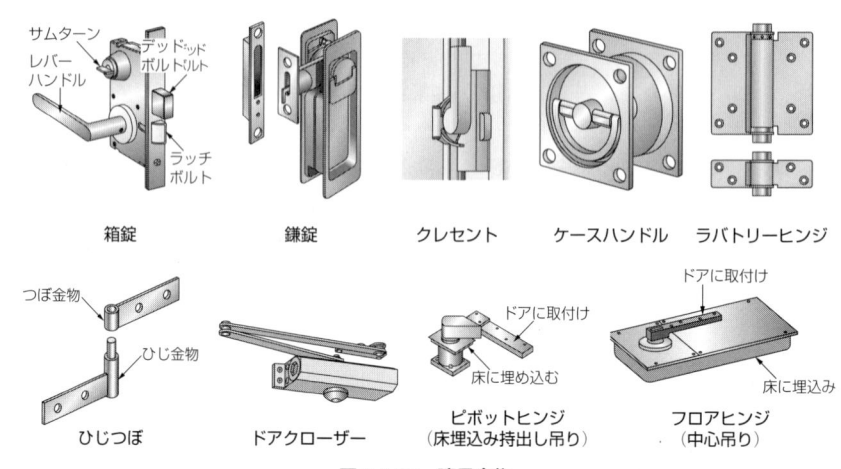

図3.8.17　建具金物

表3.8.2　その他の錠前

①シリンダー錠	円筒の中にスプリングの付いたタンブラー（小柱状のピン）を数本並べ，タンブラーの刻みに合った鍵を入れて回転させることで開閉する錠。
②本締り錠	本締めボルト（デッドボルト）をもつ錠。外側からは鍵でロックするが，内側からはサムターンで開閉するものもある。
③空錠	握り玉やレバーハンドルで扉の開閉を行うが，鍵の機能を有しない錠前。戸締まりを必要としない室内の扉に使用される。
④鎌錠	引き戸用に使用される錠前の一種。鎌形に飛び出した錠の先端を受け座に引っ掛けて施錠する。
⑤面付き錠	外開き扉で錠が見えないようにした錠。
⑥レバーハンドル	扉の取手の一種でL形のもの。バックセットが小さくてすむ，てこ式のため取手の回転が軽いなどの特徴がある。

表3.8.3　吊り金具

①丁番	扉，窓，引き戸などの開閉の軸となる金物。一片を建具に，他の一片を枠に取り付ける。形状や機能によって種々のものがある。
②ラバトリーヒンジ	便所ブースの扉に使用する丁番。スプリングにより，自動的に開いた状態または閉じた状態を保つことができる。
③ピボットヒンジ	重い扉を竪軸中心に容易に回転させるための開閉金物。「軸吊り金物」ともいう。
④フロアヒンジ	重い扉の開閉用金物の一つ。箱形をしており，直接床に埋め込む。油圧で開閉速度を調整しながら自動的に扉を閉める機能をもつ。前後両方向の開閉が可能で，かつ重い扉にも耐えることから，玄関扉や大きな防火戸に使用される。
⑤ドアクローザー	一般に扉の上部の枠に取り付け，開かれた扉を自動的に静かに閉める装置。

3）その他の建具

防煙垂れ壁 建築基準法で定められた防煙区画を構成する防煙壁の一種。火災時の煙の流動を妨げるために，天井から50cm以上下げられた壁。視覚的意味から網入透明ガラスを使ったものが多く，常時は天井内に収納され，火災時に下りてくる可動式のものもある。火災時の煙は温度が高く上方を流れるので，50～80cmぐらいの垂れ壁でかなり煙を遮ることができるといわれている。

a. 排煙窓（排煙口）

手動式と電動式があり，引手・レバーを引き，またはオペレーター操作，プッシュボタンで開放する排煙建具。手動開放装置の取付け高さは，床面から0.8～1.5m以下に設ける。

b. 防煙垂れ壁

可動式防煙垂れ壁の形式には，回転降下式，垂直降下式，巻上げ式がある。

3.9 ガラス工事

(1) ガラス工事の要点

ガラス工事は、窓や建具などにはめ込み、外部からの明かりを取り込んだり、反射させたりする役目が主になる。硬質ではあるが、一般的に厚みが薄いと割れやすいが、腐食や劣化がなく、耐久性は十分である。熱や音に対する欠点を補う特殊ガラスが多く開発されて、新構法の全面ガラス張りやカーテンウォール等の建物も造られるようになってきた。

各種ガラスの材質や特性を理解した上で、使用箇所と取付け工法を決め施工する必要がある。板ガラス以外にも、成型品ガラスやガラス繊維板などがある。

準備 → 材料発注 → 工場製作 → 出荷 → 現場搬入 → ガラス取付け → シーリング → 検査 → 養生 → 清掃

図3.9.1 ガラス工事の一般的なフロー

(2) ガラスの種類

表3.9.1 建築用ガラスの種類・特徴・性能

名前	種類	特徴	性能
透明板ガラス	磨き・フロート	溶解したガラスを溶融した金属の上に流し製板するが、厚さ2mmから25mmまで14種類あり。透明で表面が平滑、市場に広く需要がある。	透明性・切断、加工性
型板ガラス	型板	磨き板ガラスは研磨したもの、すりガラスは片面をすり加工し、不透明なもの。	拡散性（視線の遮断）、切断、加工性
網入板ガラス	網入磨き	製造時に金網を挿入して生産され、防火性・飛散防止性に優れている。金網にはクロス型と菱型があり、厚みは6.8mm・10mmがある。	拡散性・防火性・防犯性、飛散防止性、切断、加工性
熱線吸収板ガラス	フロート・網入磨き・線入磨き	ガラス原材料に、日射吸収特性に優れた金属を加え着色し生産されたもの。	防眩性・防火性、冷房負荷の軽減、透視性・飛散防止性
熱線反射ガラス	熱線反射・高性能熱線反射	片面に金属反射薄膜を付けたガラスで、ミラー効果、可視光線を遮り窓際のまぶしさや局部的な昇温の防止、冷房負荷の軽減効果がある。	冷房負荷の軽減、防眩性
合わせガラス	普通・フロート・網入・線入・熱線吸収・熱線反射	2枚以上のガラスの間に特殊樹脂のフィルムを挟み、高温接着したもの。	飛散防止性・防火性・防犯性、冷房負荷の軽減、防眩性・防音性
強化ガラス（テンパーガラス）	普通・フロート	強化炉で加熱し、両表面に空気を吹き付け急冷して、耐風圧強度を倍に上げたもの。衝撃や曲げ強度が大きいが、現場での切断・加工はできない。倍強度ガラスは、同じ製法であるが、やや強度の低いガラスである。	透視性・衝撃強度、熱衝撃強度
倍強化ガラス	普通	普通板ガラスを加熱し、空気を吹き付けて冷却してつくる。同じ厚さのフロート板ガラスの2倍以上の強度をもつ。加工後のガラスは切断できない。熱線反射・熱吸収の倍強度ガラスもある。破損時は強化ガラスと同じ。	透視性・衝撃強度・熱衝撃強度
複層ガラス（ペアガラス）	普通・フロート・熱線吸収・線入・網入	ガラスとガラスの間に密閉された空気層を持たせたもので、断熱効果がある。	透明性・防眩性、防犯性、冷房負荷の軽減、断熱性・結露防止性
Low-E複層ガラス	普通・フロート・熱線吸収	複層ガラスと同様だが、中空層側のガラス面に特殊金属をコーティングして、断熱性および日射遮蔽性を高め、適度に日射熱を採り入れる寒冷地に適したタイプ。日射熱を低減する温暖地に適したタイプもある。	日射遮蔽性・断熱性
高遮蔽性能反射ガラス	高遮蔽性能反射	ガラスの片面にごく薄い金属膜をコーティングしたもので、膜の種類や金属膜の厚みによって、色合いや性能が変わってくる。金属膜が日射を遮り、温度上昇を和らげる。	冷房負荷の軽減・反射効果、室内が見えにくいプライバシー効果
鏡	フロート・磨きミラー色 熱線吸収、着色	ガラス裏面に、銀メッキおよびメッキ押え用の防湿塗装（2回塗り）を施したもの。取付けは、接着剤や粘着テープによる接着工法、小ねじ留め工法、受け金具工法がある。	

(3) 板ガラスの取付け

板ガラスは，サッシなどの支持枠に所定のクリアランスとかかり代を確保し，不定形シーリング材，定形ガスケットなどを用いて取り付ける。

a. グレイジングガスケット構法

① グレイジングチャンネル：ガラスの四周にグレイジングチャンネルを取り付けるには，その継ぎ合せ箇所は上框の中央とする。

② グレイジングビード：ガラスが溝の中央に位置するように両面より同時にビードを挿入する。ビードは熱で伸縮し脱落しやすいので，密着させ押し込む。

b. 構造ガスケット構法

① H形ジッパーガスケット：取付けは鋼材のコーナーより行い，各辺の中央部1/4の箇所の順に施工し，ガスケットはたるみが枠に均一に納まるようにする。

② Y形ジッパーガスケット：ガスケットは長めに作られているから，上記の通り手順どおり行い，一部にたるみが出ないように納める。板ガラスのかかり代は，ガスケットの耐風性能を正常にするため，左右均等に納める。

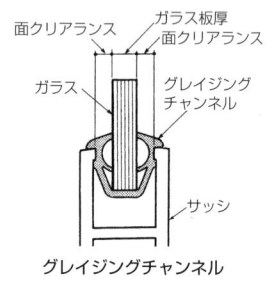

グレイジングガスケット サッシにガラスを取り付けるための合成ゴム製などの製品。水密性，気密性が確保される。内外一体のグレイジングチャンネルと内外別のグレイジングビードの2種類がある（JASS 17）。

ガスケット ①ガラスのはめ込み部に用いる，ゴム系またはプラスチック系の定形シーリング材。弾性形では，構成部材の接合部に接着した場合の反発力（復元力）により，非弾性形では粘着性により水密性，気密性を確保するもの。

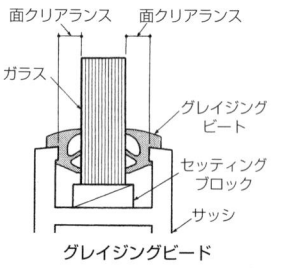

図3.9.2 ガスケットの種類（JASS17より）

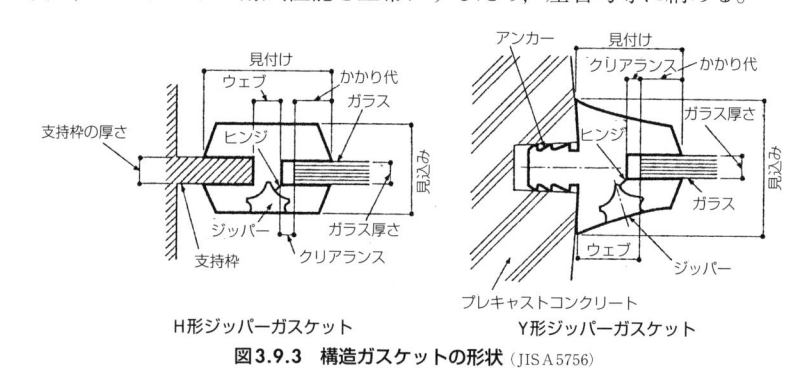

図3.9.3 構造ガスケットの形状（JIS A 5756）

c. 不定形シーリング材構法

シーリング材による取付けは，セッティングブロック，スペーサー，バックアップ材などを装着して，面クリアランス，エッジクリアランス，かかり代が適正になるように取り付ける。

表3.9.2 ガラスのはめ込み構法

構　　法	固定材料	主　な　用　途
グレイジングガスケット構法	グレイジングチャンネル	動きの大きい建具に使用する。
	グレイジングビード	動きの小さい建具に使用する。
構造ガスケット構法	H形ジッパーガスケット	金属フレームへの取付けに使用する。
	Y形ジッパーガスケット	コンクリートへの取付けに使用する。
不定形シーリング材構法	金属・プラスチック・木などのU字形溝または押縁留め溝にガラスをはめ込む場合に，弾性シーリング材を用いる構法である。	

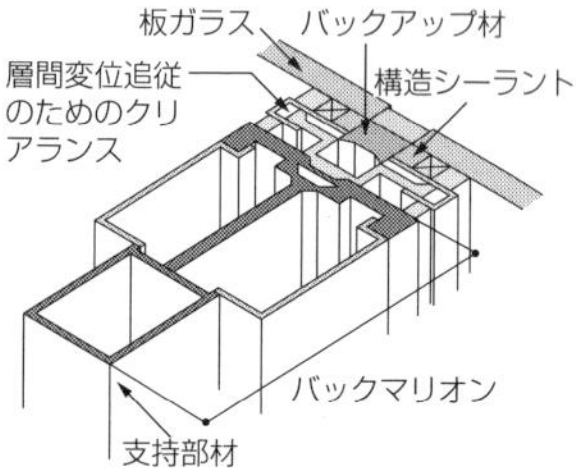

d. SSG構法

板ガラスと金属部材および構造シーラントを工場で固定し，現場でグレイジングブラケット部材に取付け後，防水シーリングを施工する。構造シーラントを現場施工で行うと接着不良が生じ，ガラス落下を起こすので，工場施工でガラス1枚ごと部材化して現場に搬入して取付けを行う。

図3.9.4 SSG構法

e. DPG構法およびMPG構法

DPG構法は，ガラスの隅にあけた孔を金物で支持して構造体に留める構法。

3.9 ガラス工事

図3.9.5 DPG構法

はめ込み施工法と用語

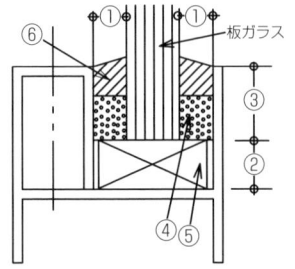

図3.9.7 シーリング材によるカーテンウォール工法の場合

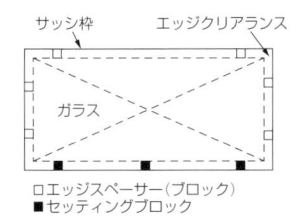

図3.9.8 エッジクリアランス

サッシなしで大きなガラス面を構成できるので、アトリウムの外壁やトップライトなどに使われる。

MPG構法は、ガラスに孔をあけないで、ガラス四隅または辺を円盤状などの金物ではさみ込み支持する方法で、ガラスの孔あけ加工が不要であり、合理的な構法である。

① 面クリアランス：ガラスの両面に緩衝材を挿入するスペース。

② エッジクリアランス：ガラス底面がサッシに当たらないためのスペース。

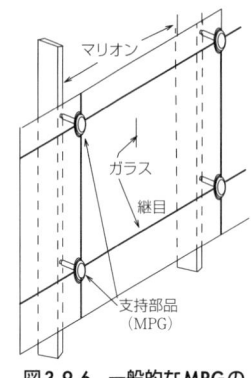

図3.9.6 一般的なMPGの構成

③ かかり代：ガラスがサッシ溝に入っている深さ、脱落防止のため。

④ バックアップ材：ガラスとサッシの両面にシーリング受けのパッキン。

　面スペーサー：はめ込み溝周辺に入れて、ガラスの位置を固定する材。

　エッジスペーサー：縦辺のガラスはめ込み溝に取り付けるゴム状のブロック。

⑤ セッティングブロック：サッシ下辺のはめ込み溝に置き、自重を支持する材。

　水抜き孔：サッシ下辺溝内に浸入した水を排除する2箇所の径6mmの孔。

　熱割れ：直射熱で低温部と高温部の熱膨張差により引張力が発生し、熱割れ現象が起きる。熱線吸収板ガラスや網入・線入ガラスに起きやすい。

⑥ シーリング材：ガラスを留める最終工程で、面クリアランスに用いる不定形シーリング材。

(4) ガラスの養生・清掃

取付け後〜竣工まで、破損防止のため張り紙による注意とともに、塩化ビニール・ポリエチレンなどのフィルムを張り養生する。ガラスは溶接の火花などによる損傷があるので、合板などで囲って養生しておく。

ガラスの汚れは水洗いとし、油分などの付着は、磨き粉の上澄み液や中性洗剤で清掃する。熱線反射ガラスは、コーティング面を傷付けないように注意して、軟らかいスポンジなど用いて水洗いする。

演習問題（ガラス工事） ◆ 下記の文で正しいものには○、誤っているものには×をつけなさい。

1. 引違い窓のセッティングブロックは、フロート板ガラスの両端からガラス幅の1/4の位置に設置した。

2. 高層階のバルコニーの手すりの面材に使用するガラスについては、ガラスの破損時の破損の破片の飛散を防止するために、合わせガラスとした。

3. DPG構法に使用するガラスについては、ガラスの点支持金物で固定することを考慮して、強化ガラスとした。

4. サッシにはめ込まれた板ガラスの熱割れを防止するために、フロート板ガラスに比べて日射吸収率の高い熱線吸収板ガラスを用いた。

3.10 カーテンウォール工事

(1) カーテンウォール工事の要点

カーテンウォールとは，鉄筋コンクリート造や鉄骨造の建物の主に外壁へ，非耐力壁材として工場生産・部材化され，現場で取付け施工される。

一般に，外部足場を使わないで取付けができるように，設計・施工計画を行う。要求される主な性能は，耐風圧性，層間変位追従性，耐火性，水密性，気密性，断熱性，防露・遮音性，耐温度差性，耐久性などがある。

構成要素により，金属カーテンウォール，PCカーテンウォール，複合カーテンウォール，ガラスカーテンウォールに分類される。

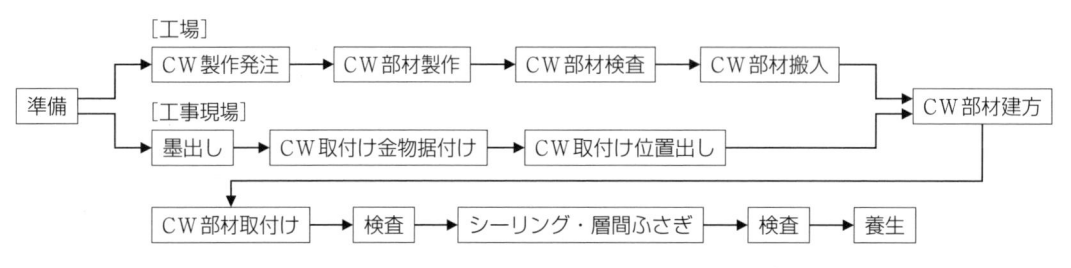

図3.10.1 カーテンウォール工事の一般的な作業フロー（金属カーテンウォールの例）

(2) カーテンウォールの分類

表3.10.1 カーテンウォールの分類

分類	方式	説明
金属カーテンウォール（ステンレス・アルミニウム合金・ブロンズ・耐候性鋼板などが用いられる）	①パネル方式（スパンドレル）	単材の金属パネルを床とスラブに取り付ける方式。
	②方立て方式（マリオン）	方立てを上下の床スラブに取り付け，これに各部材を取り付ける方式。後で取り付ける部材は，工場で組み立てるユニット工法と現場で組み立てるノックダウン工法がある。
	③ウィンドウウォール方式	上下床スラブとの間にはめ込む方式。
PCカーテンウォール	①パネル方式	各階ごとの床スラブから床スラブにPCパネルを取り付ける方式。
	②柱・梁形方式	柱・梁形のパネルを別々に取り付ける方式。部材数が多くなるが，面内変形性能が比較的容易に得られる。
複合カーテンウォール	金属カーテンウォールとプレキャストコンクリートを組み合わせたカーテンウォールなどの総称。	
	①水平方式	腰壁部分にPCパネルを取り付ける方式で，水平の線を強調するデザインに用いられる。
	②鉛直方式	金属カーテンウォールの方立てをPC材にした方式で，鉛直の線を強調するデザインに用いられる。

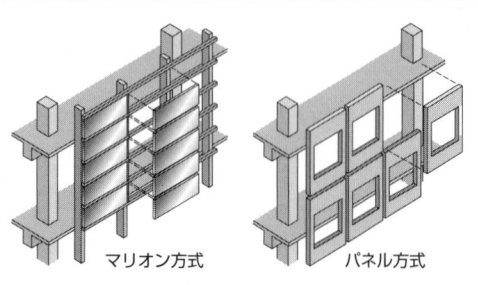

図3.10.2 カーテンウォール

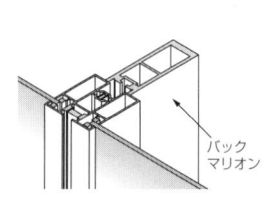

図3.10.3 バックマリオン

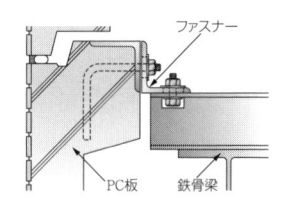

図3.10.4 ファスナー

3.10 カーテンウォール工事

図3.10.5 PCカーテンウォール
ロッキング方式の納まり例

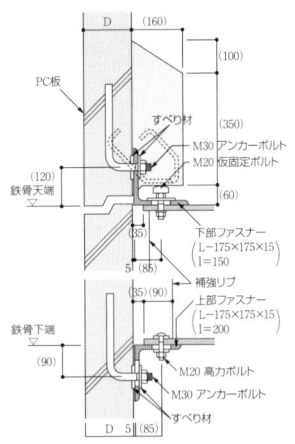

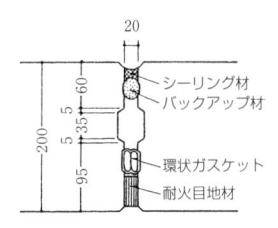

図3.10.6 オープンジョイント

図3.10.7 層間ふさぎ（一般部）

図3.10.8 クローズドジョイント

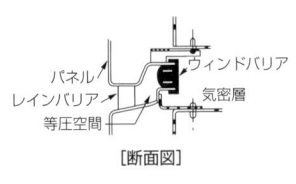

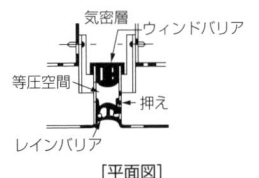

図3.10.9 オープンジョイント方式

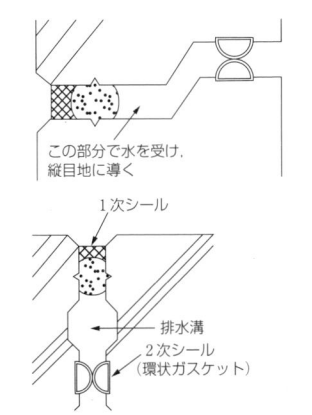

図3.10.10 ダブルシーリング方式

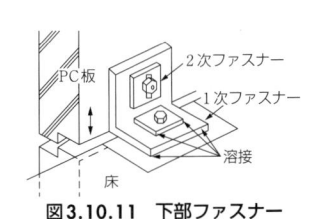

図3.10.11 下部ファスナー

a. 用語

① 層間変位：風圧力・地震力などによって生ずる構造躯体の相隣する上下2層間の相対変位。

② ノックダウン方式：部品を分割して納入し，現場で組み立てる方式。

③ オープンジョイント方式：シーリング材に頼らないで雨水の浸入を防ぐように工夫されたジョイント方式。カーテンウォールの代表的な排水機構であるレインバリアとウィンドバリアによって，外部と等圧空間，気密層と仕切られている。レインバリアに穴が開いて外部と等圧空間は等しくなり，外部の雨水が等圧空間に入っても気密層に吹き込むことなく，再び外部に排出される仕組みである。

④ 層間ふさぎ：上階への延焼と煙の上昇を防止するための，カーテンウォール部材と躯体とのすき間をふさぐ耐火処理のことである。

⑤ ダブルシーリング方式：水密・気密を目的として，二層の止水線（面）を設ける方式。室内側の止水線（面）を1次シール，室内側を2次シールという。

⑥ クローズドジョイント：接合部に不定形シール材などを充てんして完全に密閉する方式。一般的なのは二重シール方式で，外側の1次シールが切れるため，2次シールは気密性よく施工できる。

⑦ パネル方式：排水経路内の空気圧が室内圧より高くても，2次シールの気密が完全であれば，室内への空気流入とともに排水経路内の水がしぶき状になって室内に侵入しても，内側の2次シールが水の浸入を確実に防ぐ。

b. 性能

① 層間変位追従性能：ロッキング形式は，パネルを回転（ロッキングさせる）。スライド形式は，上部あるいは下部ファスナーのどちらかを，ルーズホールなどでスライドさせる。追従させる必要がない場合は，固定形式とする。

② 水密性能：毎分4ℓ/m²の水量を噴霧し続け，脈動圧を10分間加えることにより水密性能を調べる。

c. 取付け形式

カーテンウォール部材は，パネル部材では3箇所以上，形材では2箇所以上仮止めし，脱落しないように固定する。

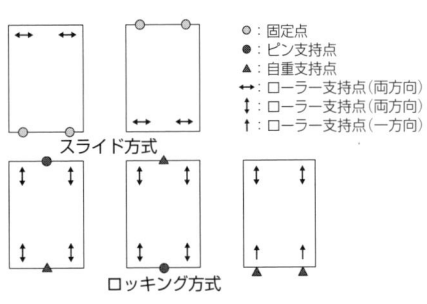

図3.10.12 パネル型カーテンウォールのスライドとロッキングの概念図（パネルユニット取付け）

3.11 塗装工事

(1) 塗装工事の要点

塗装の目的は，丈夫な被膜で劣化を防ぐ「物の保護」，環境を美しく見せる「物の化粧」，電磁波，防カビ，蛍光，紫外線，防水など「物の表面機能を変える」ことである。

塗料には，一般に「ペイント」という不透明塗料と「ワニス」という透明塗料がある。不透明塗料は，顔料を配合して被塗材の表面に着色させ，塗膜層をつくる塗料である。透明塗料は，透明の塗膜で素地の色や模様を生かし，被塗材表面を保護する塗料である。

被塗材には，鉄鋼，アルミニウム，木材，コンクリート，モルタル，壁布などがあり，被塗材の特性にあった素地ごしらえ，塗料の選択・塗装方法などの決定が重要である。

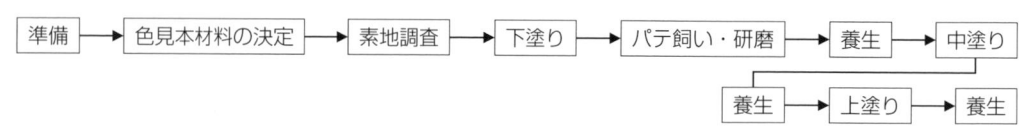

準備 → 色見本材料の決定 → 素地調査 → 下塗り → パテ飼い・研磨 → 養生 → 中塗り → 養生 → 上塗り → 養生

図3.11.1 塗装工事の一般的な作業フロー

(2) 素地調整

素地調整は，素地に対して塗装に適するように行う処理をいい，その素材に適した素地ごしらえを行うことの良否が，塗膜の性能に大きな影響を与える。

1) 材料の取扱い

①塗料は開封しないままで，現場に搬入する。上塗り塗料は原則，製造所において指定された色・つやに調整されたものを使用する。

②施工時の条件により，現場内において所定のシンナーなどを用いて適正な希釈割合の範囲内で，適した状態に粘度を調整することができる。

③同じ工程に用いる塗料は，同一製造所の製品を使用する。

④気温が5℃未満，湿度が85％以上，降雨・強風の場合は塗装を避ける。

⑤製造者から入手したMSDSを常備し，記載内容の周知徹底をして，作業員の健康，維持管理，指導等に努める。

MSDS［material safety data sheet］化学物質等安全データシートの略。化学物質の成分や性質，毒性，取扱い方などに関する情報を記載したもので，PRTR法で指定化学物質またはそれを含む製品を出荷するときは，交付が義務付けられている。

2) 素地ごしらえ

パテ飼い 塗装やクロスの下地の不陸や目違い，傷にパテをへらで塗り付けて平らにすること。乾燥後，サンドペーパーでさらに平らにする。「パテしごき」「地付け」ともいう。

ミルスケール 製造工程で赤熱した鋼片が空気に触れて酸化することで表面に生成した黒い膜。「黒皮」ともいう。

ショットブラスト コンクリート表面の目荒らし処理や，鋼材表面のけれん，研磨処理をするための装置。鋼鉄の微粉粒を高圧空気とともに表面に吹き付ける。

a. 木部

素地の状態は，含水率18％以下とする。汚れ・付着物を除去，油類は揮発油でふく，ヤニは削り取るか電気ごてで焼き，揮発油でふく。さか目，けばなどは研磨紙ずり，節止めはセラックニス刷毛塗り，割れ目，きずなどはオイルパテ，エマルションパテなどでパテ飼い，孔埋めし，パテの乾燥後，研磨紙で平滑にする。

b. 鉄鋼面

汚れ・付着物はスクレーパーやワイヤーブラシで除去，防錆油などは100℃程度加熱した弱アルカリ溶液で分解させ洗浄，機械油は石油系溶剤で洗浄，黒皮（ミルスケール）は酸洗い後，ショットブラスト，サンドブラストで除去，赤さびはディスクサンダーで除去する。

3.11 塗装工事

エッチングプライマー 塗装に際して、亜鉛メッキ鋼などの金属の表面処理とさび止めを同時に行う塗料。金属面の表面をリン酸で浸食して粗面とし、表面をさび止め顔料で被覆する。

c. 亜鉛メッキ面

鉄鋼面に準ずるが、塗膜の付着性を高めるため、エッチングプライマー処理によりさび止め効果も持たせる。ただし、2～8時間以内に次の塗装を行う必要がある。

d. モルタル面・プラスター面

素地は十分乾燥させ、汚れ・付着物を除去し、吸込み止めクリヤを全面塗布、ひび割れ、孔埋めはパテ飼いをして乾燥後、研磨紙ずりを行う。

e. コンクリート面・ALC面

モルタル面に準ずるが、セメント系下地調整塗材を全面に塗り付ける。
ALC面を補修する場合、指定の補修用シーラーで処理する必要がある。

(3) 塗装工法

1) 刷毛塗り　刷毛塗りは、刷毛の材質・形状・寸法等を、塗料の種類、素地の種類、被塗物の材質・形状等に応じて選択し用いることで、いかなる素地や部位においても均一な塗膜厚さに仕上げることができる。

2) 吹付け塗り　塗料を噴霧状にして吹き付け、均一な塗膜を形成する塗装で、作業性も良い。圧縮空気を用いるエアスプレー方式(飛散が多い)と、塗料自体に圧力を加え霧化して吹き付けるエアレススプレー方式(厚膜塗装ができ飛散が少ない)がある。

3) ローラー塗り　素材はアクリルまたはポリエステル繊維等を使う。塗料の含みが多く、1回で広い面積を能率良く塗装できる。隅・ちり回り等は、小ばけや専用ローラーを用いる。

4) へら・パテ塗り　被塗物の不陸・凹凸・穴等を処理して、塗装仕上げの精度を高めるための工法で、素地面に施工する場合と各工程間に行う場合がある。

(4) 塗料の種類と特性

塗装材料の種類は多様であり、その性能および特性を理解し、適用素地との組合せで、塗料を選択することが重要である。

1) さび止め塗料　さび止め塗材には、JIS Kに一般さび止めから鉛丹ジンククロメートなど9種類あるが、鉄面・亜鉛メッキ鋼材面の防錆を目的に、下塗りに使用される塗料である。

2) 塗装の種類による適用素地

表3.11.1　塗装の種類による適用素地

種類＼素地	木部	鉄鋼面	亜鉛メッキ鋼面	モルタル・コンクリート面
合成樹脂調合ペイント塗り	◎	◎	○	×
合成樹脂エマルションペイント塗り	○	×	×	○
ワニス塗り	◎	×	×	×
フタル酸樹脂エナメル塗り	◎	◎	○	×
クリヤラッカー塗り	◎	×	×	×
ラッカーエナメル塗り	◎	◎	△	×
塩化ビニル樹脂エナメル塗り	◎	◎	○	◎
多彩模様塗料塗り	◎	○	○	◎

3) その他の塗料　①複層塗材RE・RS塗り：塗膜が強靭で接着強度も大きいので、ALCパネルなど強度の低い材料に使用すると付着破壊を起こす。

②つや有り合成樹脂エマルションペイント塗り：内部の金属製素地面や建具・設備機器，石こうボード面など内外壁面や天井の部位などに用いられる。
③複層仕上塗材：吹付けタイルのこと。伸長性・耐候性に優れる。
④塩化ゴム系エナメル：乾燥性・耐候性が良い。腐食しやすい場所に使われる。

表3.11.2 合成樹脂調合ペイント・合成樹脂エマルションペイント比較表

	合成樹脂調合ペイント	合成樹脂エマルションペイント
耐アルカリ性	×	○
放置時間	24時間以上	3時間以上
希釈液	乾性油・ボイル油(臭う)	水(無臭)
温度管理	比較的問題なし	5℃以下で問題あり
耐燃性	×	○

表3.11.3 素地の乾燥放置期間(目安)

素地材料	夏季	春秋季	冬季
コンクリート	21日	21～28日	28日
セメントモルタル 石こうプラスター	14日	14～21日	21日

(5) 作業環境

塗装には作業中・乾燥中の気象条件が，仕上がりに大きく影響する。また，揮発性の溶剤を用いているものもあり，密閉された室内での作業には，作業員の健康に十分な配慮が必要である。

1) 気象および環境

塗装に好ましくない環境を次に示す。
①気温が5℃以下，湿度85％以上の場合は，作業を中止する。
②降雨雪・強風などで，水滴・砂じんなどが塗装面に付着するおそれがある場合は，作業を中止する。
③塗装工程中，乾燥のための放置時間は，材料の種類，気象条件などに応じて定める。

2) 仕上がりの欠陥

表3.11.4 仕上がりの欠陥と理由

欠陥	理由	欠陥	理由
皮張り	貯蔵中，空気との接触面積が大きいと，表面が膜状になる。	たれ	塗料が薄すぎるときに起こる。
刷毛目	塗料の粘りが大きいと，刷毛目ができる。希釈して防ぐ。	ふくれ	素地の乾燥不良のときに起こる。
リフティング	上塗りの溶剤が下塗りを侵して，はく離が起こること。	つやの不良	素地の著しい吸い込みのために起こる。
色分れ	混合不十分，溶剤が多すぎると起こる。厚塗り・流れが原因。	しわ	下塗りの乾燥が不十分なとき発生する。
にじみ	上塗りシンナーが下塗りを溶かして起こる。	流れ	希釈しすぎたり，厚塗りで起こる。
白化	湿度が高いとき，急激な溶剤の蒸発で塗り面に水分が凝縮して起こる。		

(6) 塗膜試験

1) 鉛筆引っかき試験

試験機を用い，鉛筆の芯に対する塗膜の引っかき抵抗を，鉛筆の芯の硬さを変えたときの塗料の破れで調べる試験。

2) クロスカット試験

試験片の塗膜に，下地に達するまでの切傷をカッターナイフで付け，傷の広がりの大小を観察し，塗膜のもろさや下地との付着性の良否を判定する方法である。

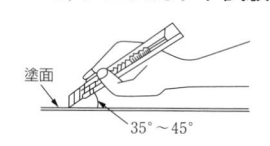

図3.11.2 クロスカット試験

3.12 内装工事・断熱工事

(1) 内装工事の要点

内装工事は、床・壁・天井の内部表面仕上げの工事と、その下地材である合板やボード類の取付け、およびカーテン・ブラインド・断熱工事も含める工事をいう。

建物の最終段階になる工事であり、設備工事との連携が不可欠で、出来栄えに大きく影響するので手順を誤らないよう、特に先行工事の養生などの注意が必要である。通常は、天井・壁・床仕上げの順に仕上げるが、木造住宅などは、床・天井・壁の順に仕上げるのが一般的である。

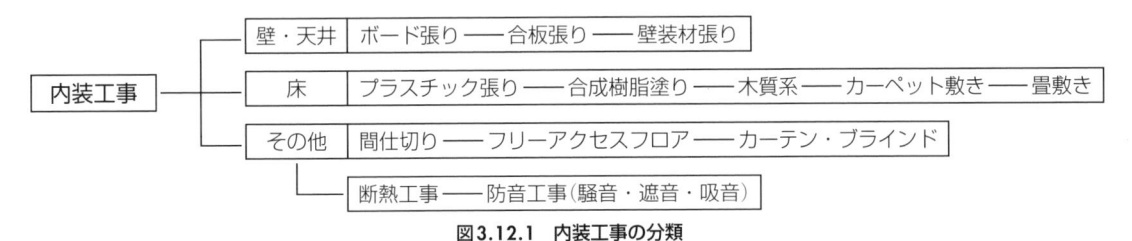

```
                ┌─ 壁・天井 ─ ボード張り ── 合板張り ── 壁装材張り
内装工事 ───────┼─ 床 ─ プラスチック張り ── 合成樹脂塗り ── 木質系 ── カーペット敷き ── 畳敷き
                ├─ その他 ─ 間仕切り ── フリーアクセスフロア ── カーテン・ブラインド
                └─ 断熱工事 ── 防音工事(騒音・遮音・吸音)
```

図3.12.1 内装工事の分類

(2) 床仕上げ工事

床の仕上げのモルタルやコンクリート素地の仕上げは、土間や車庫などに用い、屋内には、木質材、プラスチックタイル、じゅうたん、塗り床などの種類が多い。

```
                  ┌─ 張り床 ─┬─ タイル類 ─┬─ ビニル系
                  │          │            ├─ ゴム系
                  │          │            ├─ コルクタイル
                  │          │            └─ タイルカーペット
                  │          ├─ シート類 ── ビニル床シート類
                  │          └─ 木製品 ─┬─ フローリングボード
                  │                      ├─ 縁甲板
床仕上げ ─────────┤                      ├─ フローリングブロック
                  │                      ├─ モザイクパーケット
                  │                      └─ 合板
                  ├─ 塗り床 ─┬─ ウレタン塗り床
                  │          ├─ エポキシ樹脂塗り床
                  │          ├─ ポリエステル塗り床
                  │          └─ アクリル樹脂塗り床
                  └─ 敷き床 ─┬─ 畳類 ─┬─ 稲わら畳床
                              │        └─ 合成樹脂系畳床
                              └─ カーペット類 ─┬─ じゅうたん
                                                ├─ タフテッドカーペットなど
                                                └─ ニードルパンチなど
```

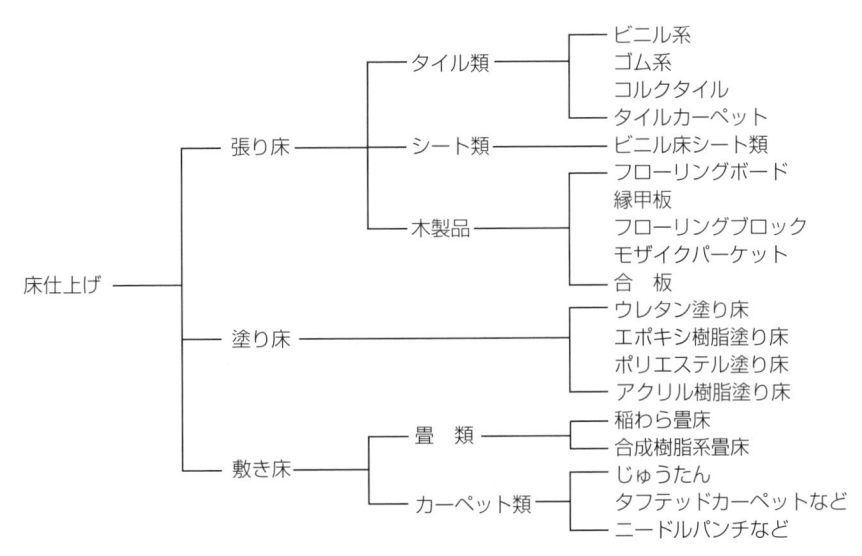

図3.12.2 床仕上げの分類

1) プラスチック系床仕上げ

湿気のある床では、エポキシ樹脂・ウレタン樹脂系の接着剤を用いる。室温5℃以下では硬化せず、材料が割れやすくなり、温度管理に配慮する。所定のオープンタイムを取り、溶剤の揮発を見て張り付ける。オープンタイムは、季節によって調整が必要となる。冬季のほうが当然長くなる。

> **オープンタイム** 接着剤を被着材料に塗ってから，所定の性能が出るまで放置し，接着するまでの時間。最適なねばりが出るまでの時間は，被着材料，接着剤，気温，作業状況などにより違いがある。

a. 床タイル

張付けに用いる接着剤は，所定のくし目ごてを用いて，下地面に均一に塗布する。塩化ビニールの配合率が高いものほど，耐摩耗性・耐水性・耐薬品性に優れるが，熱による伸縮性・耐熱性には劣る。施工の室温を10℃以上に保つ。

b. 床シート（長尺シート）

施工に先立って，温度20℃以上の室温にて敷き伸ばし，24時間以上放置して巻きぐせを取る。耐摩耗性・耐水性・耐薬品性・弾性に優れ，広幅・長尺シートで目地部分の溶接が可能，ある程度の水密性も期待できる。溶接は，接着剤が硬化してから，自動熱風溶接機を用い，床シートの溝部分と溶接棒を180～200℃の熱風で加熱溶融させ，押さえるようにして圧着溶接させる。

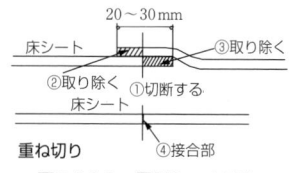

図3.12.3 長尺シート張り

c. ゴム床タイル

天然ゴム・合成ゴムを主原料とし，弾力性に富み，耐摩耗性も大きいが，耐油性が劣り，熱による伸縮性は大きい。

2）合成高分子系塗り床

塗り床は，常温で硬化する塗り床材を塗布または流し延べして，シームレスな床をつくる工法で，耐摩耗性・耐薬品性・弾性があり，工場・実験室等の床に用いる。

①エポキシ樹脂系は，接着性・機械的性能・耐薬品性に優れ，耐候性に劣る。
②ウレタン樹脂系は，耐摩耗性・弾力性・衝撃性に優れ，高温で発泡する。
③メタクリル樹脂系は，2時間以内に硬化，－30℃まで可能，施工時に臭う。

> **セルフレベリング工法** 床工事において，コンクリートスラブ上にセメント系や石こう系を用いた流動性の高い上塗り材（セルフレベリング材）を流し，平滑な床下地面をつくる工法。カーペットやフローリングなどの仕上材を直張りする場合に使用される。流し込んで簡単にならす程度のため省力化が図れる。

表3.12.1 セルフレベリング比較表

塗り床工法	流し延べ工法	樹脂モルタル工法
材料	セルフレベリング性を有する樹脂ペースト	粘土状の樹脂モルタル
施工方法	ローラー・刷毛・へらで塗る	こてで押さえる
塗り厚	0.8～2.0mm	3.0～10.0mm

3）木質系床仕上げ

> **フローリング** 木質系床仕上材の総称。日本農林規格（JAS）によると，ひき板でつくられる単層フローリングと集成材でつくられる複合フローリング，さらにピースの形状によりフローリングボード，フローリングブロック，モザイクパーケットに分類される。

a. 単層フローリング

①フローリングボードは，単材で厚み方向が1枚の板で形成されるもの。表面に1.2mm未満の化粧用材料を張ったものもある。広く縁甲板張りに使用されている。継手部分は「実はぎ」として，隠し釘打ちで留め付ける。
②フローリングブロックは，コンクリートスラブの上にモルタルを敷き均して埋め込む工法で，ブロック裏面に防水処理を行った足金物付きのもので，一般に樹種はナラが多く，厚さ15mm，大きさ303mm角を用いる。
③モザイクパーケットは，挽き板の最長辺が22.5cm以下のものを，2個以上並べて組み合わせたものを基材とした単層フローリングで直張りする。板厚6～9mmで，小板を縦・横交互に張った市松張りが多く使用される。

b. 複合フローリング

①複合1種は，基材をベニヤ合板11mmに表裏両面2mmの単板を張ったもので，根太張り・直張り用として用いる。
②複合2種は，基材を針葉樹合板4mmに表面化粧単板5mm，裏面に5mmの裏張りをしたもので，根太張り・直張り用として用いる。
③複合3種は，基材を針葉樹合板7mmに表面化粧単板5mm，裏面に3mmの裏張りをしたもので，根太張り・直張り用として用いる。

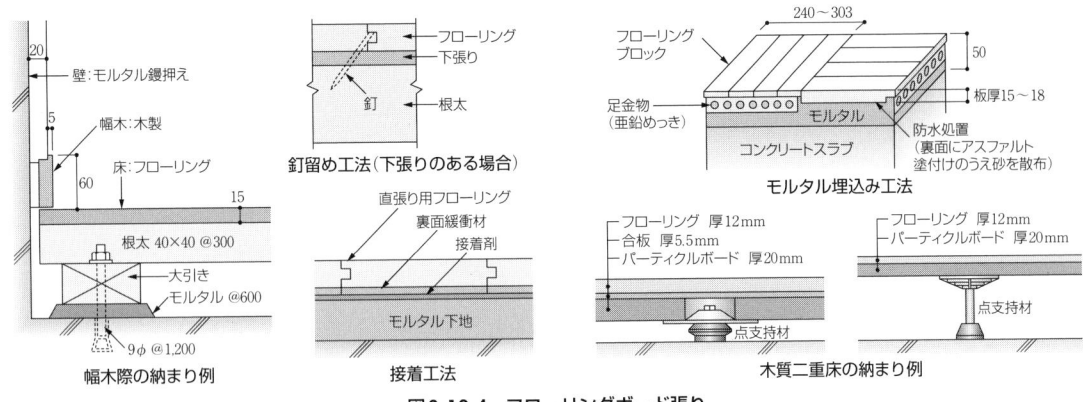

図3.12.4 フローリングボード張り

4) カーペット床仕上げ

a. カーペットの種類

表3.12.2 カーペットの種類

種類	特徴
だんつう	手織りで，羊毛を用い，織物の中でも最高級品。ペルシャ，インド，トルコ，中国産がある。
ウィルトンカーペット	機械織りでパイルの長さを自由に変えられる。無地物，表面に変化をつけた柄物もある。
タフテッドカーペット	普及用の機械刺しゅう敷物で，大量生産が可能なため価格が安い。
ニードルパンチカーペット	基部にウェブを積み重ね，かぎの付いた針で突き刺してフェルト状とし，裏面に樹脂加工を施した床敷物であり，価格は最も安い。
タイルカーペット	タフテッドカーペット等を基材として，裏面を強固に裏打ちしたタイル状の50cm角カーペットで，粘着はく離形の接着剤，再接着性で取替えやクリーニングが可能である。

図3.12.5 グリッパー工法

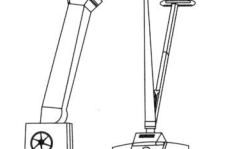

図3.12.6 ニーキッカー(左)，パワーストレッチャー(右)

b. カーペット敷き方

　グリッパー工法は，部屋の周囲壁や柱回りに，釘針(グリッパー釘)を打ち付けた薄い小幅板(グリッパー)を釘で床に打ち付け，これに伸長したカーペットを引っ掛けて固定する工法であり，下地が鉄板や石以外は接着剤を使わない。

　グリッパーの固定する釘の間隔は15cm程度で，すき間は壁際から張り付けるカーペットの厚さの約2/3として均等に打ち付ける。

　カーペットの伸長作業には，工具としてニーキッカー，パワーストレッチャーを使用する。カーペットの下敷き用フェルトは，グリッパーの厚さと同等か，やや厚いものを選択する。フェルトの端部は，グリッパーに重ねてはならない。

c. 接着工法

①全面張りは，下地全面に所定のくし目ごてを用いて，接着剤を塗布する。
②部分張りは，床の周囲に15～20cm幅で接着剤を塗布し固定する。
③両面粘着テープ張りは，床の周囲，カーペットのジョイント部に両面粘着テープ張り，カーペットを圧着しながら張り付ける。

d. 置き敷き

　織りカーペットは，必要寸法に裁断し，端部を折り込み，周囲を釘打ちで固定する。

e. タイルカーペット張り

　表面には，アクリル・ナイロン系のタフテッドが使われ，裏面はゴム状のパッキンとなっている。フリーアクセスフロアに多く使用されている。市松張り

5) 畳敷き仕上げ

表3.12.3 畳の仕上がり寸法 (単位mm)

区 分	長さ	幅	厚さ
メートル間	1,920	960	53
京 間	1,910	955	53
中京間(中間)	1,820	910	53
田 舎 間	1,760	880	53

が原則で，色むら・汚れが目立たない。伸縮に方向性があり，すき間ができにくいためである。割付けは，下地パネルの目地にまたがるようにする。

① 畳の規定には，畳表と畳床とを組み合わせたJIS，畳床のみのJISがあり，畳表にはJASがある。

② 畳ごしらえは，畳割りに正しく切り合わせ，へり幅は表2目を標準として，表の筋目通りよく，たるまないようにして，針足寸法に合わせて縫い付ける。また，畳床には取手を付ける。

③ 敷込みは，敷居・畳寄せ等と段違い，すき間，不陸等ないように行う。

(3) 天井・壁仕上げ工事

1) 合板

① 接着剤区分は，
　特類：屋外または常時湿潤状態となる場所において使用。
　1類：断続的に湿潤状態となる場所において使用。
　2類：時々湿潤状態となる場所において使用。

② 普通合板の接着剤による区分は，1類・2類のみである。壁・天井の合板の水掛かり箇所は1類，その他を2類とする。

③ ホルムアルデヒド放散量は，特記がなければF☆☆☆☆とする。

ホルムアルデヒド発散建築材料 合板，パーティクルボード，壁紙など，ホルムアルデヒドを使用した建築用材料の総称。ホルムアルデヒドは2001年4月，厚生労働省より揮発性有機化合物（VOC）の室内環境濃度に関する規制対象物質となった。

2) ボード張り

① 軽量鉄骨下地にボードを直接張り付ける場合，ドリリングタッピンねじは，下地の裏側に10mm以上の余長の得られる長さにし，アルミ製やステンレスまたは亜鉛メッキなどさび止めを施したものとする。

② 壁・天井とも，二重張りの場合は，目違いを起こさないように，上張りと下張りの継目をずらして張り付ける。

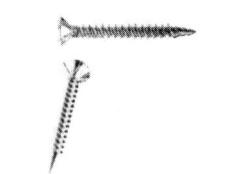

図3.12.7　ドリリングタッピンねじ

③ 天井の石こうボードは，室の中央から四周に向かって張る。

表3.12.4　ボード類の留付け間隔 (単位mm)

下　地	施工箇所	留付け間隔 周辺部	留付け間隔 中間部	備　考
軽量鉄骨下地・木造下地とも	天井	150程度	200程度	小ねじ類の場合 タッピンねじ
	壁	200程度	300程度	

石こうボード　半水石こうを心にその両面を厚紙で被覆し形成した内装材。防火・防音性に優れ，温度，湿度による伸縮が少なく施工が容易だが，衝撃や湿気に弱い。天井，壁の下地材として広く使用されている。「プラスターボード」ともいう。

ロックウール吸音板　無機質繊維の岩綿（ロックウール）を主原料として，接着剤，混和剤を用いて板状に成形し，表面仕上げをした内装材。「岩綿吸音板」ともいう。吸音性，断熱性，防火性などに優れた不燃材で，おもに事務所，学校，店舗などの天井材として用いられる。

a. 石こうボード
　一般に使われるボードで，火災時には，石こうに含まれる結晶水を放出して温度上昇を遅らせる。

b. ロックウール化粧吸音板
　吸音性や断熱性に優れ，孔あけは裏面から空けないで化粧面から行う。

表3.12.5　石こうボードの標準寸法 (単位mm)

3×6版	910×1,820	(9.5, 12.5mm厚のみ)	1,000×2,000
3×8版	910×2,420	4×8(12.5mm厚のみ)	1,220×2,440
3×9版	910×2,730	2×8版(9.5・12.5)	606×2,420

c. シージング石こうボード
　防水加工した石こうボード用原紙で被覆され，石こう中に適量の防水剤を混入して耐湿性を向上させたボードであり，屋内の多湿箇所に使用する。小口や切断面には，アクリル系シーラーを塗布し防水処理をする。

3.12 内装工事・断熱工事

けいカル板 「珪酸カルシウム板」の略称。けい酸質粉末と石灰粉をオートクレープ中で反応させて得たゲルに補強繊維を添加してプレス成形した板。断熱材として用いられ、断熱性と機械的強度に優れ破損しにくいことから、鉄骨の耐火被膜などに使用されている。JIS A 5430。

d. **強化石こうボード**
　心材にガラス繊維を混入したもので、防火性能を必要とする箇所に用いる。

e. **けい酸カルシウム板**
　吸水による長さ変化、曲げ強度とも、フレキシブル板のほうが大きい。

f. **パーティクルボード**
　木材小片をユリア・メラミン・フェノール等の樹脂系接着剤を使用して固めたもので、遮音・断熱性に優れ、加工性も良い。

3）ボード施工

a. **特殊表面仕上げボード張り**
　壁張りは、接着剤が硬化するまで、とんぼ釘で300mm間隔程度に目地部分を押さえるか、900mm間隔程度に添え木を流して斜材で押さえておく。

b. **直張り工法（GL工法）**
　接着剤（GLボンド）を下地壁に一定の間隔で塗り付け、壁に押し付けるように張り付ける工法である。
①接着剤の一度に練る量は、1時間以内に使い切れる量とする。
②接着剤の盛上げ高さは通常、ボード仕上がり面の2倍の高さに盛り上げ、ボード裏面との接着面が直径120～150mm得られるよう押さえる。
③ALCパネル面に直張りする場合は、下地面の吸水調整を行う。
④張付けの際、床面からの水分吸上げ防止のため、くさび等で床面から10cm程度浮かして張り付ける。壁内部の接着剤の通気・乾燥にも効果がある。
⑤コンクリート壁の両面張りは、共鳴現象を起こすので直張りは避ける。

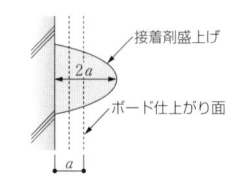

図3.12.8 石こう系直張り用接着剤の盛上げ高さ

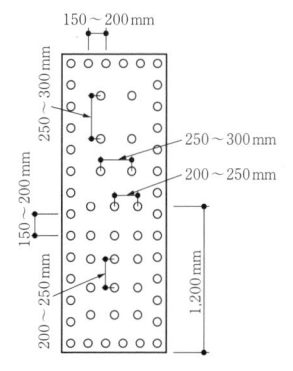

図3.12.9 GL工法の接着剤の間隔

c. **ジョイント処理**
　石こうボードのジョイント形式は、下記のとおりである。
①ジョイント部を目地なしの平たんな状態にするために、ジョイントコンパウンドとジョイントテープを用いて処理する。
②グラスメッシュテープを使用する場合は、裏面に接着剤が塗布されているので、ジョイントコンパウンドの下塗りを省略できる。

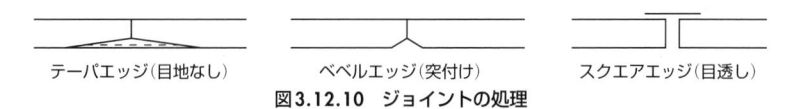

テーパエッジ（目地なし）　　ベベルエッジ（突付け）　　スクエアエッジ（目透し）
図3.12.10　ジョイントの処理

4）壁紙・布張り

a. **材料**
①布系クロスは、高級感があるが、ほつれ、汚れ、継目が目立ちやすい。
②ビニル系は経済的で施工性に優れているが、防カビ接着剤が必要。
③基材が不燃材料でも、壁紙の重量により準不燃材料・難燃材料に認定される。

b. **施工**
①張付けは直張りなので、下地の精度によってパテ処理を十分行っておく。
②左官下地は、十分乾燥をさせるが、アルカリ性・吸水性の大きいものはシーラーを塗布する。
③張付けに使用する接着剤は、JIS規定の壁紙用でん粉系接着剤を使う。
④GL工法下地では、カビの発生を防ぐため、接着剤を十分乾燥させて張る。
⑤クロス継目部は原則、重ね切りとし、ジョイントローラーで押さえ付ける。
⑥認定を受けた壁紙には、1区分（1室）ごとにラベル2枚を張り表示する。

(4) 断熱工事

グラスウール ガラスを溶かして引き延ばし，繊維状にしたもの。電気絶縁材，断熱材，吸音材や強化プラスチック等に利用される。

ロックウール 岩石，鉱さいなどの混合物に石灰を混ぜて1,500～1,600℃の高温で溶融し，繊維状にしたもの。一般には軽くプレスして板状にし，保温材（断熱材），吸音材として用いる。

セルロースファイバー 木材を主原料とした木質繊維系の断熱材。繊維自体がもつ無数の空気泡と繊維のからみ合いによりつくられた空気層により断熱効果が高く，吸放湿性も優れている。吹き込み工法が主で，天井裏・壁・床下などに用いられる。

断熱材は，無機質系断熱材（岩石・金属など）と有機質系断熱材（合成高分子化合物など）に大別される。無機質系は防火・耐火性に優れ，有機質系は形状が比較的自由である。断熱材の形状には，ロール状・シート状のものや，粒状・現場発泡の不定形なものなどがある。

表3.12.6　断熱材，防湿材の種類

分類	材料名
フェルト状断熱材	グラスウール，ロックウール
ボード状断熱材	グラスウール，ロックウール，インシュレーションボード
	ポリスチレンフォーム，押出発泡ポリスチレン，硬質ウレタンフォーム，ポリエチレンフォーム
ばら状断熱材	グラスウール，ロックウール，セルローズファイバー，発泡ポリスチレンビーズ
現場発泡断熱材	硬質ウレタンフォーム，ユリアフォーム
防湿材	ポリエチレンフィルム（シート），アルミニウム箔

1）はめ込み工法　フェルト状またはボード状の断熱材を，はめ込む部分の内法寸法より5～10mm大きく切断して，根太・間柱にはめ込む工法である。はめ込みに断熱欠損部があれば，熱損失，結露の原因になるので，施工精度が重要になる。

2）張付け工法　ボード状断熱材を接着剤，ボルト，釘などにより壁面等に取り付ける工法で，木造住宅の外張り断熱にも使われている。

3）打込み工法　鉄筋コンクリート造の打込み工法で，ボード状断熱材をせき板の内側に取り付ける。

4）吹付け工法　現場発泡断熱材やばら状断熱材を，壁面などに吹き付ける工法である。

5）吹込み工法　発泡断熱材やばら状断熱材を，ホースなど用いて吹き込む，または壁体の内部に流し込む工法である。

(5) 防音工事

防音工事とは，日常生活の中で起きる心理的に不快に感じる音（騒音）を，できる限り減少させるために，遮音材料や吸音材料を用いて行う工事をいう。

1）騒音　発生源の種類により，対策は音源対策，伝播経路対策，受音側対策に分類できる。騒音の性質は，交通騒音，工場騒音，建設騒音，設備騒音など，発生源の種類によって異なるので，現状をよく把握して対策を講じなければならない。

2）遮音　遮音材料は多種あるが，個々の事例に応じて効果の得られるように選定しなければならない。

3）吸音　騒音（投射音）のエネルギーから，反射音・吸収音・透過音・消失，伝達音のエネルギーに分かれる性質をもっている。これらの性質の中で，反射しない分，すなわち音の吸音・透過などの現象を「吸音」といい，この効果のある料材を吸音材料という。

吸音材料は，外観，吸音特性などによって分類され，用途に応じて使い分けることが必要である。

(6) 内装各種工事

1) カーテン・ブラインド

①取付けの目的は，装飾・遮へい・遮光・防音，吸音，保温，断熱等である。
②ドレープカーテン：厚地の織物で重量感があり，遮光・防音性がある。
　ケースメント：ドレープとレースの中間，織りや柄に表裏がない。
　レースカーテン：透視・通気性のある薄手カーテン。ドレープと二重で使う。
　プリントカーテン：色模様を染めて印刷，自由軽快さが持ち味である。
③カーテンのひだ形には，プレーン，片ひだ，箱ひだ，つまみひだがある。
④ブラインドには，ロールブラインド，ベネシャンブラインド，縦形ブラインドなどがある。

2) フリーアクセスフロア

フリーアクセスフロア　電源や情報配線が任意の床位置から簡便に室内に取り出せる二重床構造。

①材質にアルミダイキャスト，スチール，木質系，けい酸カルシウム板，GRC（ガラス繊維補強セメント）などがあり，表面材はビニル床タイル，タイルカーペットが一般的であるが，帯電防止性能のあるものが望ましい。
②必要耐震強度は，通常では積載荷重500kgf/m²（4.9kN/m²），水平加速度1.0Gに耐えられるものとする。

表3.12.7　フリーアクセスフロアの主な種類

根太組方式	共通独立脚方式	置敷き方式	脚付きパネル方式
揚げ床仕上がり高さ80mm～一般的に高さ大（例：クリーンルーム等）	揚げ床仕上がり高さ50mm～レベル調整可（例：コンピュータ室等）	揚げ床仕上がり高さ35mm～一般的に高さが最も低いレベル調整不可（例：OA用）	揚げ床仕上がり高さ40～200mmレベル調整可（例：OA用）

3) 移動間仕切り・可動間仕切り壁

①移動間仕切りには，スライド形式のスライディングウォールと伸縮式のアコーディオンカーテンがあり，遮音性能や目的により多くの製品がある。
②取付けに際しては，天井内の補強や間仕切りに注意し，その格納方法やスペースについて，十分な検討が必要である。
③可動間仕切りには，壁面の構成により，パネル式，スタッド式，スタンド式に分類される。構成材の種類としては，アルミニウム合金系，スチール系，木質系，ガラス系，石こう系などがある。
④パネル寸法は，300mmモデュールの900，1,200，1,800を一般的に使用。

演習問題（内装工事）◆下記の文で正しいものには○，誤っているものには×をつけなさい。

1. タイルカーペットを全面接着工法により張り付ける場合は，基準線に沿ってタイルカーペットを押し付けながら，部屋の中央部から端部へ敷き込んでいく。□
2. フローリングボード張りの釘留め工法において，温度変化によるボードの膨張収縮を考慮して，敷居との取合い部分に隙間を設ける。□
3. 吹付け硬質ウレタンフォームによる断熱材現場発泡工法において，吹付け厚さの許容差については，±10mmとした。□
4. 化粧せっこうボード張りの軽量鉄骨天井下地の吊りボルトの間隔については900mm程度とし，天井の周辺部については端から350mm以内に配置した。□

第4章 設備工事

4.1 設備工事の要点

建築設備は，大別すると表4.1.1のように分類される。建築設備には，さまざまな機能を備えて，建物内外での生活の場としての環境をより快適に推進することとともに，それを維持するための技術を取得する必要がある。

強電 電気設備のうち，感電事故のおそれがある受変電設備，電灯コンセント，動力設備など，48V以上の電気機器，電気設備をいう。

弱電 電気設備のうち，放送設備，インターホン設備，テレビ設備，電話設備，防災設備を取り扱う48V未満の電気機器，電気設備をいう。

表4.1.1 建築設備工事の分類と主な工事内容

電気設備	強電設備	引込み工事，受変電，予備電源，幹線，電灯コンセント，照明器具，動力，避雷針
	弱電設備	電話，拡声放送，通信，情報表示，TV共同受信，親子時計
給排水衛生設備		給水，給湯，排水，通気，衛生器具，ガス
空気調和設備		暖房，冷房，換気
防災設備		消火設備，警報設備，避難設備，消防用水，排煙，その他
昇降設備		エレベーター，エスカレーター，ダムウェーター，立体駐車場
特殊設備		厨房，冷蔵，医療，消毒，ろ過，水景，ゴミ処理，排水処理，気送管
その他		プラント設備工事

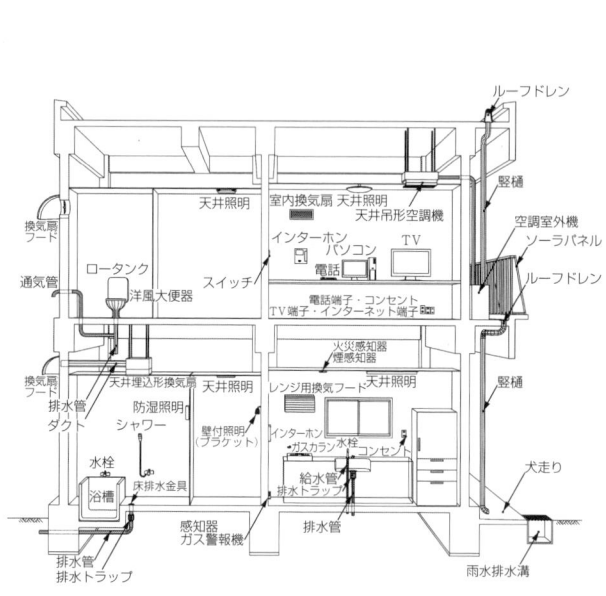

図4.1.1 住宅設備の構成

住宅設備は，住宅の環境条件や生理機能を助け，安全と快適性を保持させるものである。

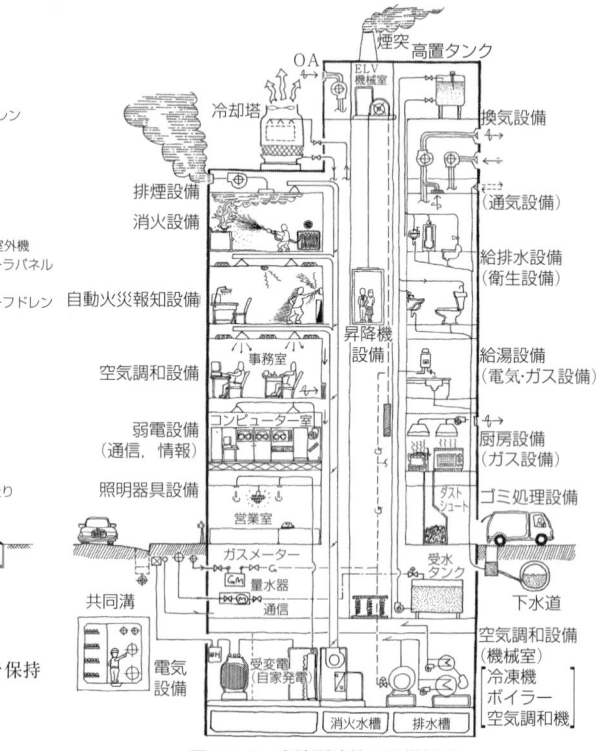

図4.1.2 事務所建築の設備概要

4.2 電気設備工事

(1) 電気設備工事の要点

　　電気設備とは，電灯設備・動力設備・避雷設備などに分類され，電力設備は，受変電・自家発電設備などにより建物内の必要な部分に電力を供給し，照明，動力，情報，防災など建築物の機能維持に役立てている。

　　利用者は，一般需要家と自家用需要家に分かれていて，一般需要家は，住宅・商店・小規模工場などで，電気に関する知識や経験が乏しいため，これらの電気工作物に対する保安状況の調査を行う義務は電力会社が負う。自家用需要家は，ビル・大規模工場などで使用電力が大きいため，敷地内の電力計以降の部分については，利用者の責任で電気主任技術者を選任して経済産業大臣に届け出る。

　　電力会社から電力の供給を受ける場合，1宅地に1契約の原則があり，仮設申請と本設申請は重複できないので，仮設から本設への切替え日は，事前に申請期日を検討しておく必要がある。

(2) 電圧と電気方式

1) 電圧の区分

表4.2.1　電圧の種別

	交流	直流	配電電圧	電気供給約款の契約電力
低圧	600V以下	750V以下	100Vおよび200V	50kW未満
高圧	600V超過 7kV以下	750V超過 7kV以下	6.6kV	50kW以上2,000kW未満
特別高圧	7kV超過	7kV超過	22kV，33kV，66kV，77kV	2,000kW以上*
備考	「電気設備の技術基準」第2条による。		住宅から大規模のビル，工場に至るまで，上記の配電電圧が用いられている。	*は地域によって異なることがある。

注1) 超高圧とは，170kV超過のものをいう。
　2) 超高層ビル内の配電電圧には，400Vが用いられている。

2) 電気方式と用途

表4.2.2　電気方式と用途

単相2線式100V	LED照明，家庭用電気機械器具の回路
単相2線式200V	単相電動機，電熱器，大型照明の回路
単相3線式100V/200V	負荷の大きい住宅～ビルの電力使用量の大きい幹線回路
三相3線式200V	三相の電動機・大型電熱器などの回路

(3) 強電設備

1) 受変電・配電設備

a. 引込み方式

　　需要家の電力設備の容量により，供給される電圧，方式は異なる。大規模なビル，工場ではスポットネットワークという並列3～4回線によって信頼性を高めた超高層ビル向きの引込み方式，電力会社の2配電所からの本線・予備線という停電対応の2回線引込み方式，地中ループ配電および架空配電の高圧1回線引込み方式などがある。

b. 受変電設備

　　受変電設備の中心となる変圧器の負荷は，単相負荷と三相負荷に分けること

ができる。単相負荷は，照明器具とコンセントを合わせたもので，三相負荷は，低圧配電盤より幹線を経て動力制御盤に至り，ポンプ類，空調機器類，エレベーターなどに電力を供給する。

c. 高圧受変電設備

閉鎖型配電盤（キュービクル形）：鋼板の箱型で遮断機の開閉装置，変圧器，計器類を一括して収納している受配電盤をいう。

d. 自家発電設備

常用発電と非常用発電があり，非常用発電は，通常の電源が途切れた場合，自動的に発電機が起動して電力を供給する。ディーゼル発電機とガスタービン発電機がある。

2）電灯・コンセント設備

①スイッチは，居室では室内側に，便所・浴室・倉庫などは室外側に設ける。取付け高さは通常，床上120〜130cm程度，階段は3線路式とする。

②コンセントは，洗面・浴室など水回りではアース付きとし，居室の取付け高さは通常，住宅で床上15cm，事務所は30cm程度，換気扇・空調機などは設置に近い場所とする．

③電気配線は，電線管をコンクリート中に埋設する工事では，鉄筋工事の配筋作業と併行して行う。ガス管と近接して配線する場合は，接触させてはならない。

④誘導灯の常用電源は，分電盤から専用回線で配線する。

3）予備電源と非常電源

a. 防災用電源

建築物における防災用の照明，排煙設備などは，建築基準法で停電時に構内の予備電源から供給を行い，その機能を保持するよう定めている。同様に消火設備，火災警報設備，誘導灯設備などは，消防法で停電時に構内の非常電源から供給を行い，その機能を保持するよう定めている。定められた電源として，自家用の発電機設備と蓄電池設備がある。特に，大きな病院や工場などが該当する。

b. 照明装置

①照明は直接照明とし，床面において，1ルクス以上の照度を確保する。

②照明器具の主要な部分は，難燃材料で造るか覆う。

③予備電源は蓄電池とし，30分間継続して非常用照明装置を点灯させることができるものとする。

c. 誘導灯

①火災時に避難口の方向を示すための照明設備で，専用回線で緑色の灯火とし，避難口の上部などに設ける。

②設置する場合の基準は，建築基準法・消防法等に定められている。

d. 避雷設備

①建築物および工作物の高さ20mを超える部分。

②一定量の危険物を取り扱う製造所，貯蓄倉庫，屋外タンク貯蔵所など。

非常用照明 火災時の避難を助けるために居室，廊下，階段などに設置する照明。停電した場合，30分間以上，床面1ルクス以上の照度が確保できる。特殊建築物の居室，階数が3以上で延べ床面積が500m²を超える建築物の居室，無窓の居室およびこれらの居室から地上に通ずる廊下，階段などへの設置が定められている。建築基準法施行令第126条の4。

誘導灯 避難口誘導灯，通路誘導灯および客席誘導灯があり，通常は常用電源で点灯し，停電の際に自動的に非常電源に切り替えて点灯を継続する。

図4.2.1　避難口誘導灯

図4.2.2　通路誘導灯

(4) 弱電設備

1) 情報通信設備

電気設備でいう情報通信設備は、電話設備、通信システム、放送設備など種類が多く、関係法規も多種にわたる。

建物内情報通信システムの伝送に無線も一部利用されているが、電線またはケーブルなどの有線、光ファイバーケーブルを媒体とする伝送システムが定着している。

LAN（ローカルエリアネットワークの略）は、建物または工場の構内、大学のキャンパスのような区域の中で、サーバー、ワークステーション、パソコン等の各機種情報の一元化を行う構内ネットワークシステムをいう。

2) 放送設備

①建物の用途によって放送設備の内容、グレードが異なる。劇場、ホール、放送局と学校、工場とでは、音響的な考え方が異なる。

②大きな建物には地震、火災、停電等の発生時に建物内にいる人を的確に誘導、避難させるため、非常用放送設備の設置を義務付けている。

3) テレビ共同受信設備

①屋上のアンテナから増幅器、建物内の分配器、配線用ケーブル、端末のテレビアンテナレットまでのすべてをテレビ共同受信システムという。

②建築計画段階で、ビル陰電波障害をあらかじめ検討すべきであり、近隣問題を防止するためにも重要なことである。

4) インターホン設備

住宅用のインターホン設備は、ホームオートメーションの機能を備えるものに改良され、利便性とセキュリティに重きが求められるようになった。

インターネットとの接続、防犯、防災警備システム、家電製品の自動制御など付加価値が競われている。

5) 自動火災報知設備・火災警報設備

①火災発生時の煙の発生、室内温度の異常上昇を早期にとらえ警報を発する設備を自動火災報知設備という。

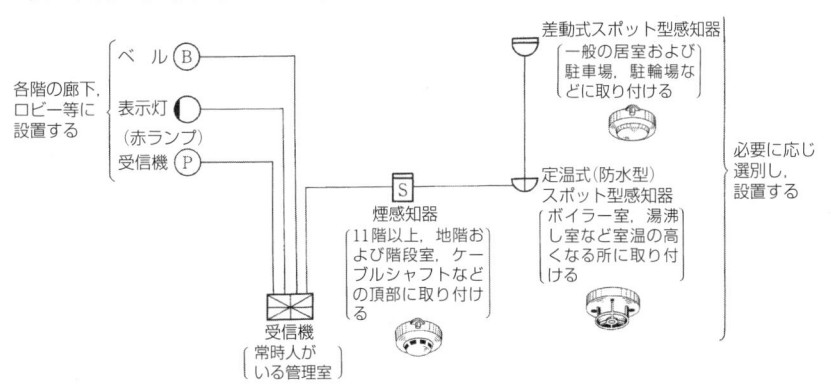

図4.2.3 自動火災報知設備のシステム

②住宅火災警報器は、消防法により、住宅（一戸建、共同住宅）に火災警報器の設置が義務付けられている。リチウム電池を内蔵し、配線工事と取付け資格者は不要で、寝室、階段室、台所（条件により）に煙式・熱式警報器を設置する。

ガス漏れ警報器 空気の比重より小さい都市ガス用のものは天井近くに、プロパンガスのように空気の比重よりも大きいガス用のものは床面近くに設置する。

③ガス漏れ火災警報設備は、消防法により1,000 m²を超える地下街には設置しなければならない。なお、都市ガスとプロパンガスとでは、その比重の関係から、ガス検知器の設置高さが異なる。建築基準法で3階以上の住宅用ガス

第4章 設備工事

漏電遮断器 地絡電流がある一定の値を超えた場合，その回路を遮断する機能を有する遮断器。「ELB」と表記する場合もある。

配管に関する規定で，ガス漏れ感知器の設置義務の定めがある。

④漏電火災警報設備は，金属等に絶縁不良の電気配線が接触し，金属に電流が流れ，加熱して出火することがある。このような状態を漏電といい，漏電の状態を監視し，警報を発するものを漏電火災警報設備という。150 m^2 以上，50A以上の施設が設置の対象となる。

表4.2.3 電気設備と関係法規

電気設備の項目分類＼関係法規	電気事業法	省エネルギー法	「電気設備技術基準」	「電気設備技術基準」の解釈	電気用品安全法	電気工事士法	建築基準法	消防法	危険物の規制に関する政令	屋外広告物法	航空法	労働安全衛生法	火薬類取締法	駐車場法	騒音防止法	公害防止法	電気通信事業法	有線電気通信法	有線テレビジョン放送法	電波法	計量法	工業標準化法（JIS）
受変電設備	◎	◎	◎	△	○	○	○	◎				△			○							○
発電機設備	◎	△	◎	△	○	○		○				△			○	○						○
蓄電池設備	◎		○	△	○	○		◎				△										○
電灯・コンセント設備	△	◎	○	△	○	○	○	◎	○	○		△									○	○
動力設備	△	○	○	△	○	○	○	△				△										○
幹線設備	△		○	△	○	○		△				△										○
電話設備			△		△	△		△				△					◎		○			○
放送設備			△		△	△		△				△						○				○
テレビ共同受信設備			△		△	△		△				△						○	◎			○
防犯設備			△									△			○				○			
避雷（針）設備			△			◎	○	○				△	○									○
自動火災報知設備			△		△	△		◎				△										○
駐車場管制設備			○	△	○							△		◎								○
航空障害灯設備			○								◎	△										○
広告塔設備			○		○					◎		△										○
屋外電線路	△		◎	△	○	○		△				△						○	○		△	○

◎：特に関係が深い　　○：関係が深い　　△：関係がある

演習問題（設備工事①） ◆ 下記の文で正しいものには○，誤っているものには×をつけなさい。

1. 火災時に避難口の方向を示すための誘導灯は常用回線で緑色の灯火とし，避難口の上部などに設ける。 □
2. 飲料水タンクは，保守点検等のためタンク上端から天井までは1m以上，底または周壁までは50cm以上離さなければならない。 □
3. 給水・排水その他の配管設備は，エレベーターの昇降路内には設けないこと。 □
4. LPガス〈プロパンガス〉のガス漏れ警報設備の検知器の上端は，床面から上方30cm以下の位置になるように取り付ける。 □
5. 第2種換気方式は，給気・排気とも機械により行うため，室内の圧力は目的に応じて正負圧どちらにも設定できる。 □
6. 防火ダンパーは通常，ダクト内の羽根は平行になっているが，火災などでダクト付近が高温になると，ヒューズが溶けて，羽根がダクトを遮断する。 □

4.3 給排水衛生設備工事

(1) 給排水衛生設備工事の要点

　　　　給排水衛生設備には，建物内または敷地内における給水・給湯・排水・通気・衛生器具・消火・排水処理などが含まれる。

　　　　水は，用途により飲料水用と雑用水用がある。水道の本管から分岐して引き込み，敷地内第1バルブまでは各水道局が設計・施工を行い，引込み工事負担金の支払いと第1バルブ以降の工事は，施主負担となる。

　　　　汚水および雑排水は，地域によって公共下水処理または合併処理浄化槽方式で行う。水の使用量は，1日1人当たり住宅で400ℓ，事務所等で100ℓ程度である。

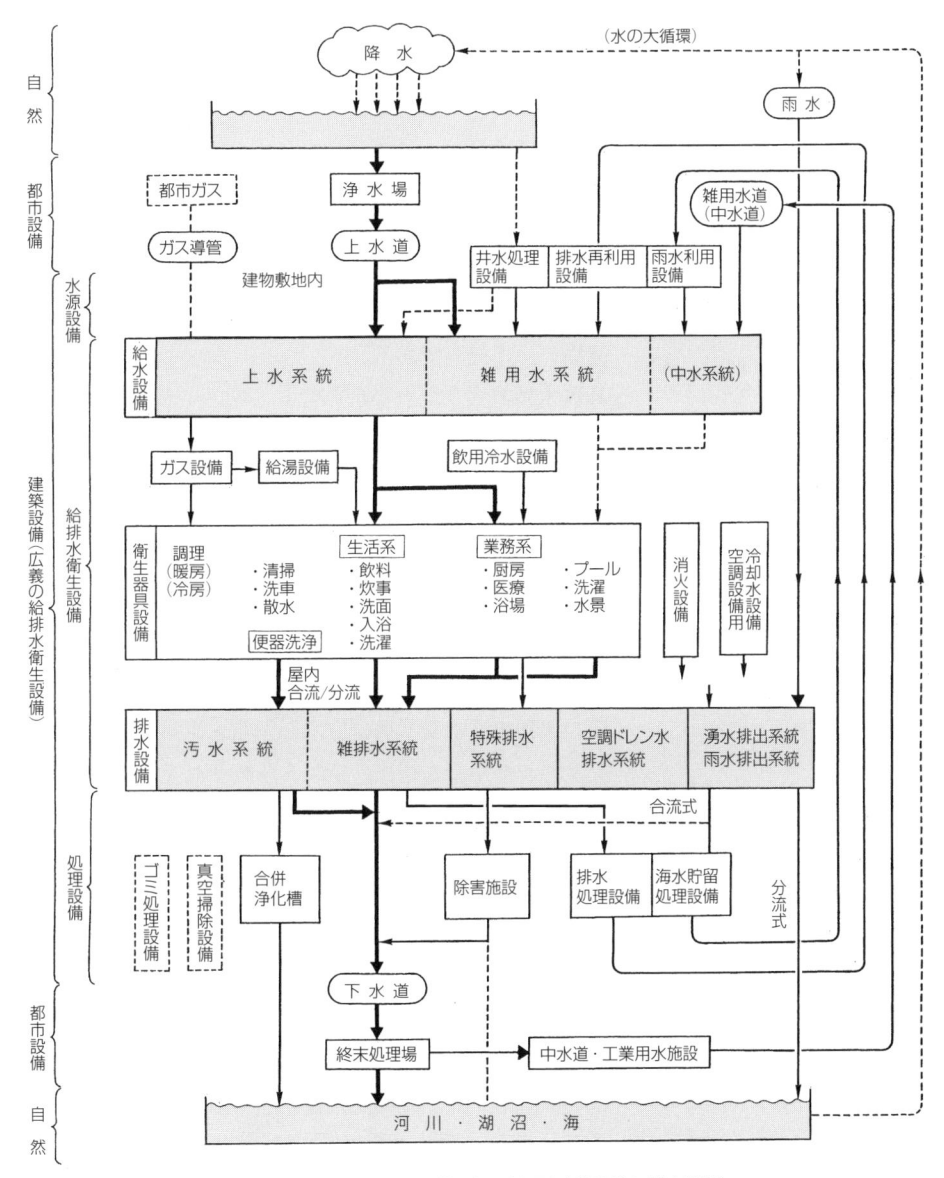

図4.3.1　給排水衛生設備の扱う範囲（建築設備と都市設備）

(2) 給水設備

1) 給水方式
給水方式には，水道直結増圧方式，高置水槽方式，ポンプ直送方式，圧力水槽方式(図4.3.2)がある。

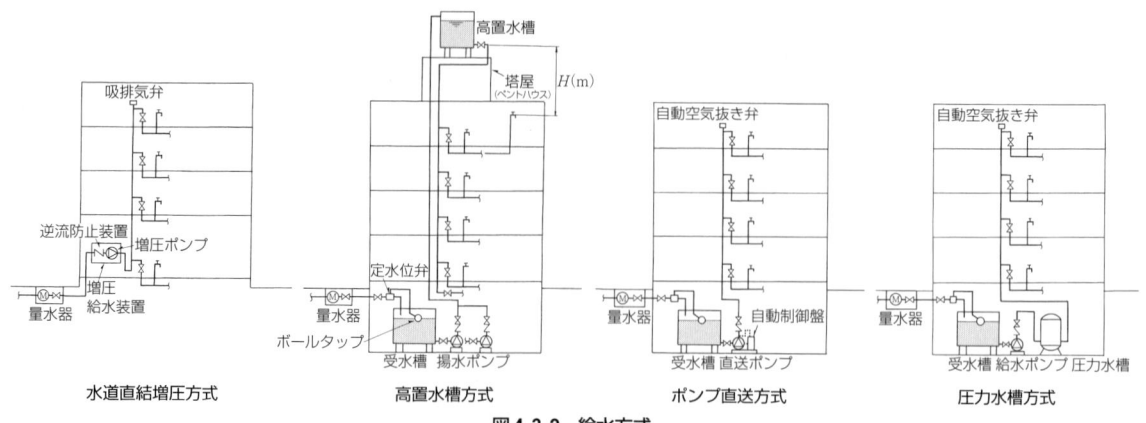

図4.3.2 給水方式

給水設備 建物内および敷地内において，管類，継手類，弁類，水槽類，ポンプ，機器類などを用いて，用途に適した水質の水を供給する設備。

給水負荷 給水設備におけるポンプ能力や給水管径を決定するために，建物内で水がどのような状態で使用されるかを予測する。これを量的に表現したものが給水負荷で，「日最大使用水量」「時平均使用水量」「同時使用流量」「瞬時流量」と一般的には分かれている。

給水管 ①建物内または敷地内において，上水または雑用水を供給する管。②配水管から分岐して建物へ至る管。水道法による給水装置の管で，建物側からは「引込み管」という。

クロスコネクション 上水系統とその他の系統の配管や装置が直接接続されること。飲料水に汚染水が混ざり汚染されるため，建築基準法および水道法などで禁止されている。

受水槽 建物内の給水において，配水管の圧力以上の水圧を必要とするとき，一般にいったん水道水を水槽に貯留し，ポンプにより給水する。この水槽を受水槽といい，断水対策としても有効である。

ウォーターハンマー バルブの急速な開閉により，配管内を流れる流体のスピードが急激に変化し，配管内の圧力が上昇・下降して大きな衝撃が発生する現象。「水撃作用」ともいう。

① 水道直結増圧方式：配水本管のエネルギーを利用しているので，ポンプの容量も小さくなり，省エネルギー化および水槽が不要なので省スペース化が図れる。配水管内が負圧になった場合に，建物の給水系統から水が逆流しないように，増圧ポンプの吸込み側に逆流防止装置を接続する。停電などの非常時には，増圧ポンプが停止すると，給水や貯水機能がないので，ポンプを起動する予備電源を用意する。貯留機能がないため病院，学校，ホテルなどの建物には不向きである。

② 高置水槽方式：配水管から引き込み，受水槽へ貯水した後，揚水ポンプで高置水槽へ揚水し，以降は重力によって建物内に給水する方式である。水圧の低い最上階での給水不良にならないよう，高置水槽の設置高さを確認しておく必要がある。

③ ポンプ直送方式：受水槽に貯水し，直送ポンプによって建物内の必要な箇所に給水するので，高置水槽を不要とした方式であるが，小流量時のポンプの起動・停止の頻度を少なくするために，小型の圧力水槽を設けている例が多い。集合住宅やビルで多く採用され，受水槽方式の主流となっている。

④ 圧力水槽方式：受水槽に貯水し，給水ポンプにて圧力水槽に給水し，コンプレッサーを用い水槽内の空気を圧縮させて圧力を上昇させ，その圧力を利用して必要箇所に給水する。空気補給等の欠点もあり，最近ではあまり採用されていない。

⑤ 受水槽は建築基準法で，床上または地上型とし，FRP材が多くなっている。

⑥ 給水配管の土かぶりは，一般敷地内30cm以上，車両道路60cm以上，重量車両通路120cm以上，ただし，寒冷地は凍結深度以上とする。

⑦ ウォーターハンマーの発生するおそれのある配管には，エアチャンバーなどの水撃防止装置(水撃防止器)を取り付ける。

⑧ 飲料水タンクは，外部から保守点検を容易にかつ安全に行うために，建築物の部分からタンクの天井までは1m以上(点検用マンホールは直径60cm以上必要のため)，底または周壁までは60cm以上離さなければならない。

通水試験 給水管，給湯管，排水管などにおいて，各配管系，使用器具に適応した水量で通水し，水圧，漏れ，その他の異常の有無を確認・検査する試験。

満水試験 満水検査のことで，排水管の接続完成後，配管に水を満たし，水位の低下により漏水の有無を調べる配管接続検査。

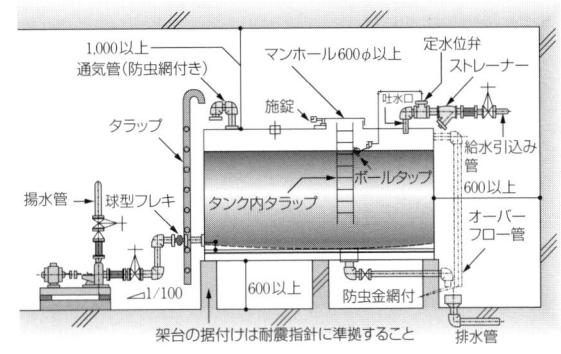

図4.3.3　受水槽

2）試験

水圧試験 最も一般的な配管や圧力容器の試験方法で，給水・給湯・消火各種の配管や機器・器具類の現場試験でも採用されている。給水口，排水口，空気抜き弁その他の開口部をあらかじめプラグ，キャップ，仕切り弁などで密閉し，満水した後，テストポンプによって水圧をかけ，漏水や破壊の試験を行う。

① 給水管については，水圧試験（給水装置部分は1.75MPaの圧力をかける），通水試験などを行う。受水槽については，水張り試験（漏水検査）を行い，満水状態で24時間漏水がないことを確認する。

② 防露・保温被覆を行う配管，隠ぺいもしくは埋設される配管は，各種試験実施確認後に防露，保温，埋戻しを行う。

③ 建物内汚水・雑排水・通気系統の配管工事は，工程内試験として随時，満水試験・満空試験を行う。

④ 合併処理浄化槽は満水状態にして24時間以上経過後，漏水の有無を点検する。

（3）給湯設備

1）中央式
温水ボイラーなどで沸かして湯温を60℃程度で供給し，各使用場所で水と混合させて適温に調整する方式。温水ボイラーには，油焚，ガス焚などがある。

2）局所式
瞬間式または貯湯式湯沸し器などの小型加熱器を設けて，局所的な範囲を対象として給湯する方式。

3）給湯配管
① 架橋ポリエチレン管：温度特性（常温から95℃までの温度範囲）に優れ，長期使用に耐える物理的化学的安定性をもち，作業性と更新への適合性が良い。

② ポリブデン管：施工性に優れ，使用用途はビル内の給水・給湯・冷暖房配管，戸建住宅や施設建物の床暖房配管および給水・給湯配管など。

③ ステンレス配管：腐食が少なく衛生性に優れた配管。建物用途は病院や住宅の飲用系で，給水・給湯・冷却水・冷温水・蒸気・蒸気還水・消火に使用。

（4）排水・通気設備

1）排水設備

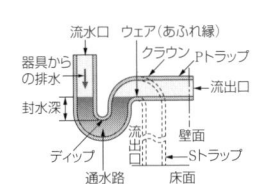

図4.3.4　排水トラップ（各部の名称）

① 排水の分類：汚水はトイレからの汚物を流す排水，雑排水は台所，浴室，洗面所などからの排水，雨水は雨水，湧水の排水である。

② トラップ：下水管などからのネズミ，害虫の侵入や悪臭を遮断する目的で設ける。排水トラップの深さ（封水深）は，50〜100mmとする。二重トラップとならないように設ける。

③ トラップには，管トラップ，ドラムトラップ，わんトラップ，ボトルトラップ等があり，各衛生器具の設置される排水系統に1個設置され，2以上設置することを二重トラップといい，破封のおそれがあるので禁止されている。

④ 排水桝の設置箇所は，配管が45度以上の角度で方向を変える箇所，配管の

封水深 封水トラップの封水部(ウェアとディップとの垂直距離)の深さのこと。通常、50mm以上100mm以下。封水深が50mm以下だと管内の気圧変動により封水が破られやすく、100mm以上だと流れを阻害したり自浄力が弱まってトラップ底部に油脂が付着しやすくなる。

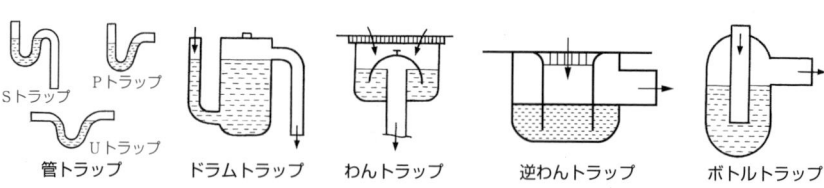

図4.3.5 主なトラップの種類

屈曲・合流する箇所、配管の管径が変化する箇所、配管の勾配が著しく変化する箇所、延長が長い排水管の途中で、管径の120倍を超えない範囲の箇所とする(起点桝、合流桝、中間桝、ドロップ桝、落差調整桝)。

インバート 下水の流れをよくし汚物等を停留させないために、汚水桝底部をそれにつながる排水管と同じ径で半円に仕上げた溝。

⑤雨水桝は「ため桝」を標準とし、マンホールふた、または格子ふたとする。
⑥汚水・雑排水は「インバート桝」とし、マンホールふたとする。

2) 通気配管

①通気管は、排水トラップの封水がなくなるのを防ぎ、悪臭を外部に開放するために設ける。
②通気管の中の水滴が流下して排水管に流れるよう水勾配をとり、排水管に接続する。通気管を雨水配管など他の配管と兼用してはならない。
③通気管の頂部は各地面から2m以上の高さで外気に開放するが、通気管の悪臭が開口部から室内に侵入しないように、窓より水平距離3m以上離し、窓上より60cm以上上げておく。

3) 合併処理浄化槽設備

小規模合併処理浄化槽 雑排水を合併(混合)し処理するもののうち、処理対象人員が50人以下のものをいい、分離接触ばっ気・嫌気ろ床接触ばっ気・脱窒ろ床接触ばっ気方式がある。

合併処理浄化槽設備とは、水洗トイレからの汚水(し尿)や台所・風呂などからの排水(生活雑排水)を微生物の働きなどを利用して浄化し、きれいな水にして放流するための施設。公共下水道のない地域で、公共下水道以外に放流する場合の、建築基準法等に基づく施設である。

処理方法では、嫌気ろ床接触ばっ気方式が最も普及しているが、このほか、例えば「好気槽」の接触材の代わりに「担体流動部」と「生物ろ過部」を設置し、処理効率を上げて全体の容量をコンパクトにした「担体流動・生物ろ過方式」などがある。

(5) ガス設備

1) 都市ガス設備

都市ガスの主原料である液化天然ガス(LNG)は、不純物をほとんど含まないクリーンなエネルギーで、供給圧力により、高圧、中圧、低圧に分類される。使用する原料、設備のなどの種類・燃焼性の違いから、全国の都市ガスを7グループ・13種類に分類してる。

2) 液化石油ガス設備(LPG:LPガス)

LPGはLiquefied Petroleum Gasの略称で、プロパンやブタンなどの比較的液化しやすいガスの総称である。主成分がプロパンの場合はプロパンガス、ブタンの場合はブタンガスと呼ばれる。

3) 燃焼器具

安全を重視して、一般の人が使用するガスは低圧で供給され、大量に使用する地域熱供給(地域冷暖房)などの熱源としては中圧で供給される。

都市ガスは空気より軽く、プロパンガスは空気より重いため、ガス漏れなどすると、プロパンは床にガスが溜まり、都市ガスは天井に溜まるため、ガス漏れ警報器の位置はガスの溜まる場所の近くに設ける。

4.4 空気調和設備工事

(1) 空気調和設備工事の要点

空気調和設備とは，温度・湿度・気流および清浄度を，使用目的に応じた室内環境の状態に保持することである。人間や店舗などを対象とした保健・衛生空調（対人空調）と，精密工場や化学工場などの物品を対象にした産業（プロセス）空調に大別される。

換気の方法には，室内外の気圧の差や温度差を利用する自然換気と，送風機や換気扇を利用して強制的に換気する機械換気がある。

空気調和 air conditioning 空気の状態を目的値に調整すること。一般には空気の温湿度，粉じんなどの浮遊粒子，炭酸ガスや臭気成分となるガス，気流を対象とする。

空気調和機 送風機，温度調節用熱交換器，加湿装置，空気ろ過装置などを一つのケーシング中に組み合わせて収容し，所定の温湿度の空気を供給する装置。「エアハンドリングユニット」「AHU」ともいう。

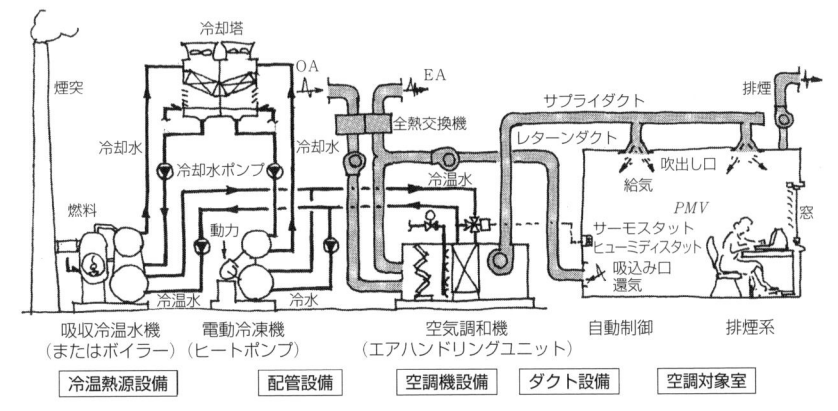

図4.4.1 空気調和設備の基本構成

(2) 換気方式

換気 自然または機械的手法により室内空気を外気と入れ換えること。室内空気の汚染除去が主目的であるが，燃焼装置への給気などを目的とすることもある。

自然換気 風力，浮力などの自然力を利用して換気を図る方法。開放窓や換気孔，排気塔，モニター，ベンチレーターなどを用いる。

機械換気 送風機などの機械力の動力を用いて行う換気。「強制換気」ともいう。

換気回数 1時間当たりに，室容積の何倍の空気が入れ換わるかを示す値。換気設備の設計時に，換気の良さの指標として使われる。

① 第1種換気方式：給気・排気とも機械で行うため，室内の圧力は目的に応じて正負圧どちらにも設定できる。無窓居室，実験室，厨房など用途は広い。

② 第2種換気方式：給気は機械，排気は自然排気とするもの。室内が正圧となるため，汚染の侵入を嫌う室などに用いられる。

③ 第3種換気方式：給気は自然給気，排気は機械とによるもの。室内が負圧になるため，汚染された室内空気が他の室に漏れない。便所，浴室，台所など。

表4.4.1 機械換気による換気回数 *

居室の種類	機械換気による換気回数	N_2	N_3
住宅等の居室	0.7回/h以上	1.2	0.2
	0.5回/h以上 0.7回/h未満	2.8	0.5
住宅等以外の居室	0.7回/h以上	0.88	0.15
	0.5回/h以上 0.7回/h未満	1.4	0.25
	0.3回/h以上 0.5回/h未満	3.0	0.5

表4.4.2 機械換気方式の種類と適用

換気方式	第1種換気方式	第2種換気方式	第3種換気方式
系統図			
圧力状態	風量により正圧または負圧	大気量により正圧⊕	大気量により負圧⊖
特徴と適用	確実な換気量確保 大規模換気装置	汚染空気の流入を許さない 清浄室（手術室等）	他の汚染空気を出してはならない 汚染室（伝染病室，WC，塗装室等）

* 第2種・第3種ホルムアルデヒド発散建築材料は，$N_2 S_2 + N_3 S_3 \leq A$（N_2, N_3：表4.4.1に該当する数値／S_2：第2種ホルムアルデヒド発散建築材料（F☆☆）の使用面積／S_3：第3種ホルムアルデヒド発散建築材料（F☆☆☆）の使用面積／A：居室の床面積）の式を満たすように居室の内装仕上げの使用面積を制限する。

(3) 空気調和システム

空気調和設備の機器構成やそのシステムは，建物の用途，規模，気象条件，要求される室内の環境条件などによって多様であるが，冷温熱源設備，空気調和機設備，室内端末設備とそれらをつなぐ配管設備，ダクト設備（熱搬送系設備），換気設備，制御設備などから成り立っている。

冷温熱源設備は，都市ガスや燃料油などを燃料として，温水や蒸気などの温熱を供給するボイラー，冷熱を供給する吸収冷凍機（吸収冷温水機）あるいは電気をエネルギー源として冷熱を供給する冷凍機，冷温熱を供給するヒートポンプとそれらに付随する冷却塔などから成り立つ。

空気調和機設備は，室内から戻った還気と外気から取り入れた新鮮空気を浄化する空気ろ過器，加湿器，空気を加熱，冷却，除湿する加熱コイルまたは冷却コイル，冷風，温風を送り出す送風機から構成される空気調和機とその付属品から成り立つ。

室内端末設備とは，空気吹出し口，吸込み口やファンコイルユニット，加熱器などをいう。

> **ヒートポンプ** 冷凍機の凝縮器から発生する熱を，加熱の手段として利用する場合の呼称。低温熱源器の熱を蒸発器で吸収し，高温にして凝縮器から放出するので，あたかもポンプで熱をくみ上げるようなことから，この名前で呼ばれている。略称「HP」。

1) 全空気方式 熱を空気に変換して供給する方式。冷風や温風をダクトによって供給する。
　①単一ダクト方式：空気調和機から1本のダクトで枝分かれして，各室に冷風や温風を供給する方式。
　②二重ダクト方式：冷風用・温風用の2本のダクトによって，冷風や温風を供給する方式。室ごとの温度調整が可能だが，設備費が高くなる。

2) 空気・水方式 熱を空気と水に変換して供給する方式。ダクトと配管で供給するため，ダクトスペースが小さいが，装置が分散化し，保守・管理が煩雑になる。

各階ユニット方式，ダクト併用ファンコイルユニット方式，インダクションユニット方式があり，外気取入れのための設備が必要となる。

3) 水・冷媒方式 熱を水または冷媒に変換して供給する方式。配管だけでダクトが不要なため，換気や除塵が困難であり，外気取入れのための設備が必要となる。

ファンコイルユニット方式，パッケージユニット方式がある。

4) その他の方式 ①床吹出し空調方式は，床を二重にしたOA床の空調をエアチャンバーに利用した方式。
　②エアフローウインドウ方式は，ペアガラスの内部に空調のリターンエアを通し，夏は室外に除去，冬は空調機に戻すもので，ガラス内部にブラインドを組み込み，日射も調節できる。費用は高いが，省エネルギー効果は高い。

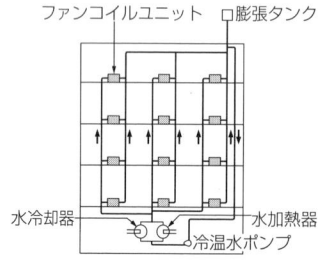

図4.4.2　ファンコイルユニット方式

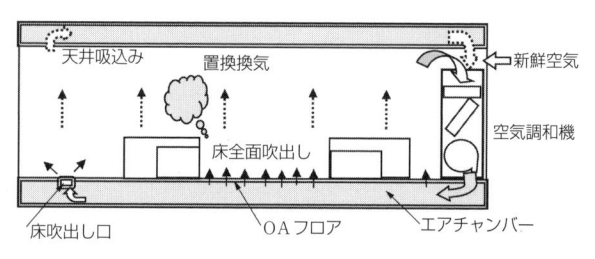

図4.4.3　床吹出し空調システム

4.5 防災設備工事

(1) 防災設備の要点

防災設備は，建物に機械・備品・機器を設置することで，人命の安全を確保するための設備である。地震・火災など早期に感知して消火し，あるいは煙を排出するなど，人間を安全な場所へスムーズに誘導する設備である。

各工事の設備機器の工事は，官公庁への申請・届出・検査完了が義務付けられている。完成後も定期的な検査が義務付けられ，現場責任者にはそれぞれ法によって，定められた施工管理者および公的資格を有する工事担当者が必要となる。

表4.5.1 消防用設備等の種類

消防の用に供する設備	消火設備	・消火器および簡易消火用具 ・不活性ガス消火設備 ・屋内消火栓設備 ・ハロゲン化物消火設備 ・スプリンクラー設備 ・粉末消火設備 ・水噴霧消火設備 ・屋外消火栓設備 ・泡消火設備 ・動力消防ポンプ設備
	警報設備	・自動火災報知設備 ・ガス漏れ火災警報設備 ・漏電火災警報器 ・消防機関へ通報する火災知設備 ・非常警報器具(警鐘，携帯用拡声器，手動式サイレン)，非常警報設備(非常ベル，自動式サイレン，放送設備)
	避難設備	・避難器具(すべり台・避難はしご・救助袋・緩降機・避難橋その他の避難器具等) ・誘導灯および誘導標識
消防用水		・防火水槽またはこれに代わる貯水池その他の用水
消火活動上必要な施設		・排煙設備 ・連結送水管 ・無線通信補助設備 ・連結散水設備 ・非常コンセント設備
必要とされる防火安全性能を有する消防の用に共する設備等		・パッケージ型消火設備 ・パッケージ型自動消火設備 ・共同住宅用スプリンクラー設備 ・共同住宅用連結送水管設備 ・共同住宅用非常コンセント設備 ・共同住宅用自動火災報知設備 ・住戸用自動火災報知設備 ・共同住宅用非常警報設備

(2) 警報設備

1) 自動火災報知設備　受信機には，警報表示部と防災機器を制御する操作部があり，壁掛けや自立盤の形状がある。火災発生時に自動的に警報を鳴らし，他の機器等の連動制御を行う。

2) ガス漏れ火災警報設備　①都市ガスのガス漏れ警報機は，燃焼器具およびガス栓から水平で8m以内，天井面から30cm以内の位置に設置する。
②プロパンは，水平で4m以内，床面から30cm以内の位置に設置する。

3) 漏電遮断器　一般配線用漏電遮断器が，家庭用として一般的に使用される。

4) 消防機関へ通報する火災警報設備　火災が発生した場合，起動ボタンを押すことによって録音された音声を自動で消防機関に通報する防災設備で，電話回線を使用して自動通報し，逆信を求める。

(3) 消火設備

1) 屋内消火栓　防火対象物の階ごとに，ホース接続口までの水平距離を1号消火栓で25m以下，消火栓，ホース，ノズルの消火栓箱，消火ポンプ，消火配管で構成され

2)防火ダンパー

防火防煙ダンパー 防火ダンパーの作動を、温度ヒューズだけでなく、煙感知器で作動させるダンパーで、竪穴区画・異種用途区画などを貫通する場合のダクトに設けられる。

通常は、ダクト内の羽根は平行になっているが、火災などでダクト付近が高温になると、ヒューズが溶けて、羽根がダクトを遮断するように移動し、火炎がダクト内を伝わって広がることを防ぐ。ダンパーとダクトは、厚さ1.5mm以上の鉄板で造る。火災・誤作動などの復旧のため、450mm角以上の点検口を設ける。

(4)消防関連設備

排煙設備

排煙設備 建物の火災時における強制排煙に必要な防煙壁、排煙口、排煙ダクト、排煙送風機、排煙口開放装置などの総称。

防煙区画 火災時の煙の拡大防止、排煙の効率化、避難者の煙からの保護を目的として、間仕切り、防火戸あるいは垂れ壁状の防煙壁などで、煙が拡散しないようにする区画のこと。

① 火災時に煙を外部に排出するための設備である。手動の自然排煙が一般的であるが、自然排煙がとれない建物では、機械排煙設備を設置しなければならない。
② 排煙ダクトは、不燃材料で造り、ダクト内の煙の熱により、周囲への延焼などのおそれがある場合には、ダクトの断熱や可燃物との隔離をとるなどの措置を講ずる。
③ 防煙壁を貫通する場合は、防煙壁とのすき間を不燃材で埋める。
④ 手動起動装置は、壁に取り付けるものは床上80～150cmの位置に、天井から吊り下げるものは、床から180cm以下の位置に設ける。

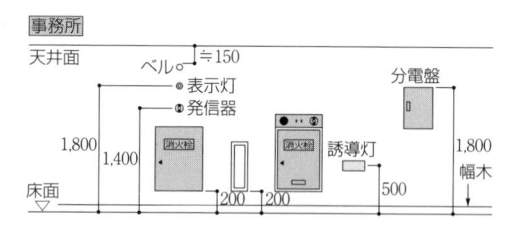

図4.5.1 消防設備機器の標準取付け位置

演習問題（設備工事②） ◆下記の文で正しいものには○、誤っているものには×をつけなさい。

1. 電気設備工事において、二重天井内の鋼製ケーブルラックの支持間隔を3以上とし、直線部と直線部以外との接続部では、接続部に近い箇所で支持した。☐
2. 配管の埋設工事において、給水管と排水管が平行する部分については、両配管の水平実間隔を300mmとし、給水管を排水管の上方に埋設した。☐
3. 屋内の横走り排水管の勾配の最小値を、管の呼び径75のものについては、1/100、呼び径150のものについては、1/200とした。☐
4. 消防用水の設置場所は、消防ポンプ自動車が2m以内に接近できる位置とした。☐
5. エスカレーターの踏段の幅は1.1m以下とし、勾配は30度以下で、踏段の端から手すりの上端の中心までの水平距離は30cm以下とする。☐

4.6 昇降機設備工事

(1) 昇降機設備工事の要点

昇降機設備とは，エレベーター，ダムウェーター，エスカレーター，階段昇降装置などのことをいい，エレベーターは，輸送対象物により建築基準法上，乗用，人荷共用，荷物用，寝台用，自動車用，非常用（高さ31mを超える建築物に必要）がある。その他使用目的により，一般乗用，住宅用，展望用，車椅子兼用，斜行エレベーターがある。厨房用，小荷物用，書類用に設置され，人が乗れないものは，電動ダムウェーターという。

エレベーターやエスカレーターなど人が乗る場合には，速度や輸送人数，駆動方式，制御方式，非常用設備など制約があるので，設計計画段階から検討が必要である。

ダムウェーター 建築基準法で規定する，かご面積$1m^2$以下，かご天井高さ1.2m以下，積載重量500kg以下で，人が乗れない小荷物専用昇降機。

(2) エレベーター

1) エレベーター
①エレベーターの昇降路内には，給水・排水などの配管設備は設けない。
②エレベーター出入口の床先とカゴの床先の水平距離は，4cm以下とする。

2) 非常用エレベーター
①高層建築物の火災の際，消防隊が使用するエレベーターである。
②はしご車が届かないと考えられる，高さ31mを超える建築物に設ける。
③乗降ロビーの室内に面する部分は，下地・仕上げとも不燃材料で造る。
④予備電源を有する照明設備を設ける。

非常用エレベーター 平常時には乗用，人荷用として使用し，火災発生時には消防隊の消火，救出作業用に運転するエレベーター。

＊非常用エレベーターの設置および構造は上記①〜④のほか，かご内と中央管理室とを連絡する電話装置や予備電源の設置，かごの定格速度(60m以上)などが建築基準法において規定されている。

(3) エスカレーター

エスカレーター 電動力によって運転し，人を運搬する連続階段状の装置。トラスで構成され，トラス上部の機械室にモーター（駆動装置）を置き，踏段チェーンで階段を動かす方式が一般的。

①踏段の幅は1.1m以下とし，勾配は30度以下を原則とする。
②踏段の端から手すりの上端の中心までの水平距離は，25cm以下とする。
③速度は勾配により数値以下とする。勾配8度以下のもの：50m/分。
　勾配が8度を超え30度以下（踏段が水平でなく15度以下）：45m/分。

図4.6.1 エレベーターの構造

図4.6.2 ダムウェーター

図4.6.3 エスカレーター水平距離

図4.6.4 エスカレーターの構造

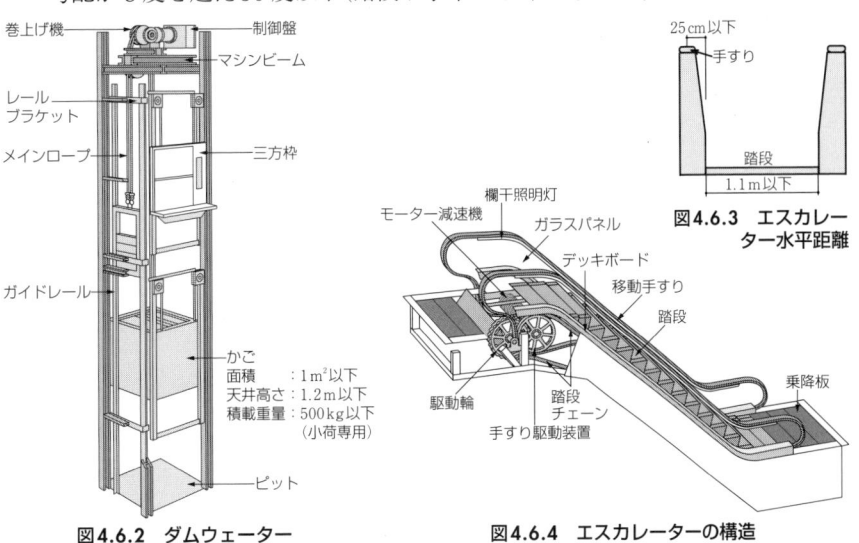

第5章 改修工事

(1) 改修工事の要点

　改修工事とは，特に現在大きな社会問題となっている環境負荷の低減，ライフサイクルコストの軽減という観点から，既存建物の耐用年数を延ばすために，建物の補修・改修または補強をする工事である。

　改修工事を大別すると，建物の劣化した部分を改修する工事と，耐震性が不足している建物の耐震補強の工事になる。公共建築改修工事標準仕様書の工事項目には，防水改修，外壁改修，内装改修，塗装改修，耐震改修，環境配慮改修が記載されている。

　特に重要な項目を選定し，その改修工事の要点について述べる。

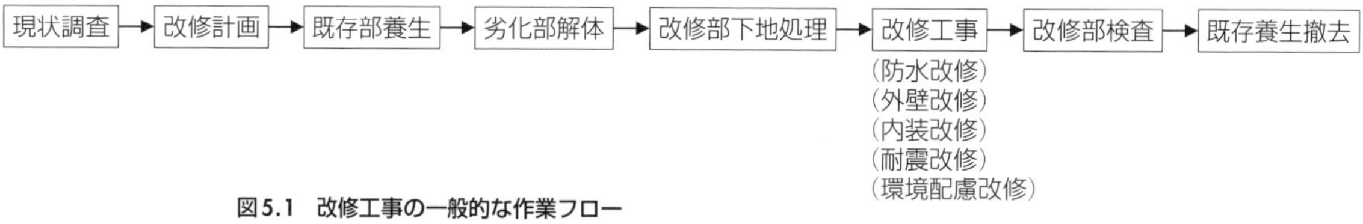

現状調査 → 改修計画 → 既存部養生 → 劣化部解体 → 改修部下地処理 → 改修工事（防水改修）（外壁改修）（内装改修）（耐震改修）（環境配慮改修）→ 改修部検査 → 既存養生撤去

図5.1　改修工事の一般的な作業フロー

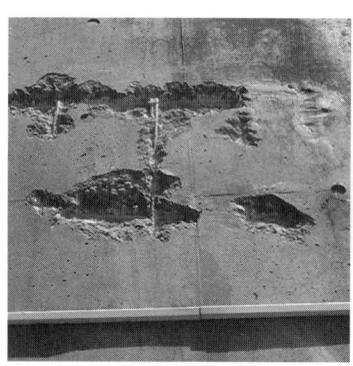

図5.2　さまざまな劣化部位例

（コンクリートの爆裂によるはく離／屋上シート防水のふくれ／屋上排煙ダクトの腐食／シーリング材のひび割れ／吹付け主材の劣化によるはく離／タイルの浮きとはく離／継手の減肉（X線画像例））

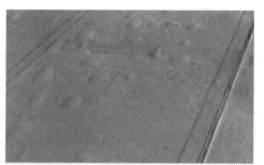

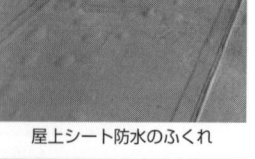

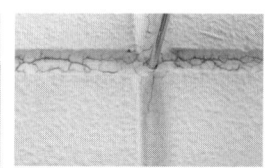

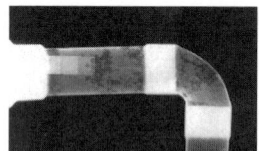

表5.1　劣化診断調査項目

部位・工種		調査・診断項目
躯体	コンクリート	欠損，ひび割れ，爆裂，鉄筋の発錆・腐食，圧縮強度，中性化深度など
	鉄骨	発錆，腐食，塗装のチョーキング，変退色など
外部	防水層	漏水，ひび割れ，破断，しわ・ふくれ・浮き，目地部の損傷，押えコンクリートの破断，水たまりなど
	外部塗装	はく離・割れ・ふくれ，変退色，チョーキング，光沢度低下，汚れなど
	外壁タイル	はく落，浮き，割れ，白華，接着強度など
	外壁吹付け	はく離・割れ・ふくれ，変退色，チョーキング，光沢度低下，汚れ，摩耗，層間付着度
	シール	漏水，はく離・破断，ひび割れ，変退色など
設備	電気設備	機器の機能低下，システムの社会的機能低下，配線の劣化・損傷，機器・器具類の外観，絶縁抵抗など
	機械設備	機器の機能低下，システムの社会的機能低下，配管の腐食・閉塞状況，継手・弁・接続部の漏れ，発錆，保温，ラッキングの劣化など

表5.2 劣化診断調査方法

診断精度	診断方法
一次診断（一次劣化調査）	設計図書の確認，居住者ヒアリング，目視，簡単な器材による観察（打診，触診，計測など）
二次診断（二次劣化調査）	精度を高めた一次診断調査に加え，コンクリート簡易圧縮強度試験（シュミットハンマー），ファイバースコープなどの機器材を使った劣化度のより詳しい調査
三次診断（三次劣化調査）	赤外線，X線，超音波などを用いた計測装置による非破壊検査，サンプル採取や現位置による各種破壊検査など，高度で精密な調査

(2) 防水改修工事

1) 既存調査　施工計画を作成するにあたって，施工調査を確実に行い，既存防水などの劣化程度，数量などを的確に把握し，具体的な改修方針を作成して内容を検討する。

2) 既存の防水層処理　既存の保護層および防水層の撤去・非撤去による区分は，次による。
① 保護層および防水層撤去
② 保護層撤去および防水層非撤去
③ 保護層および防水層非撤去
④ 露出防水層撤去
⑤ 露出防水層非撤去

ただし，改質アスファルトシート防水の場合は，③④⑤とする。既存防水層非撤去の場合は，防水層に穴をあけないように注意する。

3) ルーフドレンの処理　防水保護層を有する防水層は，保護層の平場部は一般に劣化が進んでいないので，ルーフドレン回りや立上り部分の改修が主になる。

損傷箇所やはく離箇所の補修には，損傷箇所は切除し，バーナーで熱して溶融アスファルトを充てんして張り合わせる。ルーフドレン回りの処理として，防水層および保護層の撤去端部は，既存の防水層や保護層を含め，ポリマーセメントで勾配1/2程度に仕上げる（ルーフドレン回りの納まり，保護層および防水層撤去の場合）。

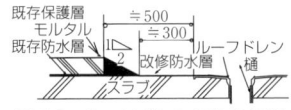

図5.3 ルーフドレン回りの処理

(3) 外壁改修工事

1) コンクリート打放し仕上げ

a. 露出金属の処理
露出している鉄筋等は，さびを除去して鉄筋防錆剤を塗り付け防錆処理する。

b. ポリマーセメントモルタル充てん工法
軽微なはがれや欠損部分は，ポリマーセメントモルタルを充てんする。

c. 樹脂注入工法
幅が0.2mm以上1mm以下のひび割れに，エポキシ樹脂を注入用器（エポキシ樹脂の自動式低圧注入用器具）で注入する。注入間隔は，上記の場合250〜300mmとする。

d. Uカットシーリング材充てん工法
ひび割れが1mmを超え，かつ挙動するひび割れ部は，シーリング材を使う。1mmを超える挙動しないひび割れ部は，可とう性エポキシ樹脂を使用する。

2) モルタル塗り仕上げ

a. 浮き部の改修
テストハンマーなどで浮き部を確認し，アンカーピンニング位置を明示する。

> **ポリマーセメントモルタル**　混和剤としてゴムやプラスチックのようなポリマー（重合体）を加えたセメントモルタル。引張りおよび曲げ強度，接着性，水密性，耐摩耗性などの向上が図られ，仕上材，防水材，接着材，補修材として使用される。

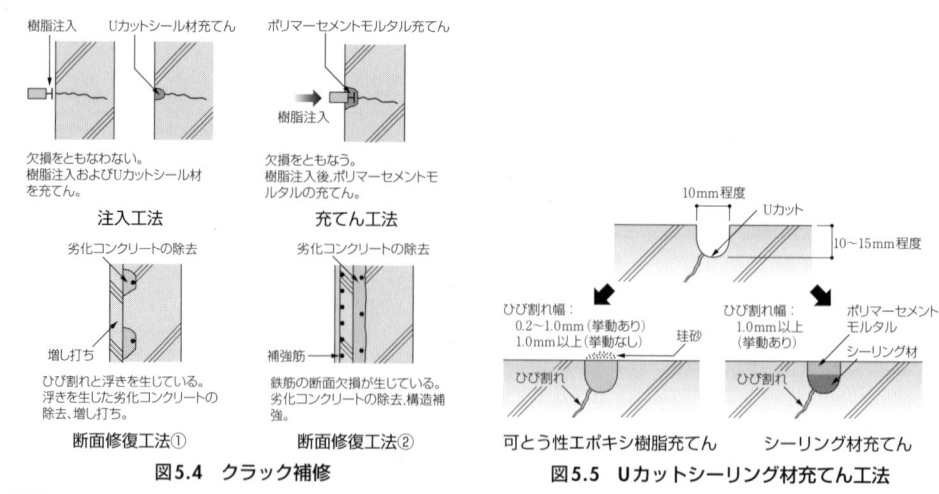

図5.4 クラック補修

図5.5 Uカットシーリング材充てん工法

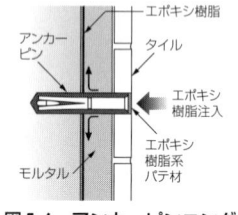

図5.6 アンカーピンニング注入併用工法

アンカーピンの本数は、一般壁面は16本/m²、見上げ面は25本とする。

b. 充てん工法

充てん工法の改修は、欠損部の面積が1箇所当たり0.25m²未満の場合までとする。ポリマーセメントモルタル充てんは、1回の塗り厚は7mm程度にする。

c. モルタル撤去、塗替え工法

総塗り厚が25mm以上になる場合は、ステンレス製アンカーピンを打ち込み、ステンレス製ラスを張るか、溶接金網などを取り付け、安全性を確保した上でモルタルを塗り付ける。

3) タイル張り仕上げ

a. タイル張りの撤去

タイル張り仕上げを撤去して、ひび割れ部を改修する場合は、ひび割れ周辺をダイヤモンドカッターで健全部分と縁を切って、損傷が拡大しないようにタイル目地に沿って切り込む。

b. エポキシ樹脂注入工法

ひび割れ幅が0.2mm以上1mm以下に適用し、自動式注入方式等でエポキシ樹脂を注入して、補修タイルを張る。

c. Uカットシーリング材充てん工法

ひび割れ幅が1mmを超え、かつ挙動するひび割れ部は、シーリング材を使用する。ひび割れ幅が0.2mm以上1mm以下で挙動する場合、および1mmを超え挙動しないひび割れ部分は、可とう性エポキシ樹脂を使用する。

d. タイル部分張替え工法

既存の下地モルタルがある場合および1箇所当たりの張替え面積が0.25m²未満の場合に適用する。ポリマーセメントモルタルを使用する場合は、張替え下地面の水湿しを行う。

4) 塗り仕上げ

外壁の劣化塗膜を除去する工法として、サンダー工法、高圧水洗工法、塗膜はく離剤工法、水洗い工法などがあり、除去後に塗り替える下地処理である。

5) 外壁複合改修工法（ピンネット工法）

既存仕上げ層を残したままアンカーピンと繊維ネットを複合して用い、ピンによるはく落防止とネットによる既存仕上げ層との一体化で安全性を確保する。

6) 鉄筋腐食補修工法

腐食した鉄筋をはつり出し、さびを除去した鉄筋に防錆材を塗布した後に、コンクリートの欠損部にポリマーセメントモルタルを充てんする。

(4)内装改修撤去工事

1)床改修

けれん 総じて，凹凸なく滑らかにすること。仕上がりの美しさや耐久性に影響を及ぼす。①劣化した塗装や錆をへらやスクレーパーを使い除去すること。②使用済み型枠やコンクリート，タイルの仕上面に付着したモルタルかすなどを，へらを使って除去すること。

デッキスクレーパー
スクレーパー

①ビニル床シートなどの撤去：除去はカッター等で切断し，スクレーパーなどにより，他の仕上材に損傷を与えないように行う。接着剤などは，ディスクサンダーなどにより，新規仕上げの施工に支障がないように除去する。

②塗り床材の撤去：下地がモルタルの場合は，モルタル下地とも，コンクリートの場合は，表面の3mm程度を含めて除去する。機械的除去工法は，ケレン棒，電動ケレン棒，電動はつり器具などにより除去する。必要に応じて，集じん装置付き機器を使用する。

③床タイルの撤去：張替え部をダイヤモンドカッターなどで縁切りをし，タイル片を電動ケレン棒，電動はつり器具により撤去する。

2)内装改修

①既存壁の撤去：壁面の大半を撤去する大規模な取り壊しは，油圧クラッシャーなどを使用し，他の構造体および仕上げに損傷を与えないように行う。

開口部など小規模な取り壊しは，所定の位置に両面よりダイヤモンドカッターなどで切り込み，他に損傷を与えないように行う。

壁内の鉄筋は，撤去面より深い位置で切断する。

②木製および軽量鉄骨間仕切りなどの撤去：その壁の取り合う改修範囲外の天井，壁，床部に損傷を与えないように養生を行い，撤去する。

壁下地材および下地張りボードを残し仕上材を撤去する場合は，下地材および設備機具などに損傷を与えないように行う。また，必要に応じて集じん装置付き機器を使用する。

③モルタル，タイル，布地，壁紙などの撤去：既存部との取合い部は，カッターなどにより切断し，既存部に損傷を与えないように行う。

3)天井改修

①天井撤去：下地材および下地張りボードを残し仕上材を撤去する場合は，設備機器具などに損傷を与えないように行う。下地材などを含め撤去する場合は，床およびその天井に取り合う壁に損傷を与えないように養生を行う。

②照明器具などの割付けが変わる場合，下地に合わせて補強および開口部の補強を行う。天井点検口や照明器具等の開口のため野縁などを切断する場合，溶断では行わない。

演習問題（改修工事） ◆ 下記の文で正しいものには○，誤っているものには×をつけなさい。

1. 既存のウレタンゴム系塗膜防水を撤去せず，新規にウレタンゴム系塗膜防水を施す改修工事において，既存防水層のふくれ部分については，カッターナイフで切除し，ポリマーセメントモルタルで平滑に補修した。□

2. 既存外壁のタイルの張替えにおいて，外部側に柱形および梁形がある開口部のない壁面に，ひび割れ誘発目地がなかったので，柱形および梁形の入隅部とスパン中央部に，下地コンクリートのひび割れ誘発目地およびタイル仕上げ面の伸縮調整目地を設けた。□

3. 既存塗り仕上げ外壁の改修において，劣化の著しい既存塗膜や下地コンクリートの脆弱部分の除去については，高圧洗浄工法を採用した。□

4. 自動式低圧エポキシ樹脂注入工法による，コンクリート打放し仕上げ外壁のひび割れ部の改修において，エポキシ樹脂の注入完了後，速やかに注入器具を撤去した。□

(5) 耐震改修工事

耐震改修促進法 地震による建築物の倒壊などから国民の生命，身体および財産を保護するため，建築物の耐震改修促進のための処置を講ずる法律。1995年12月施行。特に多数の者が利用する一定規模以上の建物を「特定建築物」とし，所有者は現行の耐震基準と同等以上の耐震性能を確保するよう耐震診断や改修に努めることが求められている。2006年の改正により特定建築物の対象が拡大され，特定行政庁による耐震改修促進計画の策定が義務付けられた。

耐震補強 建物が保有する耐震性能が不足する場合に，建物構造体に行う補強。震度6強の大規模地震に対して，建物の倒壊を防止する。耐震壁の増設，増し打ち，開口閉塞，鋼板巻きや炭素繊維シート巻きによる柱のせん断補強，鉄骨ブレース補強，レトロフィット免震補強工法やオイルダンパーなどの設置による制振補強工法などがある。

「耐震改修」とは，地震に対する安全性の向上を目的として，増築・改築・修繕もしくは模様替または敷地の整備をすることをいう。

新耐震の定義では，「中規模の地震では壊れず，大規模の地震でも倒壊しないもの」と大幅に変更された。以下「建築物の耐震改修の促進に関する法律」（耐震改修促進法）に定める基準に適合していること。

耐震改修工事は，一般的に，床・壁・天井とも既存仕上材を全面撤去して新設する工法が効率的である。

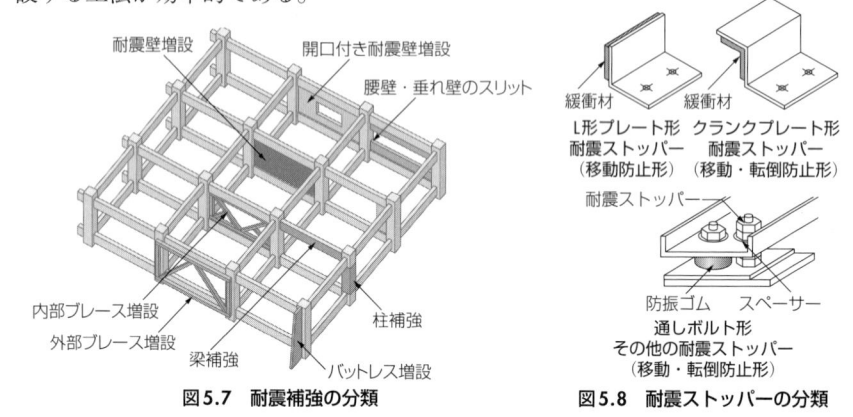

図5.7 耐震補強の分類　　図5.8 耐震ストッパーの分類

1) 既存躯体の処置

目荒し 接着性を良くするため，コンクリート面をノミやハンマー，ウォータージェットで粗面にすること。コンクリート下地面や打継ぎ面などに施す。

a. 鉄筋コンクリートの耐震壁をつくる場合
　新設壁と取り合う既存壁や梁の躯体表面を，5mm程度凹面に目荒らしする。
　目荒らしの面積は全体の15〜30%，打増し補強は10〜15%程度とする。

b. 鉄骨ブレースを取り付ける場合
　鉄骨ブレースが取り付く四周の既存躯体のすべてを目荒らしする。

c. 柱を補強する場合
　連続繊維補強工法以外の補強工事では，柱全面を目荒らしする。

d. あと施工アンカー
　あと施工アンカーは，金属拡張アンカーと接着系アンカーを用いるが，接着系アンカーのほうが引張耐力が大きい。耐震壁増設の開口部補強筋の定着をあと施工アンカーで行う場合は，接着系アンカーを用いて埋込み深さを11d以上とする（d：アンカーの直径）。強度確認試験は，引張試験機で引張試験を行う。

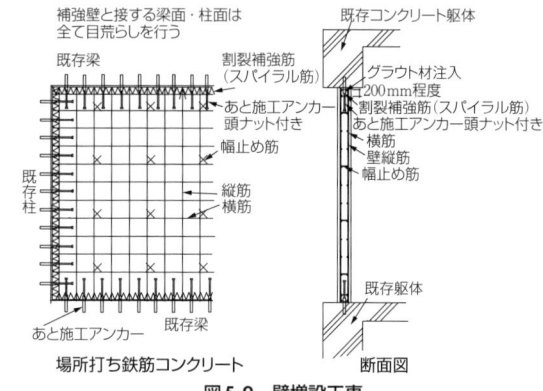

図5.9 壁増設工事

2) 現場打ち鉄筋コンクリート壁の増設工事

既存の柱・梁に囲まれた中に，鉄筋コンクリート耐震壁を新設する工事の場合の手順を示す。

①鉄筋の加工・組立て：増設は取合い部が弱点となるので，その補強として割裂補強筋を入れる。

②コンクリート打込み：流し込み工法と圧入工法があるが，1箇所の壁・1箇所の柱とも，打継ぎを設けてはならない。

③既存構造体との取合い：壁の増し打ち補強の場合，上部20cm程度すき間を埋めるグラウト作業がある。グラウト注入は，片側から順次行い，空気抜きの孔からあふれ出ることを確認する。

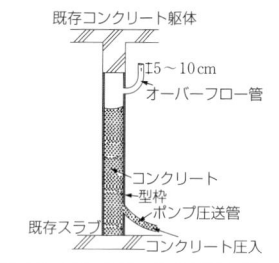

図5.10 コンクリートの圧入工法

3) 鉄骨ブレースの設置工事

既存の柱・梁に囲まれた中に，鉄骨ブレース耐震壁を新設する工事の手順を示す。

① 既存の構造体と新設鉄骨の一体化のため，既存構造体にあと施工アンカー筋を付け，新設鉄骨にはスタッドを付ける。

② スタッドとアンカー筋とを縫うように割裂補強筋を全周にわたって配筋する。

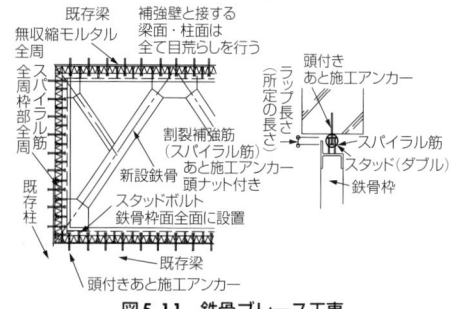

図5.11 鉄骨ブレース工事

③ 既存構造体と鉄骨ブレースの間に型枠を組み，モルタルポンプで下部からグラウト材を圧入工法で打設する。

④ 既存部に打ち込むあと施工アンカーは，金属系改良型頭付き本体打込み式アンカーまたは接着系アンカーを用いる。

4) 柱補強工事

a. 溶接金網巻き工法

既存柱の外周部を，60〜150mm程度の厚さの鉄筋コンクリートまたは鉄筋補強モルタルで巻き立てて補強する方法である。

打込みには，流し込み工法と圧入工法がある。流し込み工法の1回の打込み高さは，1m程度とし，1回ごとに締固めを行い，振動機，突締め，たたき締め等を用いて密実に締め固める。

柱の変形能力の向上のみを図る場合は，曲げ耐力の上昇を防ぎながら，せん断耐力を向上させる目的で，床上と梁下に30〜50mm程度のスリットを設ける。

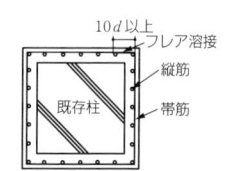

図5.12 柱補強工事

b. 鋼板系巻き立て補強

厚さ4.5〜9mmの薄鋼板を角形や円形に巻いて，すき間に高流動モルタルを充てんする。角形は，角部に半径が板厚の3倍以上のアールを付ける。グラウト材は，無収縮モルタルを用い，モルタルポンプ圧入工法で打ち込む。

帯板巻き工法は，柱の四隅にアングル材を建て込み，平板を周囲に溶接し，裏側にモルタルを充てんする工法である。

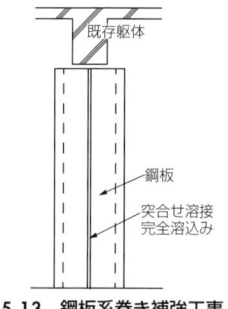

図5.13 鋼板系巻き補強工事

c. 連続繊維（炭素繊維シート）補強工法

下地コンクリート表面の凹凸は削り取って平滑にし，隅角部は半径20〜30mmの面取りをする。建具や新設壁のアンカー筋は，事前に埋め込んでおく。

炭素繊維シートを，エポキシ樹脂を含浸させながら柱の周囲に巻き付ける。炭素繊維シートの重

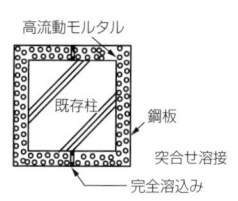

図5.14 柱鉄筋コンクリート巻き工法

図5.15 連続繊維補強工事

ね長さは，母材の破断を確保できる長さとし，200mm以上とする。シートの重ね位置は，各面に分散させ張り付ける。

多層巻きする場合は，直前層の上塗りの後に，次層の下塗りの含浸接着樹脂を塗布したのち，炭素繊維シートを張り付ける。

d. 耐震スリット新設工事

耐震スリットとは，耐震設計を考慮していなかった非構造の鉄筋コンクリート壁が，柱や架構に悪影響を及ぼし，耐震性能を低下させることを防止するために設ける構造目地である。

耐震スリットには，完全スリットと部分スリットがある。完全スリットは，壁と柱を完全に縁切りするもので，既存の鉄筋コンクリート壁に30〜40mmのすき間を設ける部分スリットは，壁断面の一部分を切り欠き，大地震時にスリット部を損傷させることにより，柱への影響を絶つ。既存コンクリートを50mm程度残してすき間を設け，すき間に充てん材を挿入して止水処理をする。

耐震スリット 鉄筋コンクリート部材における非構造部材壁と構造部材（柱，梁，床）との間のコンクリートの絶縁部分をいう。大地震時においてもスリット部の幅の空間が保持されるため，主要構造部の損傷防止として設置される。「構造スリット」ともいう。スリットの種類は，形状から完全スリットと部分スリットに分けられ，適用部位により，柱（壁）・壁間を垂直スリット，梁（床）・壁間を水平スリットという。

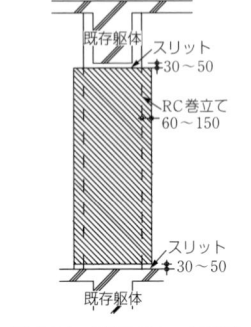

図5.16 耐震スリット工法

（6）耐震・免震・制振技術

わが国の地震対策には耐震，免振，制振がある。阪神・淡路大震災以降，飛躍的に件数が増えているのは免震構造の建築物であるが，既存建築物への耐震補強は，日常的に建物を使用しながら工事を進めなければならない場合が多い。

そのための技術開発が盛んに行われ，炭素繊維シートとCFアンカーによる既存建築物の耐震補強工法もその一つであり，壁付き柱，スラブ付き梁，耐震壁すべての耐震部材を「居ながらにして短期間に補強する」ことが受け入られ，実績を伸ばしている。

建物内に配置した制振部材による免震は，構造設計（特に建築構造）の概念であり，地震力を抑制することによって構造物の破壊を防止することを意味する。これと比較すべき概念として挙げられるのが耐震である。耐震は，地震力を受けても破壊しないという意味であり，構造的に頑丈であること，偏心が小さいことなどを目指して安全をはかることである。

簡単にいえば，耐震は地震力を受けても壊れない（耐える）ことを指し，免震は地震力をなるべく受けない（免れる）ことを指す。

この他に制振という概念があり，これは構造体内部に震動を吸収する装置を組み込むことで，構造物の破壊を防止することをさす。特に近年の大型建築物などでは，免震・制振・耐震すべてを考慮し，技術を組み合わせることで安全性を高めている。

免震構造 基礎の上部に免震装置を設ける基礎免震と，中間階に設ける中間階免震とがある。水平および鉛直方向の所定の変形に対し，特に免震層を中心に構造躯体，電気設備配管などの不具合が生じない検討が重要となる。

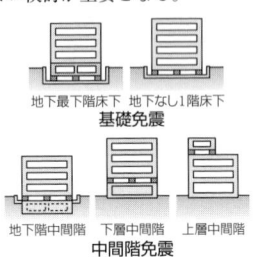

図5.17 免震層の設置位置

制振構造 建物の骨組に取り付けた制振装置によって，地震や強風時に作用する外力による加速度や変形を制御しようとする構造。大きくはパッシブタイプとアクティブタイプに分かれ，風対応型，地震対応型など，超高層建築の発展とともに多くの装置，システムが開発されている。

1）耐震構造

建物の堅さと強さで地震に抵抗する。地震の規模によっては，主架構（柱・梁・壁）に損傷を生じる。大地震のときには，建物全体にわたって損傷の程度を調査し，可能な限り修復を行うことになる。

建物の揺れは，他の構造と比べて大きくなり，グレードに応じた経済的なコスト設定が可能である。コストを抑えるには，バランスよく壁などを配置する

2）免震構造

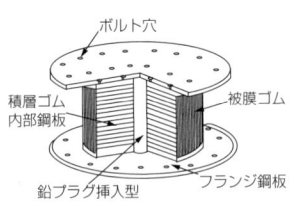

図5.18 免震積層ゴム
（ボルト穴／積層ゴム／内部鋼板／被膜ゴム／鉛プラグ挿入型／フランジ鋼板）

免震積層ゴム（アイソレーター） 薄く切ったゴムと鋼板を重ね合わせ、建物の基礎部分に組み込む。地震の揺れをゴムが吸収し、建物に伝わるエネルギーを緩和して損傷を防ぐ。国土交通省が定めた基準を満たし、国交省の認定を受ける必要がある。ゴムの劣化などに備え、建物の完成後も交換できる。

3）制振構造

ダンパー 地震エネルギーを吸収し、建物の揺れを低減する。強風時の揺れを低減することも可能である。

ことが重要となる。

免震積層ゴム（アイソレーター）で建物を浮かせ、ダンパーで地震エネルギーを吸収し、建物に損傷を与えない。大地震後にも、基本的にダンパーの交換は不要である。ただし、損傷の程度を調査し、万一性能が低下したものは、補修・交換することで地震前の状態に戻すことができる。耐震・制振構造に比べ、建物の揺れは小さくなる。

免震層は、数10cmの変形に追随することが必要だが、駐車場等での利用も可能である。さらに、建物の層間変形は小さくなる。初期設定費用はやや高めになるが、高い耐震グレードを達成するには、他の構造より経済的であり、自由度の高い建築計画が可能である。

基礎と建物の間に免震装置を設置し、地震による地盤、基礎の揺れを建物から絶縁するものであり、免震構造の適用は、マンションやオフィスビルのほか、防災拠点となる病院や庁舎、学校などでも採用が増え、集合住宅向けに低コストの免震装置も開発されている。

建物内に配置した制振部材（ダンパー）で地震エネルギーを吸収し、建物重量を支える主架構の損傷を抑える。大地震に対して、主架構の損傷をゼロにすることも可能であり、ダンパーの補修、交換等は免震構造と同様可能である。

耐震構造に比べ、風揺れや地震時の揺れを小さく抑えることができ、ダンパーの効果により建物の層間変形は小さくなる。建設費に占めるダンパー費用の比率は小さく、経済的に高い耐震性能が得られる。ダンパーを適切に配置できる平面計画が重要である。

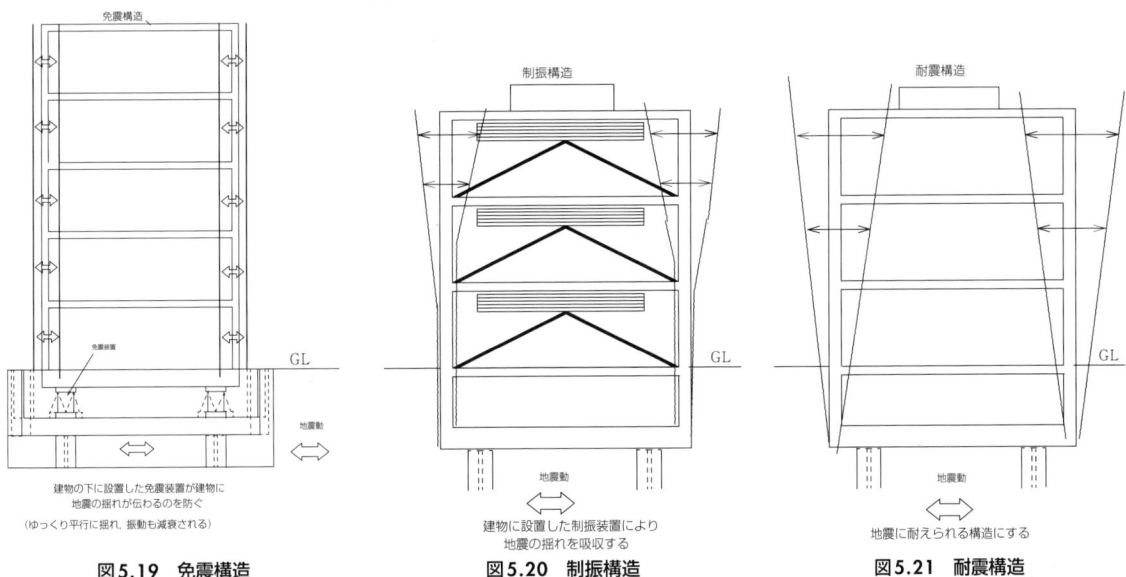

図5.19 免震構造
建物の下に設置した免震装置が建物に地震の揺れが伝わるのを防ぐ
（ゆっくり平行に揺れ、振動も減衰される）

図5.20 制振構造
建物に設置した制振装置により地震の揺れを吸収する

図5.21 耐震構造
地震に耐えられる構造にする

(7) 環境配慮改修工事

アスベスト飛散防止 建築物の解体等の作業を行う場合，解体される建材の種類ごとに3つの作業レベルに分類し，それぞれのレベルに応じた適切なばく露防止対策が必要になる。
レベル1は著しく発塵量の多い作業であり，厳重なばく露防止対策が必要。レベル2は比重が小さく発塵しやすいため，レベル1に準じた対策が必要。レベル3は発塵性の比較的低い作業であるが，破砕，切断などの作業で発塵をともなうため対策が必要。

石綿障害予防規則 石綿による健康障害の予防対策の一層の推進を図ることを目的として，2005年に労働安全衛生法に基づいて定められた厚生労働省令。アスベスト（石綿）による肺がん，中皮腫など健康障害が発生するおそれがあるため従来から法規制が行われてきているが，建材に石綿を使用した建築物の解体が増加し，そのピークは2020年から2040年頃と想定されている。また，建築物に吹き付けられた石綿も損傷，劣化により居住者が石綿にばく露するおそれも考えられることから，建築物等の解体等の作業においてはばく露防止対策を講じる必要がある。

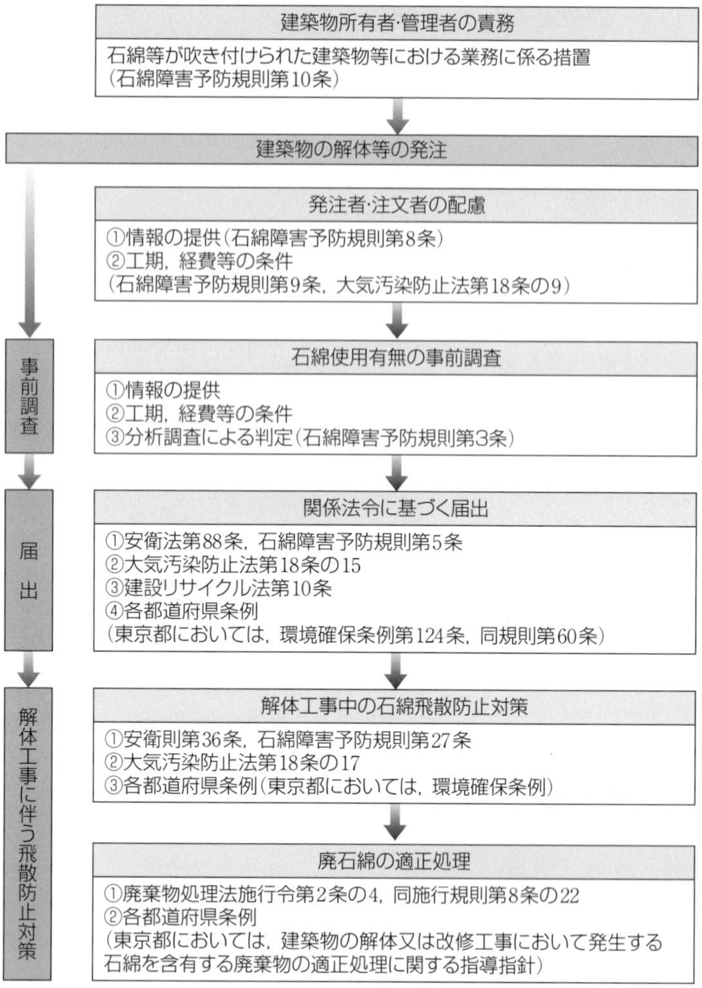

```
建築物所有者・管理者の責務
 石綿等が吹き付けられた建築物等における業務に係る措置
 （石綿障害予防規則第10条）
        ↓
建築物の解体等の発注
        ↓
       [事前調査]
 発注者・注文者の配慮
 ①情報の提供（石綿障害予防規則第8条）
 ②工期，経費等の条件
 （石綿障害予防規則第9条，大気汚染防止法第18条の9）
        ↓
 石綿使用有無の事前調査
 ①情報の提供
 ②工期，経費等の条件
 ③分析調査による判定（石綿障害予防規則第3条）
        ↓
       [届 出]
 関係法令に基づく届出
 ①安衛法第88条，石綿障害予防規則第5条
 ②大気汚染防止法第18条の15
 ③建設リサイクル法第10条
 ④各都道府県条例
 （東京都においては，環境確保条例第124条，同規則第60条）
        ↓
       [解体工事に伴う飛散防止対策]
 解体工事中の石綿飛散防止対策
 ①安衛則第36条，石綿障害予防規則第27条
 ②大気汚染防止法第18条の17
 ③各都道府県条例（東京都においては，環境確保条例）
        ↓
 廃石綿の適正処理
 ①廃棄物処理法施行令第2条の4，同施行規則第8条の22
 ②各都道府県条例
 （東京都においては，建築物の解体又は改修工事において発生する石綿を含有する廃棄物の適正処理に関する指導指針）
```

図5.22 アスベスト飛散防止対策のフロー

a. アスベスト含有建材

アスベストを重量で0.1%を超えて含有している吹付け材をいう。同じく，保温材，耐火被覆材，断熱材，成形板，ビニル床タイルも含む。

b. アスベスト含有建材の除去

アスベスト含有建材の除去に当たっては，石綿作業主任者を選任する。また，除去に従事する作業者は，特別教育を受けた者とする。

吹付けアスベストの処理

c. アスベスト含有吹付け材の飛散処理

処理工法には，除去工法，封じ込め工法，囲い込み工法がある。劣化や損傷の程度が大きい場合は，封じ込め工法は採用できない。

d. アスベスト含有吹付け材の除去

アスベスト含有建材の除去に当たっては，隔離シート等で作業区域を隔離する。除去する含有建材を粉塵飛散防止抑制剤等により湿潤化し，その後処理する。除去物および汚染物は，密封処理（二重袋梱包）して「廃石綿」の表示を行う。密封処理または固化処理したものは，「特別管理産業廃棄物」として埋立処分する。

石綿含有産業廃棄物 建築物を含む工作物の新築，改築または除去にともなって生じた産業廃棄物であって，石綿をその重量の0.1%を超えて含有するものをいう。作業に当たっては，作業計画の作成，特別教育，作業主任者の配置などが必要。

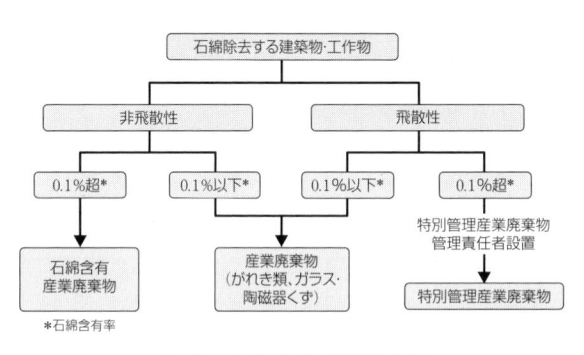

図5.23 アスベスト廃棄物の区分

表5.3 アスベスト廃棄物の分類と種類

分類	種類	飛散性・非飛散性の区分
吹付け材	吹付けアスベスト	飛散性 (廃石綿等)
	石綿含有吹付けロックウール	
	石綿含有吹付けバーミキュライト	
	石綿含有パーライト吹付け等	
保温材等	石綿含有保温材	
	石綿含有耐火被覆材	
	石綿含有断熱材	
	その他の保温材等	非飛散性 (石綿含有産業廃棄物)
成形板等	住宅屋根用化粧スレート	
	繊維強化セメント板	
	窯業系サイディング等	

(8) 維持管理

耐用年数 減価償却の対象となる資産において利用が可能な年数。建築物自体の物理的寿命を根拠にした「物理的耐用年数」、社会的寿命を根拠にした「社会的耐用年数」、法律上の減価償却を定めた「法定耐用年数」、家賃や分譲価格を設定する際の建物の償却期間として定められる「償却用耐用年数」がある。

ランニングコスト 建物のライフサイクルコストのうち、建物や機械、設備などを運転、維持、管理し続けるために、継続的に必要になる費用。

イニシャルコスト 建物のライフサイクルコストのうち、建物の建設費や備品などの建設時にかかる費用。

維持管理とは、建築物などの資産価値を保ち、経営的に運用する保全管理のことをいう。建物の建設や解体のコストより、建物のランニングコストのほうがはるかに大きいことから、コスト管理を含めることもある。狭義には、修繕を含めた建物の清掃、保守点検なども含まれる。

資産価値を最大化する機能建築の構造体計画供用期間の超長期供用級が200年となり、建物の寿命が延び、躯体の耐久性能を常時適切な状態に保つことが要求されるようになってきた。したがって、既存建物が有効に存続する期間内において維持保全、改修保全、各種点検等を施す管理活動が注目されている。

建築物は、柱、梁、屋根スラブなどの躯体、内・外装仕上げなど多くの部材・部位と施設の要素から構成されている。これらの要素は、使用条件や環境条件、経年にともなう変化により減耗、損傷、老化して徐々に機能が低下していくため、適正な維持管理によって、耐用年数の期間内は、その機能を満足に維持していく必要がある。

1) 維持管理の要点

建築物の寿命は、適当な時期に維持管理をすれば延命し、資産保持につながること、資源、エネルギーを浪費したり、枯渇させない、さらに、建設と維持保全に均衡がとれ、社会資本を充実させることなどがある。

2) 維持管理の目的

①物理的機能を満足させて、長く生産様式の使用に耐えるようにする。
②生活様式や環境を快適な状態に維持する。
③適切な点検によって、補修・補強の維持を遂行し、不経済な支出を防ぐ。
④災害を未然に防ぎ、財産の蓄積として充実させる。

3) 維持管理の法令

建築基準法は建築物の敷地、構造、設備および用途に対する最低の基準を定めた法律である。その第8条・12条に建築物の維持管理および定期点検を義務付けている。さらに、報告の時期および報告すべき事項などを特定行政庁が定めている。

4) 維持管理の構成

維持管理には、日常点検と定期点検があり、日常点検は建築物の施設管理者が目視によって行い、定期点検は建築の専門技術者が技術的な判断で行う。

定期点検の記録は，点検期日，建物の補修履歴および劣化規模と進捗状況など，維持管理に必要な基本条件などの保存・管理を行うことが重要である。そのためには，つねに建物の日常点検と定期点検が重要となってくる。

表5.4　日常点検と定期点検の概要

点　検	行為者	目　的	方　法	内　容
日常点検	管理者	機能保全	目視，機能保全	外観・状況
定期点検	建築専門技術者	耐久設計性能の確認（予知保全）	破壊検査を含む（劣化診断技術指針）	外観状況，中性化，塩化物量

5) 点検の目的

点検は，維持管理上の基本的な情報収集となるもので，点検結果を客観的に評価し，耐久性を損なわないための必要な処置を講ずる。
①損耗，減耗，老化の異常箇所の早期発見をする。
②補修，補強を適切に判断し，効率的に処理する。
③経年にともなう劣化の進行度合いの把握と処置を行う。

6) 日常点検

日常点検は，建築物の管理者が特別な装置を用いないで，建築物の躯体の外観に発生する汚れ，ひび割れ，浮き，はく落の有無，たわみ，漏水などの劣化による状況を早期に発見して，日常の安全性を守るために実施する。

点検は，目視，体感および建具の開閉状況などの簡易な方法により，劣化の有無および状況を把握することである。

表5.5　日常点検の方法

点検項目	主要な点検部位	点検方法（目視による）
汚れ	外部の壁，柱，梁	さび，汚れ，エフロレッセンスの有無，範囲を観察する。
ひび割れ	同　上	ひび割れの方向，形状等を観察し，延べひび割れ長さを把握する。さび，汚れの有無も観察する。
浮き	同　上	コンクリートの浮きの有無，その部分の鉄筋腐食の有無を観察する。
はく落	同　上	コンクリートが欠落している部分の有無を観察する。
漏水	屋内，壁，天井，床	漏水または漏水の痕跡の有無を観察する。
たわみ	屋内の天井，床，梁，庇，バルコニー	目視，体感および建具の開閉等により，床，梁などのたわみの有無を観察する。

7) 定期点検

定期点検は，建築専門技術者が定量的に，鉄筋コンクリート造建築物の外観の劣化状況とコンクリートの中性化状況を調査する。また，塩害危険区域にあっては，鉄筋の種類および鉄筋のかぶり厚さについて特別に考慮していない建築物は，コンクリート中の塩分含有量を調査する。点検部位は，日常点検で異常が認められる部位を中心に，建築物の外側の部材で行う。

劣化診断　建物は，経過年数とともに劣化し，性能が徐々に低下する。竣工当初の性能を維持するため，あるいは用途変更などを行う際にも，現状における劣化度合いの調査が必要である。このため，専門家による定期的な劣化診断が必要である。診断方法には，その精度により一次，二次，三次診断があり，数字が大きいほど精度は高くなるが費用を要する。

表5.6　定期点検の方法

点検項目	主要な点検部位	点　検　方　法
外観調査	外部の壁，柱，梁等	劣化診断技術指針の1次診断方法による（JASS）。
中性化	建築物の代表的な環境条件（屋内，屋外）および仕上げ部位を選定する。	劣化診断技術指針の中性化の2次診断による。
塩分含有量	海からの影響を強く受ける部位を選定する。	劣化診断技術指針の鉄筋腐食の2次診断による。

8) 定期点検の周期

コンクリートの耐久設計基準強度による予定供用期間が，4つの級に区分されており（短期30年，標準65年，長期100年，超長期200年），供用期間（計画耐用年数）によって，さらに建築物の仕上げの有無等で変わってくる。新築

初期では25年点検であっても，その後の定期点検は15年周期になる場合があり得るように，周期は個々の構造物によってさまざまになってくる。

日頃の日常点検で，つねに建物の劣化状況を十分把握して，定期点検の周期を定めることが必要である。

9）劣化診断　劣化診断の目的は，劣化に顕著な建築物については，劣化の程度およびその原因を調査して補修の要否の判定を行い，まだ劣化が顕著でない建築物については，調査により将来の劣化傾向を予測し，予防保全の対策を検討することである。劣化診断のランクは，1次・2次・3次の診断で構成されている。

1次診断は，建築物の概要調査と各種の劣化症状調査によって保全診断を行う。2次，3次の診断を行う必要があるかの判定をし，高次の診断が必要な場合には，どの劣化現象に着目して行うべきか識別することが重要である。

2次，3次の診断は，異常と劣化がある程度認められる場合の診断であり，1次診断の結果から調査すべき劣化現象が指定されていることを前提とする。

2次，3次の診断は，8項目の劣化現象ごとの診断を個別に行うことである。

表5.7　8項目の劣化現象

①コンクリートの中性化，②鉄筋の腐食，③ひび割れ，④漏水，⑤強度劣化，⑥大たわみ，⑦コンクリートの表面劣化，⑧凍害

10）中性化の抑制

表5.8　中性化の抑制技術

補修目的	劣化診断 劣化現象	補修・交換 工法区分	工法の内容
耐久性能の回復	深さ10mm以上30mm未満の中性化	①打直し工法	コンクリート欠陥部のモルタルコンクリートを打ち直す。
		②表面処理工法	打放し部分へペイント，モルタル，タイル等，気密性のある仕上げを施す。
		③注入工法	ひび割れ部分へ樹脂系接着剤を注入する。
		④充てん工法	ひび割れに沿ってVまたはUカットし，ポリマーセメント，樹脂モルタル等を充てんする。
	主筋まで中性化	①打直し工法 ②表面処理工法 ③注入工法 ④充てん工法	同上①②③④と同じ。
		⑤含浸，浸透工法(A)	・浸透性のよいアルカリ溶液をコンクリート表面に塗布する。 ・浸透深さ30mm以上。
	部材全断面が中性化（鉄筋はさびていない）	⑥含浸，浸透工法(B)	部材の表面をある程度はつり取り，アルカリ溶液を鉄筋深さ以上に浸透させる。
		⑦交換法	鉄筋の周囲の中性化したコンクリートを交換する。
		⑧防錆処理（鉄筋）	鉄筋の表面に防錆塗料，エポキシ系プライマーなどで防錆処理を行う。

演習問題（耐震改修工事） ◆ 下記の文で正しいものには○，誤っているものには×をつけなさい。

1. 鉄筋コンクリート造の増し打ち耐震壁の増設工事において，打継ぎ面となる既存構造体コンクリートの表面については，目荒らしとしてコンクリートを30mm程度はつり取り，既存構造体コンクリートの鉄筋を露出させた。　□

2. 柱補強工事の溶接金網巻き工法において，流し込み工法によってコンクリートを打ち込み，打込み高さ1.5m程度ごとに十分に締固めを行った。　□

3. 柱補強工事の連続繊維補強工法において，連続繊維シートの張付けは，張り付けた連続繊維シートの上面に，下塗りの含浸接着樹脂がにじみ出るのを確認してから，上塗りの含浸接着樹脂をローラーで塗布した。　□

4. あと施工アンカー工事において，接着系アンカーの埋込み時に内部に空洞等があり，接着剤がコンクリート表面まであふれ出てこなかったので，アンカー筋を引き抜き，カプセルを追加して，接着剤があふれ出るようにアンカー筋を埋め込んだ。　□

第6章 外構工事

建物の外装完成後，建物外周の道路舗装，駐車場，駐輪場，側溝，整地，植栽，物置，公園，緑地などの施工を総称して「外構工事」という。

(1) 舗装工事

舗装工事は，建物の内外全体が完了してから，表面舗装を最終に施工することが望ましい。アスファルト舗装が完成して，その上面に防じん塗装を施す場合は，舗装が完成して3週間程度養生が必要といわれている。工期遅延が生じる場合が多いので，発注者・監理者と十分折衝しておく必要がある。

1) 舗装の構成

アスファルト舗装の場合は通常，路床上に路盤・基層・表層の順で構成され，コンクリート舗装は，路床上に路盤・コンクリート版の順で構成される。

2) 路床・路盤

①路床の遮断層は，路床が軟弱な場合，路床土が路盤材料と混ざることを防ぐために設ける。路床土に侵入しにくい，軟弱化しない透水性をもつ材料とする。

②凍上抑制層は，水分が凍結して体積が膨張し，舗装を持ち上げ，舗装が破損することを防ぐために設ける。

③路盤は，舗装路面に作用する荷重を分散させて，路床に伝える役割を果たす部分であり，施工にあたり所定の締固めと厚さを確保しなければならない。

④路盤材料の敷均しは，ブルドーザー，モーターグレーダー等を用いる。

⑤路盤の締固めは，8t以上のマカダムローラー，8〜20tのタイヤローラー，または同等以上の効果のある締固め機械2種以上を併用して十分に締め固め，所定の形状に平らに仕上げる。

図6.1 モーターグレーダー

図6.2 マカダムローラー

図6.3 タイヤローラー

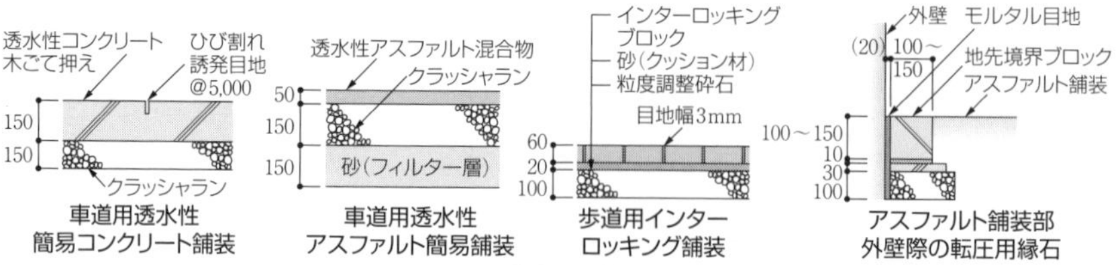

図6.4 路床・路盤の構成

3) アスファルト舗装

①プライムコートは，路盤の上に散布するもので，路盤の仕上がり面を保護し，その上に施工するアスファルト混合物とのなじみをよくするために用いる。

②タックコートは，基層と表層の接着を図るために行うものである。

③シールコートは，アスファルト表層の上に行うもので，アスファルト表層の劣化防止および耐水性の向上を目的として行う。

④舗装用ストレートアスファルトとは，積雪寒冷地で針入度80〜100，一般では針入度60〜80のものを用いる。

⑤アスファルト混合物は，転圧による厚さの減少(転圧減)を見込んだ厚さにな

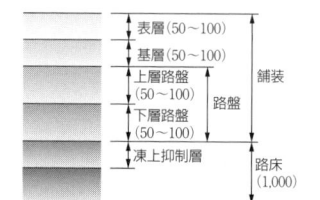

図6.5 アスファルト舗装構成

プライムコート　防水性の向上および路盤とアスファルトのなじみを良くするために散布する材料。アスファルト舗装前に路盤に散布する。

るようフィニッシャを用いて敷き均す。
⑥アスファルト混合物等の敷均し時の温度は，110℃以上とする。
⑦締固め作業は，一般に継目転圧 → 初転圧 → 2次転圧 → 仕上げ転圧の順で行う。
⑧交通開放は，舗装表面温度がおおむね50℃以下になってから行う。

4) コンクリート舗装

①舗装に使用するコンクリートは，車道部で24N/mm²，スランプ8，砂利25〜40mm，歩道部は18N/mm²，スランプ8，砂利25mmとする。
②伸縮調整目地板は，アスファルト目地板または膨張伸縮用コンクリート版とし，溶接金網は鉄線径6mm，網目寸法150mmとする。
③路盤紙は，ポリエチレンフィルム等で，厚さ0.5mm以上とする。
④コンクリート打設後の荒仕上げは，テンプレートタンパーを使用し，平たん仕上げは，幅1〜1.5mのフロートを用いて，幅の半分ずつを重ねながら順次，縦方向の小波をとり，平たんに仕上げ，目地は深さ40mm，幅6〜10mmとする。

図6.6　タンパー

図6.7　フロート

5) 透水性アスファルト舗装

粒状材料による路盤の上に多孔質なアスファルト混合物を舗装し，雨水を路床まで浸透させるものである。路床上部にフィルター層を設ける。

6) 排水性アスファルト舗装

透水性のある表層の下に不透水層を設けて，雨水を路盤以下に浸透させない構造としたものである。

7) ブロック系舗装

インターロッキングブロック舗装は，独特の幾何形状に製造された舗装用コンクリートブロックを，路盤またはアスファルト舗装基盤上に敷設し，ブロックの種類，形状，寸法，敷設パターン，色調および表面を選ぶことにより，耐久性，安全性，快適性および景観性に優れた舗装である。

図6.8　インターロッキングブロック

近年においては保水性，透水性，緑化性など，環境にも配慮したブロック舗装も行われている。

8) 街きょ・縁石・側溝

①街きょ：舗装された街路の雨水などが流れ込む排水用の側溝。
②縁石：車道と歩道，安全地帯との境界線として，路肩に敷かれるコンクリートなどで作られた棒状の石の総称。
③側溝：敷地や道路などに沿って設けた小排水路。
④縁石など主なコンクリート製品を以下に示す。

図6.9　地先境界ブロック

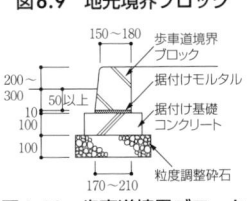

図6.10　歩車道境界ブロック

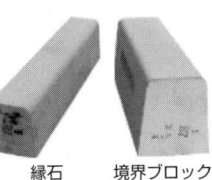

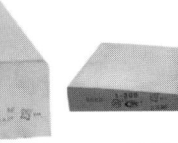

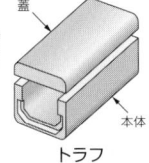

道路排水ます　　縁石　　境界ブロック　　L字溝　　U字側溝　　トラフ

図6.11　主なコンクリート製品

(2) 構内排水工事

雨水排水施設は，公設の下水道に直接放流するか，流末で接続することになる。下水道法施行令で定められている概要は，次のように定められている。
①管きょの勾配は，やむを得ない場合を除き1/100以上とする。
②暗きょである構造部分の箇所には，枡またはマンホールを設ける。

暗きょ 地下に埋設された水路のことで，地表にあっても蓋があり，水面が地表に現れていないもの。「カルバート」ともいう。

- もっぱら雨水を排除すべき管きょの始まる箇所
- 下水の流路の方向または勾配が著しく変化する箇所
- 管きょの長さが，その内径または内のり幅の120倍を超えない範囲内において，管きょの清掃上適当な箇所

③排水管および管の敷設等の留意事項は，設備工事の内容に準拠する。

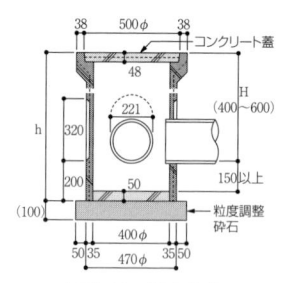

図6.12 排水ます

(3) 擁壁・塀・柵工事

擁壁の高さにより，構造はさまざまである。1m未満の場合は，コンクリートブロック積み，または小型重力式コンクリート擁壁を用いるが，1mを超える場合は，重力式コンクリート造，鉄筋コンクリート造，間知ブロック積み（空積み，練積み）などがある。

塀の構造には，コンクリートブロック造，金網状や格子状フェンスが一般的である。

柵は，高さ50cm程度が一般的で，鋼製，木製，生垣などがある。

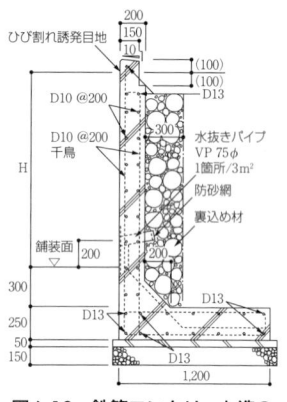

図6.13 鉄筋コンクリート造の擁壁（例）

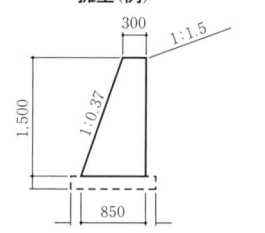

図6.14 重力式コンクリート造の擁壁

図6.15 間知ブロック積み

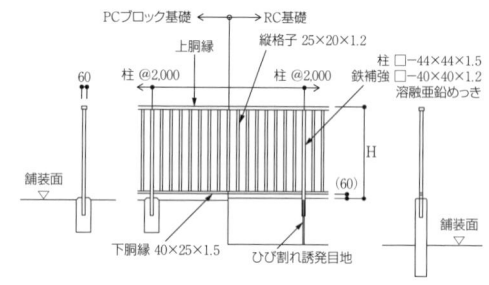

図6.16 アルミ縦格子フェンス（例）

(4) 植栽・屋上緑化工事

1) 植栽　植栽に用いられる材料は，樹木・地被植物（芝・リュウノヒゲ・ササ類）などで，樹木は常緑樹・落葉樹に分類され，高さの分類は高木（植栽時3m以上，成木では5m以上に成長する樹種），低木（植栽時1.5m未満，主幹と側幹の区別が困難なもの），中木（高木と低木との中間の樹冠をうめる，3～5mの樹木）に分けられる。

屋根や屋上に植物を植えて緑化することで，断熱作用による省エネルギー効果，都市部のヒートアイランド現象の緩和，建物の耐久性の確保，癒しの空間確保などを目的とする。

2) 植栽基盤　植込み用土は，客土（購入土）または現場発生土の良質土とする。客土は，植物の育成に適した土壌で，小石・ごみ・雑草等を含まない良質土とする。

植穴は，根鉢（鉢土）に十分余裕をみて掘り取る。根鉢の大きさは，樹木の根元直径の5～6倍程度の直径を見込んでおく。

3) 植樹(樹木・支柱)

表6.1 植栽基盤の基準面積

樹 高		1本当たり 基準面積
高中木	12m以上	113.0(12m)
	7～12m	78.5(10m)
	3～7m	19.6(5m)
低木 (灌木)	1～3m	1.76(1.5m) 4.9*(2.5m)
	1m未満	0.28(0.6m)
芝・地被類		植栽地面積

一般的な場合は＊印を適用する。また、( )内は直径を示す。

①樹高は、樹木の樹冠の頂端から根鉢の上端までの垂直高をいう。株立数が2本の場合、1本は樹高で、1本は70%樹高で可。3本以上の場合は、過半数が樹高で、他が70%樹高で可とする。

②幹周は、樹木の幹の周長をいい、根鉢の上端より1.2m上がりの位置を測定する。

③枝張り(葉張り)は、樹木の四方面に伸長した枝(葉)の幅をいう。測定方法により長短がある場合は、最長と最短の平均値とする。

④支柱は、一般的に皮はぎ丸太で、曲がりや腐れ等がないものとする。支柱の形は、添え柱、鳥居、八ッ掛け、布掛け、ワイヤ掛け、地下埋設とする。ワイヤ支柱で衝突のおそれがあれば、支線ガードを取り付ける。

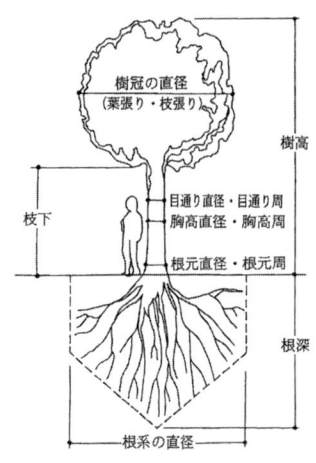

図6.17 樹木の規格名称

4) 芝張り・吹付け播種

①芝張りは、平地は目地張り、法面はべた張りとする。横目地を通し、縦目地は芋目地にならないようにする。目土はまさ土などで、$100m^2$につき$2m^3$程度を平たんに散布する。この場合、目地部分に凹がないようにする。

②吹付け播種は、種子、ファイバー類、粘着剤、土、肥料を水で攪拌して、種子散布機で所定の位置に吹き付ける。

5) 屋上緑化

屋上緑化工事は、植栽基盤として、屋上緑化システムまたは屋上緑化軽量システムを用いて、防水層のある屋上を緑化する工事である。植栽基盤部の防水層には保護層を設け、根の伸長に耐えられる構造にしなければならない。防水層に浸入しやすい竹や笹類は、特に耐根対策に配慮が必要である。屋上緑化システムの防水層は、保護コンクリートのあるものとする。

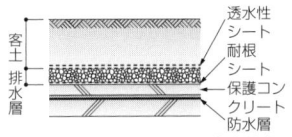

図6.18 屋上緑化の層構成(例)

耐根シート 植栽用の土壌の下に設置して、植栽した植物の根によって屋上の防水層などが損傷するのを防ぐシート。不透水性系と透水性に大別される。

壁面緑化 植物を建築物の壁面に生育させることにより、建築物の温度上昇抑制を図る省エネルギー手法。

①屋上緑化の植物にとって厳しい環境条件にあるので、設置場所の環境圧に耐えられる植樹の選定と維持管理が必要である。

②客土の土壌は容積比で、黒土(0.7)+黒曜石系パーライト(0.2)、透水性シートは土砂流出防止ネット、排水層の材質は黒曜石系パーライト、有孔排水管はポリエチレン製ネットパイプ100φを標準とする。

③防水立上り部に土が接する場合は、土盛り天端を防水層立上り天端より、150mm以上下げること。

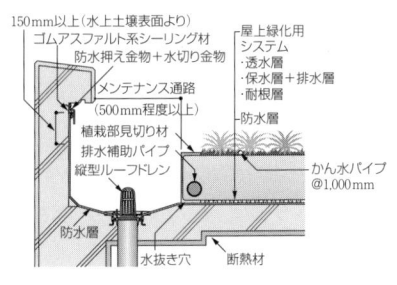

図6.19 屋上緑化(アスファルト防水の納まり例)

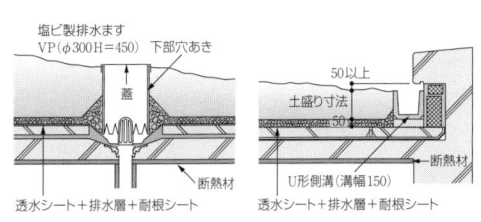

図6.20 屋上植栽部の納まり

第7章 解体工事

(1) 解体工事の要点

　解体工事では，解体する建築物が予期しない崩れ方をすることがあり，非常に危険がともなう工事である。特に市街地での工事は，騒音・振動・粉じん・飛散などによる周辺環境への影響が大きく，近隣対策を十分に考慮して行う必要がある。

　解体した廃棄物は，産業廃棄物処理業者に委託し，適正処分を確認しなければならないとともに，資源の有効利用の確保のために，リサイクル法，建設リサイクル法に準拠しなければならない。

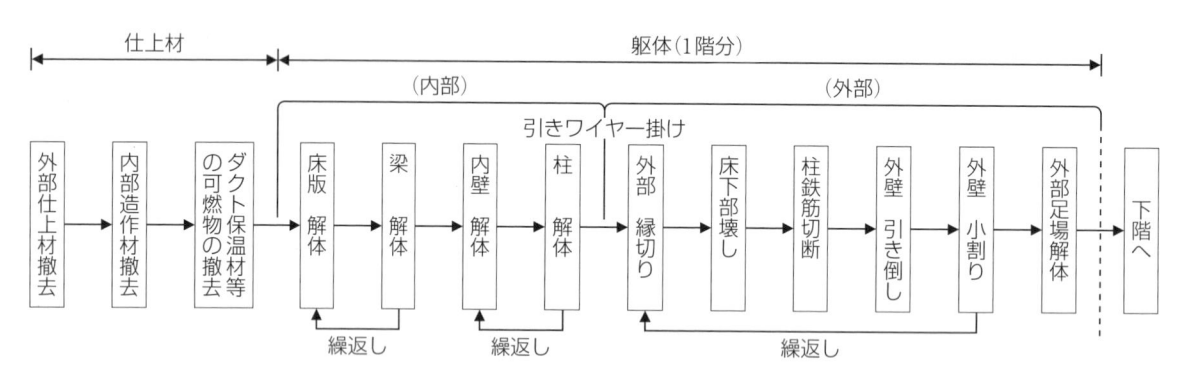

外部仕上材撤去 → 内部造作材撤去 → ダクト保温材等の可燃物の撤去 → 床版解体 → 梁解体 → 内壁解体 → 柱解体 → 外部縁切り → 床下部壊し → 柱鉄筋切断 → 外壁引き倒し → 外壁小割り → 外部足場解体 → 下階へ

仕上材／躯体（1階分）／（内部）／（外部）／引きワイヤー掛け／繰返し

図7.1　解体工事のフロー（転倒工法主体の場合）

(2) 事前調査

1) 工事の履歴調査　解体する建築物の履歴を調査し，特に増改築等がある場合など，既存部と増改築部の状況を詳しく調査しておく必要がある。

2) 廃棄物の処理に関する調査　解体にともなって発生する廃棄物の種類および運搬経路，収集運搬業者，中間処理業者，最終処分業者の資格確認などの調査を行う。

(3) 解体工事における工法の種類と特徴

　コンクリートの解体工事には，専用の機械を使用して，壁の転倒とコンクリートの破壊の要素を組み合わせて解体する。破壊したコンクリート塊を外部に落下させないことが最も重要である。

解体手順
①転倒させない外壁部を残し，内部間仕切り壁から解体する。
②内部の解体材を処理して，クッションの働きをする解体材を敷き，外壁を安全に内側に倒す。
③最上階から順次，各階この作業を繰り返し解体する工法が一般的である。

表7.1 解体工法の種類と特徴

解 体 工 法		主 な 装 置	特 徴
衝撃工法	大型ブレーカー	自走式油圧ショベル	高能率，機動性あり，騒音・振動・粉じんとも大
	削孔機	コンプレッサー(切刃)	油圧孔拡大機・静的破砕剤，火薬類の装てん孔の削孔に補助的使用
せん断工法	圧砕機	自走式油圧ショベル	開口部30～230cmの鉄筋切断が可能，圧縮・せん断・曲げ破壊
	鉄骨切断機	自走式油圧ショベル	H鋼350角，500×200mmまで切断可能・せん断で切断
研削工法	カッター	自走式・ガイドレール式，油圧	深さ60cm程度まで切断，振動・粉じん発生しない，騒音装置で低減
	ワイヤソー	振動装置，変換プーリー	ワイヤー調整により部材の寸法形状にかかわらず切断可能，振動～同上可
	コアドリル	ガイドレール，高周波モーター	小型で狭い場所でも可能，φ100～150mmで連続削孔可能
火炎溶断工法	火炎ジェット	切断機，灯油，酸素噴射装置	厚さ50cm程度のPC切断可能，水中作業可能
	ガス切断機	アセチレンボンベ，酸素ボンベ	鉄筋・鉄骨の切断に有効，簡便で汎用性大，火炎注意
膨張圧力工法	静的破砕剤	削孔機，静的破砕剤，練混容器	無筋コンクリートの破砕に適す，水和反応の膨張圧で引張破砕
	油圧孔拡大機	削孔機，油圧ユニット，くさび	無筋コンクリートの破砕に適す，計画的破砕が可能，くさびで引張破砕
火薬類工法	爆薬	削孔機，爆薬，雷管，発破器他	マスコンクリートに適す，破砕後の形状は小～中塊，譲受・消費の許可を要す
	コンクリート破砕機	削孔機，コンクリート破砕機	発破器，防爆シート，マスコンクリートに適す，譲受・消費の許可を要す
超高圧ポンプ工法	ウォータージェット	超高圧ポンプ，高圧ホース	コンクリート表面を広くはつり取る方法と狭い幅で溝を削る方法
	アブレシブジェット	超高圧ポンプ，高圧ホース他	厚さ50～70cmまで鉄筋とともに切断可能，切断部以外影響がない

軽量鉄骨住宅2階建の解体作業中	圧砕機での解体作業	解体中，コンクリート，鉄筋を分離
解体部材の分別，運搬，処分を行う。内装材等の産業廃棄物を先に撤去。	解体中は，大割用重機の近くに散水用重機を付けてつねに散水する。	小割用圧砕機で細かくし，コンクリートは再生コンクリート材に利用。

図7.2 解体工事の現場

(4) 解体機械

1) **圧砕・破砕** コンクリートを解体し，細かく砕いて鉄筋や鉄骨を分離して，再生材として処分可能な状態にする機械である。

a. 圧砕機

油圧式バックホーの本体に取り付け，油圧で圧砕する。大割り用，小割り用，鉄骨切断用のアタッチメントがある。散水しながら，低振動・低騒音の作業が可能である。

b. 大形ブレーカー

油圧式バックホーの本体に大型のノミを取り付け，油圧で振動させ，コンクリートを破砕する。騒音や振動がともなうため，使用条件に制約がある。

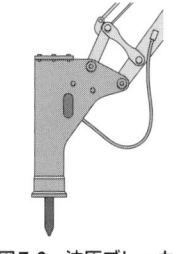

c. ハンドブレーカー

人が手に持って扱うブレーカーで，圧搾空気によってノミを振動させて，コンクリートを破砕する。解体作業には，細かい部分の手作業も必要であり，欠くことのできない機械である。

図7.3 油圧ブレーカー

2) **切断** ①ワイヤーソーは，ダイヤビーズを連続して取り付けたワイヤーを，高速でコンクリート面に当てて切断する機械である。騒音，振動がほとんどなく，切

断面が平滑になり，部分解体に適している。
② コアボーリングは，コアドリルで連続的に削孔し，コンクリートを切断する。騒音，振動がほとんど発生しない。
③ カッターは，ダイヤモンド円盤ソーによって切断する。
④ ウォータージェットカッターは，硬質粒子を含む超高圧の水を噴射して切断する。

> コアボーリング　躯体の孔あけ作業。刃先にダイヤモンド粒子を埋め込んだコアビットを高速で回転させ，ダイヤモンドの切削力を利用して鉄筋コンクリートを穿孔する。

(5) 建築の解体工事における留意点

1) 建築の解体工事手順

表7.2　解体工事の手順

準備	① 既存物品の搬出の確認
	② 付着物の除去
作業	③ 設備・内装材撤去（手作業）
	④ 屋根葺き材撤去（手作業）
	⑤ 外装材・上部構造部材撤去
	⑥ 基礎・基礎杭の撤去

建築リサイクル法に定める建築物解体工事の残存物品は，発注者（それまでの使用者）に処理責任があることから，元請業者は，解体工事に先行して発注者が処理していることを確認する。

付着物の除去は，特定建設資材であるコンクリートに付着している石綿等を，解体工事に先立ち除去することを義務付けているが，その他の各種有害物質についても，この段階で事前に撤去しておくことが重要である。

解体工事においては，さまざまな有害物が発生する。これらの全てが，建設リサイクル法において事前除去が義務付けられているわけではないが，他の法律によっても取扱い，処理方法が定められているため注意が必要である。

2) 解体工事における有害物質対策

- アスベスト（石綿）：その粉じんが中皮腫や肺がんなどの原因となることが知られている。吹付け石綿など飛散性のものが，最も可能性が高い。
- PCB：トランスやコンデンサーなどの電気機器に含まれているほか，蛍光灯の安定器に含まれているものもある。ダイオキシンに匹敵する毒性をもっている。
- フロン類：オゾン層破壊物質であると同時に，CO_2の数10倍〜1万倍の温暖化ガスでもある。大気中に放散しないように回収し，無害化することが求められている。
- 水銀：蛍光管には，微量ではあるが水銀が封入されているため，破壊せずに回収し，専門の処理施設に搬出，水銀をリサイクルすることが望まれる。
- ダイオキシン：廃棄物焼却炉の解体にあたっては，ダイオキシン対策が必要となる。これも専門工事業者等に依頼し，事前処置として解体前に行う必要がある。

> PCB廃棄物　廃棄物処理法に定める廃PCBなど，PCB汚染物，PCB処理物のこと。PCB特別措置法で，PCB廃棄物を保管する事業者には，保管状況を自治体へ届け出るほか，2016年までに適正処理をすることが義務付けられている。

3) 特定管理産業廃棄物
（図1.5.9参照）

① PCBを使用した受電機器等は，所有者にPCB特別措置法の内容を説明して管理を依頼する。
② アスベストは石綿作業主任者を選任し，撤去・処理方法を守り，中間処理業者まで運搬する。

4) 特定建設資材の再資源化（建設リサイクル法）

正式名称は「建設工事に係る資源の再資源化等に関する法律」。工事の発注者には，特定建設資材の分別再資源化が義務付けられている。

a. 特定建設資材とは
① コンクリート
② コンクリートおよび鉄からなる建設資材
③ 木材
④ アスファルトコンクリート

b. 解体対象建設工事には

①床面積の合計が80 m²以上の解体工事

②床面積の合計が500 m²以上の新築または増築(増築部分に限る)

③請負代金が1億円以上の新築工事など(建築物などの新築その他の解体工事以外の工事)

④建築物以外の解体工事または新築工事などで，請負代金額が500万円以上のもの。

⑤発注者または自主施工者は，工事着手日の7日前までに，都道府県知事に届け出なければならない。

表7.3 分別解体等の施工方法に関する基準(建設リサイクル法)

施工方法	①対象建設工事に係る建築物等に関する事前調査の実施(建築物等，周辺状況，作業場所，搬出経路，残存物品，付着物等) ②上記①の調査に基づく分別解体等の計画の作成 ③上記②の計画に従い，工事着手前における作業場所の確保・搬出経路の確保，残存物品の搬出，付着物の除去等の事前措置の実施 ④上記②の計画に従い，工事の施工
手順	建築物 ①建築設備，内装材等の取外し ②屋根葺き材の取外し ③外装材および構造耐力上主要な部分の取壊し ④基礎および基礎杭の取壊し 工作物(建築物以外のもの) ①柵，照明設備，標識等の附属物の取外し ②工作物のうち基盤以外の部分の取壊し ③基礎および基礎杭の取壊し
方法	①手作業または手作業および機械による作業 ②建築設備，内装材，屋根葺き材等の取外しの場合は，原則，手作業による。 分別解体等によって生じた特定建設資材廃棄物について，再資源化等が義務づけられる。ただし，建設発生木材については，工事現場から再資源化施設までの距離が遠い(50 kmを超える場合)など，経済性等の制約が大きい場合，再資源化に代えて縮減(適正な施設での焼却等)で足りることになっている。

5) 土壌汚染対策(土壌汚染対策法)

土壌汚染対策法 土壌汚染の状況の把握，土壌汚染による人の健康被害の防止を目的とした法律(2003年2月15日施行)。ある特定の事由により土壌汚染状況の調査が行われ，汚染が発見された場合は，都道府県知事による措置命令に従い措置しなければならない。措置としては立入禁止，舗装，盛土，掘削削除などがある。特定化学物質として，トリクロロエチレンなど揮発性有機化合物，水銀，砒素などの重金属，農薬など26物質が指定されている。

トリクロロエチレン 発がん性の疑いや地下水汚染で問題となっている物質で，ドライクリーニングや半導体工場で溶剤，洗浄剤として使用されている炭化水素の塩素置換体。1987年5月施行の「化学物質の審査及び製造等の規制に関する法律」により規制の対象となる。

土壌汚染とは，人為的理由等により，土壌が土壌汚染対策法に定める有害物質により汚染されている状態(基準を超えて検出される状態)をいう。

人体に影響を与えるものとして，地下から飲用して摂取するもの，粉じん等により人が口などから直接摂取するもの(含有量基準で評価)がある。

平成22年4月に改正土壌汚染対策法が施行された。その改正点を次に示す。

①3,000 m²以上の敷地の土地形質の変更時に，都道府県知事等への届出を義務付け(着工30日前)。土壌汚染のおそれがあれば，土壌汚染調査を命令。

②汚染している土地の区画指定を「汚染置区域」と「形質変更時届出区域」に分けて行う。

③指定区域から汚染土壌を搬出する際には，届出が必要(14日前)。「運搬基準」「処理基準」に基づいた措置が必要(汚染土壌管理票の交付，保存等)。

④指定区域から搬出する汚染土壌の処理を行う者に，汚染土壌処理の許可制度を創設した。指定調査機関の更新制および配置する技術管理者の国家資格化。

演習問題（解体工事）◆ 下記の文で正しいものには○，誤っているものには×をつけなさい。

1. 解体は，騒音・振動・粉じん・飛散などによる周辺環境への影響が大きく，近隣対策を考慮して行う。
2. 油圧式圧砕機は，バックホーの本体に取り付け，油圧で圧砕する。各種のアタッチメントがあり，散水しながら，低振動・低騒音の作業が可能である。
3. 解体工事においては，さまざまな有害物が発生する。これらの全てが，建設リサイクル法において事前撤去が義務付けられている。
4. 建設リサイクル法の対象建設工事は，発注者または自主施工者が工事着手日の7日前までに，労働基準監督長に届け出なければならない。

演習問題（各種工事）◆ 下記の文で正しいものには○，誤っているものには×をつけなさい。

1. 鋼板葺き屋根に取り付ける軒樋の材料に金属を用いる場合，屋根葺き材との電食を考慮して，屋根葺き材に対して貴（イオン化傾向の小さい）の材料を用いるのがよい。
2. 合成高分子系シート防水工事において，シート相互の接合部については，原則として水下側のシートが水上側のシートの上になるように張り重ねる。
3. モルタル塗りに当たって，骨材に用いる砂の最大寸法については，塗り厚の半分以下で，塗り仕上げに支障のない限り粒径の大きいものとした。
4. 外壁乾式工法による張り石工事において，上下の石材間の目地幅を調整するためのスペーサーを撤去する前に，シーリング材を充てんした。

演習問題（用語）◆ 下記の文で正しいものには○，誤っているものには×をつけなさい。

1. スカラップとは，鋼構造部材において，2方向からの溶接線が交差するのを避けるために両方の部材に設ける部分的な円弧状の切り欠き。
2. 脱気装置とは，アスファルト露出防水絶縁工法においては，下地面の水分を外気に拡散させ，防水層のふくれを防止する装置。
3. スランプは，高さ30cmのスランプコーンにコンクリートを3層に分けて詰め，スランプコーンを引き上げた直後に計った，平板から頂部までの高さの数値。
4. コンストラクションキーシステムとは，建築物の施工中のマスターキーシステムとなり，竣工後はシリンダーを取り替えずに，簡単な操作により工事用シリンダー錠から本設シリンダー錠へ切り替わるキーシステム。

[索引]

[あ行]

アースオーガー	58
アースドリル工法	61
アイソレーター	193
あき重ね継手	68
朝顔	49
足場	45
アスファルト	116
アスファルトプライマー	116
アスファルト防水	116
アスファルト舗装	198
アスファルトルーフィング	116
アスベスト含有建材	194
アスベスト飛散防止	194
圧延マーク	66
圧砕機	203
圧接位置	71
圧接工	71
圧密試験	39
圧密沈下	36
圧力水槽方式	178
当てとろ	123
あと施工アンカー	122, 190
あばら筋	67
アルカリ骨材反応	82
アンカーピンニング	187
あんこう	143
安全委員会	24
安全衛生委員会	24
安全衛生管理	24
安全管理	23
安全管理者	23, 24
安全ネット	48
安息角	50
アンダーカット	100
安定型最終処分場	28
異形棒鋼	65
維持管理	7, 195
石先付けプレキャストコンクリート工法	124
板ガラス	158
板目	133
1軸圧縮試験	39
1次孔底処理	62
1次締め	103
一次ファスナー	124
一式請負契約	15
一般競争入札	14
一般構造用圧延鋼材	96
一般構造用軽量形鋼	105
一般需要家	173
一般廃棄物	26
移動間仕切り	171
イニシャルコスト	195
インターホン設備	175
インターロッキングブロック工事	106
インターロッキングブロック舗装	199
インバート	180
ヴィブラート工法	128
ウェットジョイント	93
ウェブ	103
ウェルポイント工法	52
ウォータージェットカッター	204
ウォーターハンマー	178
請負契約	14
うま足場	47
埋戻し	56
ウレタンゴム系塗膜防水材	118
永久標識	33
衛生管理者	23
液化石油ガス設備	180
液状化現象	51
エスカレーター	185
枝張り	201
エッジクリアランス	159
エッチングプライマー	163
エフロレッセンス	85, 88
エポキシ樹脂注入工法	188
エレクトロスラグ溶接	98
エレベーター	185
塩化物含有量	82
エンクローズ溶接	93
エンドタブ	99
横架材	134
大形ブレーカー	203
大壁造り	137
オートクレーブ養生	109
オーバースライドドア	154
オーバーラップ	100
オープンジョイント方式	161
オープンタイム	120, 166
オールケーシング工法	60
屋上緑化	201
屋内消火栓	183
押出成形セメント板	109
帯筋	67
親杭横矢板工法	53
温水ボイラー	179

[か行]

カーテン	171
カーボランダム	122
外観検査	72
街きょ	199
開口補強筋	69
改質アスファルトシート防水	117
改修工事	186
改正土壌汚染対策法	205
外壁湿式工法	122
改良圧着張り	127
改良積上げ張り	128
囲い込み工法	194
花こう岩	121
火災警報設備	183
重ね継手	68
瑕疵	32
ガスケット	119
ガスシールドアーク半自動溶接	98
ガス漏れ火災警報設備	175, 183
仮設給排水設備	44
仮設工事	41
架設通路	48
仮設電気	44
架設道路	47
型枠	74
型枠合板	134
型枠支保工	77
型枠振動機	86
型枠存置期間	74
型枠転用計画	75
合併処理浄化槽	180
可動間仕切り	171
かぶり厚さ	69
框戸	152
釜場工法	52
空練り	127
仮囲い	43
仮ボルト	102
ガルバリウム鋼板	142
換気	181
換気回数	181
環境管理	26
環境マネジメントシステム	26
含水率	133
間接工事費	25
ガンチャート工程表	21
寒中コンクリート	89
監理技術者	10
管理計画	20
管理材齢	84
監理者	10
木裏	133
木表	133
機械足場	47
機械換気	181
機械式継手	72, 93
危険物保管倉庫	44
基準墨	44
既成コンクリート杭	58
基本工程表	13
客土	200
脚立	48
吸音材料	170
給水管	178
給水設備	178
給水負荷	178
給排水衛生設備	177
強化石こうボード	169
凝結遅延剤	83
競争入札	14
共通仮設工事	43
共通仮設費	25
共通仕様書	14
共同企業体代表届	31
切土	51
切梁	54
金属カーテンウォール	160
金属系（メカニカル）アンカー	145
クイックサンド	55
杭頭の処理	63
空気調和機設備	182
空気調和システム	182
空気量	84

くさび緊結式足場	46
躯体工事	32
組立鋼柱	77
クランプ	46
グリッパー工法	167
グレイジングガスケット構法	158
クレセント	156
クローズドジョイント	161
クローズ・バット法	71
クロスカット試験	164
クロスコネクション	178
計画供用期間の級	83
計画数量	18
けい砂	149
けい酸カルシウム板	169
珪藻土	148
軽量形鋼	105
軽量コンクリート	89
軽量シャッター	154
ケースハンドル	156
ゲート	43
けれん	189
原価管理	25
減水剤	83
現寸図	97
建設業	7
建設業者	8
建設業法	10
建設公害	28
建設廃棄物	26
建設発生土	56
建設リサイクル法	26, 204
建築生産	6
建築主	9
現地調査	12
現場経費	25
現場事務所	43
現場水中養生	79
現場説明書	14
現場代理人	10
現場封かん養生	79
コアボーリング	204
高圧受変電設備	174
工期短縮	23
公共座標	33
高強度コンクリート	89
鋼杭	58
工事請負契約書	15
工事請負契約約款	15
工事監理	10
工事希望型指名競争入札	15
工事原価	25
格子状切梁工法	55
工事費内訳明細書	18
高周波水分計	115
高周波バイブレーター	86
工数計画	22
合成高分子系シート防水	117
合成高分子系塗り床	166
鋼製建具	153
構造ガスケット構法	158
構造体コンクリート	87
構造用合板	134
高置水槽方式	178
工程管理	21
孔内水平載荷試験	38
光波測距儀	34
合板	134
鋼板系巻き立て補強	191
降伏点	66
公募型指名競争入札	15
高木	200
高力ボルト接合	102
高力ボルト継手	102
高力六角ボルト	103
高炉セメント	82
コールドジョイント	88
コスト管理	195
五大管理項目	6
骨材	82
小舞下地	147
ゴム床タイル	166
小屋組	135
コラムクランプ	76
コンクリート舗装	199
コンクリートポンプ	86
コンシステンシー	85
コンセント	174
ゴンドラ	46
混和材	83
混和剤	83

[さ行]

サイクル工程	23
材工一式見積	18
材工共	18
材工別見積	18
細骨材率	84
最終処分業者	202
最終処分場	28
最小かぶり厚さ	69
再生骨材	92
再生骨材コンクリート	89
材料管理	30
サウンディング	37
逆打ち工法	55
作業員詰所	43
作業主任者	23
作業床	49
差し筋	73
さび止め塗料	163
座標原点	33
サブマージアーク溶接	98
サムターン	156
三角測量	34
桟瓦	140
桟木	76
産業廃棄物	26
3軸圧縮試験	39
散水養生	94
残土処理	56
サンドドレーン工法	63
サンドブラスト	162
サンプリング	37
3面接着	120
仕上がり寸法	133
仕上げ墨	45
シアコネクター	124
地足場	47
シージング石こうボード	168
シートパイル工法	53
シーリング防水	115
シーリング防水工事	119
自家発電設備	174
直張り工法（GL工法）	169
自家用需要家	173
地業	57
軸組構法	134
仕口	135
軸回り	104
市場単価方式	19
止水工法	52
沈み亀裂	88
沈み目地	131
自然換気	181
事前調査	12
支柱	201
地鎮祭	16
質疑応答書	13
実行予算書	26
湿潤養生	87
自動火災報知設備	175, 183
地縄	44
地盤アンカー工法	55
地盤改良	63
支保工	54, 76
指名競争入札	14
ジャンカ	88
収集運搬業者	202
収縮ひび割れ	88
集成材	133
住宅火災警報器	175
集中切梁工法	55
充てん工法	188
重量シャッター	154
主筋	67
樹高	201
樹脂製建具	153
樹脂注入工法	187
受水槽	178
主働土圧	53
受働土圧	53
主任技術者	10
受変電設備	173
シュミットハンマー	88
竣工式	16
ジョイント処理	169
ジョイントベンチャー	11
常温粘着工法	117
定木ずり	148
小規模合併処理浄化槽	180
蒸気養生	93
上棟式	16

情報通信設備	175
除去工法	194
植栽	200
職長	11
暑中コンクリート	89
ショットブラスト	162
所要数量	18
シリカセメント	82
自立工法	55
シルト	40
真壁造り	137
新QC7つ道具	20
ジンククロメート	144
心材	133
申請・届出	31
人研ぎ	150
水圧試験	179
随意契約	14
水準原点	33
水準測量	34
水中コンクリート	89
スイッチ	174
水道直結増圧方式	178
水密コンクリート	89
水和熱	87
スウェーデン式サウンディング試験	37
末口	133
スカラップ	99
すさ	149
スタッコ	150
スタッド溶接	99
スタティック測量	33
スチフナー	104
ステンレス	144
ステンレスシート防水	118
砂付きルーフィング	117
砂目	88
スペーサー	70
スポットネットワーク	173
墨出し	44
隅肉溶接	99
スライド構法	108
スライム	62
スラット	154
スランプ	84
スランプ試験	85
スレート波板葺き	143
背	133
制振構造	192
制振部材	193
せき板	74
積算	17
石綿含有産業廃棄物	194
石綿作業主任者	204
石綿障害予防規則	194
セキュリティ	175
施工計画書	13
施工者	10
施工体系図	25
施工体制台帳	24
施工品質	20

施工要領書	13
絶縁工法	117
せっ器質タイル	126
設計かぶり厚さ	69
設計基準強度	84
設計図	14
設計数量	18
設計図書	13
設計品質	20
接合金物	136
石こうプラスター塗り	148
石こうボード	168
接着強度試験	130
接着系（ケミカル）アンカー	145
接着剤張り	128
セッティングブロック	159
折板屋根	142
セパレーター	76
セメント	82
セメントミルク	59
セメントミルク工法	58
セメントモルタル塗り	148
セルフシールド半自動アーク溶接	98
セルフレベリング工法	166
セルフレベリング材塗り	150
背割り	133
全数検査	71
全地球測位システム	33
専門工事業者	11
専門工事別建設業者	9
栓溶接	99
ソイルセメント	59
ソイルセメント柱列壁工法	53
層間変位追従性	160
層間変位追従性能	108
早強ポルトランドセメント	82
総合仮設計画図	41
総合施工計画図	41
総合的品質管理	21
造作工事	137
総掘り	51
測量	33
測量図	33
塑性限界試験	39
側溝	199

[た行]

ターンバックル	76
第1種換気方式	181
ダイオキシン対策	204
耐火被覆	104
耐根シート	201
第3種換気方式	181
耐震改修	190
耐震改修促進法	190
耐震構造	192
耐震スリット	192
耐震補強	190
タイトフレーム	142
第2種換気方式	181
耐用年数	195

大理石	121
タイルカーペット張り	167
タイル型枠先付け工法	129
タイルシート法	129
タイロッドアンカー工法	55
打診検査	130
ダストシュート	49
脱気装置	117
タックフリー	120
建入れ直し	102, 137
建方	137
建具金物	155
竪樋	143
ダブルシーリング方式	161
単位水量	84
単位セメント量	84
単一ダクト方式	182
単管足場	46
段切り	51
ダンパー	193
地下水位	39
地籍図	33
地中連続壁工法	53
地被植物	200
中間処理業者	202
中間処理場	28
中性化	85
中性化の抑制	197
中皮腫	204
中木	200
超音波探傷試験	72
調合強度	84
長尺瓦棒葺き	142
長尺シート	166
長尺折板葺き	142
丁張り	51
帳壁	107
直接仮設工事	44
直接基礎	57
直接工事費	25
貯湯式湯沸器	179
通気管	180
通水試験	179
ツーバイフォー工法	138
突合せ溶接	99
継手	135
付け送り	149
つぼ掘り	51
吊り足場	47
吊り棚足場	48
ディープウェル工法	52
定期点検	196
定形シーリング材	119
ディスクサンダー	162
定礎式	16
定着	67
低木	200
テープ合せ	97
鉄	144
デッキプレート	75
鉄筋かご	62

鉄筋冷間直角切断機	66
鉄骨製作工場グレード	97
鉄骨精度検査	102
鉄骨ブレース耐震壁	191
デッドボルト	155
デミングサイクル	20
テレビ共同受信設備	175
電気主任技術者	173
電子基準点	33
電子マニフェスト	28
電動ダムウェーター	185
電波障害	12
樋	143
統括安全衛生管理者	23
統括安全衛生責任者	24
統計的品質管理	21
胴差し	135
陶磁器質タイル	127
凍上抑制層	198
透水試験	38
透水性アスファルト舗装	199
道路管理者	12, 31
通し柱	134
トーチ工法	117
特殊合板	134
特定建設資材	204
特別管理産業廃棄物	26
都市ガス設備	180
土質柱状図	40
土壌汚染対策法	205
特記仕様書	13
どぶ漬け	104, 144
塗膜防水	118
共回り	104
ドライアウト	128
ドライジョイント	93
トラップ	179
トラバース測量	34
トリクロロエチレン	205
土粒子	50
ドリリングタッピンねじ	168
トルク係数値	104
トルクコントロール法	103
トルクレンチ	102
トルシア形高力ボルト	103
トレミー管	60
ドロマイトプラスター塗り	149

［な 行］

内壁空積み工法	123
流し鉄筋	122
中掘り根固め工法	59
ナット回転法	103
斜め補強筋	69
生コン工場	81
荷受け構台	48
2次孔底処理	62
二次ファスナー	124
二重ダクト方式	182
日常点検	196
2面接着	120

抜取り検査	71
布基礎	57
布掘り	51
根切り	50
熱間圧延異形棒鋼	65
熱間押抜き法	72
ネットワーク工程表	22
根鉢	200
練混ぜ水	83
軒樋	143
ノッチ深さ	97
登り桟橋	48
法	51
乗入れ構台	47

［は 行］

バーサポート	70
バーチャート工程表	21
パーティクルボード	134
バーミキュライト	149
パーライト	148
排煙設備	184
排煙ダクト	184
排煙窓	156
廃棄物	26
廃棄物処理法	26
排出事業者	26
ハイステージ	47
ハイテンションボルト接合	102
パイピング	55
パイプサポート	76
バイブロフローテーション工法	63
箱錠	155
はぜ継ぎ	142
端太角	76
はだすき	103
白華	88
バックアップ材	120
発射打込み鋲	145
パテ飼い	162
幅止め筋	67
バフ仕上げ	122
腹	133
腹起し	54
腹筋	67
張出し足場	46
張出しブラケット足場	49
ハンドブレーカー	203
盤ぶくれ	56
ビード	98
ヒートアイランド現象	200
ヒートポンプ	182
ヒービング	55
引き金物	122
挽き立て寸法	133
びしゃん	122
非常用エレベーター	185
非常用警報器具	183
非常用警報設備	183
非常用照明	174
非常用放送設備	175

ひずみ取り	99
非耐力壁材	160
ピット	100
一側足場	46
被覆アーク溶接	98
標準貫入試験	37
標準仕様書	13
標準歩掛り	18
標準養生	87
避雷設備	174
平瓦	140
開き勝手	153
ビル陰電波障害	175
品質管理	20
品質基準強度	84
品質保証	21
品質マネジメントシステム	21
貧調合	148
ピンテール	104
ファンコイルユニット方式	182
フィラー	103
封じ込め工法	194
封水	180
封水深	180
フーチング基礎	57
フェイスシェル	107
フォームタイ	76
歩掛り	18
歩掛り積算方式	19
葺土	140
複合カーテンウォール	160
複合単価	18
複合フローリング	166
節	66
ふすま	152
縁石	199
富調合	148
普通合板	134
普通ポルトランドセメント	82
物理探査	38
不定形シーリング材	119
不定形シーリング材構法	158
不透水層	56
不同沈下	36
フライアッシュセメント	82
プライムコート	199
ブラインド	171
プラスチック系床仕上げ	165
プラスティシティ	85
ブラスト処理	97, 104
フラッシュ戸	152
フラットデッキ	75
フランジ	103
フリーアクセスフロア	171
ブリーディング	85
プレカット加工	135
プレストレストコンクリート	89
フレッシュコンクリート	84
プレボーリング拡大根固め工法	59
プレボーリング根固め工法	58
プレロード工法	54

索引

ブローホール	100
フローリング	166
フローリングブロック	166
フローリングボード	166
プロパンガス	180
分割請負契約	15
平板載荷試験	38
平板測量	34
ベースコンクリート	82
壁面緑化	201
ベノト工法	60
辺材	133
ベンチマーク	33, 44
ベントナイト	58
ボイリング	55
防煙区画	184
防煙垂れ壁	156
防音工事	170
防火ダンパー	184
防護シート	48
防護棚	49
防災設備	183
防災用電源	174
防腐・防蟻	136
ボーリング	36
保管管理	30
補助コンクリートブロック造	106
補助筋	67
ポップアウト	88
ポリマーセメントモルタル充てん工法	187
ホルムアルデヒド発散建築材料	168
本足場	46
本瓦葺き	140
本締め	103
本調査	36
ポンプ直送方式	178

[ま行]

マーキング	103
柾目	133
マスク張り	128
マスコンクリート	89
マニフェスト制度	28
丸瓦	140
丸鋼	65
丸太足場	46
満水試験	179
御影石	121
水セメント比	84
水張り試験	179
水盛り・遣方	44
溝掘り	108
密着工法	116
密着張り	128
見積	17
ミルシート	66, 96
ミルスケール	162
無機質系断熱材	170
無目	153
目荒し	190

メーソンリー工事	106
メタルタッグ	66
メタルフォーム	75
メタルラス	147
免震構造	192
免震積層ゴム	193
メンブレン防水	115
木製建具	152
木毛セメント板	147
モザイクタイル張り	128
モザイクパーケット	166
元請	10
元方安全衛生管理者	24
元方事業者	24
元口	133
モノロック	156
盛土	51

[や行]

屋根勾配	139
山留め	50
山留め壁	53
山留め支保工	53
有機質系断熱材	170
誘導灯	174
床シート	166
床タイル	166
床タイル張り	128
ユニットタイル	128
洋形瓦葺き	141
溶接金網	66
溶接金網巻き工法	191
溶接構造用圧延鋼材	96
擁壁	200
溶融亜鉛メッキ	104, 144
横壁ボルト止め構法	109
呼び強度	84
予備調査	36
予備電源	174
呼び樋	143
余掘り	51
余盛り	99

[ら行]

ライフサイクルコスト	186
ラスシート	147
ラッチボルト	155
ランニングコスト	195
リバースサーキュレーション工法	61
リブラス	147
粒径	50
流動化コンクリート	89
流動化剤	83
粒度試験	39
ルーズホール	124
レイタンス	85
劣化診断	197
レディーミクストコンクリート	84
レベルモルタル	101
連続繊維（炭素繊維シート）補強工法	191

漏電火災警報器	183
漏電遮断器	183
労働安全衛生法	23
ロータリーボーリング	36
ローム	40
ローリングタワー	47
ロッキング構法	108
ロックウール吸音板	168
路盤	198

[わ行]

ワーカビリティ	85
ワイヤーラス	147
枠組足場	46
枠組壁工法	138
枠組支柱	77
渡り桟橋	48

[欧文]

AE 減水剤	83
AE 剤	83
ALC パネル	108
CM 方式	14
DPG 構法	158
F☆☆☆☆	168
FRP 塗膜防水	118
GPS 測量	35
ISO（国際標準化機構）	21
ISO14000 シリーズ	26
JASS	14
JIS 形高力ボルト	103
LP ガス	180
MPG 構法	158
MSDS	162
N 値	37
PC カーテンウォール	160
PC 工法	92
PCB 廃棄物	204
QC 工程表	20
SD	65
SM 材	96
SR	65
SS 材	96
SSG 構法	158
U カットシーリング材充てん工法	187
Z マーク表示金物	136

[問題の解答と解説]

〈施工計画〉
- ✕ 1. 小規模で標準化されているような工事は省略できる。
- ✕ 2. 当該埋蔵物の発見者としての権利は、発注者が保有する。
- ○ 3. 正しい
- ○ 4. 仮設材料は新品でなくてもよい。
- ○ 5. 施工計画の立案には、事前調査や現地調査が必要である。
- ✕ 6. 施工計画書には通常、実行予算などの資金計画は記載しない。
- ✕ 7. 施工計画書には、施工の順序・方法などは記載する。

〈請負契約〉
- ○ 1. 正しい
- ✕ 2. 監理者は、受注者の立会いのもとに検査を行うので、発注者は立会い義務はない。
- ✕ 3. 現場代理人の権限行使できない内容は、①請負代金の変更、②工期の変更、③請負代金の請求または受領、④第12条(1)の請求の受理、⑤工事中止・契約の解除および損害賠償の請求がある。
- ○ 4. 請負契約約款第19条(2)により正しい記述である（誤解をすることが多い）。

〈工程管理〉
- ○ 1.3.4. 正しい
- ✕ 2. 通常、工種の多い仕上げ工事は、複数の工事を重複・併行させて工程表を作成する。この期間中の工程短縮は、困難をともなうことが多く、余裕が必要である。

〈環境管理〉
- ○ 1.3. 正しい
- ✕ 2. 騒音規制法および振動規制法の届出は、地方自治体に作業開始の7日前までに提出する。
- ✕ 3. 規定値は騒音で85デシベル、振動で75デシベルである。

〈材料管理〉
- ○ 1. 適合する。
- ✕ 2. 2〜3段までの俵積みで静かに置く。
- ✕ 3. 造作材の含水率は15%以下とする。構造材は20%以下。
- ○ 4. 使用直前によく混合し、均一な状態にする。

〈届出〉
- ✕ 1. 当該車両を通行させる者が道路管理者に届け出る。
- ○ 2.3. 正しい
- ✕ 4. 14日前までに。

〈地盤調査〉
- ○ 2.3.4. 正しい
- ✕ 1. 本調査の計画を立てるために行い、資料を収集し、敷地内の地盤構成を把握する。支持層の深さ、支持力などは、本調査で行う内容である。

〈仮設工事〉
- ✕ 1. 防護棚は水平距離で2m以上突き出させ、水平面となす角度は20度以上とする。
- ○ 2. 正しい
- ✕ 3. 60cm以上の有効幅を確保する。
- ○ 4. ボルトまたは専用の金具を用いて継ぐ。

〈土工事〉
- ✕ 1. ヒービング現象を防止する（山留め壁背面の荷重を減らすことは有効である）。
- ○ 2.4. 正しい
- ✕ 3. 加圧は、切梁交差部のボルトを緩めた状態で行う。切梁が蛇行しないように、はずれ止めを設ける。

〈地業・基礎工事〉
- ○ 1.2.3. 正しい
- ✕ 4. 近接している杭は、連続して施工しない。
- ✕ 5. トレミー管は、コンクリートの逆流や泥水の浸入を防ぐため、2m以上埋まった状態に保持する。
- ✕ 6. 帯筋の継手は、片面10d以上のフレアグルーブアーク溶接とし、主筋と帯筋は原則、鉄線で結束して組み立てる。

〈鉄筋工事〉
- ✕ 1. 熱間での加工はしてはならない。常温加工とする。
- ○ 2.3.7.8. 正しい
- ✕ 4. 最小かぶり厚さは、帯筋や腹筋等の外側からコンクリート表面までである。
- ✕ 5. 径の異なる鉄筋の重ね継手は、径の小さいほうの応力しか伝わらないため。
- ✕ 6. 鉄筋径の1/4を超えれば、切り取って再圧接する。

〈型枠工事〉
- ○ 1. 型枠のはらみ、破壊が生じないよう堅固に組み立てる。
- ✕ 2. コンクリート打込み時の積載荷重は1.5N/m²とする。労働安全衛生規則で定められている。
- ✕ 3. 型枠を仮設物などに連結させると、足場などが動いたときに型枠位置がずれるため。
- ○ 4. 正しい

〈コンクリート工事〉
- ✕ 1. 塩化イオン量は、200ppm以下でなければならない。
- ○ 2.3.6. 正しい
- ✕ 4. 計画供用期間は、構造体の耐久性を確保するため4段階（短期・標準・長期・超長期）の水準が設定されている。
- ✕ 5. スランプや水セメント比等が著しく変質した場合は、廃棄しなければならない。
- ✕ 7. コンクリート打込み時の積載荷重は1.2N/m²とする。労働安全衛生規則で定められている。
- ○ 8. スランプ18cmのコンクリートのスランプ許容差は、±2.5cmであり正しい。
- ✕ 10. 原則として10〜20℃であるが、監理者の承認を得て下限を5℃とすることができる。

〈プレキャスト鉄筋コンクリート工事〉
- ✕ 1. レベル調整材より10mm程度高くなるように盛り上げて敷き込む。
- ✕ 2. プレキャスト部材の現場建込み時の組立て精度の検査は、仮固定終了後、次の部材が組み立てられる前に行う。
- ○ 3.6.7.8. 正しい
- ✕ 4. 部材コンクリートは、単位セメント量を300kg/m³以上とする。
- ✕ 5. 充てん用コンクリートの施工が完了してから墨出しを行う。

〈鉄骨工事〉
- ○ 1.3. 正しい
- ✕ 2. 一群をなしているボルトの継手位置中央から、外に向かって締め付ける。
- ✕ 4. ビートの脚長4mm以上、間隔は400mm程度とする。

〈コンクリートブロック・ALC板工事〉
- ✕ 1. 壁縦筋および壁横筋のピッチは、原則400mmとし、主筋の継手は設けない。

× 2. 充てんコンクリートは2～3段ごとで，充てん高さは上端部より-50mm下げる。
○ 3.4.7. 正しい
× 5. 屋根庇の持出し寸法は，パネル厚さの3倍以下とする。
× 6. スライド構法よりロッキング構法が，層間変位追従性能は**優れている**。

〈施工機械器具〉
○ 1.4. 正しい
× 2. 地下工事の根切りに適するが，固い地盤の掘削には**適さない**。
× 3. トラッククレーンに比べ接地圧は**少なく**，安定性に優れる。
× 5. コンクリート強度を計る**非破壊検査機器**である。

〈防水工事〉
× 1. 絶縁工法においては，平場部の最下層に，砂付き穴あきルーフィングを用いる工法と，粘着層付き改質アスファルトシート（部分接着型）を用いる工法がある。**ストレッチルーフィングは使用しない**。
× 2. 入隅は，アスファルト防水層の場合は，通りよく**三角形**の面取りとし，**それ以外は直角**とする。
○ 3. 正しい
○ 4. 鉄筋コンクリートの目地部分は，ノンワーキングジョイントで三面接着である。

〈外装工事〉
○ 1.2.3.5.7. 正しい
× 4. 乾式工法の目地には，壁面の防水のためにシーリング材を充てんする。シーリング材には，**2成分形ポリサルファイド系シーリング材**が一般的に用いられる。
× 6. 張付けモルタルは下地側とタイル裏面の**両方**に塗り付ける。

〈左官・タイル工事〉
○ 1.3. 正しい
× 2. 吸水調整材の過度の塗り重ねは，造膜によるはく落，安全性に問題あり，塗り回数は**2回**までとする。
× 4. 全面積で**3個以上**とする。

〈金属工事〉
○ 1.2.4. 正しい
× 3. 野縁と野縁受けの留付けクリップは，**交互に向きを変えて**留め付ける。

〈木工事〉
× 1. 敷居・鴨居の溝じゃくりを行う場合は，**木表に溝をつく**。
○ 2.3.4.5. 正しい。
× 6. 壁枠や床枠には，**構造用合板を打ち付ける工法**である。

〈内装工事〉
○ 1.2. 正しい
× 3. 吹付け硬質ウレタンフォームによる断熱材現場発泡工法において，吹付け厚さの許容差については，**±10mm**とする。
× 4. 化粧せっこうボード張りの軽量鉄骨天井下地の吊りボルトの間隔については，900mm程度とし，天井の周辺部については，端から**350mm以内**に配置する。

〈ガラス工事〉
○ 1. 正しい
○ 2. 合せガラスは，破損しても中間膜によって破片の大部分が飛散しない性質がある。
○ 3. 強化ガラスは，強化加工後の切断，小口処理，穴あけ，切り欠きの加工は一切できない。
× 4. 熱割れは，熱線吸収板ガラス，高遮蔽性能熱線反射ガラスなど，**日射吸収率の高い製品に起こりやすい**。

〈設備工事①〉
○ 3.4.6. 正しい
× 1. 誘導灯は，**専用回線で緑色の灯火**とする。
× 2. 底または周壁までは**60cm以上**離さなければならない。
× 5. 設問は，第2種換気方式ではなく，**第1種換気方式**の内容である。

〈設備工事②〉
× 1. ケーブルラックの支持間隔は，鋼製では**2m以下**，その他については**1.5m以下**とする。
× 2. 給水管と排水管が平行して埋設される場合は，両配管の水平間隔は**500mm以上**とする。
○ 3.4. 正しい。
× 5. エスカレーターの手すりの上端の中心までの水平距離は，**25cm以下**である。

〈改修工事〉
○ 1. 正しい
× 2. モルタル下地およびタイル面の伸縮調整目地は，ひび割れ誘発目地と一致させる。
× 3. 劣化の著しい既存塗膜の除去や素地の脆弱部分の除去に適した工法である。
× 4. エポキシ樹脂の注入完了後は，**注入器具を取り付けたまま**硬化養生を行う。

〈耐震改修工事〉
× 1. 柱，梁に施す目荒らしは，電動ピックなどを用いて，**平均深さで2～5mm（最大7mm）程度の凹面をつける。目荒らしの面積は，合計が打継ぎ面の15～30%程度の面積**とする。
× 2. 打ち込み高さ1m程度ごとに十分に締め固める。
○ 3.4. 正しい

〈解体工事〉
○ 1.2. 正しい
× 3. 建設リサイクル法において，事前撤去が義務付けられているわけではない。
× 4. 工事着手日の**7日前**までに，**都道府県知事に届け出なければならない**。

〈各種工事〉
○ 1. 樋材は，屋根葺き材との電食を考慮しなければならない。
○ 2. シートの接合部は，原則として**水上側のシートが水下側のシートの上になる**ように張り重ねる。
○ 3. 大きな骨材を使用することにより，モルタル中の水量を低く抑え，ひび割れを少なくするため。
× 4. スペーサーを**撤去した後に**，シーリング材を充てんする。

〈用語〉
× 1. 溶接線が交差するのを避けるために，**片方の部材に設ける**。
○ 2. 脱気装置の取付け間隔は，防水層平場部で25～100m²に1個程度，立上り部は長さ10m間隔で1個程度設置する。
× 3. スランプは，フレッシュコンクリートの軟らかさの程度を示す指標の一つで，スランプコーンを引き上げた直後に測った**頂部からの下がった寸法**で表す。
○ 4. 正しい

[参考文献]

1) 『建築工事監理指針』国土交通省大臣官房庁営繕部監修,建設出版センター
2) 『公共建築工事標準仕様書 建築工事編』国土交通省大臣官房庁営繕部監修,豊文堂
3) 『公共建築改修工事標準仕様書 建築工事編』国土交通省大臣官房庁営繕部監修,建築保全センター
4) 『建築施工管理技術テキスト 改訂第6版』地域開発研究所建築施工管理技術研究会
5) 『建築施工テキスト 改訂版』兼歳昌直,井上書院
6) 『図解 建築の構造と構法 改訂版』鈴木秀三編,井上書院
7) 『建築携帯ブック 現場管理 改訂2版』ものつくりの原点を考える会編,井上書院
8) 『図解 建築施工』西島一夫,鶯谷博,学芸出版社
9) 『建築施工教科書 第三版』建築施工教科書研究会編著,彰国社
10) 『専門士課程建築施工 第二版』福田健策+渡邊享一,学芸出版社
11) 『建築施工法 第2版』田村恭,丸善
12) 『建築施工 改訂版』内田祥哉,市ケ谷出版社
13) 『誰でもわかる建築施工』雨宮幸蔵,新井一彦,池永博威,長内軍士,倉持幸由,彰国社
14) 『建築学テキスト 建築施工』青山良徳・武田雄二,学芸出版社
15) 『建築携帯ブック 現場管理用語辞典』現場施工応援する会編,井上書院
16) 『超図解でよくわかる建築現場用語』建築知識編,エクスナレッジ
17) 『基準にもとづく建築積算入門 新訂第四版』赤堀弘,彰国社
18) 『基本建築関係法令集〈法令編〉』国土交通省住宅建築指導課・建築技術者試験研究会編,井上書院
19) 『最新建築設備工学 改訂版』田中俊六,宇田川光弘,斉藤忠義,秋元孝之,大塚雅之,田尻陸夫,井上書院
20) 『実務者のための工事監理ガイドラインの手引き』工事監理ガイドラインの適正活用検討研究会,新日本法規出版

[著者略歴]

中川基治(なかがわもとはる)

　1942年　広島県三原市に生まれる
　1961年　広島県三原工業高等学校建築科卒業
　1961年　長尾建工株式会社入社
　1964年　村本建設株式会社東京支店入社
　1968年　日本鋼管株式会社入社
　1974年　エヌケーホーム株式会社入社
　1999年　中川建築コンサルタント設立，現在に至る

　2000〜現在　広島地方裁判所福山支部調停委員，司法委員
　2001年　福山市立女子短期大学非常勤講師
　2002年　福山大学工学部建築学科非常勤講師
　一級建築士，一級建築施工管理技士，宅地建物取引主任者

・本書の複製権・翻訳権・上映権・譲渡権・公衆送信権(送信可能化権を含む)は株式会社井上書院が保有します。
・JCOPY《(一社)出版者著作権管理機構 委託出版物》
本書の無断複写は著作権法上での例外を除き禁じられています。複写される場合は，そのつど事前に，(一社)出版者著作権管理機構（電話03-5244-5088, FAX03-5244-5089, e-mail : info@jcopy.or.jp）の許諾を得てください。

基礎教材 建築施工

2015年6月10日　第1版第1刷発行
2023年9月10日　第1版第4刷発行

著　者　中川基治Ⓒ
発行者　石川泰章
発行所　株式会社 井上書院
　　　　東京都文京区湯島2-17-15　斎藤ビル
　　　　電話 (03)5689-5481　FAX (03)5689-5483
　　　　https://www.inoueshoin.co.jp/
　　　　振替00110-2-100535
装　幀　藤本　宿
印刷所　美研プリンティング株式会社

ISBN 978-4-7530-1758-4　C3052　　　Printed in Japan

出版案内

建築施工テキスト
[改訂版]
兼歳昌直
B5判・384頁　定価3630円

建築の施工全般の基礎知識が容易に理解できるよう，実務に即した各工法を豊富な図をまじえて平易に解説。基本技術はもちろんのこと，実務に役立つよう応用技術の初歩まで幅広く網羅。また，建築士や建築施工管理技士の試験における諸点についても詳述した格好の入門書。

ポイントで学ぶ
鉄筋コンクリート工事の基本と施工管理
中田善久・斉藤丈士・大塚秀三
B5判・206頁　定価2970円

従来からの工事・工種ごとの詳細な解説をはなれ，初学者が建築施工に対するイメージが容易に形成できるよう，施工全体の概要を理解するうえで必要な要点を絞るとともに，重要な知識をコンパクトにまとめた「ポイント」欄を中心に図表をまじえてわかりやすく解説する。

図解 建築の構造と構法
[改訂版]
鈴木秀三編，岩下陽市・古本勝則・奥屋和彦・磯野重浩
A4判・168頁・二色刷　定価3520円

建築構造全般の概要を建築生産工程の流れを通して無理なく学習できるよう徹底図解したテキスト。木造，S造，RC造ごとに，特徴，材料，工法，施工，ディテール，法規等の基礎知識が整理しやすいよう一工程を見開きで構成し，各構法について共通プランを用いて解説する。

建物解剖学
建物解剖学研究会編
B5判・180頁　定価2750円

初学者でも，建物の部位や局所を建物の全体の仕組みのなかで理解できるよう，木造住宅を例にあげ，完成した建物の表面を覆っている仕上げを取り除いた内部を観察しながら，建物の構成，各部の名称や役割，仕組み，また部材間相互の関連等についてわかりやすく解説する。

最新 建築材料学
松井勇・出村克宣・湯浅昇・中田善久
B5判・274頁　定価3300円

建築材料の基本的な性質・性能はもちろんのこと，建物としての要求条件の把握と，これを満たす適正な材料の選び方に関する理解が深まるよう，建築設計，構造設計，環境設備設計，施工の各分野に関連づけてわかりやすく解説した，建築系学生から実務者まで役立つテキスト。

基礎から学ぶ
建築構造力学　理論と演習からのアプローチ
中川肇
A5判・200頁　定価2640円

静定構造物と不静定構造物の二編構成で，演習を基本に構造力学の理論をできるだけ丁寧に解説したテキスト。理論や解法の理解を目的とした例題と，基礎から応用まで習得度がはかれる演習問題を数多く収録し，間違えやすい項目には可能な限り説明を加えながらまとめた。

建築携帯ブック
現場管理用語辞典
現場施工応援する会編
新書判・568頁・二色刷　定価3520円

日常業務や各種資格試験の準備などに役立つコンパクトサイズの辞典。設計，計画，一般構造，構造力学，施工，設備，環境，材料，重機，道具，品質管理，安全管理，契約，建築関係法規等の分野から，現場管理に欠かせない重要語4900余語と関連図表約2300点を収録した。

法令集・年度版

基本建築関係法令集　●試験場持込み可
国土交通省住宅局建築指導課・建築技術者試験研究会編
〈法令編〉A5判・1638頁　定価3080円
〈告示編〉A5判・1414頁　定価3080円

井上建築関係法令集　●試験場持込み可
建築法令研究会編　A5判・1660頁　定価2970円

受験にも実務にも対応できるよう，「法令」および「主要告示」を一冊に収録。受験対策に役立つ付録が充実。

＊上記定価は消費税10％を含んだ総額表示です。